新编海关报关实务

谢国娥 ◎编著

北京大学出版社
PEKING UNIVERSITY PRESS

图书在版编目(CIP)数据

新编海关报关实务/谢国娥编著. —北京：北京大学出版社，2022.10
ISBN 978-7-301-33447-8

Ⅰ.①新… Ⅱ.①谢… Ⅲ.①进出口贸易－海关手续－中国－教材 Ⅳ.①F752.5

中国版本图书馆CIP数据核字（2022）第185872号

书　　　名	新编海关报关实务 XINBIAN HAIGUAN BAOGUAN SHIWU
著作责任者	谢国娥　编著
策 划 编 辑	周　丹
责 任 编 辑	周　丹
标 准 书 号	ISBN 978-7-301-33447-8
出 版 发 行	北京大学出版社
地　　　址	北京市海淀区成府路205号　100871
网　　　址	http://www.pup.cn　　新浪微博：@北京大学出版社
电 子 邮 箱	编辑部 zyjy@pup.cn　总编室 zpup@pup.cn
电　　　话	邮购部 010-62752015　发行部 010-62750672　编辑部 010-62704142
印 刷 者	北京虎彩文化传播有限公司
经 销 者	新华书店 787毫米×1092毫米　16开本　21印张　565千字 2022年10月第1版　2025年7月第3次印刷
定　　　价	65.00元

未经许可，不得以任何方式复制或抄袭本书之部分或全部内容。
版权所有，侵权必究
举报电话：010-62752024　电子邮箱：fd@pup.cn
图书如有印装质量问题，请与出版部联系，电话：010-62756370

前 言

近年来,海关在监管制度和通关流程上经历了史无前例的变革,密集推出了很多新的政策和做法,如海关对报关单位的备案登记、分类管理,关检合并,全国通关一体化改革,海关对加工贸易进出货物的监管变化,海关对自由贸易试验区和跨境电子商务等新领域的海关监管规定、对商品归类预裁定的规定及最新报关单填制规范的颁布等,这些新内容在《新编海关报关实务》一书中都得到体现,具体如下。

海关对报关单位的注册登记管理已改为备案登记管理。为充分释放市场活力,不断优化口岸营商环境,海关总署取消了报关企业登记许可,统一了进出口货物收发货人和报关企业的备案登记手续。海关对报关单位的分类管理由过去划分 AA、A、B、C、D 5 个管理类别进行管理变为根据企业信用状况,划分为认证企业(AEO)、一般信用企业和失信企业 3 类管理。同时,对企业信用状况认定结果实施动态调整,对高级认证企业每 5 年认证一次,一般信用企业可以随时申请上调认证类别。通过 AEO 认证的企业将可以享受免担保放行,有效节约经营成本,提高企业通关效率。报关员水平测试已改为关务水平测试,要求和分值都有所变化。该内容将在第 1 章呈现。

目前,各类许可证可以直接在商务部进出口许可证统一管理平台无纸化申领签发,该平台包括进口、出口、自动进口(含机电和非机电)、两用物项进出口、农产品关税配额、化肥关税配额、纺织品产地证等签发系统,大大方便了企业。2018 年出入境检验检疫划入海关,以海关的名义对外开展工作,实现了机构精简,优化了通关业务流程。同年 6 月 1 日起,海关正式全面取消出入境货物通关单,标志着关检业务全面融合,这是促进贸易便利化、有效优化营商环境的重要改革举措,有利于促进通关流程"去繁就简",提高口岸通关效率。该内容将在第 2 章呈现。

近几年,随着全国通关一体化改革,海关推出了新型通关作业流程,包括:一次申报、分步处置和两步申报两种模式。前者是指在通关过程中,企业一次性完成报关和税款自报自缴手续后,安全准入风险主要在口岸通关现场处置,税收征管要素风险主要在货物放行后处置。后者是对"非证+非检+非税"货物实施的作业流程,不需要企业一次性提交全部申报信息及单证,只要两步即可完成:第一步,企业只要凭提单的信息进行"概要申报",如果这一部分货物不需要进一步查验,可以马上放行提离;如果是涉税的货物,在提供了税款的担保后,也可以放行提离。第二步,货物在口岸放行后的 14 天内,由企业来补充提交满足税收征管、合格评定、海关统计等整体监管需要的相关信息和单证。两种模式都使报关流程得到很大优化,节省了企业通关时间,提高了企业通关效率,改善了营商环境。该内容将在第 3 章呈现。

2018 年海关总署发布了关于启用保税核注清单的第 23 号公告。保税核注清单是金关二期加工贸易和保税系统的专用单证,是所有金关二期保税底账的进、出、转、存的唯一凭证，凡是已设立金关二期保税底账的，在办理货物进出境、进出海关特殊监管区域、保税监管场所，以及开展海关特殊监管区域、保税监管场所、加工贸易企业间保税货物流（结）转业务的都要使用保税核注清单。该清单可以全面支持企业料号级管理的需求，实现企业料号级管理，通关项号级申报，简化保税货物流转手续。该内容将在第4章呈现。

近几年，保税监管模式不断演变。截至2022年6月底，我国海关特殊监管区域共有168个，其中，综合保税区156个，保税区8个，保税港区2个，出口加工区1个（广州出口加工区），珠澳跨境工业区（珠海园区）1个。同时，自由贸易试验区不断发展，目前已设立21个，形成了东西南北中协调、陆海统筹的开放态势，这些自贸试验区的设立对于中国扩大开放、引领高质量发展、服务与融入国家重大战略有着重要的意义。这些内容将在第5章呈现。

随着跨境电商的不断发展，跨境电商货物的报关手续受到关注。跨境电商企业进出口应提交《中华人民共和国海关跨境电子商务零售进出口商品申报清单》，出口采取"清单核放、汇总申报"方式办理报关手续，进口采取"清单核放"方式办理报关手续。以跨境电商方式进出口的货物，其报关手续、税收、检疫、查验和物流管理等内容将在第6章呈现。

自2019年1月1日起，各直属海关以往制发的《中华人民共和国海关商品预归类决定书》停止使用。企业需要申请海关商品预归类的，适用商品归类预裁定程序。根据《中华人民共和国海关预裁定管理暂行办法》，在货物实际进出口前，申请人可以向海关申请归类预裁定。商品归类预裁定的好处是不仅可以简化企业通关流程，提高通关效率，而且还能帮助企业提前准确了解关税政策及涉税要素，有效预估成本，降低不合规申报的风险。该内容将在第7章呈现。

在审定完税价格时，需要仔细区分直接支付和间接支付；目前，我国对进口货物实施不同的税率，可以分为最惠国税率、协定税率、特惠税率、关税配额税率、暂定税率及普通税率。对于同时适用多种税率的进口货物，在选择适用的税率时，基本的原则是"从低适用"，特殊情况除外。适用最惠国税率的进口货物有暂定税率的，暂定税率优先；适用协定税率和特惠税率，又适用于暂定税率的，从低适用。适用普通税率进口的，不适用暂定税率；无法确定原产国的，按普通税率征收。该内容将在第8章呈现。

自2019年2月1日起执行修订后的《中华人民共和国海关进出口货物报关单填制规范》，海关特殊监管区域与境内（区外）之间进出的货物，区外企业应填制《中华人民共和国海关进（出）口货物报关单》，海关特殊监管区域企业向海关申报货物进出境、进出区，应填制《中华人民共和国海关进（出）境货物备案清单》。该内容将在第9章呈现。

进出口货物通关需要了解与之密切相关的海关主要法律制度，包括海关统计制度、海关稽查制度、海关事务担保制度、知识产权海关保护制度、海关行政处罚制度和海关行政复议制度，以便帮助从业者做到进出口贸易合规，提高通关效率，保护自身利益。该内容将在第10章呈现。

此外，本书匹配了大量新颖案例，做到与时俱进，可读性、实用性大大增强。

本书的完成需要特别感谢北京大学出版社周丹编辑的鼎力支持和倾情投入，也感谢黄建国、姚建新、谢飞、黄雨静、洪璇、黄琴等人的支持和帮助。

编者

2022.9.25

目 录

第一篇 海关与报关管理

第1章 海关对报关单位和报关员的管理 (3)
 1.1 什么是海关 (3)
 1.2 海关对报关单位的管理 (10)
 1.3 海关对报关员的管理 (16)
 1.4 海关其他报关管理规定 (19)

第2章 报关与进出口管制 (29)
 2.1 进出口的国家管制 (29)
 2.2 对外贸易经营者管理制度 (31)
 2.3 进出口许可管理制度 (33)
 2.4 进出口商品合格评定制度 (43)
 2.5 进出口货物收付汇管理制度 (45)
 2.6 对外贸易救济措施 (50)
 2.7 其他特殊货物进出口国家管制 (53)

第二篇 各类货物的报关程序

第3章 一般进出口货物的报关程序 (69)
 3.1 海关监管货物概述 (69)
 3.2 全国通关一体化改革 (72)
 3.3 一般进出口货物的申报 (74)
 3.4 一般进出口货物的查验 (84)
 3.5 一般进出口货物的征税 (88)
 3.6 一般进出口货物的放行 (99)

第4章 加工贸易保税货物的报关程序 (103)
 4.1 保税制度和保税货物 (103)
 4.2 加工贸易保税货物的监管 (106)

4.3　加工贸易保税货物的报关 ……………………………………………… (111)
第 5 章　保税物流货物的报关程序 …………………………………………… (131)
　　5.1　保税物流货物概述 …………………………………………………… (131)
　　5.2　保税仓库及其进出货物的报关程序 ………………………………… (137)
　　5.3　出口监管仓库及其进出货物的报关程序 …………………………… (139)
　　5.4　保税物流中心及其进出货物的报关程序 …………………………… (142)
　　5.5　综合保税区及其进出货物的报关程序 ……………………………… (145)
　　5.6　自由贸易试验区进出货物的报关 …………………………………… (153)
第 6 章　其他特殊货物的报关程序 …………………………………………… (161)
　　6.1　特定减免税货物的报关程序 ………………………………………… (161)
　　6.2　暂准进出境货物的报关程序 ………………………………………… (166)
　　6.3　其他进出境货物的报关程序 ………………………………………… (174)

第三篇　归类与税费计算实务

第 7 章　进出口商品税则归类 ………………………………………………… (193)
　　7.1　商品名称及编码协调制度 …………………………………………… (193)
　　7.2　我国《进出口税则》简介 …………………………………………… (195)
　　7.3　进出口货物商品归类的海关管理 …………………………………… (198)
　　7.4　HS 编码制度归类总规则 …………………………………………… (200)
　　7.5　商品归类的简易方法 ………………………………………………… (206)
第 8 章　关税及其他税费的计算 ……………………………………………… (214)
　　8.1　关税的计征方法 ……………………………………………………… (214)
　　8.2　完税价格的审定及计算 ……………………………………………… (216)
　　8.3　进口货物原产地的确定与税率适用 ………………………………… (228)
　　8.4　关税及其他税费的计算 ……………………………………………… (233)

第四篇　报关单填制实务

第 9 章　进出口货物报关单及有关单证的填制 ……………………………… (241)
　　9.1　进出口货物报关单概述 ……………………………………………… (241)
　　9.2　进出口货物报关单表头各栏目的填报 ……………………………… (244)
　　9.3　进出口货物报关单表体各栏目的填报 ……………………………… (262)
　　9.4　优惠贸易协定项下货物进口报关单原产地申报 …………………… (270)
　　9.5　其他进出境报关单 …………………………………………………… (279)
　　9.6　进出口主要商业单据的填制 ………………………………………… (280)

第五篇 海关法律制度及违法行为追究

第 10 章 与报关有关的海关法律制度 ………………………………(305)
  10.1 海关统计制度 ………………………………………………(306)
  10.2 海关稽查制度 ………………………………………………(308)
  10.3 海关事务担保制度 …………………………………………(311)
  10.4 知识产权海关保护制度 ……………………………………(314)
  10.5 海关行政处罚制度 …………………………………………(317)
  10.6 海关行政复议制度 …………………………………………(321)

第一篇　海关与报关管理

　　本书第一篇主要涉及海关管理与报关管理，本篇的学习可以使读者了解海关作为国家行政机关监管的范围和对象，了解海关的监管任务、所拥有的权力及海关设立的原则，了解海关对报关单位的管理，以及报关员的岗位职责及其行为规则和法律责任；同时了解各类进出口管制与报关的关系，从而在实际业务中能配合海关的管理，帮助企业在进出口环节顺利通关。

第1章 海关对报关单位和报关员的管理

本章学习目标

- 了解我国海关监管的范围和对象。
- 了解海关的任务、权力、管理体制及其设关原则。
- 掌握两类报关单位主营业务及其报关权限的差异。
- 掌握报关企业直接代理与间接代理的区别。
- 区别两类报关单位的备案手续。
- 熟悉海关对报关单位的分类管理。
- 了解报关员的岗位职责。
- 了解报关单位和报关员的行为规则及法律责任。

1.1 什么是海关

本节我们将学习海关的定义、海关监管的范围和对象、海关的基本工作任务和主要权力、海关行使权利的基本原则、海关的三级法律体系、海关的管理体制与设关原则等内容，从而使我们对海关这一国家行政机关有一个大概的了解。

我们今天的海关是对进出关境（以下简称"进出境"）货物、运输工具、行李物品、货币、金银等执行监督管理和稽征关税的国家行政机关。据史书记载，我国古代是从西周开始设关的。当时设关的目的主要在于防止奴隶外逃和奸细潜入，在设关地点守关人员尤其注意那些说外地语言、穿外地服装、形迹可疑的人，带有一定的军事色彩。到了春秋战国时期，由于商品经济的发展，关卡日渐增多，开始起到征收关税的作用，当时古籍中就出现了许多关于"关""关市之征"的记录。这可以说是我国海关的萌芽。在我国海关发展和演变的过程中，正式使用"海关"这一名词的是在清朝康熙二十四年（1685），当时设立江、浙、闽、粤四个海关。中华人民共和国成立初期，设立在沿海口岸的海关机构称为"海关"，设立在陆路边境以及内陆的海关机构称为"关","海关"或"关"下设分关、支关。1985年2月18日,海关总署下达《关于统一海关机构名称和调整隶属关系的通知》,将原来的海关(关)、分关、支关统一改称为海关,并将全国121个海关机构(包括3所海关院校)的级别分为局、副局、处、科级,其中局级海关、部分副局级及处级海关由海关总署直接领导,称为直属海关,其余海关分别隶属于这些直属海关。

1.1.1 海关监管的范围和对象

1. 海关监管的范围

海关监管是在进出境这一特定环节上实施的,因此,海关监管的范围是与进出境有关的场所和地点。依据《中华人民共和国海关法》(2021年修正版)(以下简称《海关法》)①,海关监管的范围主要包括三个方面:

(1) 设有海关机构的港口、车站、机场、国界孔道、国际邮件互换局(交换站);

(2) 经国务院或者国务院授权部门批准运输工具、货物和物品进出境的未设立海关的进出境地点;

(3) 其他有海关监管业务的场所。

2. 海关监管的对象

海关监管的对象是:进出境运输工具、货物、行李物品、邮递物品和其他物品,以及上述货物和物品有关的仓库、场所和国内运输工具。具体地说,主要包括以下几点:

(1) 进出境的运输工具以及承运进出境货物和物品的国内运输工具。如经营国际运输的船舶、列车、航空器(飞机、飞艇等)、汽车和驮运牲畜等。

(2) 进出口货物和物品。进口货物包括:进口货物、转口输入货物、暂时进口货物、保税货物等。出口货物包括:出口货物、转口输出货物、暂时出口货物等。进出口物品包括:展览品、广告品等以及运输工具需用的燃料、物料等。

(3) 过境、转运、通运货物。

(4) 进出境人员携带、托运的自用和家用物品、馈赠物品和职业所需物品,进出境运输工具、服务人员携带的自用物品,以及因公经常进出国境的邮政、运输机构工作人员、其他有权经常进出国境人员携带的自用物品。

(5) 进出境的国际邮递物品以及非贸易性印刷品。

需要注意的是,在海关管理中,货物和物品是有很大区别的。货物的进出境一般具有明显的盈利目的,而物品则没有;货物一般签有贸易合同、协议,或虽无贸易目的但有特定的使用目的(如暂准进出境货物),而物品则不存在签订货物合同或协议的问题;此外,货物一般数量较大,而物品通常量不大,允许在自用合理数量以内。本书主要关注前者,报关员考试的主要内容也是围绕进出境货物而展开的。

---

① 中华人民共和国海关法(2021年修正版)[EB/OL].(2017-11-04)[2022-07-11].http://www.customs.gov.cn//customs/302249/302266/302267/356575/index.html.

1.1.2 海关的任务和权力

1. 海关的任务

依据《海关法》,海关的基本任务有四项,即监督管理进出境的运输工具、货物、行李物品、邮递物品和其他物品,征收关税和其他税费,查缉走私,编制海关统计。

(1) 海关监管。

海关监管是由海关运用国家赋予的权力,通过报关登记、审核单证、查验放行、后续管理、查处违法行为等环节,对进出关境的各类运输工具、货物、物品实施有效的监督管理。它是海关四项基本任务的基础。

海关监管可分为两个部分:

① 货物和运输工具的监管,包括监管以各种贸易方式,通过各种运输渠道,出入我国关境的货物,以及所有进出我国关境的海、陆、空运输工具。

② 行李、邮递物品的监管,包括各类进出境人员携带的行李物品及通过国际邮递渠道进出境的各类物品。

海关对运输工具、进出境货物、物品实施监管的目的和意义比较广泛。在政治方面,严格管制与国家安全直接相关的货物、物品,如武器、弹药、爆炸品、无线电通信器材及国家机密的出入境;在经济方面,通过实施进出口管理制度,保护本国的民族工业和自然资源,改善进出口贸易条件,促进对外经济贸易的健康发展;在公众健康卫生方面,制止非法贩运的麻醉品以及国外病疫虫害等有害公众健康的其他物品入境;在文化道德方面,制止各类反动宣传品及淫秽、迷信物品的入境,以及防止国家珍贵历史文化遗产的流失等。

(2) 海关征税。

依据国务院颁布的《中华人民共和国进出口关税条例》(以下简称《进出口关税条例》)、《中华人民共和国进出口税则》(以下简称《进出口税则》),以及海关总署发布的《中华人民共和国进境物品进口税率表》(2019年调整),海关必须对进出口货物及进口物品征收关税。除此之外,海关还应依法代政府其他部门在货物进出口环节征收多种国内税、费,以及依法收取规费、监管手续费、滞报金、滞纳金。

(3) 海关缉私。

查缉走私是世界各国海关普遍承担的一项职责,也是海关的一项基本任务。海关缉私的目标是:制止和打击一切非法进出口货物、物品的行为,维护国家的主权和利益,保障社会主义现代化建设的顺利进行。海关依法在各个监管场所和设关地附近的沿海沿边规定地区执行缉私任务。由于我国国土辽阔,边境和海岸线漫长,走私活动无孔不入,因此,各有关执法部门应配合海关缉私,同走私活动进行有效的斗争。

(4) 编制海关统计。

海关统计是国家统计的一个重要组成部分。它以数字形式反映实际进出口的情况。国务院规定,海关统计是国家正式对外公布的进出口统计。列入我国海关统计的货物范围有两类,即实际出入境的对外贸易货物和直接影响我国物资储备增减的进出境物品。海关统计的主要作用是:为国家制定对外经济贸易方针、政策和计划提供依据;及时反映国家对外经济贸易方针、政策和计划的实际贯彻执行情况;为系统研究我国对外贸易和国际经济贸易关系提供资料;通过审核海关统计,对货运监管、征税等业务环节的工作质量起最后把关的辅助作用,以改进和严密海关的监督管理。海关统计数据直接来源于各口岸报关员填制的报关单,报关单填制质量如何直接影响着国家进出口统计数据的准确性和可靠性,因此,报关员应严肃认真对待。

除了这四项基本任务以外,近几年国家通过有关法律、行政法规赋予了海关一些新的职责,比如知识产权海关保护、海关对反倾销及反补贴的调查等,这些新的职责也是海关的任务。随着国家改革开放的不断深化,对外贸易的迅速增长,海关新的职责将还会出现。

2. 海关的权利

海关的权利是指国家通过海关法赋予海关在监督管理活动中的支配、管理、指挥的权利。为了规范这些权利的使用,海关总署制定了相应的法律制度,以使各级海关执政有法可依。

(1) 行政许可权。

行政许可权包括对报关单位备案许可以及从事海关监管仓库的仓储、转关运输货物的境内运输、加工贸易备案、变更和核销业务的许可,对报关员的报关从业许可等权利。该权利对应的法律制度是海关行政许可制度。

(2) 税费征收权。

税费征收权包括代表国家依法对进出口货物、物品征收关税及其他税费;根据法律、行政法规及有关规定,依法对特定的进出口货物、物品减征或免征关税;以及对经海关放行后的有关进出口货物、物品,发现少征或者漏征税款的,依法补征、追征税款的权利。

(3) 行政监督检查权。

海关保证履行其行政管理职能得到履行的基本权利,主要包括检查权、查验权、查阅复制权、查问权、查询权、稽查权等(如表1-1所示)。该权利对应的法律制度是海关稽查制度。

表1-1 海关的行政监督检查权列表

类别	对象范围	备注
检查权	进出境运输工具、有藏匿走私嫌疑货物、物品的场所、走私嫌疑人	在货物通关过程中行使
查验权	进出境货物、物品	必要时,可径行提取货样
查阅复制权	进出境人员证件、文件、资料等	
查问权	违法嫌疑人	调查违法行为
查询权	涉嫌单位、人员在金融机构、邮政企业的存、汇款	调查走私案件时,经直属海关关长或其授权的隶属海关关长的批准
稽查权	与进出口货物直接相关的人、物、资料	进出口货物放行之日起3年内,或在保税货物、减免税进口货物的海关监管期限内及其后的3年内

(4) 行政强制权。

该权利是《海关法》及相关法律、行政法规得以贯彻实施的重要保障,包括扣留权、滞报金及滞纳金征收权、提取货样施加封志权、提取货物变卖及先行变卖权、强制扣缴及变价抵缴关税权、税收保全、抵缴及变价抵缴罚款权、其他特殊行政强制权等(如表1-2所示)。该权利对应的法律制度是海关事务担保制度、知识产权海关保护制度。

表 1-2　海关的行政强制权列表

类别	内容
扣留权	违规的进出境运输工具、货物、物品及相关单证资料
滞报金及滞纳金征收权	滞报金、滞纳金
提取货物变卖及先行变卖权	超过期限3个月未申报货物,进口货物收货人或所有人声明放弃货物,海关有权提取变卖处理;经批准可扣留并提前变卖不宜长期保存货物
强制扣缴及变价抵缴关税权	纳税义务人、担保人超过规定期限未缴纳税款,经批准可以强制扣缴或变价抵缴
税收保全	需进出口货物纳税义务人提供纳税担保而不能提供担保的,经批准可以采取税收保全措施
抵缴及变价抵缴罚款权	逾期不履行海关处罚决定又不申请复议或起诉的
其他,处罚担保	有违法嫌疑,但不便扣留的,应提供处罚金额等值担保
其他,税收担保	在规定纳税期内转移财产等迹象,应提供应纳税款等值担保

(5) 佩带和使用武器权。

海关总署、公安部联合发布《海关工作人员使用武器和警械的规定》,对海关使用武器的种类、范围、对象及条件做了具体规定。

(6) 行政处罚权。

海关有权对尚未构成走私罪的违法当事人处以行政处罚。其包括对走私货物、物品及违法所得处以没收,对有走私行为和违反海关监管规定行为的当事人处以罚款,对有违法情事的报关单位和报关员处以警告以及处以暂停或取消报关资格的处罚等。该权利对应的法律制度是海关行政处罚制度。

(7) 其他行政处理权。

其他行政处理权包括行政裁定权、行政奖励权、行政立法权、行政复议权及对与进出境货物有关的知识产权实施保护等。该权利对应的法律制度是海关行政裁定制度、海关行政复议制度。

3. 海关权利行使的基本原则

海关权利作为国家行政权的一部分,对于维护国家利益,维护市场秩序起到了积极作用。然而,由于海关权利的广泛性、自由裁量权较大,以及海关执法者的主观因素等,海关权利在行使时任何的随意性或滥用必然导致管理对象的权益受到侵害,从而对行政法治构成威胁。因此,海关权利的行使必须遵循一定的原则。

(1) 合法原则。

海关权利行使的合法原则包括:① 行使行政权利的主体资格合法,即行使权利的主体必须有法律授权。例如,涉税走私犯罪案件的侦查权,只有缉私警察才能行使,海关其他人员则无此项权利。又如,《海关法》规定海关关员行使某些权利时应"经直属海关关长或者其授权的隶属海关关长批准",如未经批准,海关关员不能擅自行使这些权利。② 行使权利必须有法律规范为依据。《海关法》第二条规定了海关的执法依据是《海关法》、其他有关法律和行政法规。无法律规范授权的执法行为,属于越权行为,应属无效。③ 行使权利的方法、手段、步骤、时限等程序应合法。④ 一切行政违法主体(包括海关及管理相对人)都应承担相应的法律责任。

(2) 适当原则。

海关权利的行使应该以公平性、合理性为基础,以正义性为目标。因国家管理的需要,海关在验、放、征、减、免、罚的管理活动中拥有很大的自由裁量权,即法律仅规定一定原则和幅度,海关关员可以根据具体情况和自己的意志,自行判断和选择,采取最合适的行为方式及其内容来行使职权。因此,适当原则是海关关员行使行政权利的重要原则之一。为了防止自由裁量权的滥用,目前我国对海关自由裁量权进行监督的法律途径主要有行政监督(行政复议)和司法监督(行政诉讼)程序。

(3) 依法独立行使原则。

海关实行高度集中统一的管理体制和垂直领导方式,地方各级海关只对海关总署负责。海关无论级别高低,都是代表国家行使管理权的国家机关,海关关员依法独立行使权利,各地方、各部门应当支持海关关员依法行使职权,不得非法干预海关关员的执法活动。

(4) 依法受到保障原则。

海关权利是国家权利的一种,应受到保障,才能实现国家权能的作用。《海关法》第十二条规定:"海关依法执行职务,有关单位和个人应当如实回答询问,并予以配合,任何单位和个人不得阻挠。海关执行职务受到暴力抗拒时,执行有关任务的公安机关和人民武装警察部队应当予以协助。"

1.1.3　海关的三级法律体系

"海关法"一词在使用时,一般有两种表达意思,加书名号的和不加书名号的,其意义不同。加书名号的海关法专指《中华人民共和国海关法》。不加书名号的海关法的含义是:规定国家对进出境活动实行监督管理制度,用以调整海关与进出境活动当事人之间、海关与其他国家机构之间,以及海关机构之间在监督管理活动中相互关系的法律规范。具体来说,海关的法律体系可以分为三级,国家最高权力机关全国人民代表大会制定通过的《海关法》,国务院颁发的《进出口关税条例》《中华人民共和国海关稽查条例》(以下简称《稽查条例》)等行政法规,以及海关总署依据上一级法律、法规制定的实施细则和管理办法,通常以海关总署令或海关公告形式发布(如图1-1)。

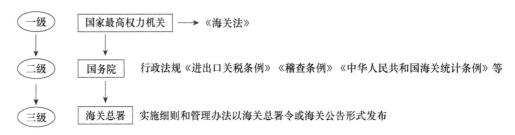

图1-1　海关的三级法律体系

1.1.4　海关的管理体制与设关原则

目前,我国海关的管理体制为三级垂直领导体制,即海关总署(部级)、直属海关(局级或副局级)、隶属海关三级。直属海关由海关总署领导,向海关总署负责,隶属海关由直属海关领导,向直属海关负责。海关的隶属关系,不受行政区划的限制,地方海关的工作不受地方政府、人大的管辖。海关依法独立行使职权,向海关总署负责,海关总署由国务院直接领导(如图1-2)。

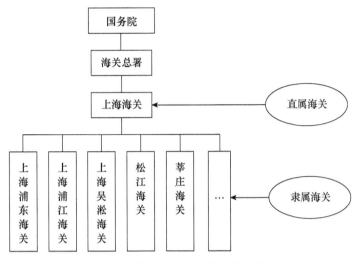

图1-2 海关垂直管理体系结构图

海关总署是海关系统的最高领导部门,下设广东分署,在上海、天津设立特派员办事处,协助总署管理区域内的海关。直属海关负责管理一定区域范围内的海关业务,就本关区内的海关事务独立行使职责,向海关总署负责。直属海关承担着在关区内组织开展海关各项业务和关区集中审单作业、全面有效地贯彻执行法律、法规、海关各项政策、管理制度和作业规范的重要职责,在海关三级业务职能管理中发挥着承上启下的作用。隶属海关负责办理具体海关业务,是海关进出境监督管理职能的基本执行单位,一般都设在口岸和海关业务集中的地点,根据海关业务情况设立若干业务科室。

在报关实务中,报关单位及所属报关员工作中直接接触机会最多的是隶属海关,有时也需要和直属海关打交道,少数情况下还可能需要直接和海关总署有关部门打交道。对于报关员来说,搞清楚应去哪一级海关部门办理相关事务,是开展报关工作的前提。

过去,我国海关机构一般设在沿海城市和一些边境口岸。随着改革开放和外向型经济的发展,经国务院批准,许多开放城市、开放地区和内陆省市也相继设立了海关机构,如西宁海关、兰州海关、银川海关、贵阳海关等,目前,全国共设有42个直属海关。

我国设立海关的基本原则是:国家在对外开放的口岸和海关监管业务集中的地点设立海关。具体地,依据《海关法》,我国在下列地方设立海关机构:① 对外开放口岸和进出口业务集中的地点;② 边境火车站、汽车站及主要国际联运火车站;③ 边境地区陆路和江河上准许货物、人员进出的地点;④ 国际航空港;⑤ 国际邮件互换局(交换站);⑥ 其他需要设立海关的地点。海关机构的设立、撤销,由国务院或者国务院授权海关总署决定。

需要指出的是,我国的香港、澳门和台湾地区不在海关总署管辖范围之内,属于单独关税区,各自实行独立的海关管理制度和单独的关税政策。

1.2 海关对报关单位的管理

各国海关对报关单位都有一定的管理制度。在美国,报关行业与医疗行业、律师行业类似,是一种领取政府颁发的资格证书和执照,可以独立开业的特殊行业。在该行业从业的人员称"海关代理商",其依法取得执照后即可代表他人与海关接洽,办理有关海关的事务。日本早在1967年就制定了《通关业法》,对全国从事报关业务的报关行或报关代理人应履行的义务、责任,应具备的条件、资格以及海关管理等方面均进行了法律规定。日本海关负责报关行资格审查,凡符合条件的才发给经营报关业务的许可证。我国海关对报关单位也有相应的管理措施。

本节我们将学习什么是报关单位,不同类型报关单位的区别及其海关备案登记手续的差异;还将学习海关对各种报关单位的分类管理,了解不同级别的报关单位遇到的不同海关管理措施,高级别的报关单位(如 AEO 认证企业)享受海关的通关便利措施,低级别的报关单位(失信企业)将受到严密的海关监管。

1.2.1 报关单位的概念及类型

《海关法》规定,货物或运输工具进出境时,其收、发货人或其代理人必须向进出境口岸海关请求申报,交验规定的证件和单据,接受海关关员对其所报货物和运输工具的查验,依法缴纳海关税、费和其他由海关代征的税款,然后才能由海关批准货物和运输工具的放行。这一请求和接受办理进出境通关手续的整个过程,通常称为报关。

报关单位是指已完成海关报关备案登记手续,有权办理进出口货物报关手续的境内法人。《海关法》第九条规定:"进出口货物,除另有规定的外,可以由进出口货物收发货人自行办理报关纳税手续,也可以由进出口货物收发货人委托报关企业办理报关纳税手续。"据此可知,向海关办理进出口货物报关纳税手续的企业主体包括进出口货物收发货人和报关企业。这两类企业在办理海关报关备案登记手续后均可取得报关资格,但从事报关的方式却有较大差异:前者具有进出口货物经营权,货物进出口时可由其自行向海关办理报关纳税手续;而后者并不参与进出口货物的贸易经营,只有当收发货人委托时,才由其在委托的范围内向海关办理报关纳税手续。因此,进出口货物收发货人又称为自理报关单位,其报关方式称作自理报关;报关企业又称为代理报关单位,其报关方式称为代理报关。

1. 进出口货物收发货人

进出口货物收发货人是指依法直接进口或者出口货物的中华人民共和国关境内的法人、其他组织或者个人。《中华人民共和国对外贸易法》[①](以下简称《对外贸易法》)实施后,除外商投资企业外,经营对外贸易实行备案登记制,从事货物进出口的对外贸易经营者(包括组织和个人),只要向国务院对外贸易主管部门或者其委托的机构办理备案登记就可取得

---

① 中华人民共和国对外贸易法[EB/OL].(2017-02-21)[2021-05-24]. http://www.npc.gov.cn/wxzl/gongbao/2017-02/21/content_2007588.htm.

对外贸易经营权。对于一些未取得《对外贸易经营者备案登记表》(见附件 2-1)但按照国家有关规定需要从事非贸易性进出口活动的单位,如境外企业、新闻、经贸机构、文化团体等依法在中国境内设立的常驻代表机构,少量货样进出境的单位,国家机关、学校、科研院所等组织机构,临时接受捐赠、礼品、国际援助的单位,其他可以从事非贸易性进出口活动的单位等,在进出口货物时,海关也视其为进出口货物收发货人。

进出口货物收发货人经向海关备案登记后,只能为本单位进出口货物报关。

2. 报关企业

报关企业,是指按照规定经海关准予备案登记,接受进出口货物收发货人的委托,向海关办理报关纳税手续,从事代理报关服务的境内企业法人。进出口货物收发货人可以自理报关,为什么还要委托专门的报关企业代为报关呢?因为进出境报关是一项专业性很强的工作,有些进出口企业由于经济、时间、地点等方面的原因不能或者不愿自行办理报关手续,便在实践中产生了委托报关的需要。

目前,我国从事报关服务的报关企业主要有两类:一类是经营国际货物运输代理等业务,兼营进出口货物代理报关业务的国际货物运输代理公司等,如国内各地都有一些大的物流公司代理香港 DHL、FedEx、UPS、TNT、韩国 NICE、日本佐川急便等国际知名快递公司的货物进出口报关;另一类是主营代理报关业务的报关公司或报关行,读者可查询各地的报关协会网站。

报关企业的代理报关活动可采用以其委托人的名义(直接代理)或以报关企业自己的名义(间接代理)两种不同的形式。采用不同形式,报关企业应承担的法律责任各不相同,如表 1-3 所示。

表 1-3 报关代理的属性与法律责任

报关企业代理方式	行为与责任	
	行为属性	法律责任
直接代理	委托代理行为	法律后果直接作用于被代理人(委托人),报关企业亦应承担相应的法律责任
间接代理	视同报关企业自己报关	法律后果直接作用于代理人(报关企业),由报关企业承担收发货人自己报关时所应承担的相同的法律责任

报关企业以其委托人的名义办理报关纳税手续的,属于委托代理行为,报关企业与委托人之间是代理人与被代理人(或称委托人)的关系。代理人代理权的取得、行使和效力是基于委托人的委托授权。报关企业必须得到委托人的明确授权,方可行使代理权。因此,除委托人(在该项进出境活动中)应遵守海关的各项规定外,报关企业在行使代理权时,也应当遵守海关对其委托人的各项规定(《代理报关委托书》和《委托报关协议》见附件 1-1)。违反海关法的规定,同样要承担相应的法律责任。

报关企业接受其委托人的委托,以报关企业自己的名义办理报关纳税手续的,海关视同报关企业自己报关,其法律后果将直接作用于报关企业。

目前,我国报关企业大都采取直接代理形式代理报关,间接代理报关只适用于经营快件业务的国际货物运输代理企业。

实务操作提醒 1-1

在实际报关业务中,直接代理报关一般要有委托书交海关,用委托人的单证;间接代理报关,一般把报关事务外包给报关企业,不用委托书,用报关企业的单证。例如,甲公司是一家外贸公司,乙公司是一家报关企业,甲公司委托乙公司报关进口两个标箱的货物,甲、乙公司签订委托报关协议,乙公司以甲公司的名义报关,则此报关行为属于直接代理报关。而丙公司是一家快递公司,有客户托付丙公司运送一小批出境货物,按惯例丙公司以自己的名义进行报关(客户无须参与报关具体事务),这种情形则属于间接代理报关。

3. 两类报关单位主营业务及经营审批的差异

进出口货物收发货人和报关企业是两类具有报关资格的报关单位。这两类报关单位的主营业务、经营审批部门等存在较大差异。进出口货物收发货人从事的是对外贸易经营活动,应由对外贸易主管部门审批其经营权;报关企业从事报关纳税服务活动,须由海关办理报关备案登记许可和报关备案登记手续;报关企业如果同时经营国际货物运输代理或国际运输工具代理等业务,则由对外贸易主管部门或交通主管部门审批其经营权。两种企业经不同的主管部门审批取得了相应的经营权,但只有在海关办理报关备案登记手续后方能获得报关权。两类企业行使报关权涉及的货物范围也不相同:进出口货物收发货人只能为本企业自营进出口货物办理报关纳税手续,报关企业可接受进出口货物收发货人在各种运输承运关系下委托办理的报关纳税手续。两者的差异如表1-4所示。

表1-4 两类报关单位主营业务、经营审批及报关范围的异同

报关单位	主营业务	经营审批	报关或代理报关范围
进出口货物收发货人	对外贸易经营(贸易型、生产型、仓储型)	对外贸易主管部门审批	自营进出口货物的报关纳税(也可委托报关企业报关)
报关企业	报关纳税服务(主营报关)	海关报关备案登记许可	受各进出口货物收发货人的委托,代理报关纳税
	国际货物运输代理(兼营报关)	对外贸易主管部门或交通主管部门审批	

1.2.2 报关单位的备案登记

我国《海关法》第十一条规定:"进出口货物收发货人、报关企业办理报关手续,应当依法向海关备案。报关企业和报关人员不得非法代理他人报关。"法律明确规定了对向海关办理进出口货物报关手续的进出口货物收发货人、报关企业实行备案登记管理制度。因此,依法向海关备案登记是进出口货物收发货人、报关企业成为报关单位的法定要求。除了这两类企业可以向海关办理报关备案登记外,海关一般不接受其他企业和单位的报关备案登记申请。海关对未取得《对外贸易经营者备案登记表》,但需要从事非贸易性进出口活动的有关单位,允许其向进出口岸地或者海关监管业务集中地海关办理临时注册登记手续,仅出具临时报关单位备案登记证明,该证明有效期最长为1年。临时报关单位包括以下几种:
① 境外企业、新闻、经贸机构、文化团体等依法在中国境内设立的常驻代表机构;② 少量货样进出境的单位;③ 国家机关、学校、科研院所等组织机构;④ 临时接受捐赠、礼品、国际援

助的单位；⑤ 其他可以从事非贸易性进出口活动的单位。

为全面贯彻落实国务院"宽进严管"要求，积极做好简政放权、放管结合和优化服务工作，大力推进报关企业注册登记行政审批事项改为备案，充分释放市场活力，不断优化口岸营商环境，海关总署取消了报关企业登记许可，统一了进出口货物收发货人和报关企业的备案登记手续。

1. 报关单位备案依据、申请资格及材料

根据《中华人民共和国海关报关单位备案管理规定》（自2022年1月1日起施行），进出口货物收发货人、报关企业申请备案的，应当取得市场主体资格；其中进出口货物收发货人申请备案的，还应当取得对外贸易经营者备案。进出口货物收发货人、报关企业已办理报关单位备案的，其符合条件的分支机构也可以申请报关单位备案。法律、行政法规、规章另有规定的，从其规定。

报关单位申请备案或变更需要填写并提交《报关单位备案信息表》（见附件1-2），临时备案单位需要提交《报关单位备案信息表》、非贸易性进出口活动证明材料和主体资料证明材料。

2. 办理方式

报关单位备案登记可以有以下多种方式。

（1）"多证合一"渠道。根据《海关总署 市场监管总局关于报关单位备案全面纳入"多证合一"改革的公告》（海关总署 市场监督管理总局2021年第113号公告）①规定，"多证合一"的办理范围，已由进出口货物收发货人，扩大至报关单位（进出口货物收发货人、报关企业）。申请人办理市场监管部门市场主体登记时，需要同步办理报关单位备案的，应按照要求勾选报关单位备案，并补充填写相关备案信息。市场监管总局与海关总署数据共享，企业无须再向海关提交备案申请。

（2）网上办理。申请人通过"中国国际贸易单一窗口"标准版（https://www.singlewindow.cn/）"企业资质"子系统或"互联网＋海关"（http://online.customs.gov.cn/）"企业管理和稽查"子系统填写相关信息并向海关提交申请。

申请人以上述两种方式向所在地海关提交备案申请、信息变更申请和注销申请，无须提交纸质材料。除上述两种方式外，申请人也可到所在地海关窗口办理。

所在地海关收到申请人备案申请后进行验核，符合要求的在3个工作日内办结，企业可通过"中国国际贸易单一窗口""互联网＋海关"查询办理状态、打印备案证明、修改备案信息等。

新的备案管理规定允许备案双重身份，企业可以通过"中国国际贸易单一窗口"点击"备案申请"后，选择新增"企业经营类别"。进出口货物收发货人申请报关企业、报关企业申请进出口货物收发货人，以及分支机构等都是允许的。

报关单位备案有效期均为长期，无须定期更换。有效期内报关单位应当在每年6月30日前报送工商年报的同时填报海关年报，备案信息有变更时，应当自变更生效之日起30日内及时进行报关单位信息变更。

---

① 中华人民共和国海关总署，市场监管总局. 海关总署 市场监管总局公告2021年第113号（关于报关单位备案全面纳入"多证合一"改革的公告）[EB/OL]. (2021-12-20)[2022-08-10]. http://www.customs.gov.cn//customs/302249/302266/302267/4122433/index.html.

1.2.3　海关对报关单位的分类管理

海关对报关单位实施分类管理是解决目前海关严密监管与高效运作和日益增长的业务量与有限的人力资源矛盾的根本办法,是实现海关监管资源合理配置的有效途径。实施企业分类管理,对高类别的守法企业,简化了通关手续,加快了通关速度,降低了通关成本,给企业带来实实在在的便捷和效益,增强了企业的竞争力。而海关有限的监管力量将主要用于对低类别失信企业的严密监管上,让企业体会到不守法或不诚信行为所带来的代价,促使企业规范其进出口行为,同时也对其他企业起到了警示、教育和预防作用。

自2018年5月1日起,《中华人民共和国海关企业信用管理办法》(海关总署第237号令)开始施行,根据企业信用状况,海关将企业分别认定为认证企业(AEO,Authorized Economic Operator)、一般信用企业和失信企业,其中认证企业又分为一般认证企业和高级认证企业。企业信用管理从内部控制、财务状况、守法规范、贸易安全和其他标准5大项进行认定。同时,对企业信用状况认定结果实施动态调整,对高级认证企业每3年认证一次,对一般认证企业进行不定期重新认证,一般信用企业也可以随时申请上调认证类别。一旦企业出现违法违规行为,海关将认定其为"失信企业",列为监管重点。

伴随国家信用体系建设不断深入推进,企业对信用管理的重视程度与日俱增,普遍反映"一般认证企业"标准偏高,便利措施不多,获得感不强。为此,海关总署积极回应企业合理诉求,于2021年9月发布《中华人民共和国海关注册登记和备案企业信用管理办法》(海关总署第251号令),将信用等级由四级优化为三级,如图1-3所示。原一般认证企业可以对照高级认证企业标准升级为高级认证企业,不达标的降为常规企业。同时,将高级认证企业的复核频率由每3年复核一次延长为每5年复核一次,但企业信用状况发生异常情况的,海关可以不定期开展复核。

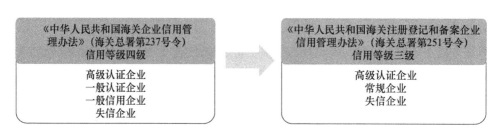

图1-3　企业信用等级优化图

目前我国正在加快推进AEO(Authorized Economic Operator,经认证的经营者)互认国际合作,已互认国家(或地区)包括22个经济体共48个国家或地区:新加坡、韩国、中国香港、欧盟成员国(27个)、英国、瑞士、新西兰、以色列、日本、白俄罗斯、智利、澳大利亚、哈萨克斯坦、蒙古、乌拉圭、阿联酋、塞尔维亚、乌干达、南非、巴西、伊朗、俄罗斯。互认协议数量和互认国家(或地区)数量居全球"双第一"。中国AEO企业对AEO互认国家或地区进出口额占到其进出口总额的约60%。

实务操作提醒 1-2

《中华人民共和国海关企业信用管理办法》明确高级认证企业进出口货物的平均查验率在一般信用企业平均查验率的20%以下,一般认证企业进出口货物的平均查验率在一般信用企业平均查验率的50%以下,失信海关AEO认证企业进出口货物平均查验率在80%以上。该办法赋予AEO高级认证企业向海关申请免于提交担保的资格;赋予AEO高级认证企业出口货物"运抵前申报"的资格;不再将"出口货物运抵海关监管区"作为申报的前提条件,将"高级认证企业出口货物运抵前申报"作为《海关法》第二十四条所规定的"海关特准"情形。失信企业不适用相关通关便利措施,如汇总征税制度和存样留像放行措施,从而实现了让守信者一路绿灯、失信者寸步难行的局面,引导社会成员和市场主体诚实守信。

案例 1-1

上海A进出口有限公司副总经理H先生在介绍《中华人民共和国海关注册登记和备案企业信用管理办法》给企业带来诸多便利时说:"新办法实施后,A公司作为一家AEO高级认证企业,查验率不到百分之一,可以大幅节约运输和仓储成本,缩短物流时间。同时,通过对照海关认证指标,公司内部管理水平上了一个新台阶。AEO高级认证资格也成为我们公司参加世界级服务招标的通行证,让我们保持了进出口贸易额同比增加的良好业绩。"新修订的《中华人民共和国海关注册登记和备案企业信用管理办法》中赋予了AEO高级认证企业可以申请免担保验放的资格,这一政策对A公司这类贸易额较大的企业来说是又一重大利好。"目前公司涉及进出口贸易环节中的各类保证金一年需要开具银行保函十几亿人民币,直接财务成本超过200万元。如果能够享受这一优惠政策,经营成本能够有明显下降。"

案例 1-2

AEO认证助力DFMG高质量发展

随着美丽健康产业消费升级,中国化妆品产业之都——B商城正在上海奉贤迅速崛起,越来越多的知名化妆品企业在此聚集。上海海关所属奉贤海关以培育好、扶植好、服务好AEO海关高级认证企业为抓手,带动提升辖区内化妆品进出口产业整体营商环境,助力B商城高质量发展。

创新培育手段,提升企业信用水平

"了解海关AEO政策吗?这项政策非常契合企业长远的发展……"

奉贤海关主动出击,利用下厂查验、稽核查、政策宣讲会等时机,向企业宣传海关企业管理政策。经前期的走访调研,国内知名化妆品C企业、D企业、上海E化妆品有限公司(以下简称"E公司")成为重点培育对象。

根据E公司绝大多数进出口商品为法定检验商品的特点,该海关企管和查检科室共同指导企业开展信用培育。安排对口联络人,实时开展答疑解惑,帮扶企业完善进出口管理体系,提升质量管理水平。2020年10月,E公司通过了海关AEO高级认证,并成为B商城首家AEO高级认证化妆品生产企业。

边培育边扶持,打通产品出口堵点

"关税从0调整到25%,美国可是我们主要的出口市场,这可怎么办?"国际贸易市场风云变幻,美国对我国出口商品加征关税给出口大户E公司带来巨大压力。

正处于创建高级认证企业关键期的E公司,立刻向奉贤海关求助。奉贤海关第一时间开展企业调研和贸易分析,在上海海关企业管理和关税等职能部门的指导下,共同研究对策。调研发现,E公司的部分出口化妆品仅是在国内进行罐装,可以利用原产地规则来降低加征关税的影响。奉贤海关遂指导企业向国外官方申请原产地裁定,以内容物产地而非罐装地作为出口产品的原产地,帮助企业降低了美国加征关税对产品出口的负面影响。2020年,E公司出口美国的业务不降反增,化妆品出口量同比增长约150%。

深化一企一策,助力企业度过疫情难关

2020年年初,受疫情影响,E公司工厂的部分订单取消,导致大量进口半成品化妆品料件剩余。奉贤海关为企业出谋划策,量身打造专属监管方案,帮助企业及时将剩余料件退运,减轻了企业库存和资金压力。

"2020年,面对中美贸易摩擦和新冠疫情的双重压力,正是有了海关的一对一帮扶,公司才能渡过难关。我们还顺利拿到了海关AEO高级认证这一金字招牌,这必将吸引更多的外贸订单。预计2021年,出口量将有20%左右的增长。目前公司管理层不仅考虑将相关产能向国内转移,而且要进一步加大国内投资,扩大产能。"E公司副总吴女士高兴地说。

1.3 海关对报关员的管理

1.3.1 报关员资格考试与报关员水平考试

报关员是指经海关批准注册,代表所属报关企业向海关办理进出口货物报关纳税等通关手续,且以此为职业的人员。报关员是联系报关单位与海关之间的桥梁,在进出口货物的通关工作中起着重要作用。报关员业务水平的高低和报关质量的好坏不仅影响进出口货物的通关速度和海关的工作效率,而且直接影响报关单位的经济效益和声誉,从而影响报关单位的生存和发展。

1. 报关员资格考试

由于进出口货物的报关手续比较复杂,办理人员需要熟悉法律、税务、外贸、商品等知识,报关职业要求报关员必须具备一定的学识水平、专业知识和业务能力。为了统一海关对报关员业务水平的要求,提高报关员队伍素质,规范对报关员的管理,从1997年起,中华人民共和国海关总署决定实行报关员全国统一考试制度。想从事报关工作的人员,首先必须通过报关员资格全国统一考试,取得《报关员资格证书》。考试是测试应试者从事报关工作必备业务知识水平和能力的职业资格考试,实行平等竞争的原则,采取全国统一报名日期、统一命题、统一时间闭卷笔试和统一评分标准、统一录取的方式进行。考试内容包括报关专业知识、报关专业技能、报关相关知识(外贸业务基础知识)以及与报关相关的法律、行政法规和海关总署规章。

为了落实简政放权,海关总署自2014年起取消了报关员资格全国统一考试,取消报关员资格核准审批,对报关人员从业不再设置门槛和准入条件。此后,报关从业人员由企业自主聘用,由报关协会自律管理,海关通过指导、督促报关企业加强内部管理,实现对报关从业人员的间接管理。这一做法符合简政放权、转变职能的要求以及行政审批制度改革的方向,同时有利于降低就业门槛,释放就业活力,营造就业创业的公平竞争环境。但报关工作专业性又很强,具有全国统一性和规范一致性的特点,报关质量也直接关系到通关效率和企业经营,而且报关从业人员队伍建设是报关行业建设与发展的重要基础。因此,对新入职的报关人员进行统一测试并出示相应的报告,还是有必要的,不仅有利于报关企业选聘人才,而且可以缩短报关新人适应工作的周期。同时,全国统一的报关水平测试工作也会给相应的职业院校提供培训方向,有助于提高整个行业的职业素养,也有利于进一步推进报关行业职业技能建设。因此,该考试改名为"中国报关协会报关水平测试"(以下简称"报关水平测试"),由民间机构中国报关协会组织。

2. 报关水平测试

报关水平测试的内容包括两个方面:报关基础知识(300分),主要包括对外贸易及对外贸易管理、海关及海关管理、报关及报关管理等与报关工作密切相关的基础理论知识;报关业务技能(200分),主要包括进出境报关、保税加工报备报核、商品归类、报关单填制、报关核算等与报关从业密切相关的基本技能操作(含模拟操作)。

与之前的报关员资格考试不同的是,报关水平测试不再是行政强制考试,而是自愿参加,有需要的人员可以自行决定是否参加考试。考试内容更广泛,除必备的基础知识外,突出了进出境现场报关、保税加工报备报核、商品归类、报关单填制、报关核算等基本操作技能测评。成绩发放也不同,不再是通过或者不通过,而是就报关基础知识和报关业务技能水平进行综合的评价与定量分析,特别是将按"技能模块"为单元给出相应的水平评价与分析。这样企业将会有针对性地选人用人,考试人员也会清楚自己的优劣之处。

3. 关务水平测试

自2018年起,中国报关协会推出了关务水平测试,分为初级,中级和高级,分类更加细化,报关员根据报关的从业时间来考取相应的级别,用来取代报关水平测试。关务水平测试的初级适合与关务相关的专业毕业生和刚入行的新人,中级适合已经从事关务工作5年以上的人员,高级适合从事关务工作10年以上的人员。目前初级每年举行一次考试,中级每两年举行一次考试,高级尚未确定。

关务水平测试分为关务基础知识和关务基本技能两个科目。关务基础知识测试内容为国际贸易实务基础知识、海关基础知识、业务合规基础知识三个模块,总分为100分,测试时长为60分钟。关务基本技能测试内容分为进出境通关、商品归类、数据申报、税费核算、保税关务管理五个模块,总分为200分,测试时长为120分钟。

参加关务水平测试的条件如下:具有中华人民共和国国籍,包括持有有效"港澳居民来往内地通行证"的港澳居民和"台湾居民来往大陆通行证"的台湾居民;年满18周岁,具有完全民事行为能力;高中或同等学历及以上学历(包括高中、中专、技校、职高等),从事关务及相关工作满一年者;或大学专科及以上学历应届毕业生。

关务水平测试报名在中国报关协会官方网站进行,参照报关员资格考试,采取网上报名、网上缴费、网上自行打印准考证的方式。测试每年一次,大约在11月份,考试前6个月中国报关协会官方网站对外发布公告和测试大纲,测试结束2个月内发布测试结果,对测试成绩有异议的,也应在测试结果发布之日起2个月内申请对本人试卷卷面各题已得分数的计算、合计、登录是否有误进行核查。核查结果通知本人,不进行再次核查。

1.3.2 报关员管理的变化

海关新政对报关员的管理方面,取消了报关员的注册登记,改为以报关单位名义对其所属从事报关人员进行备案,海关予以核发备案证明,取消了报关员记分考核管理,不再对报关人员进行记分和考核管理,改为对报关单位报关差错进行记录。企业在申请报关单位备案时,同时登记所属报关人员信息,无须单独备案。

《中华人民共和国海关报关单位注册登记管理规定》(海关总署第221号令)发布实施后,海关对报关人员的直接管理改为通过报关单位来实施间接管理,报关人员发生的申报不规范或者走私、违规行为,报关单位对其所属报关人员的报关行为应当承担相应的法律责任。海关将对报关单位办理海关业务中出现的报关差错予以记录,并且公布记录情况的查询方式。报关单位对报关差错记录有异议的,可以自报关差错记录之日起15日内向记录海关以书面方式申请复核。海关应当自收到书面申请之日起15日内进行复核,对记录错误的予以更正。

按照宽进严管原则,对报关差错率高的报关单位,海关将通过风险管理等手段加大对报关单位的规范管理力度。因此,报关单位要加强对所属报关人员的管理,要求报关人员按照《中华人民共和国海关进出口商品规范申报目录》的要求规范申报,降低报关差错率。

报关单位所属报关人员备案内容发生变更的,报关单位应当在变更事实发生之日起30日内,到注册地海关办理变更手续。

对所属报关人员不再从事报关业务、辞职或者报关单位注销等情况的,报关单位可以到注册地海关申请所属报关人员备案注销。

报关人员在海关备案后,只需要备齐相关资料(如企业营业执照、劳动合同、申请书等),即可在海关申请报关员卡。报关人员在报关时,根据不同情况,在交验报关单及有关单据时,应同时出示《报关员证》或交验报关员条码卡。如果报关员条码卡显示的身份与报关单的有关数据不符,海关将不接受报关。海关对进出口收发货人和报关企业的报关员分别发两种不同颜色的报关员证,以便能一目了然地区分其报关业务范围,对其实施不同的管理措施。

实务操作提醒 1-3

如何使用报关IC卡?

近年来我国进出口业务快速发展,在业务繁忙的口岸,由于交通拥挤,海关报关厅面积与设施不足,报关厅内往往挤满了人,排着长队报关。为改善这种情况,无论是海关还是进出口报关单位必须依靠先进的科技手段,特别是电子数据交换(EDI)技术。智能卡(报关IC卡是其中一种)海关管理信息系统能帮助用户(进出口报关单位)不离开本单位就能将报关数据发送至海关,并获得处理结果。

报关IC卡由海关统一发行给所有具备进行报关资格的报关员,据此统一管理报关员和企业的报关行为。使用IC卡管理后,报关员在进行报关时,必须插入具有身份识别作用的

IC卡,输入密码后,报关系统才会允许进一步的操作。报关员将有关数据及辅助性资料准备好,启动报关软件,在系统提示下,插入自己的报关IC卡,输入个人密码,开始报关。其使用程序为:

逐项输入所有标准的报关数据,并利用系统提供的扫描功能,将有关证明资料电子化,从而形成完整的报关数据,在检查无误后,选择报关功能,确认将有关数据发送给海关,这样报关动作基本结束。之后报关员可以选择自动监听处理结果,在系统了解到已有处理结果时,将结果从海关处取回。报关员也可以主动查询海关处理结果,获取回执。

使用报关IC卡,能带来以下几方面的便利性:对海关而言,方便了海关对报关员及企业报关行为的管理,减少差错,责任到人;对企业而言,方便对自己报关的管理,避免滥用、盗用报关功能,减少经济损失,以免给公司信誉带来影响。

1.3.3 报关员的工作职责

(1) 按照规定如实申报出口货物的商品编码、商品名称、规格型号、实际成交价格、原产地及相应优惠贸易协定代码等报关单有关项目,并办理填制报关单、提交报关单证等与申报有关的事宜;

(2) 申请办理缴纳税费和退税、补税事宜;

(3) 申请办理加工贸易合同备案(变更)、深加工结转、外发加工、内销、放弃核准、余料结转、核销及保税监管等事宜;

(4) 申请办理进出口货物减税、免税等事宜;

(5) 协助海关办理进出口货物的查验、结关等事宜;

(6) 应当由报关员办理的其他报关事宜。

1.4 海关其他报关管理规定

1.4.1 报关单位和报关员的行为规则

(一) 进出口货物收发货人的行为规则

(1) 进出口货物收发货人直接到所在地海关办理备案登记手续后,可以在关境内各口岸或者海关监管业务集中的地点办理本单位的报关业务,但不能代理其他单位报关。

(2) 进出口货物收发货人应当通过本单位所属的报关员办理报关业务,或者委托报关企业,由报关企业所属的报关员代为办理报关业务。

(3) 进出口货物收发货人办理报关业务时,向海关递交的纸质进出口货物报关单必须加盖本单位在海关备案的报关专用章。

(4) 进出口货物收发货人应当于每年1月1日至6月30日通过企业信用信息管理系统向海关提交《企业信用信息年度报告》。

(5) 进出口货物收发货人对所属报关员的报关行为应当承担相应的法律责任。报关员离职,未按规定办理注销的,进出口企业应自其离职之日起7日内向注册地海关报告并注销其报关员证;报关员未交还报关员证的,应在报刊上声明作废并向海关申请注销。

(二) 报关企业的行为规则

(1) 报关企业可以在直属海关关区内各口岸或者海关监管业务集中的地点从事报关服务，但是应当在拟从事报关服务的口岸或海关监管业务集中的地点依法设立分支机构，并且在开展报关服务前向直属海关备案。

(2) 报关企业如需备案区域外从事报关服务的，应依法设立分支机构，并向拟备案登记地海关递交报关企业分支机构备案申请，并对其分支机构的行为承担法律责任。

(3) 遵守法律、法规、海关的各项规定，履行代理人职责，配合海关监管工作，不得滥用报关权。

(4) 依法建立账簿和营业记录，真实、正确、完整地记录其办理报关业务的所有活动，完整保留委托单位提供的各种单证、票据、函电，接受海关稽查。

(5) 报关企业应当与委托方签订书面的委托协议，载明必要事项，由双方签章确认(见附件1-1)。

(6) 报关企业应当对委托人所提供情况的真实性、完整性进行合理审查，并承担相应的法律责任。审查内容包括：证明进出口货物的实际情况的资料；有关进出口货物的合同、发票、运输单据、装箱单、许可证及海关要求的《中华人民共和国海关加工贸易手册》(以下简称《加工贸易手册》)等。

(7) 不得出借其名义，供他人办理报关业务。

(8) 对于代理报关的货物涉及走私违规情事的，应当接受或者协助海关进行调查。

(9) 报关企业递交的纸质报关单须加盖在海关备案的报关专用章。报关专用章仅限在其标明的口岸地或者海关监管业务集中地使用，每一口岸地或者海关监管业务集中地报关专用章只有一枚。

(10) 报关企业对所属报关员的报关行为应当承担相应的法律责任。

(11) 报关企业应当于每年1月1日至6月30日通过企业信用信息管理系统向海关提交《企业信用信息年度报告》。

(三) 报关员的行为规则

(1) 报关员应当在一个报关单位执业，不得同时兼任两个或两个以上报关单位的报关工作；首次申请报关员注册人员在报关单位实习期间，不得以报关员的名义办理报关业务。

(2) 应在所属报关单位规定的报关地域范围内办理本企业授权承办的报关业务。

(3) 应持有效的报关员证件办理报关业务，其签字应在海关备案。报关员证件不得转借、涂改。报关企业的报关员办理报关业务，应交验委托单位的委托书。

(4) 不得故意制造海关与报关单位、委托人之间的矛盾和纠纷。

(5) 不得假借海关名义，以明示或暗示的方式向委托人索要委托合同约定以外的酬金或者其他财务、虚假报销；不得私自接受委托办理报关业务，或者私自收取委托人酬金及其他财物。

1.4.2 报关单位和报关活动相关人的法律责任

(一) 报关单位的法律责任

报关单位在办理报关业务时,应遵守国家有关法律、行政法规和海关的各项规定,并对所申报货物、物品的品名、规格、价格、数量等的真实性、合法性负责,承担相应的法律责任。报关单位违法且构成犯罪的,依法追究刑事责任。违法且构成走私但不构成犯罪的,没收走私货物、物品及违法所得,可并处罚款;没收用于掩护走私的货物、物品、运输工具;拆毁或没收藏匿走私货物、物品的特制设备。违法但未构成走私,海关按《中华人民共和国海关行政处罚实施条例》(2022年修订)(以下简称《海关行政处罚实施条例》)的有关规定处理。报关单位违反海关监管规定的具体处罚措施如下。

(1) 违反国家进出口管理规定,进出口国家禁止进出口的货物的,责令退运,处100万元以下罚款。

(2) 违反国家进出口管理规定,进出口国家限制进出口的货物的,进出口货物的收发货人向海关申报时不能提交许可证件的,进出口货物不予放行,处货物价值30%以下罚款。

(3) 违反国家进出口管理规定,进出口属于自动进出口许可管理的货物,进出口货物的收发货人向海关申报时不能提交自动许可证明的,进出口货物不予放行。

(4) 对应申报项目未申报或申报不实的,按下列规定予以处罚,没收违法所得:① 影响海关统计准确性的,予以警告或处1000~10000元的罚款;② 影响海关监管秩序的,予以警告或处1000~30000元的罚款;③ 影响国家许可证件管理的,处货物价值5%~30%罚款;④ 影响国家税款征收的,处漏缴税款30%~200%以下罚款;⑤ 影响国家外汇、出口退税管理的,处申报价格10%~50%罚款。

(5) 未经海关许可,擅自将海关监管货物开拆、提取、交付、发运、调换、改装、抵押、质押、留置、转让、更换标记、移作他用或者进行其他处置的,处货物价值5%~30%罚款,有违法所得的,没收违法所得。

(6) 报关单位有下列行为之一的,予以警告,可以处3万元以下罚款:① 擅自开启或者损毁海关封志的;② 遗失海关制发的监管单证、手册等凭证,妨碍海关监管的。

(7) 伪造、变造、买卖海关单证的,处5万~50万元罚款,有违法所得的,没收违法所得;构成犯罪的,依法追究刑事责任。

(8) 进出口侵犯中华人民共和国法律、行政法规保护的知识产权的货物的,没收侵权货物,并处货物价值30%以下罚款;构成犯罪的,依法追究刑事责任。

(9) 报关企业有下列情形之一,责令改正,给予警告,可暂停6个月内从事报关业务:① 拖欠税款或不履行纳税义务的;② 损坏或丢失海关监管货物,不能提供正当理由的;③ 有需要暂停其从事报关业务的其他违法行为的。

(10) 报关单位有下列情形之一的,应当向所在地海关办理备案注销手续:① 因解散、被宣告破产或其他法定事由终止的;② 被市场监督管理部门注销或者撤销登记、吊销营业执照的;③ 进出口货物收发货人对外贸易经营者备案失效的;④ 临时备案单位丧失主体资格的;⑤ 其他依法应当注销的情形。报关单位已在海关备案注销的,其所属分支机构应当办理备案注销手续。报关单位未按照前两款规定办理备案注销手续的,海关发现后应当依法注销。

(11) 报关企业、报关人员非法代理他人报关的,责令改正,处 5 万元以下罚款;情节严重的,禁止其从事报关活动。

(12) 报关单位向海关工作人员行贿的,由海关禁止其从事报关活动,并处 10 万元以下罚款;构成犯罪的,依法追究刑事责任。

(13) 未经海关备案从事报关活动的,责令改正,没收违法所得,可以并处 10 万元以下罚款;提供虚假资料骗取海关注册登记的,撤销其注册登记,并处 30 万元以下罚款。

(二) 报关活动相关人的法律责任

报关活动相关人是指经营海关监管货物仓储、加工、境内转运等业务的企业。这些企业虽不具有报关权,也不直接参与进出境报关纳税活动,但其经营活动与海关监管货物及海关监控要求有着密切的关联。因此,报关活动相关人在从事与报关相关的活动中,违反《海关法》和相关法律法规的,由海关责令改正,可以给予警告、暂停其从事有关业务,并承担相应的行政、刑事法律责任。其理由有以下几方面。

(1) 海关监管货物是尚未办结海关手续的货物,在未缴纳关税和进口环节税,属国家限制进口未交验进口许可证件等情况下,应当由控制货物的当事人向国家承担在该货物被用于境内使用或消费时缴纳税款和交验许可证的责任。

(2) 如果货物在收发货人的控制下,收发货人应当承担上述责任。但如果收发货人将货物交由海关监管的仓储企业储存或加工贸易生产企业加工或境内承运企业转关运输等,则货物应处于保管人或加工人或承运人的实际控制之下,收发货人无法预见,也无法防止货物灭失的情形发生,保管人或加工人或承运人应当对海关监管货物的收发货人承担控制的责任,并对非因不可抗力造成的灭失向国家承担纳税和呈验许可证件的责任。

(3) 海关监管货物总是在某一特定当事人的实际控制之下。因此,对该货物负有保管或加工或承运义务的境内企业(报关活动相关人)不仅对货物本身负有保管的民事责任,而且更应当对国家负有不让该货物擅自被投入境内使用的义务和一旦被投入境内使用向海关纳税、呈验许可证件的责任。

(4) 在某些情况下,海关尚无法知晓货物的收发货人,更应由货物的实际控制人,即报关活动相关人承担相应的法律责任。

实务操作提醒 1-4

进出口货物收发货人将货物交与仓储企业,加工贸易生产企业或境内承运人转关运输时,货物的风险由实际控制方承担,如发生非因不可抗力造成的灭失,则实际控制方应向国家承担纳税和呈验许可证件的责任。

附件 1-1

代理报关委托书

编号：

我单位现_____（A. 逐票　B. 长期）委托贵公司代理_____等通关事宜。（A. 填单申报　B. 辅助查验　C. 垫缴税款　D. 办理海关证明联　E. 审批手册　F. 核销手册　G. 申办减免税手续　H. 其他）详见《委托报关协议》。

我单位保证遵守《海关法》和国家有关法规，保证所提供的情况真实、完整、单货相符。否则，愿承担相关法律责任。

本委托书有效期自签字之日起至_____年____月____日止。

委托方（盖章）：

法定代表人或其授权签署《代理报关委托书》的人（签字）

年　月　日

委托报关协议

为明确委托报关具体事项和各自责任，双方经平等协商签订协议如下：

委托方		被委托方		
主要货物名称		*报关单编码	No.	
HS 编码	□□□□□□□□	收到单证日期		年　月　日
货物总价		收到单证情况	合同□	发票□
进出口日期	年　月　日		装箱清单□	提（运）单□
提（运）单号			加工贸易手册□	许可证件□
贸易方式			其他	
原产地/货源地		报关收费	人民币：	元
其他要求：		承诺说明：		
背面所列通用条款是本协议不可分割的一部分，对本协议的签署构成了对背面通用条款的同意。		背面所列通用条款是本协议不可分割的一部分，对本协议的签署构成了对背面通用条款的同意。		
委托方业务签章：		被委托方业务签章：		
经办人签章：		经办报关员签章：		
联系电话：	年　月　日	联系电话：		年　月　日

（白联：海关留存。黄联：被委托方留存。红联：委托方留存）　中国报关协会监制

续背面条款

委托报关协议通用条款

委托方责任

委托方应及时提供报关报检所需的全部单证,并对单证的真实性、准确性和完整性负责。

委托方负责在报关企业办结海关手续后,及时、履约支付代理报关费用,支付垫支费用,以及因委托方责任产生的滞报金、滞纳金和海关等执法单位依法处以的各种罚款。

负责按照海关要求将货物运抵指定场所。

负责与被委托方报关员一同协助海关进行查验,回答海关的询问,配合相关调查,并承担产生的相关费用。

在被委托方无法做到报关前提取货样的情况下,承担单货相符的责任。

被委托方责任

负责解答委托方有关向海关申报的疑问。

负责对委托方提供的货物情况和单证的真实性、完整性进行"合理审查",审查内容包括:(一)证明进出口货物实际情况的资料,包括进出口货物的品名、规格、用途、产地、贸易方式等;(二)有关进出口货物的合同、发票、运输单据、装箱单等商业单据;(三)进出口所需的许可证件及随附单证;(四)海关要求的加工贸易(纸质或电子数据的)及其他进出口单证。

因确定货物的品名、归类等原因,经海关批准,可以看货或提取货样。

在接到委托方交付齐备的随附单证后,负责依据委托方提供的单证,按照《中华人民共和国海关进出口报关单填制规范》认真填制报关单,承担"单单相符"的责任,在海关规定和本委托报关协议中约定的时间报关,办理海关手续。

负责及时通知委托方共同协助海关进行查验,并配合海关开展相关调查。

负责支付因报关企业的责任给委托方造成的直接经济损失,所产生的滞报金、滞纳金和海关等执法单位依法处以的各种罚款。

负责在本委托书约定的时间内将办结海关手续的有关委托内容的单证、文件交还委托方或其指定的人员(详见《委托报关协议》"其他要求"栏)。

赔偿原则 被委托方不承担因不可抗力给委托方造成损失的责任。因其他过失造成的损失,由双方自行约定或按国家有关法律法规的规定办理。由此造成的风险,委托方可以投保方式自行规避。

不承担的责任 签约双方各自不承担因另外一方原因造成的直接经济损失,以及滞报金、滞纳金和相关罚款。

收费原则 一般货物报关收费原则上按当地《报关行业收费指导价格》规定执行。特殊商品可由双方另行商定。

法律强制 本《委托报关协议》的任一条款与《海关法》及有关法律、法规不一致时,应以法律、法规为准,但不影响《委托报关协议》其他条款的有效。

协商解决事项 变更、中止本协议或双方发生争议时,按照《中华人民共和国合同法》有关规定及程序处理。因签约双方以外的原因产生的问题或报关业务需要修改协议条款的,应协商订立补充协议。双方可以在法律、行政法规准许的范围内另行签署补充条款,但补充条款不得与本协议的内容相抵触。

附件 1-2

报关单位备案信息表

统一社会信用代码					填表/打印日期	
申请类型	□备案　□备案信息变更　□注销					
申请报关单位类型	□进出口货物收发货人　□报关企业　□临时备案单位 □进出口货物收发货人分支机构　□报关企业分支机构					
行政区划		所在地海关			统计经济区域	
中文名称						
英文名称						
住所(主要经营场所)					邮政编码	
英文地址						
组织机构类型		市场主体类型			行业种类	
联系人		固定电话			移动电话	
电子邮箱		传真			网址	
所属单位代码			所属单位名称			
经营范围						

管理人员信息

	姓名	证件类型	证件号码	国籍	移动电话
法定代表人(负责人)					
财务负责人					
关务负责人					

出资者信息

序号	出资者名称(姓名)	国籍	出资币制	出资金额
1				
2				
3				

所属报关人员信息

序号	姓名	证件类型	证件号码	移动电话	申请办理类型
1					□到岗　□变更　□离岗
2					□到岗　□变更　□离岗
3					□到岗　□变更　□离岗
4					□到岗　□变更　□离岗
5					□到岗　□变更　□离岗
6					□到岗　□变更　□离岗
7					□到岗　□变更　□离岗
8					□到岗　□变更　□离岗
9					□到岗　□变更　□离岗
10					□到岗　□变更　□离岗

本单位承诺对本表所填报备案信息的真实性、有效性负责并承担相应的法律责任。

(单位印章)

年　月　日

《报关单位备案信息表》填表说明

(1) 统一社会信用代码：市场主体、有统一社会信用代码的其他组织机构必须填写"统一社会信用代码"，办理临时备案的单位没有统一社会信用代码的可不填写。

(2) 填表/打印日期：提交纸面《报关单位备案信息表》的，应填写填表日期。

(3) 申请类型：根据申请办理业务的类型勾选，每次只能选择一个选项。

(4) 申请报关单位类型：根据要申请的报关单位类型勾选，每次只能勾选一个选项。

(5) 行政区划：填写住所（非法人组织、个体工商户为主要经营场所或主要办事机构所在地，下同）所在行政区划代码。

(6) 所在地海关：填写住所所在地海关。

(7) 统计经济区域：填写住所所在地统计经济区域代码。

(8) 中文名称：市场主体填写《营业执照》上的"名称"或"企业名称"，其他组织机构按实际情况填写。

(9) 英文名称：填写本单位的英文名称，申请临时备案的可不填写。

(10) 住所（主要经营场所）：市场主体填写《营业执照》上的"住所""企业住所"或"主要经营场所"，其他组织机构按实际情况填写。

(11) 邮政编码：填写住所所在地的邮政编码。

(12) 英文地址：填写住所的英文地址，申请临时备案的可不填写。

(13) 组织机构类型：非市场主体根据《组织机构类型》(GB/T 20091-2006)填写2位组织机构类型及对应名称，市场主体可不填写。

(14) 市场主体类型：市场主体填写《营业执照》上的"类型"或"市场主体类型"，非市场主体可不填写。

(15) 行业种类：根据《国民经济行业分类》(GB/T 4754-2017)填写4位代码及对应名称。申请临时备案的可不填写。

(16) 联系人：填写本单位负责海关业务的联系人姓名。

(17) 固定电话：填写本单位联系人的固定电话。

(18) 移动电话：填写本单位联系人的移动电话。

(19) 电子邮箱：填写本单位联系人的电子邮箱。无电子邮箱的可不填写。

(20) 传真：填写本单位的传真号码。无传真的可不填写。

(21) 网址：填写本单位的网址。无网址的可不填写。

(22) 所属单位代码：申请进出口货物收发货人分支机构、报关企业分支机构备案、变更的，应填写所属报关单位统一社会信用代码，其他可不填写。

(23) 所属单位名称：申请进出口货物收发货人分支机构、报关企业分支机构备案、变更的，应填写所属报关单位名称，其他可不填写。

(24) 经营范围：市场主体填写《营业执照》上的"经营范围"，其他可不填写。

(25) 管理人员信息：申请进出口货物收发货人、报关企业、进出口货物收发货人分支机构、报关企业分支机构备案或变更的，应当填写法定代表人（负责人）、财务负责人、关务负责人信息，其他可不填写。其中法定代表人（负责人）信息中，法人填写法定代表人信息、合伙企业填写执行事务合伙人信息、个人独资企业填写投资人信息、个体工商户填写经营者信息、其他非法人机构填写负责人信息。

(26）姓名：填写相应管理人员的姓名。

(27）证件类型：填写相应管理人员的证件类型。证件类型包括：身份证、户口簿、护照、军官证、士兵证、港澳居民来往内地通行证、台湾同胞来往内地通行证、临时身份证、外国人居留证、警官证、其他证件。

(28）证件号码：填写相应管理人员的证件号码。

(29）国籍：填写相应管理人员的国籍。

(30）移动电话：填写相应管理人员的移动电话。

(31）出资者信息：外商投资企业、港澳台投资企业应当填写出资者信息，其他可不填写。出资者超过3名的，可另附页。

(32）出资者名称(姓名)：出资者为组织机构的，填写组织机构名称，出资者为自然人的，填写自然人姓名。

(33）国籍：填写出资者的国籍。

(34）出资币制：填写出资金额的币制。

(35）出资金额：填写出资金额。

(36）所属报关人员信息：办理报关单位备案、备案信息变更、注销时同时备案所属报关人员的到岗、变更、离职备案的，应一并填写报关人员相关信息，否则可不填写。一次填写报关人员信息超过10名的，可自行扩展表格或者另附页。姓名、证件类型、证件号码、移动电话比照管理人员信息相关填写说明填写。

(37）申请办理类型：根据报关人员实际情况填写。

以上行政区划、所在地海关、统计经济区域、组织机构类型、市场主体类型、行业种类、证件类型、国籍、出资币制等信息，在通过"互联网＋海关"或者"中国国际贸易单一窗口"等向海关提交电子申请时，可以通过相关系统提供的参数选择进行录入。

通过市场监管部门"多证合一""注销便利化"等平台提出报关单位备案、备案信息变更、注销电子申请的，海关在收到电子申请后主动完成审核；

通过"卡介质"方式登录"互联网＋海关"或者"中国国际贸易单一窗口"，为本单位向海关提交电子申请的，无须上传附件，可不提交纸质《报关单位备案信息表》，海关在收到电子申请后主动完成审核；

通过"账号登录"方式登录"互联网＋海关"或者"中国国际贸易单一窗口"，向海关提交电子申请，并上传加盖单位公章的《报关单位备案信息表》扫描件或者照片的，可不再提交纸质《报关单位备案信息表》，海关在收到电子申请后主动完成审核；

通过其他方式向海关提出申请的，应向所在地海关提交加盖单位公章的《报关单位备案信息表》，具体提交方式请咨询所在地海关。

办理报关单位备案信息变更的，应填写变更后的信息。

本章小结

通过学习，我们了解了海关是国家行政机关，不仅可以设在沿海口岸，也可设在机场、车站、邮局、内地及边境等海关监管业务(也即进出口业务)集中的地点。报关单位分自理报关单位和代理报关单位两类。进出口货物收发货人是自理报关单位，报关企业是代理报关单位,两者的主营范围及报关权限不同。虽然目前从事报关员工作,不需要《报关员资格证书》,但系统学习报关知识、提高业务能力更容易获得报关企业和进出口企业的青睐。

关键词

海关　海关监管　自理报关单位　代理报关单位　直接代理　间接代理
备案许可　报关权限　报关单位分类管理　AEO认证　报关活动相关人员

思考与问答

(1) 关境与国境有什么区别?
(2) 海关监管的对象有哪些?进出口货物与物品有什么区别?
(3) 海关设关的原则是什么?具体在哪些地点设立海关?
(4) 报关单位有哪几种类型?其主营业务及报关范围有什么不同?
(5) 直接报关和间接报关有什么区别?
(6) 海关对报关单位分为哪几类进行管理?为什么要实施分类管理?

第 2 章 报关与进出口管制

―― 本章学习目标 ――

- 了解进出口管制的内涵和目的。
- 了解进出口管制与报关的关系。
- 了解对外贸易经营者管理制度。
- 熟悉进出口许可管理制度。
- 熟悉进出境商品合格评定制度。
- 熟悉进出口货物收付汇管理制度。
- 了解对外贸易救济制度。
- 了解其他特殊货物进出口管制。

2.1 进出口的国家管制

报关与进出口国家管制有什么关系呢？后面的章节会告诉我们，因为不同商品受到的国家进出口管制不同，报关时需要向海关提交各种管制证件（单证），因此，报关员需要了解进出口的各种国家管制措施。

进出口国家管制也称"对外贸易管制"，是指一国政府从国家的宏观经济利益和国内外政策需要出发，在遵循国际贸易有关规则的基础上，对本国的对外贸易活动实施有效管理而实行的各种贸易制度或措施的总称，简称"贸易管制"。它是一种行政管理行为，体现国家意志并以国家强制力为后盾，不仅是各国政府的重要职能，也是国家对外经济政策的具体体现。我国对外贸易管制，按管制目的分为进口贸易管制和出口贸易管制；按管制手段分为关税措施和非关税措施；按管制对象分为货物进出口贸易管制、技术进出口贸易管制和国际服务贸易管制。本书主要关注货物进出口贸易管制。

一国为什么要进行对外贸易管制？主要是基于以下几个目的。

1. 保护本国经济利益，发展本国经济

各国根据其不同时期的不同经济利益，会随时调整对外贸易管制政策。发展中国家实行对外贸易管制主要是为了保护本国的民族工业，建立与巩固本国的经济体系；通过对外贸易管制的各项措施，防止外国产品冲击本国市场而影响本国独立的经济结构的建立；同时，也是为了维护本国的国际收支平衡，使有限的外汇能有效地发挥最大的作用。发达国家实行对外贸易管制主要是为了确保本国在世界经济中的优势地位，避免国际贸易活动对本国经济产生不良影响，特别是要保持本国某些产品或技术的国际垄断地位，保证本国各项经济发展目标的实现。因此，各国的对外贸易管制措施都是与其经济利益相联系的。

2. 推行本国的外交政策

不论是发达国家还是发展中国家，往往出于政治或安全上的考虑，不惜牺牲本国经济利益，在不同时期，对不同国家或不同商品采取不同的对外贸易管制措施，以达到其政治上的目的或安全上的目标。因此，贸易管制往往成为一国推行其外交政策的有效手段。

3. 行使国家职能

一个主权国家，对其自然资源和经济行为享有排他的永久主权，国家对外贸易管制制度和措施的强制性是为保护本国环境和自然资源、保障国民人身安全、调控本国经济而行使国家管理职能的一个重要保证。

一国对外贸易管制政策会因时间、形势而发生变化，并且以进口管制为重点。虽然贸易管制能够有效保护本国国内市场和本国的经济利益，但在一定程度上会阻碍世界经济交流，抑制国际贸易的发展。因此，如何充分发挥贸易管制的有利因素，尽可能减少其带来的不利影响，变被动保护为主动、积极的保护，是一国管理对外贸易水平的体现。

随着加入世界贸易组织（WTO），我国贸易管制制度日益完善，目前这一制度由对外贸易经营者管理制度、进出口许可管理制度、进出口商品合格评定制度、进出口货物收付汇管理制度、对外贸易救济措施以及其他有关的管理制度所组成。这些贸易管制制度的内容可简要概括为"备""证""检""核""救"五个字。

"备"，即对外贸易经营资格的备案登记。它突出强调的是我国对外贸易经营者在从事或参与对外贸易经营活动以前，须按规定向国务院对外贸易主管部门或者其委托的机构办理备案登记。根据我国《对外贸易法》的相关规定，对外贸易经营者未按照规定办理备案登记的，海关不予办理进出口货物的报关验放手续。

"证"，即货物、技术进出口的许可。它主要是指进出口许可证件，即法律、行政法规规定的各种具有许可进出性质的证明、文件。进出口许可证件是我国实行进出口许可管理制度中的重要内容。进出口许可管理制度不仅是我国贸易管制的核心管理制度，而且也是我国贸易管制的主要实现方式之一。进出口许可证件是货物或技术进出口的证明文件，既是我国贸易管制的最基本手段，又是我国有关行政管理机构执行贸易管制与监督的重要依据。此外，国家有关主管部门对于出口文物、进出口黄金及其制品、进口音像制品、进出口濒危野生动植物、进出口药品药材和进口废物等特殊进出口商品的批准文件或许可文件，同样是我国有关职能管理机构执行贸易管制的重要依据。

"检"，即商品质量的检验检疫、动植物检疫和国境卫生检疫，简称为"三检"。它主要强调的是对货物的进出口实行必要的检验或检疫，也是我国贸易管制方面的重要内容之一。

其基本目标是保证进出口商品的质量、保障人民的生命安全与健康,我国出入境检验检疫机构可依法对进出口的货物实施必要的检验检疫。

"核",即进出口收、付汇核销。它反映了我国有关进出口货物的收、付汇管理,强调对实际进出口的货物与技术实行较为严格的收、付汇核销制度,以达到国家对外汇实施管制的目的,防止偷逃、偷套外汇。

"救",即贸易管制中的救济措施。根据世界贸易组织的有关规定,任何一个世界贸易组织成员都可以为维护自身经济贸易利益,防止或阻止本国产业受到侵害和损害而采取保护性措施。在对进出口贸易实行管制过程中,我国根据国际公认的规则所采取的贸易补救措施主要包括反倾销、反补贴和保障措施。

受管制的货物在进出境时要提交授权部门批准的有关证件。国家对进出口货物的管制措施是各自相对独立的。进出口货物实施管制措施的多少,要根据具体货物而定,对一种货物所实施的管制应全部实施,不能因实施了某种而减少或解除另一种。如进口废物,除交验进口废物批准证书外,若属国家其他管制的,如特定商品登记、商品检验等,进口时还应向海关提交其他授权部门批准进口的证件。

以下将对这些管制制度一一进行详述。

2.2 对外贸易经营者管理制度

对外贸易经营者,是指依法办理工商登记或者其他执业手续,依照《对外贸易法》和其他有关法律、行政法规的规定从事对外贸易经营活动的法人、其他组织或者个人。对外贸易经营者管理制度是我国为了鼓励对外经济贸易的发展,发挥各方面的积极性,保障对外贸易经营者的对外自主权,由中华人民共和国商务部(以下简称"商务部")和相关部门制定的一系列法律、行政法规、部门规章的总和。

我国对对外贸易经营者的管理实行备案登记制。法人、其他组织或者个人在从事对外贸易经营前,必须按照国家的有关规定,依法定程序在商务部或商务部委托的机构办理备案登记,取得对外贸易经营的资格,在国家允许的范围内从事对外贸易经营活动。对外贸易经营者未按规定办理备案登记的,海关不予办理进出口货物的报关验放手续,对外贸易经营者可以接受他人的委托,在经营范围内代为办理对外贸易业务。

现在国家对企业申请进出口权已经放开了,并无注册资金和年出口额的限制,只要有营业执照就可以申请,而且办理对外贸易经营者备案登记无须收费。对外贸易经营者备案登记工作实行全国联网和属地化管理,对外贸易经营者在本地区备案登记机关办理备案登记,程序如下。

(1) 领取《对外贸易经营者备案登记表》。对外贸易经营者可以通过商务部政府网站[①]下载或到所在地备案登记机关领取《对外贸易经营者备案登记表》(见附件2-1)。

(2) 填写《对外贸易经营者备案登记表》。对外贸易经营者应按《对外贸易经营者备案登记表》要求认真填写所有事项的信息,并确保所填写内容是完整、准确和真实的。同时认

---

① 对外贸易经营者备案登记系统网址为 https://iecms.mofcom.gov.cn。

真阅读《对外贸易经营者备案登记表》背面的条款,并由企业法定代表人或个体工商负责人签字、盖章。

(3) 上网登录后向备案登记机关提交备案登记材料。提交备案机关的备案登记材料包括:① 按要求填写的《对外贸易经营者备案登记表》;② 营业执照复印件;③《组织机构代码证书》复印件;④ 对外贸易经营者为外商投资企业的,还应提交外商投资企业批准证书复印件;⑤ 依法办理工商登记的个体工商户(独资经营者),须提交合法公证机构出具的财产公证证明,依法办理工商登记的外国(地区)企业,须提交经合法公证机构出具的资金信用证明文件。

(4) 备案登记机关应自收到对外贸易经营者提交的上述材料之日起 5 日内办理备案登记手续,在《对外贸易经营者备案登记表》上加盖备案登记印章。备案登记机关在完成备案登记手续的同时,应当完整准确地记录和保存对外贸易经营者的备案登记信息和登记材料,依法建立备案登记档案。

(5) 对外贸易经营者应凭加盖备案登记印章的《对外贸易经营者备案登记表》在 30 日内到当地海关、检验检疫、外汇、税务等多个部门办理开展对外贸易业务所需的有关手续。逾期未办理的,《对外贸易经营者备案登记表》自动失效。

获得进出口经营权的企业是自营出口还是委托专业外贸公司代理出口,应该说各有利弊。自营出口公司要做很多事情,比如办理各种证件、报关、准备各种资料等,不过利润要高些。外贸公司代理出口,公司只需要生产,没有那么多事情,简单省事,但是利润要低些。选择哪一种方式要根据公司的实际情况而定。早期业务不大时当然还是代理合算,做大了自营出口可能会好些。

 实务操作提醒 2-1

如何获得进出口经营权

做外贸,首先你要有自己的工厂或者供应商,其次你要注册一个进出口公司或者找一家进出口代理。那么如何办理进出口经营权手续呢?获得进出口经营权又有什么好处呢?

拥有了进出口经营权,企业就可以直接自营进出口,可以开设自己的外汇账户,从长期看,既方便又节省开支。自营进出口最大的好处是企业由此可以获得出口退税,在以往的委托代理业务中,退税部分一般由外贸公司享受,自营以后企业可以直接获得退税,这是一笔不小的利润。而且,企业自营进出口后,与外商接触和交流的机会更多,有利于企业寻求更多的商机。此外公司拿到进出口权后,自营进出口省去了找代理公司出口的环节和费用,而且货款直接到本公司外汇账户上,既省心、放心,又可提高效率,减少中间环节。

企业申请进出口经营权的流程:
● 到商务部办理对外贸易经营者备案登记手续,取得进出口资质。
● 到市场监督管理局增加经营范围"货物进出口、技术进出口、代理进出口"。
● 海关备案,进入海关系统,取得海关进出口代码,以备进出口报关时调用。
● 公安局备案,刻"报关专用章"一枚。
● 中国电子口岸备案,将海关、检疫、外管局和国税等几个部门的数据联网。

- 外汇管理局取得外汇账户开立许可,并出口备案,3个工作日。
- 国税办理出口退税登记手续,5个工作日。

办理进出口经营权需要提交的资料如下:
- 营业执照副本复印件,4份,加盖公章;组织机构代码证复印件,4份,加盖公章。
- 国地税副本复印件,3份,加盖公章;法定代表人身份证复印件,2份,加盖公章。
- 银行开户许可证复印件,2份,加盖公章;公司章程复印件,1份,加盖公章。
- 公司英文名称、英文地址、联系电话、传真、电子邮箱。
- 电子卡操作人员、报关负责人、财务人员身份证复印件。
- 海关备案需要预留的公章模板(A4白纸加盖公章、法人章)。

2.3 进出口许可管理制度

进出口许可管理制度是指国家根据《中华人民共和国货物进出口管理条例》(以下简称《货物进出口管理条例》)《中华人民共和国技术进出口管理条例》等相关法律、行政法规,对进出口贸易所实行的一种行政管理制度。货物、技术进出口许可管理制度是我国进出口许可制度的主体、核心内容。由于广大报关员面对的是货物的进出口,因此,本节主要阐述进出口货物许可证管理制度。

2.3.1 什么是进出口货物许可证管理

进出口货物许可证管理,是国家对进出口货物进行宏观管理的一种行政手段,其目的是维护正常的进出口秩序,保护和促进国内生产,协调出口,防止低价竞销,实行统一对外。实践证明,通过这一制度,可以有组织、有秩序地发展进出口贸易,稳定国内市场,保护和扩大国际市场。因此,它既是对外贸易管理的根本性措施,也是海关进行实际监督管理的主要依据。根据《海关法》第二十四条规定:"进口货物的收货人、出口货物的发货人应当向海关如实申报,交验进出口许可证和有关单证。"进出口货物许可证是海关监管验放进出口货物的重要依据,报关员在向海关申报之前,首先要了解所申报的货物是否属于实行许可证管理范围的进出口商品。属于实行许可证管理范围的进出口货物,其收、发货人必须申领进出口许可证,才能向海关报关。对属于实行许可证管理范围而没有申领许可证的进出口货物,海关不接受申报,当然也不予放行。实行许可证管理的商品目录,由商务部统一调整、公布和解释。

根据管制手段的不同,进出口货物管制分为关税管制和非关税管制。由于世界贸易组织倡导贸易自由化,各成员关税纷纷下调,非关税管制成为主要管制手段。非关税管制手段可以进一步分为配额管理和许可证管理两种;根据管制程度的不同,又分为禁止进出口管理、限制进出口管理、自由进出口管理。

2.3.2 进出口货物管制手段——配额管理与许可证管理

目前,国际上对进出口货物进行管制的主要手段有配额管理和许可证管理两种。

1. 配额管理和许可证管理的定义

配额管理是指国家在一定时期内对于某种商品的进出口数量或金额直接加以限制的管理措施。在规定的期限和配额以内的货物可以进出口，超过了的部分不准进出口。许可证管理是指对外贸易经营者进口或者出口国家规定限制进出口的货物，必须事先征得国家的许可，取得进出口许可证。许可证是国家许可对外贸易经营单位进口或者出口某种货物的证明，也是海关对进出境货物监管的重要依据。

配额管理和许可证管理是国家对商品进出口实行限制的重要手段。通过配额管理或许可证管理，国家可以直接控制某类商品的进出口总量，从而达到保护本国经济不受进口商品的冲击，维护本国产品在国际市场上的竞争力的目的。

世界上大多数国家对一些商品的进出口都采取配额管理或许可证管理措施。从各国的情况看，配额管理与许可证管理这两种限制措施既可单独使用，也可以结合在一起使用。长期以来，我国采取了配额管理与许可证管理相结合的做法，即配额许可证管理措施，需要配额管理的商品必须申领许可证。

在我国成为世界贸易组织的正式成员以后，我国对限制进出口货物的管理方式已经发生了不同程度的调整与变化。自2005年3月起，我国取消了限制进口货物的数量限制，这意味着我国过去曾经长期采用的配额管理与许可证管理相结合的管理模式已经结束。目前，我国的配额管理主要针对部分限制出口货物。对于这些受配额管理的出口货物，要求申请者取得配额证明后，到商务部及其授权发放许可证的机关，凭配额证明申领出口货物许可证，凭以办理出口通关、外汇核销等手续。在进口贸易方面，现行的管理方式主要是许可证件管理，特别是许可证管理，少数货物采用关税配额管理。

2. 我国实行进口配额或许可证件管理的商品

进口许可证管理按管理方式可分为进口配额管理和进口许可证件管理（也称进口非配额管理）。由于进口配额管理已取消，目前只剩下进口许可证件管理。

为了进一步开放市场和兑现加入世界贸易组织的承诺，我国已多次削减进口许可证件管理的商品：2005年起，基本取消进口许可证件管理的货物，仅保留对监控化学品、易制毒化学品和消耗臭氧层物质3种特殊商品的进口许可证管理；2006年，进一步取消进口许可证件管理的货物，仅剩消耗臭氧层物质1类；2009年起，实行进口许可证件管理的货物调整为2种——重点旧机电产品和消耗臭氧层物质，商务部负责签发重点旧机电产品的《中华人民共和国进口许可证》（以下简称《进口许可证》），地方发证机构负责签发消耗臭氧层物质的进口许可证。

3. 我国实行出口配额或许可证管理的商品

出口许可证管理按管理方式可分为出口配额管理和出口许可证管理（也称出口非配额管理）。

国家实行出口配额管理或许可证管理的商品是指国家授权商务部根据《对外贸易法》关于对限制出口货物实行配额或许可证管理的规定，会同海关总署等有关部门制定公布的实行出口配额或许可证管理的商品。目前，实行许可证管理的出口货物为43种，分别实行出口配额管理或出口许可证管理。对外贸易经营者出口目录内所列货物的，应向商务部或商务部委托的地方商务主管部门申请取得《中华人民共和国出口许可证》（以下简称《出口许可证》），凭《出口许可证》向海关办理通关验放手续。

实行出口配额许可证管理的货物包括：小麦、玉米、大米、小麦粉、玉米粉、大米粉、药料用麻黄草(人工种植)、煤炭、原油、成品油(不含润滑油、润滑脂、润滑油基础油)、锯材、棉花等,凭配额证明文件申领出口许可证；出口甘草及甘草制品、蔺草及蔺草制品,这些商品凭配额招标中标证明文件申领《出口许可证》。以加工贸易方式出口上述货物的,凭配额证明文件、货物出口合同申领《出口许可证》。其中,出口甘草及甘草制品、蔺草及蔺草制品的,凭配额招标中标证明文件、海关加工贸易进口报关单申领《出口许可证》。以边境小额贸易方式出口上述货物,由省级地方商务主管部门根据商务部下达的边境小额贸易配额和要求签发《出口许可证》。以边境小额贸易方式出口甘草及甘草制品、蔺草及蔺草制品、消耗臭氧层物质、摩托车(含全地形车)及其发动机和车架、汽车(包括成套散件)及其底盘等货物的,需按规定申领《出口许可证》。以边境小额贸易方式出口本款上述情形以外的货物的,免于申领《出口许可证》。

实行出口许可证管理的货物包括：牛肉、猪肉、鸡肉、天然砂(含标准砂)、矾土、磷矿石、镁砂、滑石块(粉)、萤石(氟石)、稀土、锡及锡制品、钨及钨制品、钼及钼制品、锑及锑制品、焦炭、成品油(润滑油、润滑脂、润滑油基础油)、石蜡、部分金属及制品、硫酸二钠、碳化硅、消耗臭氧层物质、柠檬酸、白银、铂金(以加工贸易方式出口)、铟及铟制品、摩托车(含全地形车)及其发动机和车架、汽车(包括成套散件)及其底盘等,需按规定申领《出口许可证》。其中,消耗臭氧层物质货样广告品需凭出口许可证出口；以一般贸易、加工贸易、边境贸易和捐赠贸易方式出口汽车、摩托车产品的,需按规定的条件申领《出口许可证》；以工程承包方式出口汽车、摩托车产品的,凭中标文件等材料申领《出口许可证》；以上述贸易方式出口非原产于中国的汽车、摩托车产品的,凭进口海关单据和货物出口合同申领《出口许可证》。

以加工贸易方式出口上述货物的,除另有规定以外,凭有关批准文件、海关加工贸易进口报关单和货物出口合同申领《出口许可证》。其中出口润滑油、润滑脂、润滑油基础油以外的成品油的,免于申领《出口许可证》。出口铈及铈合金(颗粒<500微米)、钨及钨合金(颗粒<500微米)、锆、铍的可免于申领《出口许可证》,但需按规定申领《中华人民共和国两用物项和技术出口许可证》(以下简称《两用物项和技术出口许可证》)。

我国政府对外援助项下提供的货物免于申领《出口许可证》。

进出口配额或许可证管理的商品目录每年由商务部统一对外公布,并根据国家的经济政策和对外经济贸易发展的需要以及国内外市场变化情况,对配额或许可证管理的商品目录进行调整。

2.3.3 进出口货物管制程度

(一) 禁止进出口管理

为维护国家安全和社会公共利益,保护人民的生命健康,履行中华人民共和国所缔结或者参加的国际条约和协定,国务院对外贸易主管部门会同国务院其他有关部门,依照《对外贸易法》第十六条、第十七条的规定,制定、调整并公布限制或禁止进出口货物、技术目录。海关依据国家相关法律、法规对禁止进出口目录商品实施监督管理,对列入该目录的商品及其他明令禁止或停止进出口的商品,任何企业不得经营进出口。

目前,我国公布的禁止进口货物目录共 7 个,即《禁止进口货物目录》第一批、第二批、第三批、第四批、第五批、第六批、第七批。第一批涉及国家禁止进口属破坏臭氧层物质的四氯化碳及属世界濒危物种管理范畴的犀牛角、麝香和虎骨等;第二批均为旧机电产品类,是国家对涉及生产安全(压力容器类),人身安全(电器、医疗设备类)和环境保护(汽车、工程及车船机械类)的旧机电产品所实施的禁止进口管理;第三批、第四批、第五批涉及对环境有污染的固体废物类,如城市垃圾、医疗废物、含铅汽油淤渣、废动物产品及废动植物油脂等 13 类废物;第六批涉及危险化学品、农药以及持久性有机污染物,如长纤维青石棉、二噁英等;第七批涉及氯丹、含汞消毒剂、灭蚁灵、五氯苯等 35 类危害环境的化学品。国家法律、法规还明令禁止下列货物进境:动植物病源(菌种、毒种等)、害虫及其他有害生物;动植物疫情流行国家或地区的有关动植物、动植物产品等;动物尸体;土壤。此外,国家停止进口以 CFC12 为制冷工质的汽车及汽车空调压缩机,停止进口属右置方向盘的汽车,停止进口旧服装、Ⅷ因子制剂等血液制品等。

目前,我国公布的禁止出口货物目录共有 6 批,第一批和第三批涉及国家禁止出口属破坏臭氧层物质的四氯化碳及属世界濒危物种管理范畴的犀牛角、麝香和虎骨;禁止出口有防风固沙作用的发菜和麻黄草等植物;第二批涉及国家为保护我国匮乏的森林资源,防止乱砍滥伐而禁止出口的木炭;第四批主要包括硅砂、石英砂等天然砂;第五批包括无论是否经化学处理过的森林凋落物以及泥炭(草炭);第六批涉及氯丹、含汞消毒剂、灭蚁灵、五氯苯等 35 类危害环境的化学品。国家有关法律还明令禁止出口有重要价值的野生植物及禁止出口劳改产品、原料血浆及属商业性出口的野生红豆杉及其部分产品等。

(二)限制进出口管理

对于限制进出口货物的管理,我国《货物进出口管理条例》中的相关条款进行了明确规定,即国家规定有数量限制的限制进出口货物,实行配额管理;其他限制进出口货物,实行许可证管理。实行关税配额管理的进口货物,其目录由国务院外经贸主管部门会同国务院有关经济管理部门制定、调整并公布,对关税配额内进口的货物,按配额内税率缴纳关税,对关税配额外进口的货物,按配额外税率缴纳关税。我国限制进出口货物的管理按其限制方式划分为以下几种(见图 2-1)。

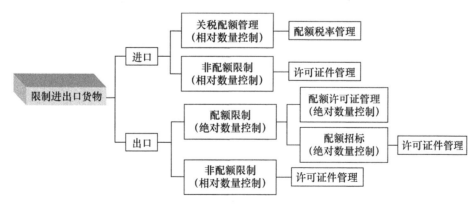

图 2-1 限制进出口货物的管理

1. 进口关税配额管理

在我国,一直以来进口配额限制有两种管理形式,即进口配额管理和关税配额管理。自2005年起,国家已经取消了对于进口产品的绝对数量限制规定,目前只剩下对某些进口产品(农产品及农用肥料)的相对数量限制。

关税配额管理是指在一定时期内(一般是1年),国家对部分商品的进口制定配额优惠税率并规定该商品进口数量总额,在限额内,经国家批准后允许按照配额内税率征税进口,如超出限额则按照配额外税率征税进口的措施。一般情况下,配额内税率优惠幅度很大,有的商品如小麦,关税配额税率与最惠国税率相差达65余倍。国家通过这种行政管理手段对一些重要商品以规定配额税率这个成本杠杆来实现限制进口的目的,因此,关税配额管理是一种相对数量的限制。

我国按照对所有申请统一办理的方式分配关税配额,因此,要求进口配额管理部门应当在每年12月31日前作出是否发放配额的决定;进口经营者凭进口配额管理部门发放的关税配额证明,向海关办理关税配额内货物的报关验放手续;关税配额持有者未使用完其持有的年度配额的,应当在当年9月15日前将未使用的配额交还进口配额管理部门;未按期交还并且在当年年底前未使用完的,进口配额管理部门可以在下一年度对其扣减相应的配额;进口配额管理部门应当根据本条例的规定制定有关关税配额的具体管理办法,对申请人的资格、受理申请的部门、审查的原则和程序等事项作出明确规定并在实施前予以公布等。

2. 出口配额限制

出口配额限制系指在一定时期内为建立公平竞争机制,增强我国商品在国际市场的竞争,保障最大限度的收汇,保护我国产品的国际市场利益,国家对部分商品的出口数量直接加以限制的措施。在我国,出口配额限制有两种管理形式,即出口配额分配管理、出口配额招标管理。

出口配额分配管理是指国家对部分商品的出口,在一定时期内(一般是1年)规定数量总额,采用按需分配的原则,经国家批准获得配额的允许出口,否则不准出口的配额管理措施。出口配额分配管理是国家通过行政管理手段对一些重要商品以规定绝对数量的方式来实现限制出口的目的。这种配额分配管理是通过直接分配的方式,由国务院商务主管部门或者国务院有关部门在各自的职责范围内根据申请者需求结合其进出口实绩、能力等条件,按照效益、公正、公开和公平竞争的原则进行分配(配额的分配方式和办法由国务院规定),国家各配额主管部门对经申请有资格获得配额的申请者发放各类配额证明。申请者取得配额证明后,到国务院商务主管部门及其授权发证机关,凭配额证明申领《出口许可证》(见附件2-3),凭以办理出口通关、外汇核销等出口手续。

出口配额招标管理是指国家对部分商品的出口,在一定时期内(一般是1年)规定数量总额,采取招标分配的原则,经招标获得配额的允许出口,否则不准出口的配额管理措施。出口配额招标管理是国家通过行政管理手段对一些重要商品以规定绝对数量的方式来实现限制出口的目的。

国家各配额主管部门对中标者发放各类配额证明。中标者取得配额证明后,到国务院商务主管部门及其授权发证机关,凭配额证明申领《出口许可证》,凭以办理通关、外汇核销等出口手续。

3. 进出口非配额限制

进出口非配额限制系指在一定时期内根据国内政治、工业、农业、商业、军事、技术、卫生、环保、资源保护等领域需要,以及为履行我国所加入或缔约的有关国际条约规定,以经国家行政许可并签发许可证件的方式来实现各类限制的进出口措施。其管理形式为非配额限制管理。非配额管理主要涉及对货物品种的限制,由于国家对这类货物主要通过许可证件而不是通过配额来进行管理,因此也被称为"许可证件管理"。

非配额限制管理是我国目前进出口许可制度限制出口管理中范围最大、涉及管理部门及管理证件最多的管理。我国进口非配额管理主要包括《进口许可证》、两用物项进口许可、濒危物种进口、可利用废物进口、进口药品、进口音像制品、黄金及其制品进口等管理。我国出口非配额管理主要包括《出口许可证》、濒危物种、两用物项出口、黄金及其制品出口等许可管理。

上述各项管理所涉及的各类许可证是由国务院商务主管部门或者国务院有关部门在各自的职责范围内,根据国家有关法律法规及国际公约的有关规定制定并调整各自的许可证件审批和发放程序和资格条件。《中华人民共和国货物进出口管理条例》规定:实行许可证管理的限制进出口货物,进出口经营者应当向国务院外经贸主管部门或者国务院有关部门提出申请。进出口许可证管理部门应当自收到申请之日起30天内决定是否许可;进出口经营者凭进出口许可证管理部门发放的进出口许可证,向海关办理报关验放手续;前款所称进出口许可证,包括法律、行政法规规定的各种具有许可进出口性质的证明、文件,即许可证件。

(三) 自由进出口管理

除上述国家禁止、限制进出口货物外的其他货物,均属于自由进出口范围。这类货物本身不属于国家限制进出口的范围,但基于监测进出口情况的需要,国家对部分属于自由进出口的货物实行自动进出口许可管理,对所有自由进出口的技术实行进出口技术合同登记管理。

自动进口许可管理是指在任何情况下对进口申请一律予以批准的进口许可制度。这种进口许可实际上是一种在进口前的自动登记性质的许可制度,通常用于国家对这类货物的统计和监督目的。它是我国进出口许可管理制度中的重要组成部分,是目前被各国普遍使用的一种进口管理制度。进口属自动进口许可管理的货物,经营者应在报关前,向有关主管部门提交《中华人民共和国自动进口许可证申请表》(见附件2-4),主管部门在收到申请后,立即发放自动进口许可证明,经营者凭此向海关办理报关验放手续。

商务部授权商务部配额许可证事务局(以下简称"许可证局"),商务部驻各地特派员办事处,各省、自治区、直辖市、计划单列市商务主管部门及地方机电产品进出口机构负责自动进口许可货物管理和自动进口许可证的签发工作。目前涉及的管理目录是商务部公布的《自动进口许可管理货物目录》,对应的许可证件为《中华人民共和国自动进口许可证》(以下简称《自动进口许可证》)。

《自动进口许可证》是我国自动进口制度中具有法律效力,用来证明对外贸易经营者经营某些商品合法进口的证明文件,是海关验放该类货物的重要依据。

近年实行自动进口许可管理的货物目录包括非机电类和机电类两类产品,共44种。其中,商务部实施自动进口许可的货物涵盖牛肉、猪肉、羊肉等肉类,鲜奶、奶粉,农产品类,矿产品类,原油、成品油,烟草机械、卫星广播电视设备、通信产品、汽车产品、飞机、船舶等24种商品;受商务部委托的省级地方商务主管部门或地方、部门机电办实施自动进口许可的货物包括肉鸡、植物油、铁矿石、铜精矿、煤、成品油、化肥、钢材、工程、印刷、纺织机械、金属冶炼及加工设备、电气设备、汽车产品、飞机、船舶和医疗设备等20种商品。

自2016年2月1日起,在全国范围内实施《自动进口许可证》通关作业无纸化。有效范围为实施自动进口许可"一批一证"管理的货物(原油、燃料油除外),且每份进口货物报关单仅适用一份《自动进口许可证》。[①] 下一步将扩大到全部自动许可管理商品和全部证书状态。

对满足条件的,企业可依据《货物进出口许可证电子证书申请签发使用规范(试行)》申请电子许可证,根据海关相关规定采用无纸方式向海关申报,免于交验纸质《自动进口许可证》。海关将通过《自动进口许可证》联网核查方式验核电子许可证,不再进行纸面签注。因海关和商务部门审核需要、计算机管理系统故障、其他管理部门需要验凭纸质自动许可证等原因,可以转为有纸报关作业或补充提交纸质《自动进口许可证》。

2.3.4　进出口许可证的申请、签发

进出口许可证(其样式见附件2-2、附件2-3)的审核和签发由商务部统一负责,并实行分级管理。申领进出口许可证要按照国家进出口许可证管理商品分级发证目录的要求向各级签发机关办理。具体办法如下:

(1) 中央、国务院各部委及其所属企业,由其主管部门向许可证局申领。

(2) 商务部授权该部驻各地特派员办事处,签发沿海开放城市及在其联系地区内有关部门的部分进出口许可证。

(3) 商务部授权各省、自治区、直辖市、计划单列市的商务厅(局),签发本地区部分出口货物许可证和部分进口货物许可证。

申领进出口许可证,应按照商务部规定的要求填写进口许可证申请表或者出口许可证申请表,在申请表中写明申请单位名称、进口或出口商品名称、进口或出口成交价格、贸易方式、进口国别(地区)或输往国别(地区)、出运或到运口岸等内容。申领国家配额限制商品的进出口许可证,必须向许可证发证机构提供有关主管部门核发的进出口配额证明。发证机构自收到符合规定的申请之日起3个工作日内发放进出口许可证,特殊情况下,《进口许可证》最多不超过10个工作日。进口重点旧机电产品的,商务部应在正式受理后20日内决定是否批准进口许可证申请,如需征询行业协会意见的,则应在35日内决定是否批准。发证机构凭加盖经营者公章的申请表取证联和领证人本人身份证发放进出口许可证。经营者凭证向海关办理报关验放手续。各发证机构要严格按照进出口分级发证范围目录签发进《出口许可证》,严禁越权,无批件或超配额发证。

为了实现统一平台登录、统一用户管理、统一业务配置、统一数据资源库,商务部配额许可证事务局遵循"统一规范、统一标准、集中管理、数据复用"的原则,开发了商务部进出口许可证统一管理平台[②]。通过许可证统一管理平台,实现了企业统一登录及一站式申领;实现

---

① 中华人民共和国海关总署,中华人民共和国商务部.海关总署,商务部公告2016年第5号(关于实行自动进口许可证通关作业无纸化的公告)[EB/OL].(2016-02-01)[2021-12-18].http://www.customs.gov.cn/customs/302249/302266/302267/356288/index.html.

② 商务部进出口许可证统一管理平台网址为http://unilicencemag.mofcom.gov.cn/unilic/govloginold.html。

了发证机构审核业务的统一办理;实现了管理机关对自动进口、一般出口业务规则、流程的统一配置和统一调整。因此,目前企业需要直接在商务部进出口许可证统一管理平台无纸化申领签发各类许可证。该平台包括进口、出口、自动进口(含机电和非机电)、两用物项进出口、农产品关税配额、化肥关税配额、纺织品产地证等签发系统。

企业要申领许可证首先要获得电子钥匙。电子钥匙通常分三种申领类型:首次申领,是指企业第一次申领电子钥匙的情况,具体流程见图 2-2;增办,是指企业已持有 1 个电子钥匙,再申请 1~2 个的情况,但最多不超过 3 个;补办,是因遗失或损坏,现钥匙无法使用时,需提出补办申请,补办后原钥匙失效。

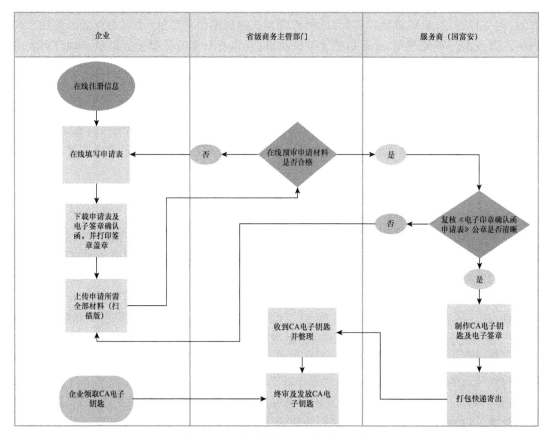

图 2-2 电子钥匙首次申领流程图①

获得 CA 电子钥匙后,企业登录统一平台(https://ecomp.mofcom.gov.cn/loginCorp.html)插入电子钥匙,系统自动读取电子钥匙中的用户名,企业输入密码,就可进入业务大厅(我的业务);然后选择商务部进出口许可证统一管理平台,点击"进入应用";用户进入应用后,选择对应在有效期内的 CA 电子钥匙,点"确定"后进入应用系统,即可选择企业所需要的许可证类型(见图 2-3)。

---

① CA 电子钥匙在线申请网址为 http://careg.ec.com.cn/busLoginController.do?toLogin。

图 2-3　选择许可证类型

2.3.5　各类许可证的使用规范

1. 进出口许可证

进出口经营者应如实规范向海关申报,在固定栏目规范填报进出口许可证电子证书编号。《进口许可证》的有效期为 1 年,当年有效,特殊情况需要跨年度使用时,有效期最长不得超过次年 3 月 31 日;除供港澳鲜活冷冻商品的《出口许可证》有效期仍为 1 个月外,其他商品的《出口许可证》有效期一律为 6 个月,其有效期与自然年度保持一致,截止时间不得超过当年 12 月 31 日,发证机构可自当年 12 月 10 日起,签发下一年度《出口许可证》,有效期自下一年度 1 月 1 日起。进出口许可证应当在有效期内使用,逾期自行失效,《出口许可证》货物数量视为配额持有者自动放弃。

进出口许可证不得擅自更改证面内容。如需更改,经营者应当在许可证有效期内提出更改申请,并将许可证交回原发证机构重新换发许可证。

进出口许可证管理实行"一证一关"(指进出口许可证只能在一个海关报关)管理;一般情况下,进出口许可证为"一批一证"(指进出口许可证在有效期内一次报关使用)。如要实行"非一批一证"(指进出口许可证在有效期内可多次报关使用),应当同时在进出口许可证备注栏内打印"非一批一证"字样,但最多不超过 12 次,由海关在许可证背面"海关验放签注栏"内逐批签注核减进出口数量。

对实行"一批一证"进出口许可证管理的大宗、散装货物,其溢装数量在货物总量 3% 以内的原油、成品油予以免证,其他货物溢装数量在货物总量 5% 以内的予以免证。对不实行"一批一证"制的大宗、散装货物,在每批货物进、出口时,按其实际进、出口数量进行核扣,最后一批货物进、出口时,其溢装数量按该许可证实际剩余数量并在规定的溢装上限 5%(原油、成品油在溢装上限 3%)内计算免证数额。

2.《自动进口许可证》

《自动进口许可证》有效期为 6 个月,但仅限公历年度内有效。

《自动进口许可证》项下货物原则上实行"一批一证"管理,对于确实不能一次性清关的部分货物也可实行"非一批一证"管理。对实行"非一批一证"管理的,在有效期内可以分批次累计报关使用,但累计使用不得超过 6 次;海关在《自动进口许可证》原件"海关验放签注栏"内批注后,海关留存复印件,最后一次使用后,海关留存正本。同一进口合同项下,收货人可以申请并领取多份《自动进口许可证》。

海关对散装货物溢短装数量在货物总量正负 5% 以内的予以免证验放;对原油、成品油、化肥、钢材四种大宗散装货物溢短装数量在货物总量正负 3% 以内予以免证验放。对"非一批一证"进口实行自动进口许可管理的大宗散装商品,每批货物进口时,按其实际进口数量核扣《自动进口许可证》额度数量;最后一批货物进口时,其溢装数量按该《自动进口许可证》实际剩余数量并在规定的允许溢装上限内计算免证数额。

案例 2-1

进口设备未申领《自动进口许可证》被处罚

某年 1 月 12 日,B 机电进出口有限公司(以下简称"B 公司")以一般贸易方式向 A 海关申报进口机床设备一批,所报货物不属于国家许可证件管理商品,价值人民币 50 万元。经 A 海关查验发现,B 公司实际进口货物为某型号多功能机床仪器设备,实际进口货物与申报商品虽然税率相同,但前者属于自动进口许可管理货物。因 B 公司进口申报行为涉嫌违法,A 海关遂对此立案调查。A 海关经调查认定,B 公司实际进口货物与申报不符系业务人员工作疏忽所致,并无逃避海关监管的主观故意,但该公司涉案行为构成影响国家许可证件管理的申报不实行为,违反海关监管规定,应承担相应法律责任。当年 4 月 17 日,A 海关对 B 公司作出行政处罚决定,根据《海关行政处罚实施条例》第十五条第(三)项的规定,对该公司课处罚款人民币 5 万元;同时,因 B 公司进口国家自动进口许可管理货物,但申报时不能提交自动进口许可证明,A 海关根据《海关行政处罚实施条例》第十四条的规定,决定不予放行涉案货物。

行政复议情况是,B 公司对 A 海关认定其申报不实并无异议,但不服海关的行政处罚决定,于是向 A 海关的上一级海关申请行政复议。

复议机关经审理认为,本案涉案货物属于自动进口许可管理货物。根据《货物进出口管理条例》的有关规定,《自动进口许可证》是进口属于自动进口许可管理货物的收货人在办理海关报关手续前,须向国务院外经贸主管部门或国务院有关经济管理部门申领的许可证件,该类证件属于《海关行政处罚实施条例》第六十四条所规定的"许可证件"范畴,进出口货物申报不实涉及自动进口许可证明的,该申报不实行为应按影响国家许可证件管理处置。当年 6 月 3 日,复议机关作出行政复议决定,维持 A 海关对 B 公司作出的行政处罚决定。

我国加入世界贸易组织以来,越来越多的原进口许可证或配额证管理的商品转为自动进口许可管理。自动进口许可管理货物所涉走私违规案件数量呈上升趋势,特别是在通关环节,自动进口许可商品申报不实的情形时有发生。现行《海关行政处罚实施条例》对涉及自动进口许可管理货物申报不实的行为作出了处理规定,但由于许多进出口经营单位对上述规定缺乏正确理解和认识,既不能正确对待海关依法作出的处理决定,也不能采取适当措施妥善解决有关问题,给海关执法工作造成了困难,对企业自身权益也产生了不利影响。

案例 2-2

旧机电产品进口未提交进口许可证被处罚款

某年 6 月 8 日,C 公司委托 H 公司以一般贸易监管方式向海关申报进口,其中第 1 项商品申报品名为"高周波塑胶熔接机(旧)",申报数量 30 台,申报税号为 8515.809090(需提供进口许可证),申报总价 123 000 美元。H 公司向海关申报进口时未提交许可证件,违法了国家进出口管理规定。当年 8 月 10 日,C 公司补充提供了相关货物的《进口许可证》。海关根据《海关法》第八十六条第(三)项、《海关行政处罚实施条例》第十四条规定,对 C 公司作出从轻课处罚款人民币 4 万元的行政处罚决定。

2.4 进出口商品合格评定制度

进出口商品合格评定制度,也称进出境商品检验检疫制度,是为维护我国对外贸易信誉,保护进出口经营者的利益和人民生命财产安全,海关对进出境的货物、物品及其包装物、交通运输工具、运输设备和进出境人员实施检验检疫监督管理的法律依据和行政手段的总和。其国家主管机构是海关总署。

随着我国与世界经济的不断融合,以及世界贸易组织等各类贸易协定的限制,许可证件管理等非关税措施将逐渐趋于弱化,而被世界各国普遍运用的进出口商品合格评定制度在众多国际公认标准的依托下将成为我国未来重要的非关税措施。其目的是为了维护国家声誉和对外贸易有关当事人的合法权益,保证国内生产的正常开展,促进对外贸易的健康发展,保护我国的公共安全和人民生命财产安全等。

2.4.1 进出口商品合格评定职责范围

我国进出口商品合格评定制度实行目录管理,即海关总署根据对外贸易需要,公布并调整必须实施检验检疫的进出境商品目录(以下简称"法检目录")。该法检目录所列名的商品称为法定检验商品,即国家规定实施强制性检验的某些进出境商品。

实行入境检验检疫管理的货物主要包括 5 类:

① 列入法检目录属于进境管理的商品;
② 进口可用作原料的固体废物;
③ 进口旧机电产品;
④ 进口捐赠的医疗器械;
⑤ 其他未列入法检目录,但国家有关法律法规、行政法规规定实施检验检疫的入境货物及特殊物品等。

实行出境检验检疫管理的货物主要包括以下 3 类:

① 列入法检目录属于出境管理的商品;
② 对外经济技术援助物资及人道主义紧急救灾援助物资;
③ 其他未列入法检目录,但国家有关法律法规、行政法规规定实施检验检疫的入境货物及特殊物品等。

对关系国计民生、价值较高、技术复杂或涉及环境及卫生、疫情标准的重要进出口商品，收货人应当在对外贸易合同中约定，在出口国装运前进行预检验、监造或监装，并保留到货后最终检验和索赔的条款。

2.4.2 进出口商品合格评定制度的组成

我国进出口商品合格评定制度的内容包括：进出口商品检验制度、进出境动植物检疫制度、进出境食品安全检验制度和国境卫生监督制度。

（1）进出口商品检验制度。

进出口商品检验制度是指根据《中华人民共和国进出口商品检验法》及其实施条例的规定，海关对进出口商品所进行品质、质量检验和监督管理的制度。我国实行进出口商品检验制度的目的是为了加强进出口商品检验工作，保证进出口商品的质量，维护对外贸易有关各方的合法权益，促进对外经济贸易关系的顺利发展。商品检验机构实施进出口商品检验的内容，包括商品的质量、规格、数量、重量、包装及是否符合安全、卫生要求。我国商品检验的种类分为4种，即法定检验、合同检验、公正鉴定和委托检验。对法律、行政法规规定有强制性标准或者其他必须执行的检验标准的进出口商品，依照法律、行政法规规定的检验标准检验；法律、行政法规未规定有强制性标准或者其他必须执行的检验标准的，依照对外贸易合同约定的检验标准检验。

（2）进出境动植物检疫制度。

进出境动植物检疫制度是指根据《中华人民共和国进出境动植物检疫法》及其实施条例的规定，海关对进出境动植物，动植物产品的生产、加工、存放过程实行动植物检疫的进出境的监督管理制度。我国实行进出境检验检疫制度的目的是为了防止动物传染病、寄生虫病和植物危险性病、虫、杂草及其他有害生物传入、传出国境，保护农、林、牧、渔业生产和人体健康，促进对外经济贸易的发展。口岸出入境检验检疫机构实施动植物检疫监督管理的方式有：实行备案登记、疫情调查、检测和防疫指导等。其管理主要包括：进境检疫、出境检疫、过境检疫、进出境携带和邮寄物检疫及出入境运输工具检疫等。

（3）进出境食品安全检验制度。

进出境食品安全检验制度是指海关根据《中华人民共和国食品安全法》及其实施条例，《中华人民共和国进出口商品检验法》及其他的卫生法律、法规和国家标准，对进口的食品、食品添加剂及与食品相关产品是否符合我国食品安全国家标准实施的检验；对出口的食品、食品添加剂及与食品相关产品是否符合进口国（地区）的标准或者合同要求实施监督抽检的口岸监督管理制度。该制度实施旨在保证食品安全，保障公众身体健康和生命安全。其监督职能主要包括对进口食品安全检验，对境外食品安全情事监控预警、对出口食品安全抽检，以及评估和审查向我国出口食品的国家（地区）出口品安全管理体系和食品安全状况等。

（4）国境卫生监督制度。

国境卫生监督制度是指海关根据《中华人民共和国国境卫生检疫法》及其实施细则，以及国家其他的卫生法律法规和卫生标准，在进出口口岸对出入境的人员、交通工具、运输设备、行李、货物、邮包，以及口岸辖区的公共场所、环境、生活设施、生产设备，所进行的卫生检查、鉴定、评价和采样检验的制度。我国实行国境卫生监督制度是为了防止传染病由国外传入或者由国内传出,实施国境卫生检疫,保护人体健康。其监督职能主要包括:进出境检疫、国境传染病检测、进出境卫生监督等。

2.4.3 进出口商品合格评定制度与报关

进出口商品合格评定制度与报关有什么关系呢?这要从之前的进出口商品检验检疫制度与报关的关系说起。在关检合并之前,进出口商品检验检疫由独立于海关的出入境检验检疫部门实施,商品检验合格后,原检验检疫部门为产品签发出入境通关单,作为企业报关的单据之一向海关申报时提交。随着原出入境检验检疫部门划入海关,也就不再需要跨部门提供凭证,通关流程的简化成为改革方向,海关内部即可完成对法定检验商品的检验与确认。

根据海关总署公告2018年第50号(海关总署关于全面取消《入/出境货物通关单》有关事项的公告)[①],自2018年6月1日起,正式全面取消出/入境货物通关单。自此,涉及法定检验检疫要求的进口商品申报时,企业在报关单随附单证栏中不再填写原通关单代码和编号,可通过"中国国际贸易单一窗口"报关报检合一界面向海关一次申报,如需使用"中国国际贸易单一窗口"单独报关、报检界面或者报关报检企业客户端申报的,企业应当在报关单随附单证栏中填写报检电子回执上的检验检疫编号,并填写代码"A";涉及法定检验检疫要求的出口商品申报时,企业不需在报关单随附单证栏中填写原通关单代码和编号,应当填写报检电子回执上的企业报检电子底账数据号,并填写代码"B"。通关单取消后,在放行环节,海关统一发送一次放行指令,海关监管作业场所经营单位凭海关放行指令为企业办理货物提离手续。

报关过程取消办理通关单是关检业务全面融合的重要内容,也是促进贸易便利化,有效优化营商环境的重要改革举措,有利于促进通关流程"去繁就简",使进出口企业更好地享受海关改革红利。改革后,不仅通关手续简化,整体通关时间也进一步缩短。

2.5 进出口货物收付汇管理制度

对外贸易经营者在对外贸易经营活动中,应当依照国家有关规定结汇、用汇。贸易外汇管理制度的核心内容之一便是贸易外汇收支业务审核,审核遵循经常项目可兑换的基本原则,即国家对贸易项下国际支付不予限制,出口收入可按规定调回境内或存放境外;将贸易便利化和风险管理相结合。外汇局对合规企业贸易外汇收支实施便利化管理措施,全面降低社会成本,对违规企业贸易外汇收支实施严格审慎监管,充分发挥对合规企业的激励、对违规企业的惩罚,以及对潜在违规企业的威慑作用。

企业贸易外汇收支应当具有真实、合法的交易基础。企业应当根据结算方式、交易性质及资金流向认真填写申报单证,进行贸易收支信息申报,按规定凭相关单证到银行办理贸易外汇收支业务。金融机构为企业办理贸易外汇收支业务前,应当通过监测系统查询企业名录状态与分类状态,按规定对企业提交的交易单证的真实性及其与贸易外汇收支

---

① 中华人民共和国海关总署.海关总署公告2018年第50号(海关总署关于全面取消《入/出境货物通关单》有关事项的公告[EB/OL].(2018-05-29)[2022-07-15]. http://www.gov.cn/zhengce/zhengceku/2018-12/31/content_5446304.htm.

的一致性认真进行合理审查,按国际收支申报和贸易收支核查信息申报规定向外汇局报送信息。

2.5.1 货物贸易外汇管理制度改革

为大力推进贸易便利化,进一步改进货物贸易外汇服务和管理,国家外汇管理局(以下简称"外汇局")、海关总署、国家税务总局决定,自2012年8月1日起在全国实施货物贸易外汇管理制度改革,并相应调整出口报关流程,优化升级出口收汇与出口退税信息共享机制。

自改革之日起,简化贸易进出口收付汇业务办理手续和程序,取消出口收汇核销单(以下简称"核销单"),企业不再办理出口收汇核销手续。外汇局分支局对企业的贸易外汇管理方式由现场逐笔核销改变为对企业货物流、资金流实施非现场总量核查。外汇局通过货物贸易外汇监测系统,全面采集企业货物进出口和贸易外汇收支逐笔数据,定期比对、评估企业货物流与资金流总体匹配情况,便利合规企业贸易外汇收支;对存在异常的企业进行重点监测,必要时实施现场核查。

2.5.2 国家外汇管理局对货物外汇的主要监管方式

1. 企业名录登记管理

企业依法取得对外贸易经营权后,应当持有关材料到外汇局办理名录登记手续才能在金融机构办理贸易外汇收支业务。外汇局将登记备案的企业统一向金融机构发布名录,金融机构不得为不在名录内的企业办理贸易外汇收支业务。外汇局可根据企业的贸易外汇收支业务状况及其合规情况注销企业名录。

2. 非现场核查

外汇局对企业在一定期限内的进出口数据和贸易外汇收支数据进行总量比对,核查企业贸易外汇收支的真实性及其与进出口的一致性。非现场核查是外汇局的常规监管方式。

3. 现场核查

外汇局可对企业非现场核查中发现的异常或可疑的贸易外汇收支业务实施现场核查,也可对金融机构办理贸易外汇收支业务的合规性与报送信息的及时性、完整性和准确性实施现场核查。外汇局实施现场核查时,被核查单位应当配合外汇局进行现场核查,如实说明情况,并提供有关文件、资料,不得拒绝、阻碍和隐瞒。

4. 对企业实施动态监测和分类管理

外汇局根据企业贸易外汇收支的合规性及其与货物进出口的一致性,将企业分为A、B、C三类,如表2-1所示。外汇局根据企业在分类监管期内遵守外汇管理规定的情况,对其进行动态调整。A类企业违反外汇管理规定将被降级为B类或C类;B类企业在分类监管期内合规性状况未见好转的,将延长分类监管期或被降级为C类;B、C类企业在分类监管期内守法合规经营的,分类监管期满后可升级为A类,监管有效期为1年。

在管理方式上,对A类企业贸易外汇收支,适用便利化的管理措施,进口付汇单证简化,可凭进口报关单、合同或发票等任何一种能够证明交易真实性的单证在银行直接办理付汇,出口收汇无须联网核查;银行办理收付汇审核手续相应简化;对B、C类企业在贸易外汇收支单证审核、业务类型、结算方式等方面实施严格监管。

表 2-1 企业分类标准

企业类别	分类标准
A 类	核查期内企业遵守外汇管理相关规定,且贸易外汇收支经外汇局非现场或现场核查情况正常的
B 类	核查存在问题且经现场核查企业无合理解释;未按规定履行报告义务;未按规定办理贸易外汇业务登记;外汇局实施现场核查时,未按规定的时间和方式向外汇局报告或提供资料;应国家相关主管部门要求实施联合监管的;外汇局认定的其他情况
C 类	最近 12 个月内因严重违反外汇管理规定受到外汇局处罚或被司法机关立案调查;阻挠或拒不接受外汇局现场核查,或向外汇局提供虚假资料;B 类企业在分类监管有效期届满经外汇局综合评估,相关情况仍不符合列入 B 类企业标准;因存在与外汇管理相关的严重违规行为被国家相关主管部门处罚;外汇局认定的其他情况

对 B 类企业贸易外汇收支由银行实施电子数据核查管理,即金融机构在办理 B 类企业付汇、开证、出口贸易融资放款或进出口收支待核查账户(以下简称"待核查账户")资金结汇或划出手续时,应当进行电子数据核查,通过监测系统扣减其对应的可收付汇额度;外汇局根据企业实际发生的进出口贸易类别,结合非现场核查和现场核查情况,确定相应的收付汇比率;企业贸易进出口可收、付汇额度,按对应收付汇日期在分类监管有效期内的进出口货物报关单成交总价与相应收付汇比率的乘积累加之和确定。

对 C 类企业贸易外汇收支须经外汇局逐笔登记后办理,即贸易外汇收支业务以及外汇局认定的其他业务,由外汇局实行事前逐笔登记管理,金融机构凭外汇局出具的登记证明为企业办理相关手续。外汇局办理登记手续时,对于企业以汇款方式结算的(预付货款、预收货款除外),审核相应的进出口货物报关单和进出口合同;以信用证、托收方式结算的,审核进、出口合同和发票;以预付、预收货款方式结算的,审核进、出口合同和发票;对于单笔预付货款金额超过等值 5 万美元的,还须审核经金融机构核对密押的外方金融机构出具的预付货款保函。

同时,自改革之日起,调整出口报关流程,取消核销单,企业办理出口报关时不再提供核销单。企业申报出口退税时不再提供核销单;税务部门参考外汇局提供的企业出口收汇信息和分类情况,依据相关规定,审核企业出口退税。外汇局与海关总署、国家税务总局将进一步加强合作,实现数据共享;完善协调机制,形成监管合力;严厉打击各类违规跨境资金流动和走私、骗税等违法行为。

2.5.3 进出口货物外汇管理

企业贸易外汇收支包括:从境外、境内保税监管区域收回的出口货款,向境外、境内保税监管区域支付的进口货款;从离岸账户、境外机构境内账户收回的出口货款,向离岸账户、境外机构境内账户支付的进口货款;深加工结转项下境内收付款;转口贸易项下收付款;其他与贸易相关的收付款(如出口信用保险理赔、出口货物保险理赔、出口买方信贷项下等境内收款等)。

1. 贸易收付汇业务审核基本要求

外汇局定期或不定期对企业在一定期限内的进出口数据和贸易外汇收支数据进行总量比对,核查企业贸易外汇收支的真实性及其与进出口的一致性。外汇局对贸易信贷、转口贸易等特定业务,以及保税监管区域企业等特定主体实施专项监测。

外汇局对下列企业实施重点监测:贸易外汇收支与货物进出口匹配情况超过一定范围的,经专项监测发现异常或可疑的,其他需要重点监测的。外汇局可对企业非现场核查中发现的异常或可疑的贸易外汇收支业务实施现场核查。

企业应当按照"谁出口谁收汇、谁进口谁付汇"的原则办理贸易外汇收支业务,代理进口、出口业务应当由代理方付汇、收汇。代理进口业务项下,委托方可凭委托代理协议将外汇划转给代理方,也可由代理方购汇。代理出口业务项下,代理方收汇后可凭委托代理协议将外汇划转给委托方,也可结汇将人民币划转给委托方。企业应当根据贸易方式、结算方式以及资金来源或流向,凭相关单证在金融机构办理贸易外汇收支,并按规定进行贸易外汇收支信息申报。金融机构应当查询企业名录和分类状态,按规定进行合理审查,并向外汇局报送前款所称贸易外汇收支信息。

企业贸易外汇收支应当先进入待核查账户,收入范围限于贸易外汇收入(含转口贸易外汇收入、不含出口贸易融资项下境内金融机构放款及境外回款);支出范围包括结汇或划入企业经常项目外汇账户,以及经外汇局登记的其他外汇支出。

2. A类企业进出口收付汇管理

A类企业贸易外汇收支适用便利化的管理措施,企业可以根据其真实合法的进口付汇需求提前购汇存入其经常项目外汇账户。金融机构为企业办理进口付汇手续时,应当审核企业填写的申报单证,并按以下规定审核相应有效凭证和商业单据:

(1)以信用证、托收方式结算的,按国际结算惯例审核有关商业单据;

(2)以货到付款方式结算的,审核对应的进口货物报关单或进口合同或发票;

(3)以预付货款方式结算的,审核进口合同或发票。

因合同变更等原因导致企业提前购汇后未能对外支付的进口货款,企业可自主决定结汇或保留在其经常项目外汇账户中。

金融机构为A类企业办理贸易出口收汇业务审核时,对于下列情况,金融机构需对企业提交的交易单证的真实性及其与该笔收入的一致性进行合理审核:

(1)贸易付汇的退汇收入,因错误汇出产生的,审核原支出申报单证;因其他原因产生的,审核原支出申报单证、原进口合同;

(2)因企业分立、合并等原因导致出口与收入主体不一致的收入,还应审核相关部门出具的分立、合并证明文件、出口合同;

(3)因汇路不畅需要使用外币现钞结算的,办理外币现钞结汇时,审核出口合同、《出口货物报关单》等单证;结汇现钞金额达到规定入境申报金额的,还应审核经海关签章的携带外币现钞入境申报单正本;

(4)对于按规定应当先办理登记的贸易收入,应凭外汇局签发的《货物贸易外汇业务登记表》办理。

除上述情况外,金融机构可直接为企业办理待核查账户资金结汇或划出手续。

3. B类企业进出口收付汇管理

金融机构在审核B类企业进口付汇业务单证时,有以下要求:

(1)以信用证、托收方式结算的,除按国际结算惯例审核有关商业单据外,还应当审核相应的进口合同;

(2)以汇款方式结算的(预付货款除外),审核对应的进口合同、进口货物报关单正本;

(3)以预付货款方式结算的,审核进口合同或发票;

(4)对于贸易收汇的退汇支付,因错误汇入导致的,审核原收汇凭证;因其他原因导致的,审核原收入申报单证和原出口合同;

(5)对于捐赠进口业务项下或因企业分立、合并等原因导致进口与支出主体不一致的支出业务,除依据不同结算方式审核有关单证外,还应审核进口合同、捐赠协议(仅捐赠业务提供)、相关部门出具的分立、合并证明文件(仅企业分立、合并的提供)等相关证明材料;

(6)对于转口贸易外汇支出(先收后支),金融机构应当审核买卖合同、收入申报凭证及相关货权凭证;

(7)对于电子数据核查超过可付汇额度的支出或按规定应先办理登记的其他贸易支出,应凭外汇局签发的《货物贸易外汇业务登记表》办理。

金融机构在审核B类企业出口收汇业务单证时,有以下要求:

(1)以信用证、托收方式结算的,除按国际结算惯例审核有关商业单据外,还应当审核出口合同;

(2)以汇款方式结算的(预收货款除外),审核出口合同、出口货物报关单正本;

(3)以预收货款方式结算的,审核出口合同、发票;

(4)对于贸易付汇的退汇收入,因错误汇出导致的,审核原支出申报单证,因其他原因导致的,审核原支出申报单证和原进口合同;

(5)对于汇路不畅需要使用外币现钞结算的,办理外币现钞结汇时,审核出口合同、出口货物报关单。结汇现钞金额达到规定入境申报金额的,还应审核经海关签章的携带外币现钞入境申报单正本;

(6)对于因企业分立、合并等原因导致出口与收入主体不一致的收入业务,还应审核相关部门出具的分立、合并证明文件及出口合同;

(7)对于转口贸易外汇收入(先支后收),金融机构应当审核买卖合同、支出申报凭证及相关货权凭证;

(8)对于超过出口可收回额度的收入或按规定先办理登记的其他贸易收入,应凭外汇局签发的《货物贸易外汇业务登记表》办理。

B类企业不得办理90天(不含)以上的延期付款业务,不得签订包含90天(不含)以上收汇条款的出口合同,不得办理收支日期间隔超过90天(不含)的转口贸易外汇收支业务。对于预收货款、预付货款及30天(不含)以上的延期收款、延期付款,B类企业须按规定事后通过监测系统向外汇局进行贸易信贷报告。已开办出口收入存放境外业务的企业被列为B类的,在分类监管有效期内,企业出口收入不得存放境外账户,不得使用境外账户对外支付,外汇局可要求其调回境外账户余额。

4. C类企业进出口收付汇管理

C类企业在分类管理有效期内的所有贸易外汇收支业务应当逐笔到外汇局办理登记手续。金融机构应当凭外汇局出具的《货物贸易外汇业务登记表》为企业办理贸易进口付汇或开证手续,以及出口贸易融资放款或待核查账户资金结汇或划出手续。

C类企业不得办理转口贸易外汇收支,不得办理90天(不含)以上的远期信用证(含展期)、海外代付等进口贸易融资业务,不得办理90天(不含)以上的延期付款、托收业务,不得签订包含 90 天(不含)以上收汇条款的出口合同。对于预收货款、预付货款及 30 天(不含)以上的延期收款、延期付款,C 类企业须按规定事后通过监测系统向外汇局进行贸易信贷报告。C 类企业为跨国集团集中收付汇成员公司的,不得继续办理集中收付汇业务;为跨国集团集中收付汇主办企业的,停止整个集团的集中收付汇业务。C 类企业应当于列入之日起 30 日内关闭境外账户并调回境外账户余额。

实务操作提醒 2-2

B 类企业怎么申请成为 A 类企业?

问:您好,我公司在外汇局为 B 类企业,1 年监管期到了,怎么申请成为 A 类企业?需要什么材料?非常感谢!

答:您好!外汇局会在企业分类监管有效期届满前 1 个月内,对其监管期内的情况进行综合评估:① 对于监管期内遵守外汇管理规定、指标恢复正常的 B、C 类企业,在监管期届满时分类结果自动恢复为 A 类;② 对于监管期内指标未见好转或存在涉嫌违规行为的 B 类企业,可将 B 类监管期限延长 1 年,或直接将其分类结果调整为 C 类;③ 对于监管期内依然存在符合列为 C 类条件的行为的 C 类企业,可将 C 类监管期限延长 1 年;④ 外汇局直接将企业分类结果调整为 B 类或 C 类,或延长 B、C 类监管期限的,应当按照规定程序向企业发放《告知书》,并直接通过监测系统向金融机构发布企业分类信息。

2.6 对外贸易救济措施

世界贸易组织允许成员方在进口产品倾销、补贴和过激增长等给其国内产业造成损害的情况下,可以使用反倾销、反补贴和保障措施手段来保护国内产业不受损害。

反倾销、反补贴和保障措施都属于贸易救济措施。反补贴和反倾销措施针对的是价格歧视这种不公平贸易行为,保障措施针对的则是进口产品激增的情况。

我国已于 2001 年年底成为世界贸易组织的成员国。为充分利用世界贸易组织规则,维护国内市场的国内外商品的自由贸易和公平竞争秩序,我国依据世界贸易组织《反倾销协议》《补贴与反补贴措施协议》《保障措施协议》以及我国《对外贸易法》的有关规定,制定颁布了《中华人民共和国反补贴条例》《中华人民共和国反倾销条例》以及针对保障措施的有关规定。

2.6.1 反倾销措施

我国依据世界贸易组织《反倾销协议》和《中华人民共和国反倾销条例》实施反倾销措施。反倾销措施包括临时反倾销措施和最终反倾销措施。

1. 临时反倾销措施

临时反倾销措施,是指进口方主管机构经过调查,初步认定被指控产品存在倾销,并对国内同类产业造成损害,据此可以依据世界贸易组织所规定的程序进行调查,在全部调查结束之前,采取临时性的反倾销措施,以防止在调查期间国内产业继续受到损害。

临时反倾销措施有两种形式:一是征收临时反倾销税,二是要求提供保证金、保函或者其他形式的担保。

征收临时反倾销税,由商务部提出建议,国务院关税税则委员会根据其建议作出决定,由商务部予以公告。要求提供保证金、保函或者其他形式的担保,由商务部作出决定并予以公告。海关自公告规定实施之日起执行。

临时反倾销措施实施的期限,自临时反倾销措施决定公告规定实施之日起,不超过4个月;在特殊情形下,可以延长至9个月。

2. 最终反倾销措施

对终裁决定确定倾销成立并由此对国内产业造成损害的,可以征收反倾销税。征收反倾销税应当符合公共利益。

征收反倾销税,由商务部提出建议,国务院关税税则委员会根据其建议作出决定,由商务部予以公告,海关自公告规定实施之日起执行。

 案例2-3

我国反倾销案例:宝钢反倾销实践的启示

面对我国一些企业及其产品被他国拒之门外,而国外企业的产品却长驱直入,并给我国同类企业带来了严重威胁的局面,中国的企业应当如何面对?

宝钢的反倾销实践值得借鉴。1998年,基于当时韩国对我国大量倾销冷轧板卷,宝钢即联合鞍钢等国内钢铁企业,向国家经贸委和外经贸部提出了反倾销调查申请。以浦项为首的韩国钢铁企业风闻此消息后,在立案前不得不来华向宝钢等中国企业赔礼道歉,并在此后提高了出口价格,节制了出口行为。鉴于韩国企业主动采取措施控制出口行为,宝钢等企业撤回了反倾销申请,起到了反倾销威慑的作用。

2001年,面对国外产品的倾销,宝钢、鞍钢和武钢等国内钢铁企业不得不再次拿起反倾销武器,对原产于韩国、俄罗斯、乌克兰、哈萨克斯坦等国家和地区的冷轧板卷向国家经贸委提出了反倾销调查申请。

宝钢反倾销申诉的具体做法和经验:

一是领导挂帅,把握反倾销申诉大局。宝钢高层领导始终把应对倾销和反倾销列入整个集团贸易工作体系。集团公司主管贸易的副总经理亲自担任集团反倾销领导小组组长。领导小组全面主持、布置集团公司反倾销申诉工作,协调、处理申诉中的重大问题。

二是设立以法律事务部为主体的反倾销工作体系。在应对反倾销的日常工作中,集团公司法务部作为牵头部门,组织财务、销售、人事等部门人员,按照各自的工作职责,具体落实数据和信息收集中各自相应的工作,形成工作链,建立系统、完整的反倾销工作体系。

三是注意对员工的反倾销知识培训。宝钢通过多年的反倾销申诉和应诉工作,可以说从基层工人到高层领导都具备了反倾销基本知识。在此基础上,宝钢还建立起一支具有专业化素质的反倾销申诉和应诉队伍。

四是熟悉和正确运用我国的反倾销法律,注意从对手那里学习反倾销实践经验。

五是对承办律师的选聘,注重实绩和能力为主的标准。选择的律师事务所,要具备一定的规模(实力)和从事反倾销工作的知名度;要具备一定从事反倾销的经验,尤其是代理钢铁案件胜诉率较高的;从事反倾销代理的律师,要能够集法律技能与财务知识于一身。

六是建立必要的反倾销预警机制。宝钢在反倾销申诉和应诉工作中感到反倾销预警机制是企业反倾销工作的强大后盾。反倾销预警机制既可以为企业预防国外反倾销,又可对外国产品的倾销进行监控,及时提出反倾销申诉。

2.6.2 反补贴措施

反补贴与反倾销的措施相同,也分为临时反补贴措施和最终反补贴措施。

1. 临时反补贴措施

初裁决定确定补贴成立并由此对国内产业造成损害的,可以采取临时反补贴措施。临时反补贴措施采取以保证金或者保函作为担保的征收临时反补贴税的形式。

采取临时反补贴措施,由商务部提出建议,国务院关税税则委员会根据其建议作出决定,由商务部予以公告。海关自公告规定实施之日起执行。

临时反补贴措施实施的期限,自临时反补贴措施决定公告规定实施之日起,不超过4个月。

2. 最终反补贴措施

在为完成磋商的努力没有取得效果的情况下,终裁决定确定补贴成立并由此对国内产业造成损害的,可以征收反补贴税。征收反补贴税应当符合公共利益。

征收反补贴税,由商务部提出建议,国务院关税税则委员会根据其建议作出决定,由商务部予以公告,海关自公告规定实施之日起执行。

案例 2-4

中国首起农产品反补贴案例

根据《中华人民共和国反补贴条例》规定,商务部应国内产业代表中国畜牧业协会的申请,于2009年9月27日发布公告,对原产于美国的进口白羽肉鸡产品进行反补贴立案调查,涉案金额超过7亿美元;产品范围界定为白羽肉鸡产品,从美国进口的白羽肉鸡产品数量占我国总进口量的70%以上。立案后,美国政府、美国禽蛋品出口协会以及35家美国白羽肉鸡生产商、出口商登记应诉。2010年4月28日,我国商务部发布了《关于白羽肉鸡产品反补贴调查初裁的公告》。商务部对被调查产品是否存在补贴和补贴金额、被调查产品是否对中国国内白羽肉鸡产业造成损害和损害程度及补贴与损害之间的因果关系进行了调查。根据调查结果,商务部依据《中华人民共和国反补贴条例》第二十五条规定作出初裁认定,在本案调查期内,原产于美国的进口白羽肉鸡产品存在补贴,导致中国国内白羽肉鸡产业受到了实质损害,而且补贴与实质损害之间存在因果关系。美国应诉公司被裁定3.8%至11.2%不等的从价补贴率,未应诉公司从价补贴率为31.4%。国务院关税税则委员会根据商务部的建议作出决定,自本公告列明之日起,采用临时反补贴税保证金的形式对原产于美国的进口白羽肉鸡产品实施临时反补贴措施。

2.6.3 保障措施

根据世界贸易组织《保障措施协议》的有关规定,保障措施分为临时保障措施和最终保障措施。

1. 临时保障措施

临时保障措施,是指在有明确证据表明进口产品数量增加,将对国内产业造成难以补救的损害的紧急情况下,进口国与成员国之间可不经磋商而作出初裁决定,并采取临时保障措施。临时保障措施的实施期限:自临时保障措施决定公告规定实施之日起,不得超过200天,并且此期限计入保障措施总期限。

临时保障措施采取提高关税的形式。如果事后调查不能证实进口激增对国内有关产业已经造成损害的,已征收的临时关税应当予以退还。

2. 最终保障措施

最终保障措施可以采取提高关税、数量限制和关税配额等形式。但保障措施应当限于防止、补救严重损害并便利调整国内产业所必要的范围内。

保障措施的实施期限一般不超过4年,如果继续采取保障措施对于防止或者补救严重损害仍有必要,或有证据表明相关国内产业正在进行调整,或延长后的措施不严于延长前的措施,则可适当延长实施期限。但保障措施全部实施期限(包括临时保障措施期限)不得超过10年。

2.6.4 三种措施的比较

以上三种措施是世界各国所通用的贸易救济措施。其出发点是为了制约外国进口商品的恶意倾销,或是为了削弱受政府补贴的外国进口商品的竞争力,或是为了避免外国进口商品激增致使本国同类产品销售受阻,目的是限制外国进口商品在本国市场上的恶意竞争。三种措施具有不同的功能。

1. 三种措施的适用对象不同

反倾销与反补贴措施主要针对的是不公平贸易或不公平竞争,而保障措施主要针对的是公平条件下数量猛增的进口产品。

2. 三种措施实施的具体条件不同

反倾销措施的实施条件(或要件)是客观上的确存在低价倾销并且已经达到相当的幅度、对于进口国造成了实质性损害及倾销与损害之间存在着因果关系;反补贴措施的实施条件(或要件)是进口产品因为得到政府经济性补贴或财政性支持而具有价格上的竞争优势,导致进口国家的同类产品及其生产行业受到损害并且事实证明的确存在着这样或那样的损害;保障措施的实施条件(或要件)是进口产品的数量激增极大地挤占了进口国家的国内同类产品的市场份额,并且对于进口国家的相关生产行业造成了不利影响。

3. 三种措施的具体实施形式不同

在具体形式方面,反倾销与反补贴措施的实施形式分别有保证金、价格承诺、保函及最终加征相应的税赋等;而保障措施的主要形式是加征关税、实行配额数量限制或者最终加征关税或实行关税配额等。

4. 三种措施的实施期限不同

进口国家所实行的临时反倾销与反补贴措施的期限的具体规定是:自临时反倾销或临时反补贴措施决定公告规定实施之日起,不超过4个月,其中临时性反倾销措施可以在特殊情形下延长至9个月。而保障措施,包括临时性措施的实施期限一般不超过4年,该措施的全部实施期限也可相应延长,但不得超过10年。

2.7 其他特殊货物进出口国家管制

2.7.1 黄金及其制品进出口管理

进出口黄金管理是指中国人民银行、商务部依据《中华人民共和国金银管理条例》等有关法规和规定,对进出口黄金及其制品实施监督管理的行政行为。

黄金及其制品进出口管理属于我国进出口许可管理制度中限制进、出口管理范畴,中国人民银行总行为黄金及其制品进出口的管理机关。

实施进出口管理的黄金,包括黄金条、块、锭、粉,黄金铸币,黄金制品,黄金基合金制品,含黄金化工产品,含黄金废渣、废液、废料,包金制品,镶嵌金制品等。

1. 黄金产品出口准许证

黄金产品出口准许证是我国进出口许可管理制度中具有法律效力,用来证明对外贸易经营者经营黄金及其制品合法出口的证明文件,是海关验放该类货物的重要依据。

出口黄金及其制品,出口企业应事先向中国人民银行申领"黄金产品出口准许证"(加工贸易除外)。报关时,应主动向海关提交有效的黄金产品出口准许证。

2. 中国人民银行授权书

中国人民银行授权书是我国进出口许可管理制度中具有法律效力,用来证明对外贸易经营者经营黄金及其制品合法进口的证明文件,是海关验放该类货物的重要依据。

进口黄金及其制品,进口企业应事先向中国人民银行申领批件,即"中国人民银行授权书"(加工贸易除外)。报关时,应主动向海关提交有效的中国人民银行授权书。该授权书当年有效,跨年度作废。

2.7.2 濒危物种进出口管理

我国是《濒危野生动植物种国际贸易公约》的成员国,对此,我国制定了《中华人民共和国野生动物保护法》等有关法律法规,以加强对濒危野生动植物的保护。

1. 濒危野生动植物种进出口管理的范围

列入《濒危野生动植物种国际贸易公约》附录一和附录二文件中的全部物种,列入《国家重点保护野生动物名录》和列入《国家珍贵树种名录》的全部物种均是珍贵稀有野生动植物种。上述物种是指:① 活的或死的动物、植物;② 任何可辨认的部分;③ 物种的衍生物;④ 人工培养的野生物种;⑤ 野生动物的皮张、羽毛、掌骨、器官等。另外,凡含有珍贵稀有野生动植物成分的中药材,也属于濒危野生动植物种进出口管理的范围。

2. 管理规范

凡进出口列入《进出口野生动植物种商品目录》的野生动植物或其产品,必须严格按照有关法律、行政法规的程序进行申报和审批,并在进出口报关前取得国家濒管办或其授权的办事处签发的公约证明、非公约证明或物种证明后,向海关办理进出口手续。

对列入《进出口野生动植物种商品目录》中属于我国自主规定管理的野生动植物及其产品,不论以何种方式进出口,均须事先申领非公约证明。

对列入《进出口野生动植物种商品目录》中属于《濒危野生动植物种国际贸易公约》中的物种,不论以何种方式进出口,均须事先申领公约证明。

以上允许进出口证明实行"一批一证"制度。

对于进出口列入《进出口野生动植物种商品目录》中适用公约证明、非公约证明管理的《濒危野生动植物种国际贸易公约》附录及国家重点保护野生动植物以外的其他列入商品目录的野生动植物及相关货物或物品和含野生动植物成分的纺织品,均须事先申领物种证明。该证明分为"一次使用"和"多次使用"两种:前者有效期自签发之日起不得超过6个月;后者有效期截至发证当年12月31日,适用于同一物种、同一类型、同一报关口岸多次进出口的野生动植物。

3. 濒危野生动植物种进出口的基本手续

凡出口珍贵稀有野生动物,如大熊猫、金丝猴、白鳍豚、扬子鳄、中华鲟等,必须事先报请中华人民共和国濒危物种进出口管理办公室核准,发给《野生动植物允许出口证明书》,凭以向海关申报出口。

因科学研究、文化交流等出口的各种国家珍贵树种、树苗(含根、茎、叶、花、果实及其他产品、制成品等),海关凭《野生动植物允许进出口证明书》验放。

牛、虎、豹、熊、麝、穿山甲、海龟、玳瑁、大象、羚羊等属于《濒危野生动植物种国际贸易公约》附录物种或国家重点保护的野生动物。这些动物及其产品的国际贸易必须由进出口濒危野生动植物种国际贸易公约管理机构签发允许进、出口证明文件,凭以向海关申报。

进、出口非洲象及其任何产品,必须经出口国政府和进口国政府商得濒危野生动植物种国际贸易公约秘书处同意后,发给允许出口证明和允许进口证明书,凭以向海关申报进出口。

出口含珍贵稀有野生动植物药材成分的中药材,在出口前必须取得中华人民共和国濒危物种进出口管理办公室签发的《野生动植物允许出口证明书》后,方能向海关申报出口。

出口珍稀野禽、野味(整体或分割部分)及观赏野生动物(含标本),海关凭具有上述商品进出口经营权的单位及《野生动植物允许出口证明书》验放。

案例 2-5

大连海关空港截获 37 枚整麝香

2008 年 3 月 19 日,大连海关对外公布,该关近日在空港旅检渠道查获 37 枚未经加工的整麝香。

据了解,欲携带这批麝香出境的是一名韩国籍旅客。当天,这名旅客将物品藏匿于随身行李中,未向海关申报出口。海关查获后,这名旅客也没有出具相关文件证明。

据了解,麝香是我国国家一级保护动物麝的分泌物,可以制成香料,也可以入药。由于供不应求,麝香的市场价格非常昂贵。目前,国际市场的麝香价格约为黄金价格的 6~8 倍。

海关关员介绍,由于麝类动物目前已成为濒危物种,属于《国家重点保护野生动物名录》中列名的国家一级保护动物,对麝及其制品(无论野生或是驯养繁殖)进出口,海关均按照《中华人民共和国濒危野生动植物进出口管理条例》进行管理。

海关在此提醒,进口或者出口《国家重点保护野生动物名录》中的国家一级、二级保护野生动物,《国家重点保护野生植物名录》中的国家一级、二级保护野生植物和《濒危野生动植物种国际贸易公约》列名的濒危野生动植物及其产品的,在向海关申报进口或出口时,应提交国务院林业、农业(渔业)主管部门申请允许进出口证明书,接受海关监管,并自海关放行之日起 30 日内,将海关验讫的允许进出口证明书副本交国家濒危物种进出口管理机构备案。过境、转运和通运的濒危野生动植物及其产品,自入境起至出境前由海关监管。非法进口、出口或者以其他方式走私濒危野生动植物及其产品的,由海关依照《海关法》的有关规定予以处罚;情节严重,构成犯罪的,依法追究刑事责任。

2.7.3 进出口药品管理

进出口药品管理是指为加强对药品的监督管理,保证药品质量,保障人体用药安全,维护人民身体健康和用药合法权益,国家药品监督管理局依照《中华人民共和国药品管理法》、有关国际公约及国家其他法规,对进出口药品实施监督管理的行政行为。

我国的进出口药品管理是我国进出口许可管理制度的重要组成部分,属于国家限制进出口管理范畴,实行分类和目录管理。进出口药品从管理角度可分为进出口精神药品、进出口麻醉药品及进口一般药品。国家药品监督管理局会同国务院商务主管部门对上述药品依法制定并调整管理目录,以签发许可证件的形式对其进出口加以管制。

目前我国公布的药品进出口管理目录有:《精神药品品种目录》《麻醉药品品种目录》《进口药品目录》《生物制品目录》。

1. 精神药品进出口准许证

精神药品进出口准许证是我国进出口精神药品管理批件,国家药品监督管理局依据《中华人民共和国药品管理法》《麻醉药品和精神药品管理条例》及有关国际条约,对进出口直接作用于中枢神经系统,使之兴奋或抑制,连续使用能产生依赖性的药品,制定和调整《精神药品品种目录》并以签发"精神药品进口准许证"和"精神药品出口准许证"的形式对该目录商品实行进出口限制管理。

精神药品进出口准许证是我国进出口许可管理制度中具有法律效力,用来证明对外贸易经营者经营列入《精神药品品种目录》管理药品合法进出口的证明文件,是海关验放该类货物的重要依据。

经营者在办理该类药品进出口报关手续前,均须取得国家药品监督管理局核发的精神药品进出口准许证,然后向海关办理报关手续。海关凭上述单证办理验放手续。

2. 麻醉药品进出口准许证

麻醉药品进出口准许证是我国进出口麻醉药品管理批件,国家药品监督管理局依据《中华人民共和国药品管理法》《麻醉药品和精神药品管理条例》及有关国际条约,对进出口连续使用后易使身体产生依赖性、能成瘾癖的药品,制定和调整《麻醉药品品种目录》并以签发麻醉药品进口准许证或麻醉药品出口准许证的形式对该目录商品实行进出口限制管理。

麻醉药品进出口准许证是我国进出口许可管理制度中具有法律效力,用来证明对外贸易经营者经营列入《麻醉药品品种目录》管理药品合法进出口的证明文件,是海关验放该类货物的重要依据。

该类药品进出口时,经营者在办理进出口报关手续前,均须取得国家药品监督管理局核发的麻醉药品进出口准许证向海关办理报关手续。海关凭上述单证办理验放手续。

任何单位以任何贸易方式进出口列入《精神药品品种目录》《麻醉药品品种目录》的药品,不论用于何种用途,均须事先申领精神药品进出口准许证、麻醉药品进出口准许证。

精神药品、麻醉药品的进出口准许证仅限在该证注明的口岸海关使用,并实行"一批一证"制度,证面内容不得自行更改,如需更改,应到国家药品监督管理局办理换证手续。

3. 进口药品通关单

进口药品通关单是国家针对一般药品,即除上述特殊用途药品外的其他药品的进口管理批件。

进口药品必须经由国务院批准的允许药品进口的口岸进口。进口单位需要向允许药品进口的口岸所在地药品监督管理部门申请办理《进口药品通关单》,进口药品必须取得国家药品监督管理局核发的《进口药品注册证》(或者《医药产品注册证》),或者《进口药品批件》

后,方可办理进口备案和口岸检验手续。进口单位持《进口药品通关单》向海关申报,海关凭口岸药品监督管理局出具的《进口药品通关单》,办理进口药品的报关验放手续。

2.7.4 两用物项和技术进出口许可证管理

两用物项和技术是指《中华人民共和国核出口管制条例》《中华人民共和国核两用品及相关技术出口管制条例》《中华人民共和国导弹及相关物项和技术出口管制条例》《中华人民共和国生物两用品及相关设备和技术出口管制条例》《中华人民共和国监控化学品管理条例》《易制毒化学品管理条例》和《有关化学品及相关设备和技术出口管制办法》所规定的相关物项及技术。

为便于对上述物项和技术的进出口管制,商务部和海关总署依据上述法规颁布了《两用物项和技术进出口许可证管理办法》,并联合发布《两用物项和技术进出口许可证管理目录》,规定对列入目录的物项及技术的出口统一实行两用物项和技术进出口许可证管理。商务部委托许可证局统一管理、指导全国各发证机构的两用物项和技术进出口许可证发证工作。许可证局和受商务部委托的省级商务主管部门为两用物项和技术进出口许可证发证机构,省级商务主管部门在许可证局的统一管理下,负责委托范围内两用物项和技术进出口许可证的发证工作。两用物项和技术进出口前,进出口经营者应当向发证机关申领《中华人民共和国两用物项和技术进口许可证》(以下简称《两用物项和技术进口许可证》)或《两用物项和技术出口许可证》(以下统称两用物项和技术进出口许可证)凭以向海关办理进出口通关手续。此外,对该类商品的通关规定还有以下几点。

● 对以任何方式进口或出口,以及过境、转运、通运列入以上目录的商品,进出口经营者应向海关提交有效的两用物项和技术进出口许可证。

● 本许可证实行"非一批一证"制和"一证一关"制,在《两用物项和技术进口许可证》备注栏内打印"非一批一证"字样;《两用物项和技术出口许可证》实行"一批一证"制和"一证一关"制。

● 本许可证有效期一般不超过 1 年。跨年度使用时,在有效期内只能使用到次年 3 月 31 日,逾期发证机构将根据原许可证有效期换发许可证。

● 本许可证仅限于申领许可证的进出口经营者使用,不得买卖、转让、涂改、伪造和变造;两用物项和技术进出口许可证应在批准的有效期内使用,逾期自动失效,海关不予验放。

2.7.5 进口废物管理

固体废物是指《中华人民共和国固体废物污染环境防治法》管理范围内的废物,即在生产建设、日常生活和其他活动中产生的丧失原有利用价值或者虽未丧失利用价值但被抛弃或放弃的固态、半固态和置于容器中的气态的物品、物质,以及法律、行政法规规定纳入固体废物管理的物品、物质。其包括:工业固体废物(指在工业生产活动中产生的固体废物)、生活垃圾(指在日常生活中或者为日常生活提供服务的活动中产生的固体废物及法律、行政法规规定视为生活垃圾的固体废物)、建筑垃圾(指建设单位、施工单位新建、改建、扩建和拆除各类建筑物、构筑物、管网等,以及居民装饰装修房屋过程中产生的弃土、弃料和其他固体废物)、农业固体废物(指在农业生产活动中产生的固体废物)、危险废物

(指列入国家危险废物名录或者根据国家规定的危险废物鉴别标准和鉴别方法认定的具有危险特性的废物)及液态废物和置于容器中的气态废物。

2020年国家生态环境部、商务部、发展改革委、海关总署发布第53号公告,禁止以任何方式进口固体废物。禁止我国境外的固体废物进境倾倒、堆放、处置;生态环境部停止受理和审批限制进口类可用作原料的固体废物进口许可证的申请;海关特殊监管区域和保税监管场所(包括保税区、综合保税区等海关特殊监管区域和保税物流中心、保税仓库等保税监管场所)内单位产生的未复运出境的固体废物,按照国内固体废物相关规定进行管理。需出区进行贮存、利用或者处置的,应向所在地海关特殊监管区域和保税监管场所地方政府行政管理部门办理相关手续,海关不再验核相关批件。

2.7.6　音像制品进口管理

为了加强对音像制品进口的管理,促进国际文化交流,丰富人民群众的文化生活,我国颁布了《音像制品管理条例》《音像制品进口管理办法》《中华人民共和国海关进出境印刷品及音像制品监管办法》及其他有关规定,对音像制品实行进口许可管制。新闻出版署负责全国音像制品进口的监督管理工作,制定音像制品进口规划,审查进口音像制品内容,确定音像制品成品进口经营单位的总量、布局和结构。

音像制品成品进口业务由新闻出版总署指定的音像制品经营单位经营;未经新闻出版署指定,任何单位或者个人不得从事音像制品成品进口业务。图书馆、音像资料馆、科研机构、学校等单位进口供研究、教学参考用的音像制品成品,应当委托新闻出版署指定的音像制品成品进口经营单位办理有关进口审批手续。

音像制品进口单位凭新闻出版署进口音像制品批准文件到海关办理母带(母盘)或者音像制品成品的进口手续,海关凭有效的《中华人民共和国文化部进口音像制品批准单》、有关报关单证及其他需要提供的文件办理验放手续;对随机器设备同时进口及进口后随机器设备复出口的记录操作系统、设备说明、专用软件等内容的音像制品,海关凭进口单位提供的合同、发票等有效单证验放。

进口音像制品批准单是我国进出口许可管理制度中具有法律效力,用来证明对外贸易经营者经营音像制品合法进口的证明文件,是海关验放该类货物的重要依据。

2.7.7　化学品首次进口及有毒化学品

1. 化学品首次进口的含义

化学品首次进口是指外商或其代理人向中国出口其未曾在中国登记过的化学品,即使同种化学品已有其他外商或其代理人在中国进行登记,仍被视为化学品首次进口。

2. 有毒化学品的环境管理

(1) 进出口列入《中国严格限制的有毒化学品名录》的有毒化学品,海关凭生态环境部、商务部、海关总署签发的《有毒化学品进(出)口环境管理放行通知单》验收。实行一批一证制,每份通知单在有效期内只能报关使用一次。

(2) 进出口有毒化学品属国家实施其他进出口管制的,如进出口许可证管理、商品检验等,在进出口通关时,还应出具其他授权机关签发的有关证件。

附件 2-1

对外贸易经营者备案登记表（申请表）

统一社会信用代码（必填）：

备案登记表编号：　　　　　　　　　　　　　　进出口企业代码：

经营者中文名称			
经营者英文名称			
组织机构代码（非必填）		经营者类型（由备案登记机关填写）	
住所			
经营场所(中文)			
经营场所(英文)			
联系电话		联系传真	
邮政编码		电子邮箱	
工商登记注册日期		工商登记注册号	

依法办理工商登记的企业还须填写以下内容

企业法定代表人姓名		有效证件号	
注册资金			（折美元）

依法办理工商登记的外国(地区)企业或个体工商户(独资经营者)还须填写以下内容

企业法定代表人/个体工商负责人姓名		有效证件号	
企业资产/个人财产			（折美元）

备注：	

填表前请认真阅读背面的条款，并由企业法定代表人或个体工商负责人签字、盖章。

　　　　　　　　　　　　　　　　　　　　　　　　备案登记机关

　　　　　　　　　　　　　　　　　　　　　　　　　　签章

　　　　　　　　　　　　　　　　　　　　　　　　年　月　日

附件 2-2

中华人民共和国进口许可证
IMPORT LICENCE OF THE PEOPLE'S REPUBLIC OF CHINA

1. 进口商: Importer			3. 进口许可证号: Import licence No.		
2. 收货人: Consignee			4. 进口许可证有效截止日期: Import licence expiry date		
5. 贸易方式: Terms of trade			8. 出口国(地区): Country/Region of exportation		
6. 外汇来源: Terms of foreign exchange			9. 原产地国(地区): Country/Region of origin		
7. 报关口岸: Place of clearance			10. 商品用途: Use of goods		
11. 商品名称: Description of goods			商品编码: Code of goods		
12. 规格、型号 Specification	13. 单位 Unit	14. 数量 Quantity	15. 单价(　　) Unit price	16. 总值(　　) Amount	17. 总值折美元 Amount in USD
18. 总计 Total					
19. 备注 Supplementary details			20. 发证机关签章 Issuing authority's stamp & signature 21. 发证日期 Licence date		

对外贸易经济合作部监制(2000)

续表

海关验放签注栏

进口日期	报关日期	运输工具名称	提货单号	出口国（地区）	进口数量	许可证结余数	海关签章

附件 2-3

中华人民共和国出口许可证
EXPORT LICENCE OF THE PEOPLE'S REPUBLIC OF CHINA

1. 出口商： Exporter		3. 出口许可证号： Export licence No.		
2. 发货人： Consignor		4. 出口许可证有效截止日期： Export licence expiry date		
5. 贸易方式： Terms of trade		8. 进口国(地区)： Country/Region of purchase		
6. 合同号 Contract No.		9. 付款方式： Payment		
7. 报关口岸： Place of clearance		10. 运输方式： Mode of transport		
11. 商品名称： Description of goods		商品编码： Code of goods		
12. 规格、型号 Specification	13. 单位 Unit	14. 数量 Quantity	15. 单价（ ） Unit price	16. 总值（ ） Amount	17. 总值折美元 Amount in USD
18. 总计 Total					
19. 备注： Supplementary details		20. 发证机关盖章： Issuing authority's stamp & signature 21. 发证日期： Licence date		

对外贸易经济合作部监制(2000)

续表

海关验放签注栏

报关日期	运输工具名称	装货单号	进口国（地区）	出运数量或金额	许可证结余数	海关签章

附件 2-4

中华人民共和国自动进口许可证申请表

1. 进口商： 代码：13位企业代码 ×××公司 （该企业必须具有进出口经营资格）		3. 自动进口许可证申请表号： 企业不填 自动进口许可证号：		
2. 进口用户： ×××公司 （进口产品的最终使用单位）		4. 申请自动进口许可证有效截止日期： 企业不填 年 月 日		
5. 贸易方式： 例如，一般贸易		8. 贸易国（地区）： ××国（地区）（指出口该产品的国家或地区）		
6. 外汇来源： 例如，银行购汇		9. 原产国（地区）： ××国（地区）（指该产品的生产国家或地区）		
7. 报关口岸： ××口岸（只能填一个）		10. 商品用途： 例如，销售		
11. 商品名称： ×××	商品编码： 海关HS码			设备状态： 新
12. 规格、等级	13. 单位	14. 数量	15. 单价（币别）	16. 总值（币别）	17. 总值折美元
A型	千克	×××	××.×× （请注明币种）	×××××	×××××
B型	千克	××	×.× （请注明币种）	×××××	×××××
18. 总计		××××		×××××××	×××××××
19. 备注： 加盖进口商公章!!! 联系人：×× 联系电话：×××××××× 申请日期：××年××月××日		20. 签证机构审批意见： 企业不填		

注：黑色字体部分为填写内容及注意事项

本章小结

本章详细介绍了进出口管制的内涵、目的及其与报关的关系,具体包括外贸易经营者管理制度、进出口许可管理制度、进出境商品合格评定制度、进出口货物收付汇管理制度、对外贸易救济制度及其他特殊货物进出口管制。了解这些进出口国家管制制度,对于货物顺利报关,企业提高通关效率都有显著意义。

关键词

进出口国家管制　备案登记　进出口许可管理　配额管理　关税配额管理　配额许可证管理　自动进口许可管理　进出口商品检验检疫　企业贸易外汇收支分类管理　反倾销措施　反补贴措施　保障措施

思考与问答

（1）进出口国家管制具体包括哪些内容？

（2）根据管制手段和管制程度的不同,进出口货物管制分别可分成哪几类？

（3）什么是关税配额管理？网上查询一下该管理手段一般适用于什么货物？

（4）配额管理与许可证管理有什么区别？

（5）阅读案例2-1、案例2-2,谈谈你从案例中得到的启示。

（6）进出口商品合格评定制度包括哪几项内容？

（7）外汇局对货物外汇的主要监管方式包括哪些？

（8）对外贸易救济措施通常包括哪些？它们之间有什么区别？

第二篇　各类货物的报关程序

本篇按货物类别对各类货物的报关程序进行详细介绍，包括一般进出口货物的报关程序、保税加工贸易货物的报关程序、保税物流货物的报关程序、其他各种特殊货物进出境的报关程序。学习本篇可以使读者系统掌握各类货物进出境的报关要求和流程，并清楚区分它们之间的差异。

第3章 一般进出口货物的报关程序

本章学习目标

- 了解海关监管货物的概念及分类。
- 熟悉全国通关一体化改革。
- 了解全国三个风险防控中心和三个税收征管中心的分工。
- 掌握新型报关流程——"一次申报、分步处置"与"两步申报"。
- 了解申报、查验、征税和放行每个环节的注意事项。

3.1 海关监管货物概述

3.1.1 海关监管货物的概念及分类

海关监管货物是指所有进出境货物,即自进境起到办结海关手续止的进口货物,自向海关申报起到出境止的出口货物,包括海关监管时限内的一般进出口货物、保税货物、特定减免税货物、暂准进出境货物,以及过境、转运、通运货物和其他尚未办结海关手续的进出境货物。

按货物进出境的不同目的划分,海关监管货物可以分成以下五大类。

(1) 一般进出口货物:指从境外进口,办结海关手续直接进入国内生产或流通领域的进口货物,以及按国内商品申报,办结出口手续到境外消费的出口货物。它包括一般进口货物和一般出口货物。

(2) 保税货物:指经海关批准未办理纳税手续而进境,在境内储存、加工、装配后复运出境的货物。此类货物又分为保税加工货物和保税物流货物两类。

(3) 特定减免税货物:指经海关依法准予免税进口的用于特定地区、特定企业、有特定用途的货物。

(4) 暂准进出境货物:指经海关批准,凭担保进境或出境,在境内或境外使用后,原状复运出境或进境的货物。

(5) 其他进出境货物：指由境外启运，通过中国境内继续运往境外的货物，以及其他尚未办结海关手续的进出境货物。

海关按照对各种监管货物的不同要求，分别建立了相应的海关监管制度。

3.1.2　海关监管货物的报关程序

报关程序是指进出口货物收发货人、运输工具负责人、物品所有人或其代理人（以下简称"当事人"）按照海关的规定，办理货物、物品、运输工具进出境及相关海关事务的手续和步骤。通关监管就是海关对当事人申报的单证、数据信息与实际进出口货物、物品依法进行安全准入判别、单证信息审核、检验检疫查验、后续监管处置和放行的全部过程。在我国，货物的进出境必须经过海关审单、查验、征税、放行四个作业环节；进出口货物收发货人或其代理应办理进出口申报、配合查验、缴纳税费、提取或装运货物等手续。但是，这些程序还不能满足海关对所有进出境货物的实际监管要求。比如加工贸易原材料进口，海关要求事先备案，因此不能在申报和审单这一环节完成上述工作，必须有一个前期办理手续的阶段；而且上述原材料加工成成品出口，在放行和装运货物离境的环节也不能完成所有的海关手续，必须有一个后期办理核销结案的阶段。因此，从海关对进出境货物进行监管的全过程来看，报关程序按时间先后可以分为3个阶段：前期阶段（备案核准阶段）、进出境阶段（通关作业阶段）和后续阶段。需要特别注意的是，全国通关一体化改革后，通关环节虽然仍然包括申报、查验、征税、放行四个主要过程，但作业流程有较大调整（具体内容见本章第二节）。

1. 前期阶段（备案核准阶段）

（1）备案登记。向海关办理有关境内进出口企业注册、企业资质注册登记（备案），由海关确认其经营或报关资格。如生产型、贸易型企业注册登记，出境水生动物养殖场、进境粮食的境外生产加工企业注册登记等。

（2）业务事项核准。根据海关对保税货物、特定减免税货物、暂准进出境货物、其他进出境货物的监管要求，进出口货物收发货人或其代理人在货物进出境以前，向海关办理备案手续的过程。这包括但不限于以下几种情况：向海关申请检疫审批、保税加工货物进口之前，进口货物收货人或其代理人（以下简称"进口人"）应当办理加工贸易备案手续，申请建立加工贸易电子账册、电子手册或者申领加工贸易纸质手册；特定减免税货物在进口之前，进口人应当办理货物的减免税申请、备案和申领减免税证明手续；暂准进出境货物进出境之前，进出境货物收发货人或其代理人应当办理货物暂准进出境备案申请手续；其他进出境货物中的出料加工货物实际出境之前，出境货物发货人或其代理人应当办理出料加工的备案手续等。

（3）纳税担保备案。如汇总征税税款总担保备案，进出口货物当事人可向注册地直属海关提交税款总担保备案申请；关税保证保险担保备案，进出口货物当事人对纳税期限和征税要素进行保险担保的，向所在地直属海关进行保单备案。

（4）海关预裁定。货物实际进出口前，向海关申请商品归类、进口商品样品预先归类咨询、原产地或者原产资格、进口货物完税价格相关要素、估价方法的预裁定。

（5）提前看货、取样。当事人申报前查看货物或提取货样。

2. 进出境阶段(通关作业阶段)

进出境阶段是指根据海关对进出境货物的监管制度,进出口货物收发货人或其代理人在一般进出口货物、保税货物、特定减免税货物、暂准进出境货物、其他进出境货物进出境时,向海关办理进出口申报、配合查验、缴纳税费、提取或装运货物手续的过程。

全国通关一体化改革后,海关通关作业实现了"一次申报、分步处置"。"一次申报、分步处置"是指在通关过程中,企业一次性完成报关和税款自报自缴手续后,安全准入风险主要在口岸通关现场处置,税收征管要素风险主要在货物放行后处置(详见本章第二节)。具体环节包括舱单安全准入风险处置、企业报关报税、海关电子审单、企业缴税、报关单风险甄别、合格入市风险处置、税收风险处置、现场作业综合处理、查验、放行和放行后税收风险排查处置等。对于已经适用通关作业无纸化的企业,可以自主选择适用"一次申报、分步处置"通关作业流程,该流程适用于全部进出口货物。

为进一步推进通关便利化,在部分试点海关实施"两步申报"通关作业模式。第一步,企业概要申报后经海关同意即可提离货物,即企业向海关申报进口货物是否属于禁限管制、是否依法需要检验或检疫(是否属于法检目录商品)、是否需要缴纳税款;第二步,企业在规定时间内完成完整申报,即企业自运输工具申报进境之日起 14 日内完成完整申报,办理缴纳税款等手续。一般信用等级及以上的同时已实现监管证件联网核查的境内企业,在试点海关办理进口货物报关时可以选择"两步申报"通关作业模式。

在上述两种通关作业模式下,实行"两段准入"监管方式。将进口货物准予提离口岸监管作业场所视为口岸放行,根据"是否准予货物入境"和"是否允许货物进入国内市场销售或使用",分段实施"准许入境"和"合格入市"监管。

3. 后续阶段

后续阶段是指根据海关对保税货物、特定减免税货物、暂准进出境货物、部分其他进出境货物的监管要求,进出口货物收发货人或其代理人在货物进出境储存、加工、装配、使用、维修后,在规定的期限内,按照规定的要求,向海关办理上述进出口货物核销、销案、申请解除监管等手续的过程,也包括海关向企业出具检验检疫证书、文件,检验检疫后续处置过程。

(1)保税货物,无论是保税加工货物还是保税物流货物,进口人应当在规定期限内办理申请核销的手续。

(2)特定减免税货物,进口人应当在海关监管期满,或者在海关监管期内经海关批准出售、转让、退运、放弃并办妥有关手续后,向海关申请办理解除海关监管的手续。

(3)暂准进境货物,进口人应当在暂准进境规定期限内,或者在经海关批准延长暂准进境期限到期前,办理复运出境手续或正式进口手续,然后申请办理销案手续;暂准出境货物,发货人或其代理人应当在暂准出境规定期限内,或者在经海关批准延长暂准出境期限到期前,办理复运进境手续或正式出口手续,然后申请办理销案手续。

(4)其他进出境货物中的出料加工货物、修理货物、部分租赁货物等,进出境货物收发货人或其代理人应当在规定的期限内办理销案手续。

3.2 全国通关一体化改革

3.2.1 何谓通关一体化改革？

海关全面深化改革是以全国海关通关一体化改革为标志和引领的。自2017年7月1日起，全国海关通关一体化改革覆盖全国口岸、全运输方式和全部商品，进出口申报均已纳入一体化。通过设置由海关总署直管的税收征管中心和风险防控中心，打破了部门、关区藩篱，使得全国海关从组织结构到流程管理都浑然一体。通关一体化改革，就是企业可以任意选择通关或者报关地点和口岸，在全国任何一个地方都可办理相关手续。全国通关一体化，可以让企业通关成本更低、更便捷。

通关一体化对企业有以下好处。第一，可以选择任意地点进行报关，消除了申报的关区限制。例如，企业对于从A口岸进口的货物，可以选择在B地申报进口。在全国通关一体化改革前，海关申报必须在货物进口口岸进行，或经进口口岸海关批准于主管地海关处进行申报。第二，海关执法更统一。在风险防控和税收征管两个中心的处置下，全国通关的政策和规定在执行标准上更加一致；效率大大提高，简化了口岸通关环节的手续，压缩了口岸通关的时间。

3.2.2 新型通关作业流程

海关过去的通关流程是接受申报、审单、查验、征税、放行的"串联式"作业流程。全国海关通关一体化改革后，采用"一次申报、分步处置"的新型通关管理模式，在企业完成报关和税款自报自缴手续后，安全准入风险主要在口岸通关现场处置，税收征管要素风险主要在货物放行后处置。

海关在"分步处置"模式下，第一步，风险防控中心分析货物是否存在禁限管制、侵权、品名规格数量伪瞒报等安全准入风险并下达布控指令，由现场查验人员实施查验。对于存在重大税收风险且放行后难以有效稽（核）查或追补税的，由税收征管中心实施货物放行前的税收征管要素风险排查处置；需要在放行前验核有关单证，留存相关单证、图像等资料的，由现场验估岗进行放行前处置；需要实施实货验估的，由现场查验人员根据实货验估指令要求实施放行前实货验估处置。货物经风险处置后符合放行条件的可予放行。第二步，税收征管中心在货物放行后对报关单税收征管要素实施批量审核，筛选风险目标，统筹实施放行后验估、稽（核）查等作业。

1. 三个风险防控中心

2017年7月1日起，建成并启用全国海关风险防控中心和税收征管中心，在全国口岸以所有运输方式进口的《进出口税则》中全部商品，适用"一次申报、分步处置"通关作业流程和企业自报自缴税款、税收征管要素海关审核后置等改革措施；同步推进全国隶属海关功能化改造；同时取消专业审单，各区域通关一体化审单中心不再办理相关业务。

海关总署风险防控中心（上海）、海关总署风险防控中心（青岛）、海关总署风险防控中心（黄埔）分别开展空运货物、水运货物（来往港澳小型船舶除外）、陆运货物安全准入风险防控，统一对全国所有口岸进口的全部商品开展安全准入风险防控，风控中心将为无纸化通关设置许可证、原产地证、"3C"认证、商检报告等安全准入参数并维护税收征管参数。

2．三个税收征管中心

根据"一次申报、分步处置"流程，税收征管作业主要在货物放行后实施。税收征管中心前置税收风险分析，按照商品分工，加工（研发）、设置参数、指令和模型；对少量存在重大税收风险且放行后难以有效稽（核）查或追补税的，实施必要的放行前排查处置；对存在一定税收风险，但通过放行后批量审核、验估或稽（核）查等手段，能够进行风险排查处置及追补税的，实施放行后风险排查处置。

税收征管中心是全国海关通关一体化改革所建立的"两个中心"之一，主要按照商品和行业分工，对涉税申报要素的准确性进行验证和处置，重点防控涉及归类、价格、原产地等税收征管要素的税收风险。目前全国建立了三个税收征管中心，分别是海关总署税收征管中心（上海）、海关总署税收征管中心（广州）、海关总署税收征管中心（京津）。三个税收征管中心按照商品和行业进行分工，税收征管中心（上海）主要负责机电大类（机电、仪器仪表、交通工具类）等商品，包括《进出口税则》共 8 章（第 84～87 章、89～92 章）、2286 个税号；税收征管中心（广州）主要负责化工大类（化工原料、高分子、能源、矿产、金属类等）商品，包括《进出口税则》共 30 章（第 25～29、31～40、68～76、78～83）、2800 个税号；税收征管中心（京津）主要负责农林、食品、药品、轻工、杂项、纺织类及航空器等商品，包括《进出口税则》共 58 章（第 1～24 章、30 章、41～67 章、88 章、93～97 章）、3461 个税号。

实务操作提醒 3-1

问：我的报关单是在上海申报的，为什么税收征管中心（京津）联系我开展核查？

答：全国海关通关一体化模式下，税收征管中心（京津）将负责全国范围内进口的第 1～24 章、30 章、41～67 章、88 章、93～97 章，共 58 章的商品。如果您申报的报关单为上述章节商品，则属于税收征管中心（京津）管理涉税申报要素的范围。

实务操作提醒 3-2

问：为什么货物都放行了，还被海关通知申报商品税号有误，要求补税？

答：根据"一次申报、分步处置"的通关流程，海关对企业申报的价格、归类、原产地等税收征管要素的抽查审核主要在货物放行后进行。相关进口企业、单位应当根据海关要求，配合海关做好税收征管工作。

案例 3-1

海关通关改革完成大提速目标

打破部门关区藩篱

宁夏 A 锰业集团公司每周都要从海外进口 1 万多吨锰矿，货物从山东青岛港入境，经过青岛多式联运海关监管中心运至宁夏中卫市，原来仅能在青岛黄岛口岸报关。全国海关通关一体化实施后，企业可根据自己的需求，任意选择在青岛或者宁夏办理报关手续，大大减少了公司在海运口岸的人力资源配置和行政成本。

一次申报、分步处置

"前几天,公司急需进口一批氢充油热塑丁苯橡胶用于生产,偏偏业务员忙中出错,不小心将商品税号报错了。过去碰到这种情况,公司只能到海关提交改单申请,等待改单后再缴税通关,生产进度肯定会受影响。如今,海关通关环节实行'一次申报、分步处置',企业即使是在税号报错的情况下,货物也可先自动放行,之后再申请改单以及补税处理。"浙江嵊州B电子公司总经理助理裘先生说。

自报自缴、流转提速

近日,C石化公司报关员罗女士以"自报自缴"的方式,向宁波海关申报进口一批聚乙烯,从罗女士在办公室轻点鼠标向海关发送电子报关单,到货物最终放行,不到半个小时,海关手续就全部完成。

"自报自缴"就是企业自主向海关申报,自行缴纳税费,海关在货物放行后对税收征管要素进行抽查,将报关单审核流程从"事中"转移到了"事后",大幅提升货物在口岸的流转速度。

汇总征税、优化流程

近日,湛江D浆纸公司以"汇总征税+自报自缴"的方式,向湛江海关所属霞山海关申报一票进口报关单,从申报到放行仅用时25秒。"我感觉全国海关通关一体化改革后最大的变化就是快!"D浆纸公司报关员张先生说。

汇总征税是一种新型集约化征税模式,在企业依法提供担保和海关有效监管的前提下,将以往"逐票审核、先税后放"的征管模式变为"先放后税、汇总缴税"。对接全国海关通关一体化改革,汇总征税报关单实现了自动放行,通关效率明显提高。

双随机执法显公平

2017年11月28日,厦门E报关行代理出口的一批休闲鞋被厦门海关随机布控抽中,海关查验现场通过查验系统随机派单,指派两名关员开展实货查验,半小时后该批货物正常放行。"电脑布控公平公正,被抽中了也不影响通关",对于海关推行的"双随机"改革,E报关行报关员小陈体会颇深。

"所谓'双随机',通俗讲就是海关查谁、谁查都由计算机来定。"厦门海关所属东渡海关查验指挥科黄科长介绍说,海关目前实行的随机布控,还与企业在海关的信用等级、通关历史记录、企业和商品的风险水平等息息相关,守法守信企业被抽中的概率大大低于失信违法企业,可以充分享受快速放行的信用红利,充分体现了"守法便利,失信联合惩戒"的原则。同时,"双随机"抽查结果将纳入进出口企业诚信数据库,与有关执法部门共享共用,进一步激励进出口企业珍惜信用。

3.3 一般进出口货物的申报

3.3.1 一般进出口货物概述

一般进出口货物是指在进出口环节缴纳了应征的进出口税费并办结了所有必要的海关手续,海关放行后不再进行监管,可以直接进入生产和消费领域流通的进出口货物。这里,我们需要区分一般进出口货物和一般贸易货物。

一般贸易是国际贸易中的一种交易方式,如我国境内有进出口经营权的企业单边进口或单边出口的贸易,按一般贸易方式进出口的货物即为一般贸易货物。一般贸易货物的范畴更广,它可以是一般进出口货物,也可以是特定减免税货物,还可以是保税货物。一般进出口货物,是指按照海关一般进出口监管制度监管的进出口货物。一般贸易货物在进出口时按一般进出口监管制度办理海关手续,它就是一般进出口货物;符合条件可以享受特定减免税优惠的,按特定减免税监管制度办理海关手续,它就是特定减免税货物;经海关批准保税,可以按保税监管制度办理海关手续,这时它就是保税货物。

(一) 一般进出口货物的特征

1. 进出境时缴纳进出口税费

一般进出口货物的收发货人应当按照《海关法》和其他有关法律、行政法规的规定,在货物进出境时向海关缴纳应当缴纳的税费。

2. 进出口时提交相关的许可证件

货物进出口应受国家法律、行政法规管制的,进出口货物收发货人或其代理人应当向海关提交相关的进出口许可证件。

3. 海关放行即办结了海关手续

海关征收了全额的税费,审核了相关的进出口许可证件,并对货物进行实际查验(或做出不予查验的决定)以后,按规定签章放行。这时,进出口货物收发货人或其代理人才能办理提取进口货物或者装运出口货物的手续。对一般进出口货物来说,海关放行就意味着海关手续已经全部办结,海关不再监管,可以直接进入生产和消费领域流通。

(二) 一般进出口货物的范围

实际进出口货物(进、出境后不再复运出境、复运进境的货物),除特定减免税货物外,都属于一般进出口货物的范围。其主要包括:一般贸易进口货物;一般贸易出口货物;转为实际进口的保税货物、暂准进境货物或转为实际出口的暂准出境货物;易货贸易、补偿贸易进出口货物;不批准保税的寄售代销贸易货物;承包工程项目实际进出口货物;外国驻华商业机构进出口陈列用的样品;外国旅游者小批量订货出口的商品;随展览品进境的小卖品;实际进出口货样广告品;免费提供的进口货物,如外商在经济贸易活动中赠送的进口货物,外商在经济贸易活动中免费提供的试车材料等,我国在境外的企业、机构向国内单位赠送的进口货物。

(三) 一般进出口货物的报关程序

我们可以从海关与收、发货人两条线来看进出境货物的报关程序。从海关方面看,海关对一般进出口货物的监管,其业务程序是:接受申报、查验货物、征收税费、结关放行。进出境货物收、发货人相应的报关手续应为:提出申报、接受查验、缴纳税费、凭单取货或装船出运。

这里需要特别注意的是,自2017年7月1日起,全国海关通关一体化改革覆盖全国口岸、全运输方式和全部商品,进出口申报均已纳入一体化。通过设置由海关总署直管的税收征管中心和风险防控中心,打破了部门、关区藩篱,使得全国海关从组织结构到流程管理都浑然一体。改变了以往电子申报、现场交单、网付税款、放行结关等每个环节都会消耗时间的通关模式。企业可以在全国范围内任意一个海关完成相关申报、缴税等通关手续,消除了申报的关区限制,真正实现了"全国是一关"。

海关过去的通关流程是接受申报、审单、查验、征税、放行的"串联式"作业流程。全国海关通关一体化改革后,采用"一次申报、分步处置"的新型通关管理模式,在企业完成报关和税款自报自缴手续后,安全准入风险主要在口岸通关现场处置,税收征管要素风险主要在货物放行后处置,压缩了非必要的事中人工干预。

3.3.2 一般进出口货物的申报

(一) 报关企业申报前的准备工作

1. 通关准入

通关准入是指企业应该在货物进出境前事先办理相关进出境业务的备案核准手续,包括进口货物的检疫准入、检疫审批、境外预检、境外装运前检验,出口货物的检疫审批需在申报前根据规定办理相关手续,取得相应的进出口批准文件及证明文件。对企业有资质要求的,应该进行相应的备案;对进出口货物有监管证件要求的,企业应在申报前办理进出口所需的监管证件。

2. 准备申报单证

在接到进口提货通知或备齐出口货物后,企业如需委托报关则需办理报关委托,代理报关者则需接受报关委托。接下来,主要就是准备申报单证了。申报单证可以分为报关单证和随附单证两大类,其中随附单证包括基本单证和特殊单证。

报关单证是指进出口货物报关单或者带有进出口货物报关单性质的单证,比如保税区、出口加工区进出境备案清单,ATA单证册,过境货物报关单,转关运输申报单,快件报关单等。任何货物的申报,都必须有报关单证。

基本单证是指进出口货物的货运单据和商业单据,主要有进口提货单据、出口装货单据、商业发票、装箱单等。一般来说,任何货物的申报都必须有基本单证。

特殊单证主要有进出口许可证件、加工贸易登记手册(包括纸质手册、电子手册和电子账册)、特定减免税证明、作为部分货物进出境证明的原进出口货物报关单证、核销单、原产地证明书、贸易合同(如租赁贸易货物进口申报,必须有租赁合同)等。

进出口货物收发货人或其代理人应根据货物的不同需要向报关员提供上述单证,报关员审核这些单证后据此填制报关单。报关单证准备完毕后,报关人员要对报关单进行预录入,并将报关单上的数据、内容经电子计算机传送到海关报关自动化系统,然后在海关规定时间、地点向海关递交书面报关单证。

3. 税款担保

在企业完成报关报税(自报自缴)过程中,可以采取三种税款担保方式。

(1) 汇总征税税款总担保备案。为提高通关效率,进出口货物当事人(失信企业除外)可向注册地直属海关关税职能部门提交税款总担保备案申请,总担保应当依法以保函等海关认可的形式,其受益人应包括企业注册地直属海关及其他进出口地直属海关;担保金额为担保期限内企业进出口货物应缴纳的海关税款和滞纳金;担保额度可根据企业税款缴纳情况循环使用。

(2) "两步申报"税款担保。该通关模式下的应税货物,企业需提前向注册地直属海关关税职能部门提交税收担保备案申请。担保额度可根据企业税款缴纳情况循环使用。高级认证企业可向直属海关关税职能部门申请免除税款担保,经审核符合相关规定的,可以免除税款担保,并按规定办理相关手续。免除担保的企业须在运输工具申报进境之日起14日内完成完整申报,并在规定期限内办理纳税手续。

(3) 关税保证保险担保备案。进出口货物收发货人对纳税期限和征税要素进行保险担保的,保险公司通过保单传输系统传输"关税保证保险单"电子数据,企业所在地直属海关进行保单备案。企业申请办理征税要素担保的,现场海关收取保单正本。保险金额可根据企业税款缴纳情况在保险期内循环使用。

4. 商品的预归类申请

商品预归类是世界海关组织(World Customs Organization,WCO)向各国海关当局和企业组织推荐的一种现代贸易通关中的商品管理工作模式,所以它属于一种国际通行的做法。简单讲,预归类就是把商品归类过程前置,在货物实际进出口之前完成商品归类税号的确定工作。当前我国海关实行的是一种约束性预归类制度,之所以称之为约束性预归类,是因为确定的预归类税号,它是对海关和当事人具有双向约束力的归类行为,受法律保护。它的好处是可以有效地提高海关归类的准确性和时效性,加速货物通关,增强政策法规的透明度,方便合法进出。

我国海关预归类的做法是:一般贸易的货物在实际进出口前,申请人以海关规定的书面形式向海关提出申请并提供商品归类所需的资料,必要时提供样品,直属海关或海关总署在规定工作时限内依法作出具有法律效力的商品归类决定,并向申请人签发"海关进出口商品预归类决定书"一式两份,一份由申请人持有,另一份由作出预归类决定的海关留存。进行约束性商品预归类符合以下两个条件就可办理:

(1) 申请人资格是在海关注册的进出口货物的经营单位或其代理人;

(2) 申请商品为一般贸易范围进出口货物。目前上海关区预归类申请人主要为高资信、低风险的A类、AA类生产型企业、重点税源企业及纳入进出口分类通关改革试点的企业。

实务操作提醒 3-3

进出口货物报关单上"商品编号"一栏通常由报关员填写。不一样的商品编号涉及的适用税率、监管条件可能差别很大。由于商品归类是一项技术性很强的海关工作,有些商品的归类对报关员来说有难度。企业或个人在实际进出口行为中,如遇《进出口税则》无具体列名或无法确定的疑难归类商品,可向当地海关的关税部门申请归类咨询。申请办理归类咨询的人员需了解其进出口商品的详尽资料,或由相关工程或技术人员陪同。但归类咨询不具备法律效力。对于需要正式答复的归类问题,咨询人可采用申请"海关进出口商品预归类决定书"的方式得到书面决定。

5. 申报前看货取样

由于进口货物通常要等到货物到港,收货人才可能知道其真实面貌,所以如果发生错卸、出口人发错货,或存在欺诈等情况导致实际货物与进口人预期的货物不一致,就可能导致报关时"单货不符",造成海关和进口货物收货人间的误会。因此,海关给予进口人在报关前看货取样的机会。

进口货物的收货人向海关申报前,可以向海关提出查看货物或者提取货样的书面申请;海关审核同意的,派员到现场监管。查看货物或提取货样时,海关开具取样记录和取样清单;提取货样的货物和动植物及其产品,以及其他须依法提供检疫证明的,应当按照国家的有关法律规定,在取得主管部门签发的书面批准证明后提取。取样后,到场监管的海关关员与进口货物的收货人在取样记录和取样清单上签字确认。

如果当事人自己放弃行使看货取样的权利,此时所产生的法律后果,只能由收货人自己承担。类似"错发货"等就不能再成为申报不实的理由。

(二) 申报

所谓申报,也可理解为狭义上的报关,是指货物、运输工具和物品的所有人或其代理人在货物、运输工具、物品进出境时,向海关呈送规定的单证并申请查验、放行的手续。申报可以采取以下两种方式。

1. 电子数据申报

进出口货物收发货人或其代理人可以选择终端申报方式、委托 EDI 方式、自行 EDI 方式、网上申报方式等 4 种电子申报方式中适用的一种,将报关单内容录入海关电子计算机系统,生成电子数据报关单。电子数据报关单和纸质报关单具有同等的法律效力。

发送电子数据前,当事人应核查所申报的内容是否真实、规范、准确,交验的各种单据是否正确、齐全、有效,申报内容应做到单单相符(报关单内容与各种单证信息应相互一致)、单证相符(报关单内容与各种证件信息应相互一致)。当事人向海关办理报关手续,按照以下要求提供单证的电子化信息,无须在申报时提交纸质单证:

(1) 国内外相关主管部门或机构出具的单证,实现联网核查或可互联网查询的,只需录入单证编号;尚未实现联网核查且不能互联网查询的,需上传单证扫描件。

(2) 海关出具的资质证明及其他单证,只需录入相关资质证明或单证编号。

当事人应保证电子化单证信息的真实性和有效性,上传单证扫描件格式应符合海关要求,并按规定保存相关纸质单证。海关监管过程中按照风险布控、签注作业等要求需要验核纸质单证的,当事人应当补充提交相关纸质单证。

进出口货物收发货人或其代理人在委托录入或自行录入报关单数据的计算机上接收到海关发送的接受申报信息,即表示电子申报成功;接收到海关发送的不接受申报信息后,则应当根据信息提示修改报关单内容后重新申报。

2. 提交纸质报关单及随附单证

海关审结电子数据报关单后,进出口货物收发货人或其代理人应当自接到海关"现场交单"或"放行交单"信息之日起 10 日内,持打印的纸质报关单,备齐规定的随附单证并签名盖章,到货物所在地海关提交书面单证,办理相关海关手续。

申报与否,包括是否如实申报,是区别走私与非走私的重要界限之一(见案例 3-2)。因此,海关相关法律对货物、运输工具的申报,包括申报的单证、申报时间、申报内容都进行了明确的规定,把申报制度以法律的形式固定下来。海关在接受申报时,将严格审核有关单证,因审核单证是海关监管的第一个环节,它不仅为海关监管的查验和放行环节打下了基础,也为海关的征税、统计、查私工作提供了可靠的单证和资料。海关审单的主要任务有以下几项。

(1) 确认报关企业及报关员是否具备报关资格,有关证件是否合法有效。

(2) 报关时限是否符合海关规定,是否需征收滞报金。

(3) 货物的进出口是否合法,即是否符合国家有关对外贸易法律、法规的规定。

(4) 报关单证的填制是否完整、准确,单证是否相符、齐全、有效。

(5) 在加工贸易登记手册上核扣并登记加工贸易合同的进出口数据。

(6) 确定进出口货物的征、免税性质。

案例 3-2

某年,东莞某公司报关员梁某串通某公司业务员冯某,将该公司进口存入保税仓库的螺纹钢 3245.5 吨,在未办理报关手续的情况下提走,在广州、深圳等地倒卖。案发后报关员梁某逃逸。该公司因报关管理上的漏洞,损失人民币 976 万元,最后破产。

案例中该公司货物未办理报关手续就被提走(即未申报),属于走私违规行为,导致最后破产。可见,按海关规定进行申报是合法进出境的必经途径。

3. 报关时应交验的单证

进出口商向海关报关时,需提交以下单证。

(1) 进出口货物报关单:一般进口货物应填写一式两份;需要由海关核销的货物,如加工贸易货物和保税货物等,应填写专用报关单一式三份;货物出口后需国内退税的,应另填一份退税专用报关单。

(2) 货物发票:要求份数比报关单少一份,对货物出口委托国外销售,结算方式是待货物销售后按实销金额向出口单位结汇的,出口报关时可准予免交。

(3) 陆运单、空运单和海运进口的提货单及海运出口的装货单:海关在审单和验货后,在正本货运单上签章放行退还报关单,凭此提货或装运货物。

(4) 货物装箱单:其份数同发票,但是散装货物或单一品种且包装内容一致的件装货物可免交。

(5) 根据海关对出口商品的监管条件,还须提供相应证明,如商检证、《出口许可证》、熏蒸证书等。

(6) 海关认为必要时,还应交验贸易合同、货物产地证书等。

(7) 其他有关单证,包括:经海关批准准予减税、免税的货物,应交海关签章的减免税证明,北京地区的外资企业需另交验海关核发的进口设备清单;已向海关备案的加工贸易合同进出口的货物,应交验海关核发的登记手册;如属代理报关的,还应提交《代理报关委托书》。

4. 特殊申报方式

(1) 提前申报。进出口货物当事人提前申报的,应当先取得提(运)单或载货清单(舱单)数据。提前申报进口货物应于装载货物的进境运输工具启运后、运抵海关监管场所前向海关申报;进口提前申报货物因故未到或者所到货物与提前申报内容不一致的,当事人需向海关提交说明材料。

提前申报出口货物,需经直属海关批准,且海关监管作业场所(场地)能够实现运抵报告电子数据联网传输,当事人应于货物运抵海关监管场所前 3 日内向海关申报。实行出口货物提前申报办理通关手续的监管要求为:提前申报的出口货物必须在报关后 3 日内全部运抵海关监管作业场所(场地),未按期运抵的,一律直接撤销报关单;办理出口货物提前申报的企业必须为信誉良好企业(一般信用及以上的企业);出口提前申报的转关货物必须在报关单电子数据申报之日起5日内运抵启运地海关监管作业场所(场地),办理转关和验放等手续,超过期限的,启运地海关一律直接撤销报关单;对采取边运抵边装船的海运大宗散装货物,经海关船边实际验核,必须在申报后3日内装载完毕,超期未装载完毕的,除直属海关批准外,一律直接撤销报关单。所有提前申报出口货物,必须在货物运抵海关监管区并在海关收到运抵报告电子数据后,才能办理货物的查验、放行手续。

进出口货物许可证件在海关接受申报之日应当有效。货物提前申报之后,实际进出之前国家贸易管制政策发生调整的,适用货物实际进出之日的贸易管制政策。对进出口货物许可证件有效期的确认,以海关接受申报日期为准。

(2) 集中申报。集中申报是经海关备案,当事人在同一口岸多批次进出口规定范围内的货物,先以集中申报清单申报货物进出口,再以报关单集中办理海关手续的特殊通关方式。集中申报适用图书、报纸、期刊类出版物等时效性较强的货物,危险品或者鲜活、易腐、易失效等不宜长期保存的货物,公路口岸进出境的保税货物。收发货人涉嫌走私或者违规、侵犯知识产权被海关行政处罚,海关信用管理类别为失信企业,以及相关海关事务担保失效的,不适用集中申报方式。

一般企业应在货物所在地海关,加工贸易企业应在主管地海关办理集中申报备案、变更手续,向海关提交"适用集中申报通关方式备案表",提供符合海关要求的担保(有效期最短不得少于3个月),有效期届满应在期满10日前向原备案地海关书面申请延期。

(3) 定期申报。经电缆、管道、输送带或者其他特殊运输方式输送进出口的货物,经海关同意,可以定期向指定海关申报。当事人应在每月1日—14日期间向海关定期申报上月进口的货物,并按照海关接受该货物申报进口之日适用的税率、汇率缴纳相应税款。不同国别(地区)的原产地混合运输的货物,应按定期申报时间段内不同国别(地区)的原产地货物进口数量分别向海关申报。实行定期申报的,当事人应向海关提供有效担保,可以申请总担保。

(三) 报关流程的优化

全国海关通关一体化改革后,虽然报关的环节仍然是申报、查验、征税、放行四个主要方面,但报关流程得到很大优化,节省了企业通关时间,提高了企业通关效率,改善了营商环境。这种优化是通过以下两种方式实现的。

1. "一次申报、分步处置"通关作业流程

"一次申报、分步处置"主要流程包括:企业报关报税、电子审核、企业缴税、报关单风险甄别与处置、查验作业及货物提离与放行。

(1) 企业报关报税。企业在填制报关单后将相关数据录入申报系统,同时以电子数据形式随附必要的报关单据,形成正式申报的电子数据报关单。

(2) 电子审核。系统对报关单及随附单证电子数据进行规范性、逻辑性审核,对舱单、许可证件、电子备案信息等进行审核,符合条件的,海关接受申报,向企业发送接受申报的回执;不符合条件的,系统自动退单,发退单回执,企业再重新办理有关申报手续。

(3) 企业缴税。对应税报关单,企业收到海关接受申报回执后,办理税款相关手续。选择缴纳税款的,自行向银行缴纳;预先向海关提供税款担保并备案的,可以选择提供担保,海关按照规定办理担保核扣手续,系统自动扣减与应缴税款等额的担保额度;若余额不足,系统自动退单。

(4) 报关单风险甄别与处置。对海关已接受申报的报关单,风险防控部门根据预先加载的风险判别规则、风险参数,运用系统进行风险甄别。对需要进行报关单修改、撤销、退补税、联系企业补充提交税款担保等事务性辅助操作,以及办理许可证人工核扣等必要手续的,系统将其转入申报地海关。申报地海关按照作业指令要求,下达修撤单、退补税、稽查指令等。

(5) 查验作业。该流程包括现场查验、查验分流、重点进出口货物检验检疫查验与处置、海关化验及企业配合海关查验。报关单申报后放行前,海关需要对进出口货物中可能存在的禁限管制、侵权、品名规格数量伪瞒报等风险,以及情报反映存在走私违规嫌疑的货物依法进行实际核查;同时涉及货物安全准入评估和需要通过实施查看货物以便确定归类、价格、原产地等进行验估的,海关风险防控中心下达查验处置指令。查验货物原则上在口岸海关监管区实施,特殊情况货物不宜在口岸海关监管区实施查验,需到厂监管或目的地检验。重点进出口货物查验涉及放射性货物、进境动植物及其产品、过境动植物及其产品、进境食品、入境特殊物品等。

(6) 货物提离与放行。进口货物实施分段准入监管,包括货物准予提离和货物准予销售或使用。

2. "两步申报"通关作业流程

"两步申报"流程见图 3-1,主要适用于"非证＋非检＋非税"货物,暂不支持非金关二期加工贸易的手册或账册项下的货物。

(1) 第一步概要申报。其基本流程为:概要申报、风险甄别排查处置、监管证件比对、通关现场作业、货物允许提离、货物提离。

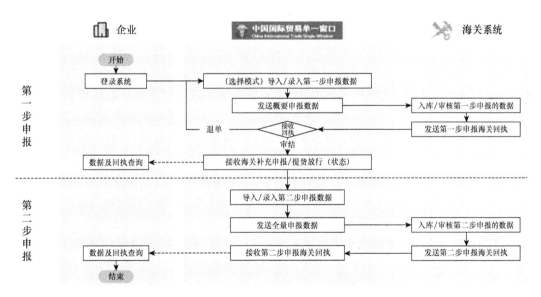

图 3-1 "两步申报"模式通关流程图

① 进口货物概要申报。企业向海关申报进口货物是否属于禁限管制、是否依法需要检验或检疫(是否属于法检目录内商品及法律法规规定需检验或检疫的商品)、是否需要缴纳税款。不属于禁限管制且不属于依法需检验或检疫的,申报 9 个项目(包括境内收发货人、

运输方式/运输工具名称及航次号、提运单号、监管方式、6位数商品编号、商品名称、数量及单位、总价、原产国/地区），并确认涉及物流的2个项目（毛重、集装箱号）；应税的须选择符合要求的担保备案编号；属于禁限管制的需增加申报2个项目（许可证号/随附证件代码及随附证件编号、集装箱商品项号关系）；依法需检验或检疫的需增加申报5个项目——产品资质（产品许可/审批/备案）、商品编号（10位数）+检验检疫名称、货物属性、用途、集装箱商品项号关系。

② 风险甄别排查处置。海关对货物安全准入风险进行甄别，下达货物查验指令并由现场海关实施查验，或下达单证作业指令并由现场海关实施单证作业。被重大税收风险参数命中的报关单，由税收征管中心进行税收风险排查处置。

③ 监管证件比对。涉及监管证件且实现联网核查的，系统自动进行电子数据比对。

④ 通关现场作业。它包括现场单证作业和货物查验与处置，前者可由人工审核或系统自动审核，后者由口岸海关按照指令要求对货物进行查验，完成查验且无异常的，人工审核通过，查验异常的按异常处置流程处置。

⑤ 货物允许提离。对审核通过的报关单，允许货物提离。系统向监管作业场所卡口发送放行信息，向企业发送允许货物提离信息，企业办理货物提离手续。

(2) 第二步完整申报。其基本流程包括完整申报、风险排查处置、监管证件比对核查/核扣、计征税费、通关现场作业、报关单放行。

① 进口货物完整申报。企业应自运输工具申报进境之日起14日内完成完整申报，向接受概要申报的海关补充申报报关单完整信息及随附单证电子数据。系统对完整申报信息进行规范性、逻辑性检查，不符合条件的，系统自动退单；符合条件的，海关接受完整申报。加工贸易和海关特殊监管区域内企业及保税监管场所的货物开展"两步申报"时，第二步完整申报环节报关单按原有格式，由保税核注清单生成。

② 风险排查处置。对完整申报的报关单，税收征管中心、风险防控部门开展税收等风险甄别和排查处置，下达单证验核指令或稽查指令。如概要申报时选择不需要缴纳税款，完整申报时经确认为需要缴纳税款的，企业应当按照进出口货物报关单撤销的相关规定办理。

③ 监管证件比对核查/核扣。涉及监管证件且实现联网核查的，系统自动进行电子数据比对核查、核扣。

④ 计征税费。企业利用预录入系统的海关计税/费服务工具计算应缴纳的相关税费，并对系统显示的税费计算结果进行确认，在收到海关通关系统发送的回执后，自行办理相关税费缴纳手续。税款缴库后，企业担保额度自动恢复。

⑤ 通关现场作业。申报地海关验估岗根据税收征管中心指令进行单证验核，留存有关单证、图像等资料，进行人工审核；申报地海关综合业务岗根据指令要求进行单证作业，进行人工审核；无单证审核要求的，系统自动审核。

⑥ 报关单放行。对系统自动审核通过或经人工审核通过的完整申报报关单，系统自动完成放行。

和以往的一次性全口径申报相比，"两步申报"不需要企业一次性提交全部申报信息及单证，可有效提高通关效率。第一步，企业只要凭提单的信息就可以提交能够满足口岸安全准入监管所需要的相关信息，进行"概要申报"，如果这一部分货物不需要进一步查验，可以马上放行提离。如果是涉税的货物,在提供了税款的担保后,也可以放行提离。第二步,货物在口岸放行后的 14 天内,由企业来补充提交满足税收征管、合格评定、海关统计等整体监管需要的相关信息和单证。

案例 3-3

从"一次"到"两步",深圳海关推进陆路口岸"两步申报"改革

从"一次"到"两步",看似慢了,其实快了,而且更节省成本。6 月 1 日,深圳市普路通供应链公司进口一批直线气缸,凭提单上的简单信息进行概要申报,就从皇岗口岸提离货物快速通关,公司可后续再提供完整申报并纳税。这是深圳海关在皇岗口岸的首票"两步申报"改革试点业务,这项改革将大幅提升口岸通关提货速度,为深圳外贸稳增长再添动力。

据悉,深圳海关已在海运口岸全面推广"两步申报"改革试点,大幅压缩了海运进口货物整体通关时间。今年以来,深圳海关积极推进深港陆路口岸"两部申报"试点,在沙头角口岸成功试点的基础上,选择业务体量最大的皇岗口岸作为试点,尽早释放改革红利。

据悉,"两步申报"是海关主动适应国际贸易特点和安全便利需要所采取的一项重要通关改革措施,进一步推进通关便利化,持续优化口岸营商环境,促进外贸稳增长。"两步申报"将申报进口过程分成两步走:第一步,企业凭提单上简单的主要信息先完成概要申报,可先提离货物;第二步,在运输工具申报进境起 14 日内完成完整申报,并补充提交满足税收征管、海关统计等所需相关信息和单证,按规定完成税款缴纳等流程。

深圳海关综合业务处通关管理科科长惠泽华说,在以往通关申报模式下,企业需要一次性提交全部申报信息,难免出现错报、漏报,需要进行修改调整,货物通关时间较长。"两步申报"可以进一步简化通关流程、提高通关效率,有效降低企业通关过程中的经济和时间成本。

据了解,境内信用等级为一般信用及以上的收发货人,均可采用该模式进口货物。同时,传统的"一次申报"模式继续保留,企业可按需自主选择。

深圳海关有关负责人表示,将继续推广"两步申报"改革试点,营造更高效便捷、灵活开放的通关环境,持续优化口岸营商环境,提升跨境贸易便利化水平,助力供应链和"微循环"畅通,促进外贸稳增长。

(资料来源:吴德群. 从"一次"到"两步",深圳海关推进陆路口岸"两步申报"改革[N/OL]. 深圳特区报,2020-06-03[2022-08-11]. http://www.sznews.com/news/content/2020/06/03/content_23220563.htm.)

(四)申报期限

报关期限是指货物运到口岸后,法律规定收发货人或其代理人向海关报关的时间限制。

1. 进口货物的申报期限

根据《海关法》有关规定,进口货物的报关期限为自运输工具申报进境之日起 14 日内(从运输工具申报进境之日的第二天开始算,下同)。进口货物的收货人超过 14 天期限未向海关申报的,由海关征收滞报金。滞报金的日征收金额为进口货物到岸价格的 0.5‰。进口货物滞报金期限的起算日期为运输工具申报进境之日起第 15 日,邮运的滞报金起收日期为收件人接到邮局通知之日起第 15 日。经海关批准准予集中申报的进口货物,自装载货物的运输工具申报进境之日起 1 个月内办理申报手续。

进口货物自运输工具申报进境之日起超过 3 个月还没有向海关申报的,货物由海关提取并依法变卖处理。如果属于不宜长期保存的,海关可根据实际情况提前处理。变卖后所得价款在扣除运输、装卸、储存等费用和税费后尚有余款的,自货物变卖之日起 1 年内,经收货人申请,予以发还;逾期无人申领,上缴国库。

规定进口货物的报关期限和征收滞报金是为了运用行政手段和经济手段,促使进口货物人或其代理人及时报关,从而加速口岸货运,减少积压,使货物早日投入生产和使用。进口货物的收货人,为能尽快收到货物,并且在海关规定期限内办理报关手续,应该要求国外厂商及时把货运单据寄来,在货物及有关单证上正确标明货物的全部标记唛码,包括合约的号码、详细年份、字头、编号及代号,以及收货人的名称、地址。

2. 出口货物的申报期限

《海关法》同时规定,出口货物的发货人除海关特准外,应当在装货的 24 小时以前向海关申报。至于装货 24 小时以前到什么程度,是 3 天、5 天,还是 1 个月,可由报关人视口岸的仓储能力自定,海关一般不予过问。出口货物及过境、转运、通运货物均不征收滞报金。

规定出口货物的报关期限主要是为了留给海关一定的时间,办理正常的查验和征税等手续,以维护口岸的正常货运秩序。除了需紧急发运的鲜活、维修和赶船期货物等特殊情况之外,在装货的 24 小时以内申报的货物一般暂缓受理。

经电缆、管道或其他特殊方式进出境的货物,进出口货物收发货人或其代理人按照海关规定定期申报。

(五) 申报日期

进出口货物收发货人或其代理人的申报数据自被海关接受之日起,其申报的数据就产生法律效力,因此,海关接受申报数据的日期非常重要。

申报日期是指申报数据被海关接受的日期。不论是以电子数据报关单方式申报,还是以纸质报关单方式申报,海关接受申报数据的日期即为接受申报的日期。采用先电子数据报关单申报,后提交纸质报关单,或者仅以电子数据报关单方式申报的,申报日期为海关计算机系统接受申报数据时记录的日期,该日期将反馈给原数据发送单位,或公布于海关业务现场,或通过公共信息系统发布。

电子数据报关单经过海关计算机检查被退回的,视为海关不接受申报,报关单位应当按照要求修改后重新申报,申报日期为海关接受重新申报的日期。海关已接受申报的电子数据,送人工审核后,需要对部分内容进行修改的,进出口货物收发货人或其代理人应当按照海关规定进行修改并重新发送,申报日期仍为海关原接受申报的日期。

先纸质报关单申报,后补报电子数据,或只提供纸质报关单申报的,海关工作人员在报关单上进行登记处理的日期,为海关接受申报的日期。

3.4 一般进出口货物的查验

3.4.1 海关查验

海关查验也即验关,是指海关接受报关员的申报后,对进口或出口的货物进行实际的核对和检查,以确定货物的自然属性,货物的数量、规格、价格、金额及原产地等是否与报关单所列一致。

海关查验,一方面是要复核申报环节中所申报的单证及查证单货是否一致,通过实际的查验发现审单环节不能发现的无证进出问题及走私、违规、逃漏关税等问题;另一方面,通过查验货物才能保证关税的依率计征。因为进口货物税则分类号列及适用税率的确定,申报的货价海关是否予以接受,都取决于查验的结果。如查验不实,税则分类及估价不当,不仅适用的税率可能发生差错,且估价易或高或低,因而使税负不公,国家或进口厂商将蒙受损失。如某市外运分公司申报进口制冷机,应归入税号 8415,但该税号有 8 个子目,子目 84158210 税率为 130%,子目 84158220 税率为 90%,所附单据看不出制冷机的制冷温度和容量。通过实际查验,确定该机应归入税号 84158220,按税率 90% 计征关税,从而避免了进口厂商负担其不应负担的关税额,体现了海关征税工作的严肃性,维护了集体的利益。

3.4.2 查验范围、方法和地点

1. 查验范围

进出口货物,除海关总署特准免验的以外都应接受海关查验。

海关查验主要是检查进出口货物的名称、品质规格、包装式样、数量、重量、标记唛码、生产或贸易国别等项是否与报关单和其他证件相符,防止非法进出,检查货物中是否有走私夹带和政治、经济破坏等事件发生。

2. 查验方法

海关实施查验可以是彻底查验,也可以是抽查。彻底查验,是指对货物逐件开箱(包)查验,对货物品种、规格、数量、重量、原产地货物状况等逐一与货物申报单具体核对。抽查,即按一定比例对货物有选择地开箱抽查,必须卸货,卸货程度和开箱(包)比例以能够确定货物的品名、规格、数量、重量等查验指令的要求为准。

查验操作可以分为人工查验和设备查验。海关可以根据货物情况和实际执法需要,确定具体的查验方式。人工查验包括外形查验、开箱查验。外形查验是指对外部特征直观、易于判定基本属性的货物的包装、运输标志和商标等状况进行验核,如核对货名、规格、生产国别和收发货单位等标志是否与报关单相符,检查外包装是否有开拆、破损痕迹。外形查验只能适用于大型机器、大宗原材料等不易搬运、移动的货物。开箱查验是指将货物从集装箱、货柜车箱等箱体中取出并拆除外包装后对货物实际状况进行验核。根据货物的品种、性质、贵重程度,以及国内外走私违规动态、收发货单位经营作风等历史资料,海关分析认为数量或其他方面可能有问题和存在走私破坏嫌疑(如进口成套组装散件,伪报为零部件化整为零进口等)的货物,则应进行开箱检查,必要时可以逐件细查细验,防止进行经济、政治破坏。

设备查验是指利用技术检查设备为主对货物实际状况进行验核,如海关充分利用科技手段(如地磅和 X 光机等查验设施和设备)配合查验。

查验作业环节分为前置作业、现场查验作业和处置作业,分别承担安全准入拦截、实货验核、查验后处理等工作。

海关查验部门自查验受理起,到实施查验结束、反馈查验结果最多不得超过 48 小时,出口货物应于查验完毕后半个工作日内予以放行。在查验过程中,发现有涉嫌走私违规等事情的,不受此时限限制。

有下列情形之一的,海关可以径行开验：① 进出口货物有违法嫌疑的;② 经海关通知查验,进出口货物收发货人或其代理人届时未到场的。海关在进出口货物收发货人或其代理人不在场的情况下,自行开拆货物进行查验。海关行使"径行开验"的权利时,应当通知货物存放场所的管理人员、运输工具负责人到场协助,并由其在海关的查验记录上签字确认。

3. 查验地点与时间

需查验的货物,原则上应在口岸海关监管区实施。一般在海关监管区内的进出口口岸码头、车站、机场、邮局或海关的其他监管场所进行查验。对进出口大宗散货(如矿砂、粮食、原油、原木等)、危险品、鲜活商品、落驳运输的货物,经进出口收发货人的申请,海关也可在作业现场予以查验放行。在特殊情况下,比如对于成套设备、精密仪器、贵重物资、急需急用的物资和"门对门"运输的集装箱货物等,在海关规定地区进行查验有困难的,经进出口收发货人或其代理人申请,海关审核同意,也可派员到规定的时间和场所以外的工厂、仓库或施工工地查验货物,但必须按照规定收取监管手续费。

海关将查验的决定以书面通知的形式通知进出口收发货人或其代理人,约定查验的时间。查验的时间一般约定在海关正常工作时间内。对于危险品或者鲜活、易腐烂、易失效、易变质等不宜长期保存的货物,以及因其他特殊情况需要紧急验放的货物,经当事人申请,海关可以优先安排实施查验。

3.4.3 查验时报关人员的职责

1. 代表货主到场

海关查验货物时,进出口货物的收发货人或他们的代理人应到达货物查验现场,并按照海关的查验要求,负责搬移、开拆和重封货物的包装等。为了较好地完成这一任务,报关人在代理报关以前,对被代理报关的货物应有一定的了解,对各种单证应进行初步的审查,有不清楚或不符合规定的地方应向被代理人了解或指出。报关人在海关查验现场回答海关关员提出的有关问题,并配合海关的查验监管活动。

2. 缴付规费

海关根据所在地港口、车站、国际航空港、国界孔道和国际邮件交换站进出境货物、旅客行李、邮件及运输工具的实际情况,规定其监管区域。在海关监管区域执行任务不收规费。但若进出境货物的收、发货人及其代理人要求海关派员到海关监管区域以外的地方(如货主的仓库、工厂、施工工地或铁路专用线、专用码头、专用机场等)办理海关手续、执行监管任务时,应事先向海关提出申请,经海关同意,并按海关的规定缴付规费。因此,规费是海关超出监管区域向货主提供服务而收取的服务费。其作用,既是对海关服务的报偿,也具有一定的限制功能,因为海关关员缺乏,工作紧张,不可能经常大量地派出人员执行分散的监管任务。

3.4.4 《海关法》对货物查验损失赔偿的规定

海关查验进出口货物造成损失时,进出口货物的收、发货人或其代理人可以要求海关予以赔偿。

1. 赔偿的范围

《海关法》第九十四条规定："海关查验进出境货物、物品时,损坏被查验的货物、物品的,应赔偿实际损失。"这里所说的"实际损失"是指:"由于海关关员的责任造成被查验货物、物品损坏的,海关应当依照本办法的规定赔偿当事人的直接经济损失。"赔偿直接经济损失的金额,根据被损坏的货物、物品或其他部件受损程度或修理费用确定。必要时,可凭公证机构出具的鉴定证明确定。

2. 不予赔偿的范围

在下述情况下,海关对被查验货物造成的损失不予赔偿。

(1) 由于收发货人或其代理人搬移、开拆、重封包装或保管不善造成的损失。

(2) 易腐及易失效货物、物品在海关正常工作程序所需要时间内(含扣留或代保管期间)所发生的变质或失效,当事人未事先向海关声明的。

(3) 海关正常检查产生的不可避免的磨损。

(4) 在海关查验之前已发生的损坏和海关查验之后发生的损坏。

(5) 由于不可抗力的原因造成货物、物品的毁坏和损失。

(6) 进出口货物收发货人或其代理人在海关查验时对货物是否损坏未提出异议,以后发现货物有损坏的。

3. 海关赔偿的程序和方式

(1) 若海关关员在查验货物、物品时,损坏被查验的货物、物品,应如实填写《中华人民共和国海关查验货物、物品损坏报告书》一式两份,由查验关员和当事人双方签字,一份交当事人,一份留海关存查。海关依法进行开验、复验或者提取货样时,应会同有关货物、物品保管人共同进行,如造成货物、物品损坏,查验关员应请在场的保管人员作为见证人在《中华人民共和国海关查验货物、物品损坏报告书》上签字,并及时通知货主。

(2) 进出口货物的收发货人或其代理人在收到《中华人民共和国海关查验货物、物品损坏报告书》后,可与海关共同协商确定货物、物品的受损程序。受损程度确定后,以海关审定的完税价格为基数,确定赔偿金额。报关人和海关对赔偿金额有争议时,可向法院起诉,由法院裁定和判决赔偿金额。

(3) 赔偿金额应自查验的货物、物品被损坏之日起 2 个月内确定,并由海关填发《中华人民共和国海关损坏货物、物品赔偿通知单》,报关人自收到《中华人民共和国海关损坏货物、物品赔偿通知单》之日起 3 个月内凭单向海关领取赔款,或将银行账号通知海关划拨,逾期无正当理由不向海关领取赔款、不将银行账号通知海关划拨的,海关不再赔偿。赔款一律用人民币支付。

(4) 赔偿的方式通常有:金钱赔偿、恢复原状、返还原物,以及消除影响、恢复名誉和赔礼道歉等。

实务操作提醒 3-4

海关是否可以径行查验?

问:某企业向当地海关申报进口一批咖啡壶,货物已运抵海关监管区内的仓库,海关根据情报得知该批货物有问题,于是在没有通知该公司的情况下,由仓库管理人员陪同对这批货物进行了查验,发现该批货物是高档音响器材。该企业以海关查验时报关员不在场为由,拒绝承认查验结果。请问:当地海关是否可以以此查验结果对其进行处罚?

答:可以。因为海关查验时,虽然货物的所有人不在场,但却有仓库人员陪同查验,因此仍符合径行开验的程序,所以查验结果是有效的。

3.5 一般进出口货物的征税

海关在审核单证和查验货物以后,根据《进出口关税条例》规定和《进出口税则》规定的税率,对实际货物征收进口或出口关税。另外,根据有关规定可减、免、缓、退、保税的,报关单位应向海关送交有关证明文件。

3.5.1 关税的概念与分类

(一) 关税的概念

关税是指一国根据本国经济、政治的需要,由海关按照国家制定的关税税法、税则,对准许进出境的货物和物品所征收的一种税。它具有强制性、无偿性和固定性等特点,具有增加财政收入(是国家财政收入的三大来源之一)、保护与促进国内生产、调节进出口商品结构和经济利益分配等作用。

关税征收的特定对象是进出口货物、进出境的行李物品、邮递物品及其他物品。国家要对上述货物和物品征收关税,是因为进口货物和进境物品要在国内消费,影响了国内经济建设与生产,影响了国内的商品市场;而国内货物出口或物品出境也会影响到国内的经济及资源结构。另外,进出口关税在国际经济贸易活动中,也是国与国之间交往时使用的一种手段。因此,关税体现了国家经济和对外政策。

(二) 关税的种类

关税一般可分以下几种。

1. 进口税(Import Duties)

进口税是对外国商品进口所征收的正常关税(Normal Tariff),或在进入关境时征收,或在商品从海关保税仓库中提出,投入国内市场时征收。进口税是关税中最重要的一种,在一些废除了出口税和过境税的国家,进口税是唯一的关税。因此,进口税是执行关税政策的主要手段。

进口税率一般分为最惠国税率、协定税率、特惠税率和普通税率。最惠国税率适用于原产于共同适用最惠国待遇条款的世界贸易组织成员的进口货物,原产于与中华人民共和国签订含有相互给予最惠国待遇条款的双边贸易协定的国家或者地区的进口货物,以及原产于中华人民共和国境内的进口货物。最惠国税率虽然是根据最惠国待遇相互给予的关税优惠税率,但其并不一定是"最优惠"的税率。协定税率适用于原产于与中华人民共和国签订含有关税优惠条款的区域性贸易协定的国家或者地区的进口货物,如中国—东盟自由贸易区,协定税率一般都低于最惠国税率。特惠税率适用于原产于与中华人民共和国签订含有特殊关税优惠条款的贸易协定的国家或者地区的进口货物,特惠税率是为照顾最不发达国家,而由我国单方面给予的,不同于对互惠性的区域贸易协定及自由贸易区的"协定税率",例如,我国已在中国—东盟自由贸易区框架下给予老挝、柬埔寨及缅甸特惠税率待遇。普通税率适用于原产于除适用最惠国税率、协定税率、特惠税率所列国家或地区以外的国家或者地区的进口货物,以及原产地不明的进口货物。目前主要是少数与我国没有外交关系且不属于世界贸易组织成员的国家或地区适用普通税率。

2. 出口税(Export Duties)

出口税是对本国商品出口时所征收的关税。因为征收出口税会导致本国商品出口后在国外的售价提高从而降低了出口商品在国外市场的竞争能力,不利于扩大出口,所以目前发达国家大多不征收出口税。但有些国家,主要是一些发展中国家,现在仍对某些商品征收出口税,目的在于保证本国市场的供应,或是为了保证其财政收入。我国也对一小部分商品征收出口税。

3. 过境税(Transit Duties)

过境税是对经过本国国境或关境运往另一国的外国货物所征收的关税。由于过境货物对本国市场和生产没有影响,而且外国货物过境时,可以使铁路、港口、仓储等方面从中获得一些益处,因此目前世界上大多数国家不征收过境税,仅在外国货物通过本国国境或关境时,征收少量准许费、印花费、签证费、统计费等。我国海关不征收过境税。

4. 进口附加税(Import Surtaxes)

进口附加税是对进口商品除征收正常关税外再加征的额外的关税。这种税是一种特定的临时性措施,也称特别关税,其目的是为了解决国际收支逆差,防止外国商品倾销,或对某国实行歧视与报复等。如1971年美国出现了贸易逆差,尼克松总统为了应付国际收支危机,实行新经济政策,对进口商品征收10%的附加税,此举在实行半年以后因盟国的反对而被迫取消了。以下几种税都属于进口附加税。

(1) 反倾销税(Anti-dumping Duty)。反倾销税是指某一进口国针对某一或某些出口商的倾销行为征收的一种特别关税。按照原《关税与贸易总协定》(以下简称《关贸总协定》)的有关规定,必须符合两个必要条件才能征收反倾销税,即:进口产品的价格低于正常价格,倾销品对进口国造成了危害。对某一产品,只有在进行价格比较后才能确定其为倾销品。价格比较分为三种情况:该产品的进口价格与该产品在其出口国国内市场上的价格相比;如果该产品不是出口国的原产地产品,则可与该产品相似产品在出口国市场上的销售价格,或该产品在原产地国国内市场的销售价格相比;如果出口国无相似产品可比较,或没有这种产品的正常价格可比较,则可与该产品出口到第三国的价格相比较,或与该产品原产地国的生产成本加上合理的管理费、销售费、利润以及其他合理费用后的总费用相比较。经过比较,当该产品的进口价格低于被比较价格时,才能确定其为倾销产品。

另外,必须用事实来说明倾销对进口国造成了损害。这种损害是指对进口国的某项工业造成实质性损害或产生实质性损害威胁,或妨碍进口国某项新兴工业的建立。对倾销的确立和反倾销税的征收,有严格的立案、调查和处理程序。按照关税贸易总协定的有关规定,反倾销税的税额不应超过该产品的"倾销差额"。有些国家规定,在满足一定条件的情况下,在最终确定倾销之前,可以先征收与反倾销税作用相当的暂定关税。

(2) 反补贴税(Anti-subsidy Duty)。反补贴税是指进口国为抵消出口国对某种商品在制造、生产或输出时,直接或间接给予的任何奖励或补贴而征收的一种特别关税。补贴和倾销对进口国产生的损害可以说是一样的,但对补贴的确定要比对倾销的确定难度要大得多、复杂得多。

(3) 报复关税(Retaliatory Duty)。报复关税是指某国针对另一国对其本国出口产品的不利或不公正歧视性待遇而对这一国的进口商品加重征收的关税。

(4) 紧急关税(Emergency Duty)。紧急关税是指某国当某类进口产品突然、大量、低价进入本国市场时,为保护本国相关产业而紧急征收的一种保护性关税。

3.5.2 关税的缴纳与退补

(一) 关税的缴纳

《海关法》第五十四条规定:"进口货物的收货人、出口货物的发货人、进出境物品的所有人,是关税的纳税义务人。"同时也规定了有权经营进出口业务的企业和海关准予注册的报关企业也是法定纳税人。

上述纳税义务人应当在海关填发税款缴款书之日起 15 日内(节假日包括在内,期末遇节假日顺延),向指定银行缴纳税款。逾期缴纳的,由海关按日征收欠缴税款总额的 0.5‰的滞纳金。对超过 3 个月仍未缴纳税款的,海关可以书面通知其开户银行或其他金融机构在担保人或者纳税义务人的存款内扣款,或将应税货物依法变卖,以变卖所得抵缴税款,或扣留并依法变卖其价值相当于应纳税款的货物或者其他财产,以变卖所得抵缴税款。

全国海关通关一体化改革后,采用"一次申报、分步处置"的新型通关管理模式,企业在进出口货物申报的同时完成报税。当事人填制报关单后,将报关单数据通过申报系统进行录入,并以电子数据形式随附必要的报关单证,形成正式申报的电子数据报关单。已在海关办理汇总征税总担保备案的企业,可在自主申报时选择"汇总征税"模式,录入总担保备案编号,一份报关单对应一个总担保备案编号。

新型通关管理模式要求企业实行自主申报、自行缴税。自报自缴是指进出口企业、单位在办理海关预录入时,应当如实、规范填报报关单各项目,利用预录入系统的海关计税(费)服务工具计算应缴纳的相关税费,并对系统显示的税费计算结果进行确认,连同报关单预录入内容一并提交海关。进出口企业、单位在收到海关通关系统发送的回执后,自行办理相关税费缴纳手续;需要纸质税款缴款书的,可到申报地海关现场打印。货物放行后,海关根据风险分析对进出口企业、单位申报的价格、归类、原产地等税收征管要素进行抽查审核;必要时,海关实施放行前的税收要素审核。

自报自缴是海关税收征管方式改革的重要内容,以企业诚信管理为前提,是海关为守法企业提供快速通关服务的便利措施,可进一步缩短货物通关时间,降低企业贸易成本,是海关提升贸易便利化水平的重要举措。

自报自缴的税款支付有三种方式:① 选择电子支付/电子支付担保模式的,进出口企业、单位登录电子支付平台查询电子税费信息,并确认支付,申报地海关现场按相关规定办理后续手续;② 选择柜台支付模式的,进出口企业、单位在收到申报地海关现场打印的纸质税款缴款书后,到银行柜台办理税费缴纳手续;③ 选择汇总征税模式的,海关通关系统自动扣减相应担保额度后,进出口企业、单位按汇总征税相关规定办理后续手续。自报自缴模式下,纸质税款缴款书上注明"自报自缴"字样,该税款缴款书属于缴税凭证,不具有海关行政决定属性。

（二）关税的退税

根据最新《进出口关税条例》规定，有下列情形之一的，进出口货物的收发货人或者他们的代理人，可以自缴纳税款之日起1年内，书面声明理由，连同原纳税收据向海关申请退税，逾期不予受理。

（1）已征进口关税的货物，因品质或规格原因，原状退货复运出境的。

（2）已征出口关税的货物，因品质或规格原因，原状退货复运进境，并已重新缴纳因出口而退还的国内环节有关税收的。

（3）已征出口关税的货物，因故未装运出口，申报退关，经海关查验属实的。

对按照规定可予减免税的进出口货物，由于某种原因，进出口报关时没能向海关交验经海关签章的减免税证明，海关照章纳税的，可在缴纳税款之日起3个月内向海关递交减免税证明和税款缴纳证申请退税，并缴纳人民币50元退税手续费，逾期海关不予受理。

退税手续：办理退税，纳税义务人应填写《退税申请书》，连同盖有银行收款章的原税款缴纳证正本及其他必要单证，向原办理征税的海关申请退税。海关应当自受理退税申请之日起30日内作出书面答复并通知退税申请人。经海关审核同意后，开具《收入退还书》交原纳税人凭以办理转账退付。

（三）关税的补税

进出口货物完税后，如发现少征或者漏征税款，海关应当自缴纳税款或者货物放行之日起1年内，向收发货人或者他们的代理人补征。因收发货人或者他们的代理人违反规定而造成少征或者漏征的，海关在3年内可以追征，并从缴纳税款或者货物放行之日起按日加收少征或者漏征税款0.5‰的滞纳金。

案例3-4

不服海关归类补税决定之纳税争议行政复议案

一、基本案情

M公司于2020年申报进口化工品，申报税号均为A税号。N海关按申报税号征税放行。后经审核，N海关认为进口货物的税号应该归为B税号。2022年6月22日，N海关发出《海关补征税款告知书》，告知M公司因其原申报税号有误，导致少缴关税及增值税，根据《进出口关税条例》第五十一条的规定，决定对上述税款予以补征，并于2022年7月16日作出补税决定。

M公司不服补税决定，在缴纳税款的同时向该海关的上级海关——P直属海关申请复议。申请人称，N海关于2022年7月16日开具进口关税及代征增值税专用缴款书，而货物进口放行日期是2020年3月23日。根据《海关法》第六十二条的有关规定，N海关如果发现少征或漏征关税，应当在1年内向申请人补征税款；但被申请人却于2022年7月16日向申请人补征，违反了《海关法》规定，请求P直属海关撤销被申请人补征税款的具体行政行为。

被申请人认为申请人作为纳税义务人未履行《海关法》《中华人民共和国进出口关税条例》等有关法律、法规规定的如实申报义务。根据《海关法》第六十二条的规定，因纳税义务人违反规定而造成的少征或者漏征，被申请人可以在3年以内追征相关税款，适用法律正确、事实清楚、证据充分确凿，建议依法予以维持。

二、复议审理及复议决定

P直属海关(复议机关)审查认为,本案被申请人提交的证据材料报关单证、书面说明及海关内部工作联系单等,没有保存货物样品。根据这些材料,无法核实本案货物的实际税号,也无法证明申请人存在违反海关规定行为导致海关少征、漏征税款。此外,被申请人制发的《海关补征税款告知书》中也没有对申请人违规事实进行认定。因被申请人具体行政行为存在上述事实不清、证据不足的情况,据此,复议机关作出复议决定:根据《中华人民共和国行政复议法》第二十八条第三款第一项规定,撤销被申请人归类补税决定,由被申请人重新作出具体行政行为。

三、案件点评

这是一起比较典型的海关纳税争议案件。在对海关追征税款具体行政行为的适用条件有明确认识和充分把握的情况下,是不难在此类纳税争议案件中为企业争取合法权益的。从此案的处理中,可以了解到以下三点。

第一,追征与补征是性质和法律后果完全不同的海关征税具体行政行为。《海关法》第六十二条规定:"进出口货物、进出境物品放行后,海关发现少征或者漏征税款,应当自缴纳税款或者货物、物品放行之日起一年内,向纳税义务人补征。因纳税义务人违反规定而造成的少征或者漏征,海关在三年以内可以追征。"如果海关要在3年内追征税款,就必须有证据证明纳税义务人存在违反规定造成海关少征或者漏征税款的事实。

第二,事实和证据是复议机关的审查重点,且在行政复议中适用举证责任倒置的原则。在行政复议中,被申请人必须证明申请人存在违反海关规定的行为。被申请人提交的证据材料无法核实本案货物的实际税号,且不能证明申请人存在违反海关规定行为导致海关少征、漏征税款,向申请人制发的《海关补征税款告知书》中也没有对其违反规定的事实作出明确认定。由此事实不清、证据不足导致了原补税决定被撤销。

第三,纳税争议的处理程序及法律依据。《海关法》第六十四条规定:"纳税义务人同海关发生纳税争议时,应当缴纳税款,并可以依法申请行政复议;对复议决定仍不服的,可以依法向人民法院提起诉讼。"因此,行政复议是海关纳税争议行政诉讼前的必经程序,也称前置程序。

3.5.3 海关代征税

海关代征税是指海关在对进口货物征收关税的同时,对该货物代为征收的国内税费。海关的代征工作是海关征税工作的一个重要组成部分。《海关法》规定了海关负有依法代进口货物征收有关国内税费的义务。代征税与关税性质不一样,它们的征税依据不在于进口,而在于将这些进口货物在国外经过的生产流通环节与国内同类货物经过的生产流通环节同等对待。这样,国内同类货物已征收的流转税,进口货物也要征收。为简便手续,由海关代理征收,节约人力、物力和时间。

目前,法律规定由海关代征的进口环节国内税费主要有增值税、消费税、船舶吨税(针对在我港口的外籍船舶及外商租用的中国籍船舶按注册吨位征收的一种税)。以下重点介绍增值税、消费税。

1. 增值税

增值税是指以企业生产的产品中新增加的价值额或劳务中的增值额为课税对象征收的一种税。所谓新增加的价值额,是指企业或个人因从事工业制造、商品经营或提供劳务等,由生产劳动而创造的那一部分价值额。对增值部分进行征税,可排除重复计税。增值税的纳税义务人是境内从事生产、经营或提供劳务和进口应税产品的单位和个人。

根据增值税最新规定,海关在进口环节代征的增值税和国内产品征收的增值税一样,基本税率为13%,但对于一些关系到国计民生的重要物资,其增值税率较低,为9%。这些物资包括以下几种。

(1) 粮食、食用植物油。
(2) 自来水、暖气、冷气、热水、煤气、石油液化气、天然气、沼气、居民用煤炭制品。
(3) 图书、报纸、杂志。
(4) 饲料、化肥、农药、农机、农膜。
(5) 金属矿和非金属矿等产品(不包括金粉、锻造金,它们为零税率)。
(6) 国务院规定的其他货物。

2. 消费税

消费税是指以消费品或消费行为的流转额为课税对象的税种。我国从1994年1月1日起开始实施消费税,它是我国税收体制向国际标准化迈进的重要一步,它划归中央税收,因而也是国家产业政策调控的一个重要手段。我国消费税的立法宗旨和原则是调节我国的消费结构,引导消费方向,确保国家财政收入。我国的消费税是在对货物普遍征收增值税的基础上,选择少数消费品再予征收的税。

消费税的纳税义务人是境内从事生产、委托加工和进口应税产品的单位和个人。进口环节消费税由海关代税务机关征收。除国务院另有规定者外,进口环节消费税一律不得给予减税或者免税。

目前消费税的征收范围包括了五种类型的产品,具体产品范围详见附件3-1。

第一类:一些过度消费会对人类健康、社会秩序、生态环境等方面造成危害的特殊消费品,如烟、酒、鞭炮、焰火等。

第二类:奢侈品、非生活必需品,如贵重首饰、化妆品、高尔夫球及球具、高档手表、游艇等。

第三类:高能耗及高档消费品,如小轿车、摩托车等。

第四类:不可再生和替代的石油类消费品,如汽油、柴油等。

第五类:具有一定财政意义的产品,如汽车轮胎、护肤护发品等。

3.5.4 出口退税制度

(一) 出口退税的含义

出口退税是出口产品退还其国内税的简称,其基本含义是指对出口产品退还其在国内生产和流通环节实际缴纳的增值税、消费税,从而使我国产品以不含税成本进入国际市场,与国外产品在同等条件下进行竞争,并增强竞争能力,扩大出口创汇。它与退关税完全是两回事。

对出口产品退还其在生产加工环节实际缴纳的国内税,以不含税成本进入国际市场是当前国际上普遍采用的一种政策。《关贸总协定》中有规定:一个国家可以根据本国的税法对进口产品征收国内税,但其税负不得高于国内同类产品的税负;同样,一个国家也可以对本国的出口产品退还或免征国内税,别国不得因此而对该国产品实施报复措施。这表明"进口征税、出口退税"为国际所公认,其目的在于避免重复征税,公平竞争,鼓励和扶持本国的对外贸易。因此,出口产品退税制度,是一个国家税收制度的重要组成部分。

(二)出口退税的范围

依据国家鼓励产品出口和对某些货物限制出口的政策,对纳税人出口货物,有的给予退税和免税;有的给予免税不退税;也有的既不退税,也不免税。其范围的限定如下。

1. 出口退税的产品范围

我国出口的产品,凡属于已征或应征增值税、消费税及营业税的,除国家明确规定不予退税者外,均予以退还已征税款或免征应征税款。另外,我国对退税的产品范围也做了特殊规定,特准某些产品视同出口产品予以退(免)税。

(1) 特准退(免)税的产品。特准退(免)税的产品主要有:对外承包工程公司运出境外用于对外承包项目的货物,对外承接修理修配业务的企业用于对外修理、修配的货物,外轮供应公司、远洋运输供应公司销售给外轮、远洋国轮而收取外汇的货物,利用国际金融组织或外国政府贷款采取国际招标方式由国内企业中标销售的机电产品、建筑材料,企业在国内采购并运往境外作为在国外投资的货物。

(2) 可免征增值税、消费税,但不办理退税的产品。我国同时规定下列出口货物可以免征增值税、消费税,不办理退税:来料加工复出口的货物,即原材料进口免税,加工产制的货物出口不退税;避孕药品和用具、古旧图书,内销及出口均免税;出口卷烟,有出口卷烟权的企业出口国家出口卷烟计划内的卷烟,在生产环节免征增值税、消费税,出口环节不办理退税,其他非计划内出口的卷烟照章征收增值税和消费税,出口一律不退税;军品及军队系统企业出口军需工厂生产或军需部门调拨的货物免税。

此外,我国规定免税的货物,如从农业生产者直接购进的免税农产品出口,不办理退税。

(3) 不退税,也不免征增值税、消费税的产品。国家也明确规定除经批准属于进料加工复出口贸易以外,下列出口货物不退税,也不免征增值税、消费税:原油、援外出口货物、国家禁止出口的货物(包括天然牛黄、麝香、铜及铜基合金、白银等)、糖。

上述产品不退税,是指不退还出口货物从原材料到产成品销售各个环节已缴纳的增值税和在生产环节已缴纳的消费税;上述的不免,是指不免征生产环节的增值税、消费税和采购货物出口的进项税额。

出口企业从小规模纳税人购进并持普通发票的货物,不论是内销或者出口均不得作扣除或退税处理。但对下列出口货物,考虑其占出口比重较大及其生产、采购的特殊因素,特准予以扣除或退税:抽纱、工艺品、香料油、山货、草柳竹藤制品、渔网渔具、松香、五倍子、生漆、鬃尾、山羊板皮、纸制品。

2. 出口退税的企业范围

出口产品退税原则上应将所退税款全部退给出口企业。这里的出口企业是指负责出口产品盈亏的企业,而不是指负责办理出口手续的企业。出口退税的企业范围如下。

(1) 具有外贸出口经营权的企业。

(2) 委托出口的企业(即工业企业委托具有出口经营权的企业出口自产产品)。退税款原则上应退给委托方,若委托代理合同明确规定退给代理方的,税务部门也可将税款退给代理方。

(3) 特定出口退税企业,如外轮供应公司、对外修理修配企业、对外承包工程公司。

(三) 出口退税的条件

出口产品必须同时具备以下条件才能予以退税。

(1) 必须是属于增值税、消费税征税范围内的产品。

(2) 必须已报关离境,也就是凡在国内销售而不报关离境的产品,不论出口企业是以外汇结算还是以人民币结算,也不论企业在财务上和其他管理办法上作何处理,均不得视为出口产品而予以退税。

(3) 必须在财务上作出口销售。

(4) 必须是在国外消费的产品。

(四) 办理出口退税时应交验的单证

以前企业办理对外货物贸易交易,要先到外汇局领核销单,然后到海关报关、银行办理收付汇手续,之后再重回外汇局进行核销。《国家外汇管理局、海关总署、国家税务总局关于货物贸易外汇管理制度改革的公告》(国家外汇管理局公告2012年第1号)规定[①],自2012年8月1日起在全国实施货物贸易外汇管理制度改革,取消核销单,企业不再办理出口收汇核销手续,并相应调整了出口报关流程,简化了出口退税凭证。因此,作为出口企业办理退(免)税申报的重要资料之一的核销单就不再需要填写和提交。

取消核销单后,企业仍要重视收汇管理,尽量不违规不被降级,确保年度收汇总量不要偏低。各地外管部门监管预警线不同,低于预警线的话容易被列为外管重点监管企业或者直接被降为C类,届时申报退税会要求同时报送收汇凭证,这样会延长整个退税流程的周期,加大资金成本。取消核销单后,办理出口退税只需提供以下单证和信息。

(1) 购进出口货物的增值税专用发票(税款抵扣联)或普通发票。申请退消费税的企业,还应提供由工厂开具并经税务机关和银行(国库)签章的《出口产品税收专用缴款书》(以下简称"专用税票")。

(2) 出口货物销售明细账。主管出口退税的税务机关必须对销售明细账与销售发票等认真核对后予以确认。

出口货物的增值税专用发票,消费税专用税票和销售明细账,必须于企业申请退税时提供。

(3) 出口报关单结关信息。为进一步深化海关通关作业无纸化改革,减少纸质单证流转,减轻企业负担,经国家税务总局同意,海关总署2015年发布第14号公告,2018年发布第26号公告,决定不再签发纸质《出口货物报关单证明联(出口退税专用)》,并同时停止向国家税务总局传输《出口货物报关单证明联(出口退税专用)》相关电子数据,改由海关总署向国家税务总局传输出口报关单结关信息电子数据。

---

① 国家外汇管理局,中华人民共和国海关总署,国家税务总局. 国家外汇管理局、海关总署、国家税务总局关于货物贸易外汇管理制度改革的公告[EB/OL]. (2012-06-29)[2022-07-20]. http://www.safe.gov.cn/safe/2012/0629/5425.html.

案例 3-5

常见的骗取出口退税案例

案例一：广东某市公安局2017年侦破一起特大虚开骗税案，涉案金额近45亿元。经初步查明，2016年4月—2017年1月，犯罪嫌疑人杨某友等人通过茂名市某商贸有限公司等9家公司先后与2501家企业利用虚构贸易活动签订虚假购销合同、提供和虚开票证、伪造虚假交易流水等手段，将"货款"通过公转私方式多次转账，化整为零进行提现或回流，并大肆虚开增值税专用发票用于骗取出口退税。

案例解析：此案例是通过"四配"出口骗税。"四配"出口骗税是指不法分子将他人真实发生但不申报退税的出口报关单信息，以非法缮制手段实施配单（信息）、配票、配货、配收汇等配比申报出口退税凭证，进行骗取出口退税的违法行为。通常该手法是不法分子将他人不满足退税条件的真实出口业务单据（信息）转嫁至有进出口经营权企业名下，套用其空白出口报关单（信息）、虚构国外客户、伪造出口合同、匹配虚假收汇资金流。同时，操控虚开增值税专用发票，整合成表面完整的退税资料，并申报骗取出口退税。

案例二：2019年8月，当地有关部门查办宁波某进出口有限公司涉嫌出口骗税案。该公司在2015年10月—2018年7月，以支付开票手续费的方式或以实际控制生产厂家方式取得虚开增值税专用发票，涉及金额17 662.23万元，并伙同境外商人以循环进出口的方式虚构海参出口业务，最终骗取出口退税2296.09万元。

案例解析：此案例是通过"循环"出口骗税。"循环"出口骗税是指不法分子选择易于避开海关抽检的货物作为"道具"，出口至境外，并在到达后更换包装或简单改装，伪装成其他货物报关进口或走私入境回流，进入新一轮出口循环，以达到持续骗取出口退税的目的。通常该手法是不法分子先从供货商购进货物并取得增值税专用发票，购进货物再以不开票方式销售给国内客户，然后从国内收购低价同数量同型号货物替代实际已经内销的货物，进行虚假报关出口。在境外又将其改头换面成其他货物报关进口或走私回流。同时，通过地下钱庄汇款至境外虚假客商账户，并以其名义将"货款"通过外汇账户汇入国内结汇账户，造成收汇假象，配齐虚假单证申请退税，实现"循环"出口骗税。

案例三：2019年12月深圳市国家税务局查处的"海浪三号"专案，不法分子为出口企业提供成本较低的增值税专用发票虚开信息，层层洗票过滤，并组织企业伪造手机配件、"成品手机"等道具供给出口企业，最终报关出口，整个骗税链条隐蔽性强，暴利空间大。

案例解析：此案例是通过"招标"出口骗税。"招标"出口骗税是指货代公司充当骗税主谋（改变以往骗税分子主谋角色），在整个骗税链条中以招标形式，组织协调出口企业竞标购买出口信息和增值税专用发票，并负责为出口企业提供配货单据，以吸引更多出口企业联合参与骗税。通常手法是不法分子虚列进项税额，降低虚开成本，由货代公司出面以较低开票税点吸引出口企业竞标买票，进而攫取更多出口退税暴利。

出口骗税的手段层出不穷，除了上述三种，还有单货分离、票货分离、更改提单、利用农副产品收购发票的监管漏洞等手段。

3.5.5 关税减免

关税减免是关税政策的重要组成部分,减税免税是根据征税对象及其他条件,在一定时期内对某些纳税人给予鼓励和照顾的一种特殊规定。它反映了税收制度严肃性和灵活性的结合。

根据《海关法》的规定,关税的减免可分为法定减免、特定减免、临时减免三种类型。

(一) 法定减免

法定减免是指《海关法》《进出口关税条例》和《进出口税则》中所规定的给予进出口货物的关税减免。进出口货物属于法定减免税的,进出口人或代理人无须事先向海关提出申请,海关征税人员可凭有关证明文件和报关单证按规定直接给予减免税,海关对法定减免税货物一般不进行后续管理,也不作减免税统计。

(1) 免税物品。

① 关税税额在人民币 50 元以下的一票货物。

② 无商业价值的广告品和货样。

③ 外国政府、国际组织无偿赠送的物资。

④ 进出境运输工具装载的途中必需的燃料、物料和饮食用品。

⑤ 出口货物因故退回,由原发货人或其代理人申报进口,并能提供原出口单证,经海关审核属实的可免征进口关税,但已征的出口关税不予退还。

⑥ 进口货物因故退回,由原发货人或其代理人申报出境,并能提供原进口单证,经海关核实可免征出口关税,但已征的进口关税不予退还。

⑦ 经核准暂时进口或出口,并保证在 6 个月内复运出、进口的应税货物,免予征税。

⑧ 无代价抵偿的进口货物,符合无代价抵偿进口货物的规定并且原进口货物已征进口税的,可予免税。

(2) 酌情减免税的物品。

① 在境外运输途中或者在起卸时,遭受损坏或者损失的。

② 起卸后海关放行前,因不可抗力而遭受损坏或者损失的。

③ 海关查验时已经破漏、损坏或者腐烂,经证明不是保管不慎造成的。

(3) 中华人民共和国缔结或者参加的国际条约规定减征或免征关税的货物、物品,海关应当按照规定予以减免关税。

(二) 特定减免

特定减免是政策性减免税,指海关根据国家规定,对特定地区、特定用途、特定企业给予的减免关税和进口环节海关代征税的优惠。在《海关法》《进出口关税条例》和《进出口税则》中虽然已作了法定减免税的规定,但海关在实际工作中对一些法定减免税规定中没有予以解决的,而根据我国经济发展情况和对外开放政策又很需要的,还需作出进一步的关税优惠规定。实行改革开放以来,为了适应和支持对外开放,鼓励利用外资和引进技术,扩大对外贸易,发展工农业生产和科学、教育事业,国家陆续制定了针对诸如经济特区、经济技术开发区等特定地区,外商投资企业等特定企业,国内企业技术改造、国外贷款项目等特定用途的进出口货物的一系列配套的优惠政策,对促进改革开放、促进技术进步、发展国民经济发挥了积极的作用。随着我国对外开放的进一步发展和社会主义市场经济体制的逐步建立,一些优惠政策已经与国际惯例和建立社会主义市场经济体制的要求不相适应。因此,从1993年起,国务院开始对减免税政策进行清理,采取"一次清理,分步到位"的做法,对不违反国际惯例而对我国经济发展和对外开放有较好促进作用的减免税政策、规定予以保留,继续执行;对不符合国际惯例和社会主义市场经济要求,不利于平等竞争或明显不合理的减免税政策、规定,一般到期或额满为止,不再延长时间或增加数额。截至目前,我国已多次对特定减免税政策进行了调整,最新的特定减免政策规定如下。

第一类,按特定地区实施的关税优惠。目前,按地区实施的关税优惠政策已大部分取消,仅保留了出口加工区、保税区、珠海园区、保税港区以及自由贸易试验区进出口货物,边民互市和边境小额贸易进口货物、物品的免税规定。

第二类,按特定企业实施的关税优惠。属于国家鼓励发展产业的外商投资企业(外国投资者的投资比例不低于25%),外商研究开发中心,先进技术型、产品出口型的外商投资企业,在企业投资额以外的自有资金(指企业储备基金、发展基金、折旧、税后利润)内,对原有设备更新(不包括成套设备和生产线)和维修进口国内不能生产或性能不能满足需要的设备,以及与上述设备配套的技术、配件、备件,可以免征进口关税,进口环节增值税照章征收。

第三类,按特定用途实施的关税优惠。

2021年以来,财政部、海关总署、税务总局及发展改革委、工信部等十余个部门陆续出台进口减免税政策,目前已出台政策涉及以下13个领域:集成电路和软件、抗艾滋病病毒药物、民航维修用航材、能源资源勘探开发利用、新型显示、中西部地区国际展会展品、科技创新、科普、种用野生动植物种源和军警用工作犬、中国国际消费品博览会展品、种子种源、中国国际服务贸易交易会展品、重大技术装备。

根据《国务院关于印发新时期促进集成电路产业和软件产业高质量发展若干政策的通知》(国发〔2020〕8号)相关要求,经国务院同意,财政部、海关总署、税务总局印发通知,出台了支持集成电路产业和软件产业发展进口税收政策,对符合条件的集成电路产业和软件产业相关企业进口自用设备、零配件、原材料等免征关税,对符合条件的企业进口新设备涉及的进口环节增值税实施分期纳税。

2021年3月,财政部、海关总署、税务总局发出《关于2021—2030年抗艾滋病病毒药物进口税收政策的通知》(财关税〔2021〕13号)。该通知规定:为坚持基本医疗卫生事业公益属性,支持艾滋病防治工作,自2021年1月1日至2030年12月31日,对卫生健康委委托进口的抗艾滋病病毒药物,免征进口关税和进口环节增值税。享受免税政策的抗艾滋病病毒药物名录及委托进口单位由卫生健康委确定,并送财政部、海关总署、税务总局。

2021年6月,海关总署关税司发布《关于执行"十四五"期间能源资源勘探开发利用进口税收政策的通知》,根据该规定,经主管海关审核同意,有关海洋石油(天然气)勘探开发作业项目执行单位,可以对外租赁方式或承包工程出口方式将免税进口海油工程船舶及随船设备、物资出境作业。2021年6月,财政部、海关总署、税务总局出台2021—2030年支持新型显示产业发展进口税收政策,税收政策分为"免征关税"和"分期缴纳增值税"两类。

2021年7月,海关总署关税司发布《关于执行2021—2030年支持民用航空维修用航空器材进口税收政策的通知》,对该通知项下的免税进口维修用航空器材,海关不再按特定减免税货物进行后续监管。除此之外,中西部地区国际性展会展品、中国国际消费品博览会展品、种子种源的进口税收相关政策中也有同样的规定。

2021年9月,科技部、财政部、海关总署、税务总局联合印发《科研院所等科研机构免税进口科学研究、科技开发和教学用品管理细则》,专门就支持科技创新进口税收政策中涉及"科研院所等科研机构"免税进口科学研究、科技开发和教学用品的管理予以明确,并决定原财政部、海关总署、税务总局令第45号、第63号及第93号废止。

2021年12月,工业和信息化部、财政部、海关总署、国家税务总局、国家能源局联合发布通知,调整重大技术装备进口税收政策有关目录,包括国家支持发展的重大技术装备和产品目录、重大技术装备和产品进口关键零部件、原材料商品目录以及进口不予免税的重大技术装备和产品目录,前两者给予免税优惠进口。

2022年3月,科技部、工业和信息化部、财政部、海关总署、税务总局发布《关于发布"十四五"期间免税进口科普用品清单(第一批)的通知》(国科发才〔2022〕26号)。

关于特定用途减免税政策随经济发展变化时常处于调整之中,读者朋友需要及时关注相关政策。

(三)临时减免

临时减免也称特案减免,是指法定减免税和特定减免税以外的其他形式的减免税。临时减免由海关总署会同财政部按照国务院的规定,根据某个单位、某类商品、某个时期或某批进出口货物的特殊情况,需要对其进口应税货物特案予以关税减免。对于临时减免税的进出口货物,除海关总署批复有用途限制要加以管理外,其余的货物,海关一般不需要进行后续管理,但要进行免税统计。临时性减免税一般是"一案一批"。

3.6 一般进出口货物的放行

进出口货物在办完向海关申报、接受查验、完纳税款等手续以后,由海关在货运单据上签印放行。收发货人或其代理人必须凭海关签印放行的货运单据才能提取或发运进、出口货物。未经海关放行的海关监管货物,任何单位和个人不得提取或发运。

货物的放行是海关对一般贸易进出口货物监管的最后一个环节。如果这一环节海关把关不严,把不该放行的货物放了,则会导致经济上的损失甚至产生不良的政治影响。所以,海关必须采取严肃认真的态度对待货物的进出口。放行前,将由专人将该票货物的全部报关单证及查验货物记录等进行一次全面的复核审查并签署认可,然后在货运单据上盖印放行,交货主签收。但对违反进出口政策、法令规定,尚未缴纳应缴纳的税款及根据上级指示不准放行的进出口货物,海关均不予以放行。

1. 海关进出境现场放行和货物结关

海关进出境现场放行是指海关接受进出口货物的申报,审核电子数据报关单和纸质报关单及随附单证,查验货物、征免税费或接受担保以后,对进出口货物做出结束海关进出境现场监管决定,允许进出口货物离开海关监管现场的工作环节。

海关进出境现场放行一般由海关在进口货物提货凭证或者出口货物装货凭证上加盖海关放行章。进出口货物收发货人或其代理人签收进口提货凭证或者出口装货凭证,凭以提取进口货物或将出口货物装运到运输工具上离境。

在实行"无纸通关"申报方式的海关,海关做出现场放行决定时,通过计算机将海关决定放行的信息发送给进出口货物收发货人或其代理人和海关监管货物保管人。进出口货物收发货人或其代理人从计算机上自行打印海关通知放行的凭证,凭以提取进口货物或将出口货物装运到运输工具上离境。

2. 提取货物或装运货物

进口人签收海关加盖海关放行章戳记的进口提货凭证(提单、运单、提货单等),凭以到货物进境地的港区、机场、车站、邮局等地的海关监管仓库办理提取进口货物的手续。

出口货物发货人或其代理人签收海关加盖海关放行章戳记的出口装货凭证(运单、装货单、场站收据等),凭以到货物出境地的港区、机场、车站、邮局等地的海关监管仓库,办理将货物装上运输工具离境的手续。

3. 后续监管

按照新的通关流程,一般进出口货物放行后一些货物还需接受后续监管。这里的后续监管是指进出口货物单证放行或现场放行后,根据海关规定,对进出口货物及其进口企业、出口企业在规定期限内的持续检查、监管。它包括稽/核查作业、隔离检疫、指定生产加工存放场所检疫监督、检疫追踪、销售记录制度、溯源管理制度、召回制度和风险预警。

(1) 稽/核查作业。进出口货物放行或报关单放行后,风险防控部门对经甄别需通过稽/核查指令予以处置的事项,下达稽/核查指令。税收征管中心根据职责对放行后报关单实施研判处置。属地海关稽/核查部门根据税收政管局、风险防控部门稽/核查指令开展作业。

(2) 隔离检疫。隔离检疫是指海关放行的进境动植物限定在指定的隔离场圃内,不少于限定的时间饲养或种植,在饲养或种植期间进行检疫、观察、检测和处理的强制性措施。

(3) 指定生产加工存放场所检疫监督。海关对风险较高的进境动植物产品,实施指定生产、加工、存放企业/场所管理。海关对相关企业/场所按程序考核合格后予以备案。

(4) 检疫追踪。对进境种用大中动物、动物遗传物质、种子种苗等的流向实施检疫追踪制度。

(5) 销售记录制度。进口商应当建立食品进口和销售记录制度,主管海关对本辖区内企业进口和销售记录进行检查。

(6) 溯源管理制度。建立生产、出口、消费全链条的农产品、食品质量安全追溯体系。

(7) 召回制度。进口存在安全隐患的、可能或者已经对人体健康和生命安全造成损害的食品、化妆品、汽车、玩具、CCC认证的民用商品的收货人应当主动召回,并立即向所在地海关报告。收货人应向社会公布有关信息,通知销售者停止销售,告知消费者停止使用,做好召回记录。收货人不主动召回的,主管海关可以责令其召回。

(8) 风险预警。对境内外发生食品安全事件或者疫病疫情可能影响到进出口食品安全的,或者在进出口食品中发现严重食品安全问题的,海关总署应当及时进行风险预警。

4. 结关后的事项

在进出口报关单结关后,当事人可以通过"互联网+海关"一体化网上办事平台(http://online.customs.gov.cn)"我要查"或"中国国际贸易单一窗口"(http://www.singlewindow.cn)"查询统计"子系统中相关功能,查询海关总署向国家税务总局传输海关出口报关单数据和进口增值税专用缴款书状态信息,方便进出口企业、单位及时办理出口退税和进出口增值税抵扣手续。

企业办理货物贸易外汇收汇业务,按规定须提交纸质报关单的,可通过"中国电子口岸"自行以普通A4纸打印报关单并加盖企业公章。

当事人通过"中国国际贸易单一窗口"或"互联网+海关"一体化网上办事平台,上传原产地证书企业声明栏所需的电子签章和申办员电子签名后,可以自行打印海关审核通过的版式化原产地证书。

附件 3-1

消费税税目税率表

税目	税率
生产进口环节：甲类卷烟[调拨价70元(不含增值税)/条以上(含70元)]	56%加0.003元/支
生产进口环节：乙类卷烟[调拨价70元(不含增值税)/条以下]	36%加0.003元/支
商业批发环节：甲类卷烟生产(进口)环节[调拨价70元(不含增值税)/条以上(含70元)]	11%加0.005元/支
商业批发环节：乙类卷烟[调拨价70元(不含增值税)/条以下]	11%加0.005元/支
生产(进口)环节：雪茄	36%
生产(进口)环节：烟丝	30%
生产(进口)环节：白酒	20%加0.5元/500克(毫升)
生产(进口)环节：黄酒	240元/吨
生产(进口)环节：甲类啤酒	250元/吨
生产(进口)环节：乙类啤酒	220元/吨
生产(进口)环节：其他酒	10%
生产(进口)环节：高档化妆品	15%
零售环节：金银首饰、铂金首饰和钻石及钻石饰品	5%
生产(进口)环节：其他贵重首饰和珠宝玉石	10%
生产(进口)环节：鞭炮、焰火	15%
生产(进口)环节：汽油	1.52元/升
生产(进口)环节：柴油	1.20元/升
生产(进口)环节：航空煤油	1.20元/升
生产(进口)环节：石脑油	1.52元/升
生产(进口)环节：溶剂油	1.52元/升
生产(进口)环节：润滑油	1.52元/升
生产(进口)环节：燃料油	1.20元/升
生产(进口)环节：气缸容量250毫升(含250毫升)以下的摩托车	3%
生产(进口)环节：气缸容量250毫升以上的摩托车	10%
生产(进口)环节：气缸容量在1.0升(含1.0升)以下的乘用车	1%
生产(进口)环节：气缸容量在1.0升以上至1.5升(含1.5升)的乘用车	3%
生产(进口)环节：气缸容量在1.5升以上至2.0升(含2.0升)的乘用车	5%
生产(进口)环节：气缸容量在2.0升以上至2.5升(含2.5升)的乘用车	9%
生产(进口)环节：气缸容量在2.5升以上至3.0升(含3.0升)的乘用车	12%
生产(进口)环节：气缸容量在3.0升以上至4.0升(含4.0升)的乘用车	25%
生产(进口)环节：气缸容量在4.0升以上的乘用车	40%
生产(进口)环节：中轻型商用客车	5%
生产(进口)环节：高尔夫球及球具	10%
生产(进口)环节：高档手表	20%
生产(进口)环节：游艇	10%
生产(进口)环节：木制一次性筷子	5%
生产(进口)环节：实木地板	5%
生产(进口)环节：电池	4%
生产(进口)环节：涂料	4%

本章小结

本章介绍了海关监管货物的种类并围绕一般进出口货物阐述了其报关流程;同时重点介绍了全国海关通关一体化改革的内容,详细阐述了在此背景下报关流程的优化,包括"一次申报,分步处置"和"两步申报"的具体操作步骤;此外,本章还介绍了申报、查验、征税和放行四个主要环节具体事项及操作规范等内容。

关键词

自报自缴　税款担保　一般进出口货物　基本单证与特殊单证　电子申报与纸质申报　申报期限与申报日期　进口附加税　反倾销税与反补贴税　海关代征税　增值税与消费税　出口退税　法定减免与特定减免

思考与问答

(1) 什么是海关监管货物?具体包括哪些类别?

(2) 海关对进出境货物进行监管的全过程包括哪几个阶段?

(3) 什么是全国海关通关一体化改革?

(4) 全国包括哪几个风险防控中心和税收征管中心?它们在分工上有什么不同?

(5) 报关流程的优化包括哪几种方式?

(6) 什么是"一次申报、分步处置"?什么是"两步申报"?它们有什么区别?

(7) 结合案例 3-1 和 3-3,阐述通关流程优化的意义。

(8) 一般进出口货物与一般贸易货物有什么区别?

(9) 报关时一般应交验哪些单证?

(10) 关税的退税与出口退税有什么区别?

第 4 章 加工贸易保税货物的报关程序

本章学习目标

- 了解保税制度和保税货物的概念。
- 掌握加工贸易保税货物的含义及其监管的各种规定。
- 掌握《加工贸易手册》管理的类型和区别。
- 掌握加工贸易货物报关规定及流程。
- 熟悉保税核注清单的功用及其填制规范。
- 了解出口加工区货物进出的报关程序。

4.1 保税制度和保税货物

据统计,目前保税制度下加工贸易进出口货值已占我国进出口总值的一半以上,表明保税制度已成为我国海关一项主要的业务制度。因此,我们很有必要了解保税制度和保税货物的概念及其有关内容。

4.1.1 保税制度

保税制度是一种国际上通行的海关制度,在世界大多数国家的对外经济贸易中得到广泛的应用,对国际贸易活动的发展起到了重要的促进作用。我国在改革开放后批准建立了大量的保税仓库和保税工厂,有力地促进了我国对外开放和对外经济贸易往来。

1. 保税制度的定义

保税制度是指经海关批准的境内企业所进口的货物,在海关监管下在境内指定的场所储存、加工、装配,并暂缓缴纳各种进口税费的一种海关监管业务制度。

保税制度是基于国际经济贸易发展的需要而产生的。随着各国之间经济贸易交往的增多,专门从事国际间商品转口贸易的商人,在进口某一批货物时往往很难确定其销售的最终流向,若销往其他国家而复运出口,商人为降低成本,则希望能允许将货物置于免纳进口税费的状态下储存一段时间;若准备进入本国市场,商人也希望能将纳税时间推迟到货物实际进入国内销售时。为了适应国际转口贸易的需要,照顾进口商的利益,产生了"保税"这样一种不同于一般贸易做法的海关监管制度。随着国际经济贸易范围的扩大,保税制度的内容不断丰富,保税方式更加多样,由原来单一为商品贸易服务扩展成为加工制造、技术引进、服务贸易提供便利。

2. 保税制度的主要形式

在世界海关组织前身海关合作理事会主持制定的《京都条约》中,涉及保税业务的有两个基本制度。一个是海关保税储存制度。它是指进口货物在海关监管下储存于指定场所,并无须缴纳进口税费的一种海关制度。这种保税储存形式为进口货物能在不需要缴纳进口税状态下较为长期储存提供了便利,使货物储存人有充分时间在国内或国外推销货物。需要指出的是,储存过程中只允许对货物进行整理、分拣及为保存货物而进行的惯常操作,不得进行实质性加工,这是一种为国际商品贸易服务的海关保税形式。另一个是暂准进口在国内加工的制度。它是指准许某些货物有条件地暂时豁免进口税费进入关境的一种海关制度。这些货物应是为某一特定目的而进口,并在规定时间内以进口时的原状或经特定制造、加工或修理后复运出口。这一制度对货物为特定目的而暂时进入境内使用或加工制造提供了便利。申请实施这一制度通常必须有担保。这是一种超出单纯国际商品贸易,使保税制度由储存扩展为使用或加工制造,为世界各国充分利用本国资金、技术、劳动力资源发展国际加工贸易的海关保税形式。

根据以上两个基本制度可知,国际上保税业务制度的主要形式有三种:

(1) 商品贸易型,如保税仓库、保税货棚、保税陈列场等。

(2) 加工制造型,如保税工厂、加工贸易、出口加工区等。

(3) 商品贸易与加工制造混合型,如保税区、自由港、自由贸易区等。

我国保税制度借鉴和参照了国际通行做法,其主要类型与海关合作理事会《京都条约》中的内容基本一致。然而,由于我国还是发展中国家,我国保税制度的重点是促进对外加工制造业的发展,以充分利用国外资金、技术,发挥本国劳动力资源优势,加快国民经济建设的步伐。目前,我国保税制度的主要形式有两类:一类是为国际商品贸易服务的,如保税仓库、保税区、寄售代销、免税品商店;另一类是为加工制造服务的,如来料加工、进料加工、保税工厂、保税区等。

4.1.2 保税货物

保税制度在国际贸易中的广泛应用,使这一制度所涉及的保税货物成为进出口货物中的一个重要组成部分。海关对保税货物的监管与一般进出口货物有着明显区别,因此,保税货物的报关与一般贸易进出口货物的报关有较大不同。

1. 保税货物的定义

保税货物是指经海关批准未办理纳税手续进境,在境内储存、加工、装配后复运出境的货物。它具有以下三个特征:

(1) 特定目的。我国《海关法》将保税货物限定为为两种特定目的而进口的货物,即进行贸易活动(储存)和加工制造活动(加工、装配)。这样就将保税货物与为其他目的暂时进口的货物(如工程施工、科学实验、文化体育活动等)区别开来。

(2) 暂免纳税。保税货物未办理纳税手续进境,属于暂时免纳,而不是免税,待货物最终流向确定后,海关再决定征税或免税。

(3) 复运出境。这是构成保税货物的重要前提。从法律上讲,保税货物未按一般货物办理进口和纳税手续,因此,保税货物必须以原状或加工后产品复运出境,这既是海关对保税货物的监管原则,也是经营者必须履行的法律义务。

2. 保税货物的种类

保税货物可以分为加工贸易保税货物和保税物流货物两大类,具体如下:

(1) 加工贸易项下(来料加工装配、进料加工)进口的料件。加工贸易保税货物不完全等同于加工贸易货物。加工贸易货物只有经过海关批准才能保税进口,经海关批准准予保税进口的加工贸易货物才是加工贸易保税货物。

(2) 经商务部门批准寄售的外国商品、国外产品维修用的零配件、外汇免税商品;转口贸易货物,外商寄存、暂存货物,供应国际航行船舶的燃料、物料和零配件,以及在指定地区储存的国际天然橡胶组织的天然橡胶。

3. 保税货物与减免税货物的区别

我国为了扩大对外开放,吸引外资和引进先进技术,曾制定了一系列进口优惠政策,如对外商投资企业进口机器设备予以免税,对企业技术改造项目所引进先进技术设备予以减税等。由于这些货物与保税货物一样在进口时均不缴纳税款,使有的企业、单位容易将两者混淆,不了解海关对这两类货物不同的办理程序和管理方法,以致出现违法违规情况。因此,从事报关的人员应该掌握这两类货物的海关监管规定。保税货物与减免税货物的区别如下:

(1) 性质不同。保税货物是以复运出境为前提,不是在国内最终使用或消费,而是为了支持、鼓励其出口而给予的保税优惠;减免税货物则是国家对特定地区、特定企业、特定用途的进口货物,为支持、鼓励其在国内使用或消费而给予的税收优惠。

(2) 货物范围不同。保税货物集中于流动资产部分,如原材料、零配件、元器件等;减免税货物的范围则主要是固定资产投资部分,如机器设备、仪器、仪表等。

(3) 海关手续不同。保税手续和减免税手续均须在进口货物前到海关办理,但前者是办理保税合同登记备案,海关核发《加工贸易手册》;后者是办理减免税申请,海关签发《中华人民共和国海关进出口货物征免税证明》(以下简称《征免税证明》)。

(4) 海关监管方式不同。保税货物和减免税货物均属于海关监管货物,经营者均需承担有关法律义务。但海关对前者实行核销管理,以复出口为解除监管的依据,经营者不仅要承担不得擅自转让、出售的法律义务,还要履行复运出口的义务;海关对后者实行时效管理,以监管年限为解除监管的依据,经营者承担不得擅自转让、出售的法律义务。

实务操作提醒 4-1
不能将保税货物当成一般贸易货物

A 加工贸易企业因不熟悉海关业务法规,将由保税进口料件橡木板制成的 340 件共计 67 万美元的家具以一般贸易方式申报出口,虽然成品已经出口境外,但其行为影响了海关对保税货物的监管秩序,海关对当事人以上行为课处罚款人民币 2 万元。

4.2 加工贸易保税货物的监管

4.2.1 加工贸易保税货物的含义

加工贸易保税货物也称保税加工货物,是指经海关批准未办理纳税手续进境,在境内加工、装配后复运出境的货物。加工贸易通常有来料加工和进料加工两种方式。加工贸易保税货物包括专为加工、装配出口产品而从国外进口且海关准予保税的原材料、零配件、元器件、包装物料、辅助材料(简称料件)及用上述料件生产的半成品、成品。

经营加工贸易的企业可以是对外贸易经营企业和外商投资企业。加工贸易经营企业可以根据需要申请设立保税工厂、保税集团。保税工厂是指由海关批准的专门从事保税加工的工厂或企业。这是在来料加工、进料加工和外商投资企业履行产品出口合同的基础上,发展形成的一种保税加工的监管形式。保税集团是指经海关批准,由一个具有进出口经营权的企业牵头,在同一关区内,同行业若干个加工企业联合对进口料件进行多层次、多工序连续加工,直至最终产品出口的企业联合体。

4.2.2 加工贸易的两种主要形式——来料加工与进料加工

来料加工是指由外商提供全部或部分原材料(主料)、辅料、零配件、元器件、配套件和包装物料,必要时还提供设备,由我方加工企业按外商的要求进行加工装配,成品交外商销售,我方加工企业收取工缴费,外商提供的作价设备价款,我方加工企业用工缴费偿还的贸易形式。这一加工方式也可采用灵活做法,我方加工企业与同一外商同时签订原辅料进口合同和成品出口合同,我方加工企业按外商要求进行加工,进口原辅料和出口成品各作各价,但进口原辅料我方加工企业不付外商价款,当成品返销外商后,我方加工企业收取成品出口值与外商来料进口值之间的差价,这种方式不动用外汇,也不对开信用证(对开信用证的进口合同,视为动用外汇,按进料加工),称为"各作各价对口合同"来料加工。外商提供原材料,我方加工企业加工成品,称为"来料加工";外商提供零配件,我方加工企业组装成品,称为"来件装配",两者统称为来料加工装配,简称来料加工。来料加工进口的料件属于海关保税货物。

进料加工是指我国有关经营单位用外汇购买进口的原料、材料、辅料、元器件、零配件、配套件和包装物料加工成成品或半成品后再外销出口的贸易方式。

一般情况下,加工贸易主要是指来料加工和进料加工,这是我国对外开放以来采取"以进养出"政策,支持鼓励产品出口、提高出口产品质量和档次、增强出口产品在国际市场竞争能力的重要方式。来料加工与进料加工的主要区别体现在经营方面。① 来料加工进口的料件由外商提供,我方加工企业不支付外汇;进料加工则是我方经营单位动用外汇购买进口料件。来料加工装配进口的料件及加工的成品,其所有权属外商;进料加工进口的料件,其所有权属我方经营单位。来料加工装配中,我方按合同要求进行加工,赚取工缴费,盈亏由外商承担;进料加工中,我方经营单位则自负盈亏、自担风险。来料加工装配的进口与出口有密切的内在联系,外商往往既是料件的供应人,又是成品的接受人,是连在一起的一笔交易,其合同不是以货物所有权转移为内容的买卖合同;进料加工则由我方经营单位以买主身份与外商签订进口合同,又以卖主身份签订出口合同,为两笔交易,且都是以货物所有权转移为特征。② 在税收上,在来料加工方式下,海关对企业进口的原材料或零配件等予以保税,加工产品出口时,海关对出口货物及企业收取的工缴费收入免征出口环节的关税、增值税等,但出口货物所耗用国内辅件所支付的进项税额不得抵扣或不予退税。对签有料件进口和加工成品出口的对口合同(包括不同客户的联号合同)的进料加工,经主管海关批准,可对其进口料件予以保税,加工后对实际出口部分所耗进口料件予以免税。③ 两者的海关监管要求不同,审批难易程度也不同。来料加工与进料加工的区别汇总如表 4-1 所示。

表 4-1 来料加工与进料加工的区别

项目	来料加工	进料加工
经营方面的区别	① 外商负责提供全部或部分原料,不占用我方加工企业外汇;② 出口的货物,我方加工企业不负责销售;③ 加工后的成品,我方加工企业只有保管权,没有所有权。只收取工缴费,不参与经营活动利润分配,不用承担经营风险	① 经营企业要用外汇购买原料进口,成品外销再收取外汇;② 经营单位自行生产、自行销售货物;③ 经营企业对货物拥有所有权,自负盈亏,风险自担
税务方面的区别	① 来料加工进口材料是全额免税;② 来料加工的加工费免征增值税、消费税;③ 来料加工货物出口免征增值税、消费税,享受免税优惠	① 进料加工进口时要付料件费用,但不用交增值税和消费税,关税的交纳要看具体哪种材料;② 进料加工没有加工费这个概念;③ 进料加工货物出口可以享受退税优惠
海关监管要求不同	来料加工项下的保税料件因权归属外商,不得进行串换	进料加工项下的保税料件经海关批准允许与本企业内的非保税料件进行串换
审批难易不同	自 2004 年以来,政府开始限制来料加工的贸易方式,因此难以获得审批。2016 年 9 月加工贸易业务审批已取消	进料加工方式较容易获得审批。2016 年 9 月加工贸易业务审批已取消

 案例 4-1

东莞大型外资来料加工企业 A 成立于 1988 年,进口保税料件为显像管、显示器等,出口产品为电视机、显示器等,产品 100% 外销。某年 5 月经海关调查发现,A 公司在执行三本来料加工合同期间,14″、20″、21″、25″、29″彩色显像管各短少 6224 只、2145 只、21590 只、2013 只、130 只,价值 239 万美元,偷逃关税人民币 441 万元。其中短少的 21590 只 21″彩色显像管被该公司报关员林某利用工作之便,未经公司同意,非法进口后倒卖以谋取私利。案发后报关员逃跑。公司老板被海关扣留,企业设备也被海关查封。苦心经营十年的企业,由于对报关员的管理不善,于当年 6 月份停产。公司一夜之间损失过千万元人民币。

 案例 4-2

加工贸易货物的保税与征税

2021 年 7 月 25 日,一加工贸易企业在海关办理一本来料加工登记手册,进口塑料粒子 108 吨。2021 年 12 月,当事人接到公司内销订单,由于库存内销原料不能满足订单生产需要,当事人遂于2021年12月15日至2022年1月17日间,将登记手册项下的144吨库存ABS-FR染色塑料粒子用于内销产品的生产,并于2021年12月29日将以上144吨塑料粒子的外销转内销情况向商务部提出申请并获批准,但未报请海关核准并征税。截至海关核查期间,以上共计144吨ABS-FR染色塑料粒子已制成成品入库,其中47.069吨已销往国内。

根据《海关法》第八十六条第(十)项的规定,当事人擅自转让海关监管货物,已构成违反海关监管规定的行为。根据《海关行政处罚实施条例》的有关规定,事后当事人被处罚款人民币20万元,并责令其补缴税款62万元。

4.2.3 加工贸易保税货物特点及管制规定

加工贸易保税货物具有以下特点:进口必须事先在海关设立手册或账册;进口时无须缴纳进口关税和进口环节税;在境内经加工装配后复运出境,若转内销,须经批准并交验进口许可证件,缴纳进口税费;一般须复运出境,成品出口时除另有规定外,无须缴纳关税、提交许可证件。海关对加工贸易保税货物进行分类管理。

1. 加工贸易禁止类商品

加工贸易禁止类商品是指《对外贸易法》规定禁止进口的商品以及海关无法实行保税监管的商品。商务部和海关总署对《加工贸易禁止类商品目录》进行定期公布或根据国家产业政策进行调整,列入《加工贸易禁止类商品目录》,除特别标注的以外,不予设立手册。为种植、养殖等出口产品而进口的种子、种苗、种畜、化肥、饲料、添加剂、抗生素等及生产出口的仿真枪支不在上述目录中,但按照加工贸易禁止类进行管理。

2. 加工贸易限制类商品

《加工贸易限制类商品目录》由商务部、海关总署会同国家其他部门定期公布。以加工贸易深加工结转方式转出、转入的商品属于限制类的,按允许类商品管理。

禁止类和限制类以外的商品为允许类商品。

3. 消耗性物料

消耗性物料,是指加工贸易企业为加工出口成品而进口,且为加工出口成品所必需,直接用于生产过程,但又完全不物化于成品中的物料。物化是指料件通过物理或化学的方式存在于成品中并构成商品基本特性的转化过程。海关对消耗性物料按照保税方式进行监管。

以下商品不按加工贸易消耗性物料,但以保税方式进行监管:加工贸易企业生产设备、工具的易损件,如钻头、钻嘴、砂轮、刀片、磨具等;易耗品,如机油、润滑油、印刷用的菲林等;检测物料,如检测纸、检测带、检测光盘、检测针等;劳保防护用品,如工作衣、帽、手套等;印制电路板用的干膜和生产高尔夫球头和飞机发动机叶片用模具所需进口的软金属、蜡、耐火材料等。

为落实国务院决定,支持加工贸易稳定发展,商务部和海关总署2020年发布第54号公告,对加工贸易禁止类商品目录进行调整,将《中华人民共和国商务部 海关总署公告2014年第90号》加工贸易禁止类商品目录中符合国家产业政策,不属于高耗能、高污染的产品及具有较高技术含量的产品剔除,共计剔除199个10位商品编码。同时,对部分商品禁止方式进行调整。调整后的加工贸易禁止类商品目录仍按《中华人民共和国商务部 海关总署公告2014年第90号》有关规定执行。

4.2.4 加工贸易企业分类管理

加工贸易企业,包括经海关注册登记的经营企业和加工企业。经营企业,是指负责对外签订加工贸易进出口合同的各类进出口企业和外商投资企业,以及经批准获得料件加工经营许可的对外加工装配服务公司。加工企业,是指接受经营企业委托,负责对进口料件进行加工或者装配,并且具有法人资格的生产企业,以及由经营企业设立的虽不具有法人资格,但是实行相对独立核算并已经办理工商营业证(执照)的工厂。

海关对加工贸易企业实行信用管理,分为高级认证企业、一般认证企业、一般信用企业、失信企业。对于同一本《加工贸易手册》,如果经营企业和加工企业的信用类别不一致,海关按较低的信用类别对企业进行管理。

4.2.5 加工贸易海关事务担保

加工贸易涉及风险保证金征收,按海关事务担保事项办理。

1. 对限制类商品的加工贸易保证金征收管理

企业在规定的期限内加工出口并办理核销后,海关将保证金及利息予以退还。具体规定如下:高级认证企业免征保证金;失信企业100%征收,东部地区一般信用企业(常规企业)按50%征收,中西部地区一般信用企业免征。东部地区是指辽宁省、北京市、天津市、河北省、山东省、江苏省、上海市、浙江省、福建省、广东省。中西部地区是指东部地区以外的我国其他地区。失信企业从事加工贸易业务,按100%征收保证金。

(1) 进口料件属限制类商品或进口料件、出口成品均属限制类商品,保证金计算公式:

$$保证金=(进口限制类料件的关税+进口限制类料件的增值税)\times 50\%$$

(2) 出口成品属限制类商品,保证金计算公式:

$$保证金=进口料件备案总值\times(限制类成品备案总值\div 全部出口成品备案总值)\times 22\% \times 50\%$$

(3) 失信企业从事加工贸易业务,保证金计算公式:

$$保证金=(进口全部料件的进口关税+进口全部料件的进口增值税)\times 100\%$$

2. 担保形式

担保形式有保证金或保函等形式。担保形式为保证金的,企业以人民币缴纳保证金,保证金金额由海关财务部门核算管理。保函包括银行或者非银行金融机构的保函,保函担保期限应为手册有效期满后80天,以保函形式办理担保的,企业将保函交于海关加工贸易部门保管。

3. 保证金核定与交付

海关加工贸易部门负责核定应征保证金金额,开具《海关交(付)款通知书》。企业将款项交至海关财务部门指定代保管款账户办理保证金交款手续,由海关财务部门确认保证金款项到账并反馈加工贸易部门,加工贸易部门向企业开具"海关保证金专用收据"。

因手册变更导致担保金额增加或担保期限延长的,企业办理担保事项变更手续;因变更手册导致担保金额减少的,待手册核销结案后,由海关一并退还。

4. 保证金、保函退还

担保形式为保证金的,海关加工贸易部门向财务部门制发《海关交(付)款通知书》和"海关保证金专用收据"(退款联),财务部门凭企业提交的加盖企业财务专用章的合法收据,办理保证金本金及利息退还手续。担保形式为保函的,企业在保函收据上签注签收人姓名和时间,并将相关材料一并归档存查。

5. 保证金转税款

海关加工贸易部门凭《海关专用缴款书》向财务部门开具《海关交(付)款通知书》,财务部门凭《海关专用缴款书》和《海关交(付)款通知书》办理有关手续。

4.2.6 单耗管理

单位耗料量,是指加工贸易企业在正常生产条件下加工生产单位成品所耗用的进口料件的数量,简称单耗。单耗包括净耗和工艺损耗。净耗,是指在加工后,料件通过物理变化或者化学反应存在或者转化到单位成品中的量。工艺损耗,是指因加工工艺原因,料件在正常加工过程中除净耗外所必须耗用,但不能存在或者转化到成品中的量,包括有形损耗和无形损耗。无形损耗,是指在加工生产过程中,由于物质自身性质或者经济、技术方面的原因,以气体、液体或者粉尘形态进行排放的不能或者不再回收的部分。工艺损耗中,无形损耗以外的部分即是有形损耗。

不列入工艺损耗的情形:因突发停电、停水、停气或者其他人为原因造成保税料件、半成品、成品的损耗,因丢失、破损等原因造成的保税料件、半成品、成品的损耗,因不可抗力造成保税料件、半成品、成品的灭失、损毁或者短少的损耗,因进口保税料件和出口成品的品质、规格不符合合同要求造成用料量增加的损耗,因工艺性配料所用的非保税料件所产生的损耗,以及加工过程中消耗性材料的损耗。

工艺损耗率,是指工艺损耗占所耗用料件的百分比。上述几个概念之间的关系可用公式表示为:

$$单耗 = 净耗 \div (1 - 工艺损耗率)$$

加工贸易企业应当在成品出口、深加工结转或者内销前,向海关如实申报单耗。因生产工艺原因无法在出口前申报单耗的加工贸易企业,如企业内部管理规范、相关样品和资料保存完整,能够保证海关在成品出口后核定单耗的,也可以向海关申请在报核前申报单耗。

加工贸易企业申报单耗时应填写《中华人民共和国海关加工贸易单耗申报单》,具体内容包括:加工贸易项下料件和成品的商品名称、商品编号、计量单位、规格型号和品质;加工贸易项下成品的单耗(净耗和工艺损耗率);加工贸易同一料件有保税和非保税的,应当申报非保税料件的比重。

案例 4-3

单耗与实际不符

某年11月13日,海关在A公司一工艺品登记手册核销过程中经下厂核查发现该公司申报单耗与实际测定单耗不符,致使价值人民币32.55万元的保税货物核销错误,针对此单耗申报与实际不一致情况,根据《海关行政处罚实施条例》的规定,海关缉私分局对当事人课处罚款人民币3万元,并责令当事人补缴税款和办理其他海关手续。

4.3 加工贸易保税货物的报关

4.3.1 《加工贸易手册》管理

加工贸易的管理离不开手册,按手册的先进程度可分为纸质手册、电子化手册和电子账册。随着互联网和通信技术的进步,纸质手册逐渐退出历史舞台。目前,海关监管加工贸易主要采用电子化手册和电子账册管理。

为了响应简政放权,海关对加工贸易企业的管理从原来的管家式监管模式逐步转变为企业诚信的、合规的自主式管理,同时加大日常核查力度,如何操作和管理手册就成为加工贸易企业海关事务管理的重点。

1. 纸质手册管理

这是一种传统的加工贸易监管方式,主要是用加工贸易纸质登记手册进行加工贸易合同内容的备案,凭以进出口,并记录进口料件出口成品的实际情况,最终凭以办理核销结案手续。这种监管方式在海关对加工贸易保税货物监管中曾经起过相当大的作用,目前已被电子化手册替代。

海关以加工贸易合同为单元建立纸质手册,企业有几个加工贸易合同就做几个手册。海关在纸质手册的封面和表头上加盖公章,再按规定和顺序编个手册号贴在封面上。加工贸易手册分为来料和进料两种,来料手册编号以字母 B 开头,进料手册编号以字母 C 开头。纸质手册根据加工贸易合同的有效期限确定核销日期。使用纸质手册的企业在实际进出口的时候,要将进出货物信息按项号一条条登记在手册里,进口一次在进口页登记一笔,出口一次在出口页登记一笔。登记好后,在现场递单时盖个红章,届时凭章核销。

2. 电子化手册管理

电子化手册管理是以企业的单个加工贸易合同为单元实施对加工贸易保税货物的监管,在手册设立/备案、进出境通关、核销等环节采用"电子手册+自动核算"的模式取代纸质手册,并逐步实现"电子申报、网上备案、无纸通关、无纸报核"的监管模式。海关为联网企业建立电子底账,一个加工贸易合同建立一本电子化手册(见附件 4-1)。

企业凭电子化手册,通过"中国国际贸易单一窗口"申报加工贸易保税货物进出境、深加工结转、外发加工、保税货物内销、核销等电子数据。系统对电子化手册数据自动对碰、自动审核、自动放行、自动核扣。

电子手册编号共 12 位,由 1 位大写英文字母和 11 位阿拉伯数字组成。第 1 位英文字母 B 表示来料加工、C 表示进料加工、D 表示不作价设备;第 2~5 位表示海关关区代码;第 6 位表示年份;第 7 位表示经营单位的性质,其中 1 表示国有企业,2 表示中外合作经营企业,3 表示中外合资企业,4 表示外商独资企业;第 8 位数字,5 表示电子化手册,2 表示纸质手册;第 9~12 位是手册顺序号。

3. 电子账册管理

加工贸易电子账册管理是海关以企业为管理单元并实施计算机联网,企业通过数据交换平台或其他计算机网络方式向海关报送能满足海关监管要求的物流、生产经营等数据,海关对数据进行核对、核算,并结合实物进行核查的一种监管模式。

联网监管企业必须属于加工贸易生产型企业;企业管理机制、内控机制完备,内容 ERP 管理系统对货物的采购、物流、仓储、生产、销售、单证的管理符合海关保税监管要求。

电子账册与电子化手册的区别:电子账册是海关以企业为单元为联网企业建立的电子底账,实施电子账册管理的,联网企业只设立一个电子账册,海关根据联网企业的生产情况和海关的监管需要确定核销周期,按照核销周期对实行电子账册管理的联网企业进行核销管理,无须频繁逐个办理和核销手册;电子化手册是海关以加工贸易合同为单元为联网企业建立的电子底账,实施电子化手册管理的,联网企业的每个加工贸易合同设立一个电子化手册,海关应当根据加工贸易合同的有效期限确定核销日期,对实行电子化手册管理的联网企业进行定期核销管理。

一个企业不管签订多少合同只建立一个电子账册,所有进出口核销全部在这一个账册里面体现,电子账册只有企业不再做加工贸易了才会被撤销;而对于电子化手册来说,企业签多少加工贸易合同就需要建立多少个电子化手册,合同执行完毕后对应的手册就会被撤销掉。此外,电子账册适用于加工贸易比较频繁、进出口规模较大、原料和产品较为复杂、管理信息程度较高较完善、信誉度比较高的大型加工贸易企业;电子化手册则适用于一般的企业,是介于联网管理和传统纸质手册管理之间的一种模式,面向广大中小型加工贸易企业,与大中型企业的加工贸易联网监管模式互为补充。

为深化加工贸易管理体制改革,进一步提高便利化水平,完善事中事后监管,自2019年1月1日起,在全国范围内取消《加工贸易企业经营状况及生产能力证明》(以下简称《生产能力证明》)①,由加工贸易企业自主承诺具备相应生产经营能力。企业开展加工贸易业务,须具备相应生产经营能力。加工企业应具有与业务范围相适应的工厂、加工设备和工人,经营企业应具有进出口经营权。

企业开展加工贸易业务,须登录"加工贸易企业经营状态及生产能力证明系统"。企业在"商务部业务系统统一平台"企业端登录后,进入业务管理页面。点击相关页面中"生产能力证明……"项下的"表格填写",进入表格填写页面。企业应按要求如实填报企业类型、基本信息、人员信息、研发机构、品牌管理、资产情况、上年度经营情况、订单情况、生产能力、主要生产设备及数量、对外投资情况等数据。全部页面填报完毕后点击页面下方的"保存",系统自动审核通过。

4.3.2 电子化手册管理下的加工贸易保税货物报关程序

电子化手册管理下的加工贸易保税货物报关程序包括加工贸易保税货物电子化手册的设立、进出口报关、电子化手册核销等手续。

1. 电子化手册的设立

电子化手册的设立是指企业根据加工贸易合同向海关办理电子化手册,海关对申报内容予以审核后建立电子化手册的过程。经营企业办理加工贸易保税货物的手册设立,应当向海关如实申报贸易方式、单耗、进出口口岸,以及进口料件和出口成品的商品名称、商品编

---

① 商务部、海关总署公告2018年第109号关于取消《加工贸易企业经营状况及生产能力证明》的公告[EB/OL]. (2018-12-29)[2022-07-25]. http://www.mofcom.gov.cn/article/b/e/201812/20181202821589.shtml.

号、规格型号、价格和原产地等情况,并且提交经营企业对外签订的合同。经营企业委托加工的,还应当提交与加工企业签订的委托加工合同。

企业通过金关工程二期加工贸易管理系统(以下简称"金关二期")直接发送手册设立/变更数据,上传加工贸易合同或协议,以及海关按规定需要收取的其他单证和资料,海关按照规定对企业申报的手册设立/变更数据进行审核并反馈,相关处置完成后,系统生成/变更电子化手册。首次办理的企业,登录"加工贸易企业经营状况及生产能力信息系统",自主填报相关信息表并对信息真实性作出承诺。《信息表》有效期为1年,到期后或相关信息发生变化,企业应及时更新信息表。

经营企业按照规定提交齐全、有效的单证材料,申报设立手册的,海关应当自接受企业手册设立申报之日起5个工作日内完成《加工贸易手册》设立手续。需要办理担保手续的,经营企业按照规定提供担保后,海关办理手册设立手续。

有下列情形之一的,不得办理手册设立手续:① 进口料件或者出口成品属于国家禁止进出口的;② 加工产品属于国家禁止在我国境内加工生产的;③ 进口料件不宜实行保税监管的;④ 经营企业或者加工企业属于国家规定不允许开展加工贸易的;⑤ 经营企业未在规定期限内向海关报核已到期的《加工贸易手册》,又重新申报设立手册的。

有下列情形之一的,海关不予变更:① 未在规定的期限内向海关办理变更手续的;② 经营企业申请变更的理由与实际情况不符的;③ 经营企业申请变更单耗的成品已全部出口完毕的;④ 经营企业或者加工企业申请变更的事项涉嫌走私、违规、已被海关立案调查、侦查,且案件未审结的。

加工贸易企业有下列情形之一的,海关应当在经营企业提供相当于应缴税款金额的保证金或者银行、非银行金融机构保函后办理手册设立手续:① 涉嫌走私,已经被海关立案侦查,案件尚未审结的;② 由于管理混乱被海关要求整改,在整改期内的。

有下列情形之一的,海关可以要求经营企业在办理手册设立手续时提供相当于应缴税款金额的保证金或者银行、非银行金融机构保函:① 租赁厂房或者设备的;② 首次开展加工贸易业务的;③《加工贸易手册》延期两次(含两次)以上的;④ 办理异地加工贸易手续的;⑤ 涉嫌违规,已经被海关立案调查,案件尚未审结的。

2. 进出口报关

经营企业进口加工贸易保税货物,可以从境外或者海关特殊监管区域、保税监管场所进口,也可以通过深加工结转方式转入。经营企业出口加工贸易保税货物,可以向境外或者海关特殊监管区域、保税监管场所出口,也可以通过深加工结转方式转出。加工贸易企业开展深加工结转的,转入企业、转出企业应当向各自的主管海关申报,办理实际收发货及报关手续。

有下列情形之一的,加工贸易企业不得办理深加工结转手续:① 不符合海关监管要求,被海关责令限期整改,在整改期内的;② 有逾期未报核手册的;③ 由于涉嫌走私已经被海关立案调查,尚未结案的。

进口料件,除易制毒化学品、监控化学品、消耗臭氧层物质、原油、成品油等规定商品外,均可以免予交验进口许可证件。出口成品,属于国家规定应交验出口许可证件的,在出口报关时必须交验出口许可证件。企业申报保税进口消耗性物料的,应当在《信息表》上填报,企业在办理手册设立时,应当向主管海关提交"加工贸易项下进口消耗性物料申报表",并补充消耗性物料的属性、用途说明和耗用量以及与成品的匹配关系等书面材料。

保税监管企业使用金关二期保税底账办理保税监管货物进出口、结转、流转等手续时，须先向海关报送保税核注清单[①]（见附件4-2）。保税核注清单是金关二期加工贸易和保税系统的专用单证，属于办理加工贸易及保税监管业务的相关单证，与报关单（备案清单）建立一一对应关系，也是所有金关二期保税底账的进、出、转、存的唯一凭证。通俗地说，就是设立了金关二期保税账册的企业，保税底账的核增核减有了"新规矩"，进出口报关单不再直接承担保税底账核注功能。

使用保税核注清单可以全面支持企业料号级管理的需求，实现企业料号级管理，通关项号级申报。保税核注清单分为报关和非报关两类，设备解除监管、库存调整类核注清单必须填写"非报关"。对"不涉税""不涉证""不涉贸易统计"的报关单（备案清单）不再报关申报，大大简化了保税货物报关手续，取消了形式报关、虚拟报关。凡是设立了金关二期保税账册的企业，企业办理加工贸易保税货物余料结转、加工贸易保税货物销毁（处置后未获得收入）、加工贸易不作价设备结转手续的，可不再办理进出口报关单申报手续；海关特殊监管区域、保税监管场所间或与区（场所）外企业间进出货物的，区（场所）内企业可不再办理报关单（备案清单）申报手续。

实务操作提醒 4-2

填单时，选择"料号级"还是"项号级"商品？

料号的意思实际是来自于生产管理中物料编码，即企业根据特定的规则对自己所有的原物料、成品做出的编码。在大型企业中，由于使用的物料和生产的成品规格型号众多，所以物料编码一般都有少则数千个，多则上万个，可以说每种不同型号的原物料和成品都有自己特定的"料号"。"料号级"商品是指企业进出口的保税料件和成品；"项号级"是办理"便捷通关电子账册"时备案的内容，包括备案料件的名称、价格、规格。

在金关二期账册上线前，企业需提前准备，确认企业是选择料号级或者项号级。料号级就是直接使用企业内部的ERP料号进行备案，实现企业与海关数据的一对一；如果企业因为替代料、商业机密等情况，可以选择项号级，做一定的归并。所以，企业内部需要准备好进出口商品对应表。进出口商品对应表主要体现企业ERP数据与报关资料的对应关系，与原来企业准备的归并关系表不同时，企业需要建立一个备案料号（大类料号）。企业在编写大类料号时，建议参考企业内部ERP料号编写规则，并体现在ERP中，或者在关务系统中进行记录（以备海关通关或稽查时进行举证）。

建议企业成品使用一一对应，料号主料等尽量一一对应。

企业报送保税核注清单后需要办理报关单（备案清单）申报手续的，报关单（备案清单）申报数据由保税核注清单数据归并生成。海关特殊监管区域、保税监管场所、加工贸易企业间加工贸易及保税货物流转时，保税监管企业应分别向各自主管海关报送保税核注清单数据，先由转入企业报送进口保税核注清单，再由转出企业报送出口保税核注清单，并由系统自动对保税核注清单数据进行比对、核扣。

[①] 中华人民共和国海关总署.海关总署公告2018年第23号（关于启用保税核注清单的公告）[EB/OL].(2018-03-26)[2022-08-27]. http://www.customs.gov.cn/customs/302249/302266/302269/1475580/index.html.

符合下列条件的保税核注清单商品项可归并为报关单(备案清单)同一商品项。

(1) 进口料号级料件同时满足以下条件的,可以归并:10位商品编码相同,申报计量单位相同,中文商品名称相同,币制相同,原产国相同。其中,以下情况不得归并:根据相关规定可予保税的消耗性物料与其他保税料件不得归并;因管理需要,海关或企业认为需要单列的商品不得归并。

(2) 出口成品同时满足以下条件的,可以归并:10位商品编码相同,申报计量单位相同,中文商品名称相同,币制相同,最终目的国相同。其中,以下情况不得归并:出口应税商品不得归并;涉及单耗标准与不涉及单耗标准的料号级成品不得归并;因管理需要,海关或企业认为需要单列的商品不得归并。

实务操作提醒 4-3

保税核注清单与进出口报关单有什么区别?

保税核注清单反映的是企业生产实际的料号级商品;报关单(备案清单)用于通关,反映的是由料号级数据经过归并汇总的项号级商品,两级数据需要保持一致。

保税核注清单满足了海关精细化加工贸易管理需求,归并后的报关单(备案清单)满足了简化报关手续的需求,两者是一一对应关系。

加工贸易项下出口应税商品,如系全部使用进口料件加工的成品,不征收出口关税;如部分使用进口料件加工的成品,按海关核定的比率征收出口关税。企业应在设立/变更手册时,向海关如实申报出口成品中使用的国产料件占全部料件的价值比率,并申报国产料件的品种、规格、型号、数据、价值。其计算公式为:

出口关税=出口货物完税价格×出口关税税率×出口成品中使用的国产料件占全部料件价值比率

出口成品中使用的国产料件占全部料件价值比率=物化在成品中的国产料件价值÷(物化在成品中的国产料件价值+保税料件价值)

3. 电子化手册核销

核销,是指加工贸易经营企业在进口料件加工成品复出口,或者办理内销等海关手续后,向海关申请解除《加工贸易手册》监管,经海关审核属实且符合监管规定的,海关予以办理解除监管手续的行为。

(1) 加工贸易报核。

经营企业应自《加工贸易手册》项下最后一批成品出口后,或者《加工贸易手册》到期之日起30日内向海关报核。加工贸易合同因故提前终止的,经营企业应当自合同终止之日起30日内向海关报核。企业通过金关二期报核加工贸易进口料件、出口成品、单耗及剩余料件、边角料、残次品等相关数据信息。

《加工贸易手册》涉以下情形的,需提交相关单证资料:

① 加工贸易保税货物因侵犯知识产权被没收、销毁的,应提交有关行政执法部门出具的没收或者销毁证明材料。

② 经海关核定准予加工贸易保税货物销毁处置的,应提交处置单位出具的接收单据、销毁处置证明,以及销毁处置后相关报关数据信息。

③ 因走私被海关或者法院没收加工贸易保税货物的,应提交行政处罚决定书、判决书等相关证明材料。

④ 因不可抗力造成保税货物受灾,应提交保险公司出具的保险赔款通知书或者其他有效证明文件。

⑤ 因特殊加工生产需要导致工艺损耗较高的,需提供相关资料或情况说明。

(2) 接受报核与海关处置。

① 对企业申报资料和内容不符合规定或监管要求的,海关按规定予以退单。

② 对企业报核数据与海关底账出现差异的,海关按规定要求企业查找原因,并提交解释说明材料。

③ 对经核定的剩余料件,海关按规定要求企业在核销期限内办结余料结转、内销征税、退运或放弃等手续。

(3) 手册核销结案。

报核手册经审核通过的,予以结案。企业已经办理担保手续的,海关按照规定解除担保。

4.3.3 电子账册管理下的加工贸易保税货物报关程序

1. 电子账册设立

联网监管企业向主管海关申请办理经营范围电子账册(简称IT账册)设立手续,审核通过后再办理便捷通关电子账册(简称E账册)设立手续。

企业向主管海关申请办理IT账册设立手续时,应提交以下单证:工商经营执照复印件、企业加工贸易进口料件及出口成品清单。

经审核,符合海关有关规定的,予以建立企业IT账册。

企业通过金关二期办理加工贸易账册设立(变更)。由企业根据自身管理实际,在满足海关规范申报和有关监管要求的前提下,自主向海关申报有关商品信息。企业内部管理商品与电子底账之间不是一一对应的,归并关系由企业自行留存备查,不再向海关申报归并关系。

海关不予设立账册、不予变更账册的情形,参照电子化手册相关规定。

2. 进出口报关

(1) 报关清单的生成。企业从管理系统中导出料号级数据生成报关清单,按照加工贸易合同内容,参照报关单填制规范进行制单。

(2) 报关单的生成。企业由报关清单填报完整的报关单内容后,使用E账册向海关正式申报。

(3) 报关清单和报关单的修改、撤销。不涉及报关清单的报关单内容可直接进行修改,涉及报关清单的报关单内容修改必须先修改报关清单。

3. 电子账册核销

联网监管企业加工贸易保税货物核销,是指加工贸易经营企业加工复出口或者办结内销等海关手续后,凭相关单证向海关申请解除监管,海关经审查、核查属实且符合有关法律、行政法规、规章的规定,予以办理解除监管手续的行为。

企业内销加工贸易保税货物可以采用"当月内销当月集中征税"的方式,按规定征收缓税利息。缴纳缓税利息的起始日为内销料件或者制成品对应的电子账册最近一次核销之日;没有核销日期的,起始日为内销料件或者制成品对应的电子账册首批料件进口之日。

电子账册实行阶段性核销,核销周期不超过1年。海关完成电子账册核销的时限为下一个核销日期前,但最长不得超过180天。企业原则上应当在海关确定的核销期结束之日起30日内完成报核。根据企业盘点实际库存数据与电子底账核算数据比对的结果,海关进行以下处理:实际库存量多于电子底账核算结果的,海关应当按照实际库存量调整电子底账的当期余额;实际库存量少于电子底账核算结果且联网企业可以提供正当理由的,对短缺的部分,海关应当责令联网企业申请内销处理;实际库存量少于电子底账核算结果且联网企业不能提供正当理由的,对短缺的部分,海关除责令联网企业申请内销处理外,并按相关规定进行处置。电子账册核销主要有以下程序。

(1) 企业向海关报核。

企业向金关二期发送正式报核数据,并提交以下单证:

① 电子账册核销周期内保税料件汇总表,保税成品汇总表(料号级数据可以附光盘),盘点及差异处理情况申报表,边角料、副产品、残次品、受灾保税货物处理情况申报表,"进、出、存"金额统计表,电子账册核销平衡表(平衡表中理论结余为负时应随附说明)。

② 盘点报告(在结合盘点核销的情况下)、企业自核说明。

③ 海关按规定需要收取的其他单证和材料。

(2) 海关对正式报核数据的处置。

① 对企业报核数据有误的,予以退单,要求企业重新报核。

② 料件短少(即理论结余数大于实际结余数)的,要求企业做出说明情况。如果补税报关单列入本次核销周期,以实际结余为准,人工调整本期结余数量;如果补税报关单列入下一核销周期,则以实际结余+补税数量,人工调整本期结余数量。

③ 企业料件盈余(即理论结余数小于实际结余数)的,要求企业说明情况,并以实际结余为准,人工调整本期结余数量。

(3) 核销结案。

海关确认企业电子账册核销情况符合海关核销规定,单证齐全有效的,予以核销结案。

4.3.4 加工贸易专项业务管理

(一)深加工结转

深加工结转,是指加工贸易企业将保税进口料件加工的产品转至另一加工贸易企业进一步加工后复出口的经营活动。

企业通过金关二期办理加工贸易深加工结转业务时,应在规定的时间内直接向海关申报保税核注清单及报关单办理结转手续。企业应于每月15日前对上月深加工结转情况进行保税核注清单及报关单的集中申报,但集中申报不得超过手(账)册有效期或核销截止日期,且不得跨年申报。企业深加工结转实行一次申报、收发货记录自行留存备查,海关对加工贸易深加工结转业务不再进行事前审核。

结转双方的商品编号前8位原则上必须一致,如出现结转货物商品编码前8位不一致时,转出、转入企业应积极协调解决;若无法协调,应及时反馈各自主管海关,由转出、转入地主管海关按规定协调解决。

（二）外发加工

外发加工是指经营企业因受自身生产特点和条件限制，经海关备案并办理有关手续，委托承揽企业对加工贸易货物进行加工，在规定期限内将加工后的产品运回本企业并最终复出口的行为。未经海关批准，不得擅自将加工贸易货物外发加工、串换。

企业通过金关二期办理加工贸易外发加工业务，应按外发加工的相关管理规定，自外发之日起3个工作日内向海关申报"外发加工申报表"，以及报备经营企业与承揽企业签订的加工合同或协议、承揽企业的营业执照复印件等。对全工序外发的，应在申报表中勾选"全工序外发"标志，并按规定提供担保后开展外发加工业务。外发加工一次申报、收发货记录自行留存备查。

经营企业将全部工序外发加工的，应当在办理备案手续的同时向海关提供相当于外发加工货物应缴税款金额的保证金或者银行、非银行金融机构保函。保函金额以外发加工货物所使用的保税料件应缴税款金额为基础予以确定。申请外发加工的货物之前已向海关提供不低于应缴税款金额的保证金或者银行保函的，经营企业无须向海关提供保证金或者银行保函。

经营企业、承揽企业的生产经营管理不符合海关监管要求的，申请外发的货物属于涉案货物且案件未审结的，海关特殊监管区域内、外企业均不得将禁止类商品外发进行实质性加工。实质性加工，参照海关关于非优惠原产地规则中实质性改变标准的规定执行。

经营企业开展外发加工业务，不得将加工贸易货物转卖给承揽企业。承揽企业不得将加工贸易货物再次外发其他企业进行加工。

经营企业和承揽企业应当共同接受海关监管。经营企业应当照据海关要求如实报告外发加工货物的发运、加工、单耗、存储等情况。

 案例 4-4

未经海关批准，擅自将加工贸易货物外发加工、串换

2021年2月至2022年2月期间，某特种设备有限公司在开展数控电火花切割机及成型机的进料加工业务和内贸用途业务过程中，在未经主管海关许可办理有关海关手续的情况下，擅自将上臂、导线器、端子盒、数控电源部件、线端处理器、水箱调节件等保税料件与一般贸易进口料件相互借用或调换，使保税料件用于内贸成品用途，非保税料件用于登记手册项下出口，后又用同名称、同规格和相同数量的料件予以归还。该案涉案货物价值人民币2000万元，涉税人民币367.83万元。经海关缉私分局调查核实后，根据《海关行政处罚实施条例》的规定，课处当事人罚款100万元。

（三）加工贸易料件串换

经营企业应向海关提交加工贸易料件串换的书面申请，详细说明加工出口产品急需的有关情况，随附相关出口合同，以及串换料件涉及的《加工贸易手册》，列明串换保税料件的品名、规格、数量的清单。

料件串换仅限于进料加工，来料加工进口料件不得串换；料件串换应为同一经营企业、同一加工企业的保税料件和保税料件之间、保税料件和非保税料件之间，且必须同品种、同规格、同数量；串换应在《加工贸易手册》有效期或核销周期内，企业备案进口保税料件有余额且为加工出口产品急需,已核销的《加工贸易手册》不得申请串换。

经审核,企业申请符合相关规定的,海关予以批准串换;审核认为有必要进行下厂核查的,视具体核查结果决定是否批准串换。

企业加工贸易料件串换申请,海关实行一案一批;经营企业保税料件与非保税料件串换,串换下来同等数量的保税料件,经主管海关批准,由企业自行处置;海关发现企业未经海关批准,擅自串换不同手册间料件,或擅自以非保税料件串换、替代保税料件,涉嫌构成走私、违规行为的,移交缉私部门进行处理。

(四)加工贸易余料结转

企业通过金关二期办理加工贸易余料结转业务,应在规定时间内向海关申报保税核注清单办理余料结转手续,实行企业余料结转一次申报。海关对加工贸易余料结转业务不再进行事前审核。

对同一经营企业申报将剩余料件结转到另一加工企业的,剩余料件转出金额达到该加工贸易合同项下实际进口料件总额50%及以上的,剩余料件所属加工贸易合同办理两次及两次以上延期手续的等情形,企业不再提供担保。

案例 4-5

进料余料货物结转申报净重与实际净重严重不符

某年11月21日,某企业委托某报关有限公司以"进料余料结转"贸易方式向海关申报进口弹簧、螺丝、卷轴弹板、索引板等保税料件一批,其中弹簧、螺丝、卷轴弹板、索引板等进口料件申报重量均为0.001千克,申报货物净重与实际净重相差数百万倍,严重影响了海关统计数据的准确性。经查,以上申报不实情事,系企业工作人员工作疏忽,提供单据错误,误将料件单重以总重申报所致。另外,报关公司对该企业提供的存在明显差错的单据未能进行合理审查。次年5月29日,海关依法对该企业和该报关公司分别课处罚款人民币6000元和5000元。

(五)加工贸易货物内销

加工贸易货物内销是指经营企业申请将加工贸易料件或加工过程中的成品、半成品、残次品、边角料、副产品及受灾保税货物转为国内销售,不再加工复出口的行为。

企业通过金关二期办理加工贸易货物内销业务时,直接通过保税核注清单生成内销征税报关单,申报办理内销征税手续,不再向海关申报"加工贸易货物内销征税联系单"。海关对加工贸易货物内销完税价格进行审定。

符合条件集中办理内销征税手续的加工贸易企业,应于每月15日前对上月内销情况进行保税核注清单及报关单的集中申报,但集中申报不得超过手(账)册有效期或核销截止日期,且不得跨年申报。

加工贸易内销货物属于许可证件或配额管理的,需提交相关证件。

(六)加工贸易不作价设备

加工贸易不作价设备是指与加工贸易经营企业开展加工贸易(包括来料加工、进料加工及外商投资企业履行产品出口合同)的境外厂商,免费(不需境内加工贸易经营企业付汇,也不需用加工费或差价偿还)向经营单位提供的加工生产所需设备。

企业向主管海关申请进口加工贸易不作价设备时应提交以下资料：设备申请备案清单，合同（含不作价设备），有关不作价设备名称、规格型号、工作原理、功能、技术参数等技术资料，以及海关需要的其他资料。

申请加工贸易不作价设备备案须具备以下条件：

（1）设有独立的专门从事加工贸易的工厂或车间，且不作价设备仅限在该工厂或车间使用。

（2）企业在加工贸易合同（协议）期限内，其每年加工产品必须是70%以上属出口产品。

（3）加工贸易合同（协议）中须列明不作价进口设备由外商免费提供，不需付汇进口，也不需用加工费或差价方式偿还。

（4）申请备案的不作价设备，不属于《外商投资项目不予免税的进口商品目录》《进口不予免税的重大技术装备和产品目录》范围。

（5）对临时进口（期限在半年以内）加工贸易生产所需不作价设备（限模具、单台设备），海关按暂时进口货物办理，逾期补征税款。

经海关审核，企业的申请符合条件的，核发不作价设备登记手册（备案号为D）。经营单位凭以向海关办理设备报关进口手续，除国家另有规定的外，海关予以免征进口关税验放，不免进口增值税。

加工贸易企业因搬迁办理不作价设备结转业务，应向迁出地海关提出申请。企业凭《加工贸易企业搬迁申请简表》或《加工贸易企业搬迁申请表》在迁出地海关办理不作价设备转入、转出的报关手续。不作价设备在迁出、迁入企业之间的转出、转入，视同原企业不作价设备进行监管。结转的不作价设备的监管期限连续计算。

不作价设备监管期限5年。对于监管期限已满的不作价设备，企业不再向海关提交书面申请等纸质单证，通过申报监管方式为"BBBB"的设备解除监管专用保税核注清单，向主管海关办理设备解除监管手续。保税核注清单审核通过后，企业如有需要，可自行打印解除监管证明。不作价设备监管期限未满，企业申请提前解除监管的，由企业根据现有规定办理复运出境或内销手续。

 实务操作提醒4-4

关于进口加工贸易专用设备的征免性质

问：我公司是一家德国独资的汽车配件公司，现将进口加工贸易专用设备，想申请加工贸易设备（贸易方式0420），请问在这种贸易方式下征免性质是否可以全免？还是照章征税？或者是只免关税？想申请这种贸易方式有什么条件？谢谢！

答：进口加工贸易设备（监管方式0420）需要全额缴纳关税与进口环节增值税。进口外商免费提供的加工贸易不作价设备（监管方式0320）符合规定的，免关税，缴纳进口环节增值税。具体请查阅海关总署2008年第103号公告。该设备需要在独立厂房中运作，或70%以上产品出口，海关监管年限5年。若要申请办理加工贸易不作价设备的，需要同时申请开展加工贸易业务，申领《加工贸易手册》。

实务操作提醒 4-5

关于进口加工贸易专用设备内销的处理

问：我公司于 2020—2022 年进口了数台加工贸易不作价设备，监管期为 5 年（手册有效期）。请问监管期未满的不作价设备内销的话如何办理？是否需要旧机电的《机电产品进口许可证》和《检验检疫证书》？谢谢！

答：加工贸易项下外商提供的不作价进口设备，在海关监管期满后，凡留在原企业继续从事加工贸易业务的，在办理解除海关监管手续时，企业免予办理《机电产品进口许可证》和《检验检疫证书》，直接向海关办理解除监管手续。监管期限未满、申请提前解除监管并留在境内的不作价设备，企业须补缴关税、进口环节增值税，海关凭相关进口许可证件及其他单证办理解除监管手续。

（七）保税核注清单填制规范

为规范和统一保税核注清单（见附件 4-2）管理，便利加工贸易及保税监管企业按照规定格式填制和向海关报送保税核注清单数据，特制定本填制规范①。

预录入统一编号。本栏目填报核注清单预录入编号，预录入编号由系统根据接受申报的海关确定的规则自动生成。

清单编号。本栏目填报海关接受保税核注清单报送时给予保税核注清单的编号，一份保税核注清单对应一个清单编号。保税核注清单海关编号为 18 位，其中第 1～2 位为 QD，表示核注清单，第 3～6 位为接受申报海关的编号（海关规定的《关区代码表》中相应海关代码），第 7～8 位为海关接受申报的公历年份，第 9 位为进出口标志（"I"为进口，"E"为出口），后 9 位为顺序编号。

清单类型。本栏目按照相关保税监管业务类型填报，包括普通清单、分送集报清单、先入区后报关清单、简单加工清单、保税展示交易清单、区内流转清单、异常补录清单等。

手（账）册编号。本栏目填报经海关核发的金关二期加工贸易及保税监管各类手（账）册的编号。

经营企业。本栏目填报手（账）册中经营企业编码、经营企业社会信用代码、经营企业名称。

加工企业。本栏目填报手（账）册中加工企业编码、加工企业社会信用代码、加工企业名称。

申报单位。本栏目填报保税核注清单申报单位代码、申报单位社会信用代码、申报单位名称。

企业内部编号。本栏目填写保税核注清单的企业内部编号或由系统生成流水号。

录入日期。本栏目填写保税核注清单的录入日期，由系统自动生成。

清单申报日期。申报日期是指海关接受保税核注清单申报数据的日期。

料件、成品标志。本栏目根据保税核注清单中的进出口商品为手（账）册中的料件或成品填写。料件、边角料、物流商品、设备商品填写"I"，成品填写"E"。

---

① 中华人民共和国海关总署.海关总署公告 2018 年第 23 号（关于启用保税核注清单的公告）[EB/OL].(2018-03-26)[2022-08-27]. http://www.customs.gov.cn/customs/302249/302266/302269/1475580/index.html.

监管方式。本栏目按照报关单填制规范要求填写。特殊情形下填制要求如下：调整库存核注清单，填写 AAAA；设备解除监管核注清单，填写 BBBB。

运输方式。本栏目按照报关单填制规范要求填写。

进(出)口口岸。本栏目按照报关单填制规范要求填写。

主管海关。主管海关是指手(账)册主管海关。

启运国(地区)/运抵国(地区)。本栏目按照报关单填制规范要求填写。

核扣标志。本栏目填写清单核扣状态。海关接受清单报送后，由系统填写。

清单进出卡口状态。清单进出卡口状态是指特殊监管区域、保税物流中心等货物，进出卡口的状态。海关接受清单报送后，根据关联的核放单过卡情况由系统填写。

申报表编号。本栏目填写经海关备案的深加工结转、不作价设备结转、余料结转、区间流转、分送集报、保税展示交易、简单加工申报表编号。

流转类型。本栏目填写保税货物流(结)转的实际类型。包括加工贸易深加工结转、加工贸易余料结转、不作价设备结转、区间深加工结转、区间料件结转。

录入单位。本栏目填写保税核注清单录入单位编码、录入单位社会信用代码、录入单位名称。

报关标志。本栏目由企业根据加工贸易及保税货物是否需要办理报关单（进出境备案清单）申报手续填写。需要报关的填写"报关"，不需要报关的填写"非报关"。具体如下：① 以下货物可填写"非报关"或"报关"：金关二期手(账)册间余料结转、加工贸易不作价设备结转；加工贸易销毁货物（销毁后无收入）；特殊监管区域、保税监管场所间或与区（场所）外企业间流(结)转货物（减免税设备结转除外）。② 设备解除监管、库存调整类核注清单必须填写"非报关"。③ 其余货物必须填写"报关"。

报关类型。加工贸易及保税货物需要办理报关单（备案清单）申报手续时填写，包括关联报关、对应报关。具体如下：① "关联报关"适用于特殊监管区域、保税监管场所申报与区（场所）外进出货物，区（场所）外企业使用 H2010 手(账)册或无手(账)册。② 特殊区域内企业申报的进出区货物需要由本企业办理报关手续的，填写"对应报关"。③ "报关标志"栏可填写"非报关"的货物，如填写"报关"时，本栏目必须填写"对应报关"。④ 其余货物填写"对应报关"。

报关单类型。本栏目按照报关单的实际类型填写。

对应报关单编号。本栏目填写保税核注清单（报关类型为对应报关）对应报关单的海关编号。海关接受报关单申报后，由系统填写。

对应报关单申报单位。本栏目填写保税核注清单对应的报关单申报单位代码、对应报关单申报单位名称、对应报关单申报单位社会信用代码。

关联报关单编号。本栏目填写保税核注清单（报关类型为关联报关）关联报关单的海关编号。海关接受报关单申报后，由系统填写。

关联清单编号。本栏目填写要求如下：① 加工贸易及保税货物流(结)转、不作价设备结转进口保税核注清单编号。② 设备解除监管时填写原进口保税核注清单编号。③ 进口保税核注清单无须填写。

关联手(账)册备案号。本栏目填写要求如下：加工贸易及保税货物流(结)转保税核注清单本栏目填写对方手(账)册备案号。

关联报关单收发货人。本栏目填写关联报关单收发货人代码、收发货人名称、社会信用代码。按报关单填制规范要求填写。

关联报关单生产销售单位/消费使用单位。本栏目填写关联报关单生产销售单位/消费使用单位代码、名称、社会信用代码。按报关单填制规范要求填写。

关联报关单申报单位。本栏目填写关联报关单申报单位代码、名称、社会信用代码。

报关单申报日期。本栏目填写与保税核注清单一一对应的报关单的申报日期。海关接受报关单申报后由系统填写。

备注(非必填项)。本栏目填报要求如下：① 涉及加工贸易货物销毁处置的,填写海关加工贸易货物销毁处置申报表编号；② 加工贸易副产品内销,在本栏内填报"加工贸易副产品内销"；③ 申报时其他必须说明的事项填报在本栏目。

商品序号。本栏目填写保税核注清单中商品顺序编号。系统自动生成。

备案序号。本栏目填写进出口商品在保税底账中的顺序编号。

商品料号。本栏目填写进出口商品在保税底账中的商品料号级编号。由系统根据保税底账自动填写。

商品编码。本栏目填报的商品编号由10位数字组成。前8位为《进出口税则》确定的进出口货物的税则号列,同时也是《中华人民共和国海关统计商品目录》确定的商品编码,后2位为符合海关监管要求的附加编号。加工贸易等已备案的货物,填报的内容必须与备案登记中同项号下货物的商品编码一致,由系统根据备案序号自动填写。

商品名称、规格型号。按企业管理实际如实填写。

产销国(地区)。按照报关单填制规范中有关原产国(地区)、最终目的国(地区)要求填写。

申报单价、申报总价。按照报关单填制规范要求填写。

币制。按报关单填制规范要求填写。

数量及单位。按照报关单填制规范要求填写。

征免方式。本栏目应按照手(账)册中备案的征免规定填报；手(账)册中的征免规定为"保金"或"保函"的,应填报"全免"。

单耗版本号。本栏目适用加工贸易货物出口保税核注清单。本栏目应与手(账)册中备案的成品单耗版本一致。非必填项。

4.3.5 出口加工区及其货物的报关程序

(一) 相关概念及监管特点

出口加工区是指由省、自治区、直辖市人民政府报国务院批准在中华人民共和国境内设立的,由海关对保税加工进出口货物进行封闭式监管的特定区域。出口加工区原则上应当设立在国务院批准的经济技术开发区内。

出口加工区的主要功能是保税加工及为区内保税加工服务的储运业务。加工区设有加工区管理委员会、出口加工企业(从事保税加工业务)、仓储企业和运输企业(从事为保税加工服务的储运业务)。区内不得经营零售、一般贸易、转口贸易及其他与加工区无关的业务,不得建立营业性的生活消费设施。

出口加工区是海关监管的特定区域。出口加工区与境内其他地区之间设置符合海关监管要求的隔离设施及闭路电视监控系统,在进出区通道设立卡口。海关在出口加工区内设立机构,对进出加工区的货物及区内相关场所实行24小时监管。区内企业与海关实行电子计算机联网,进行电子数据交换。进出加工区的税收征免情况如表4-2所示。

表4-2 进出加工区的税收征免情况

进出区内情况	税收征免情况
境外运入区内的加工贸易货物	全额保税
境外运入区内自用的生产、管理所需设备、物资	特定减免税(交通车辆、生活用品免税)
出口加工区运往境内区外的货物	视同进口,按制成品征税
境内区外进入区内的货物	视同出口,可以办理出口退税

(二)报关程序

出口加工区企业在进出口货物前,应向区主管海关申请建立电子账册,包括"加工贸易电子账册"和"企业设备电子账册"。出口加工区进出境货物和进出区货物通过电子账册办理报关手续。出口加工区业务流程如图4-1所示。

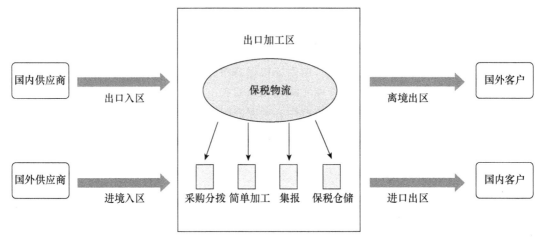

图4-1 出口加工区业务流程

1. 出口加工区与境外之间进出货物的报关

出口加工区企业从境外运进货物或运出货物到境外,由收发货人或其代理人填写进、出境货物备案清单,向出口加工区海关报关。对于同一直属海关的不同关区进出境的出口加工区货物,可以按直通式报关[①];对于不同直属海关(跨越关区)进出境的出口加工区货物,可以按"转关运输"中的直转转关方式[②]办理转关。这里,我们主要介绍后者的报关程序。

(1)境外货物运入出口加工区。

货物到港后,进口人向口岸海关录入转关申报数据,并持《进口转关货物申报单》《中华人民共和国海关境内汽车载运海关监管货物载货登记簿》(以下简称《汽车载货登记簿》)向

---

① 直通式报关尚没有专业的严格定义,往往是用来描述一种快速、简捷的通关方式,例如从港口卸货直接运到保税区或出口加工区报关这样的"港口联动",行内人称为直通式。

② 进口直转转关是指在进境地海关办理转关手续,货物运抵指运地,再在指运地海关办理报关手续;出口直转转关是指在货物运抵启运地海关监管场所报关后,在启运地海关办理出口转关手续。

口岸海关物流监控部门办理转关手续;口岸海关审核同意企业转关申请后,向出口加工区海关发送转关申报电子数据,并对运输车辆进行加封。

货物运抵出口加工区后,进口人向加工区海关办理转关核销手续,加工海关物流监控部门核销《汽车载货登记簿》,并向口岸海关发送转关核销电子回执;同时进口人录入《中华人民共和国海关出口加工区进境货物备案清单》,向出口加工区海关提交运单、发票、装箱单、电子账册编号、相应的许可证件等单证办理进境报关手续;出口加工区海关审核有关报关单证,确定是否查验,对不需查验的货物予以放行;对须查验的货物,由海关实施查验后,再办理放行手续,签发有关备案清单证明联。其流程如图4-2所示。

图 4-2　境外货物运入出口加工区报关流程

(2) 出口加工区货物运往境外。

发货人或其代理人录入《中华人民共和国海关出口加工区出境货物备案清单》,向出口加工区海关提交运单、发票、装箱单、电子账册编号等单证办理出口报关手续,同时向出口加工区海关录入转关申报数据,并持《中华人民共和国海关出口加工区出境货物备案清单》《汽车载货登记簿》向出口加工区海关物流监控部门办理出口转关手续;出口加工区海关审核同意企业转关申请后,向口岸海关发送转关申报电子数据,并对运输车辆进行加封。

货物运抵出境地海关后,发货人或其代理人向出境地海关办理转关核销手续,出境地海关核销《汽车载货登记簿》,并向出口加工区海关发送转关核销电子回执;货物实际离境后,出境地海关核销清洁载货清单并反馈出口加工区海关,出口加工区海关凭以签发有关备案清单证明联。其流程如图4-3所示。

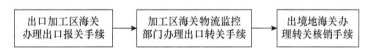

图 4-3　出口加工区货物运往境外报关流程

2. 出口加工区与境内区外其他地区之间进出货物报关

(1) 出口加工区货物运往境内区外(视同进口)。

由区外企业录入《进口货物报关单》,凭发票、装箱单、相应的许可证件等单证向出口加工区海关办理进口报关手续。进口报关结束后,区内企业填写《中华人民共和国海关出口加工区出境货物备案清单》,凭发票、装箱单、电子账册编号等单证向出口加工区海关办理出区报关手续。货物放行后,加工区海关向区外企业签发《进口货物报关单》付汇证明联,向区内企业签发《中华人民共和国海关出口加工区出境货物备案清单》收汇证明联。

(2) 境内区外货物运入出口加工区(视同出口)。

由区外企业录入《出口货物报关单》,凭购销合同、发票、装箱单等单证向加工区海关办理出口报关手续。出口报关结束后,区内企业填写《中华人民共和国海关出口加工区进境货物备案清单》,凭购销发票、装箱单、电子账册编号等单证向加工区海关办理进区报关手续。

出口加工区海关查验、放行货物后,向区外企业签发《出口货物报关单》收汇证明联,向区内企业签发《中华人民共和国海关出口加工区进境货物备案清单》付汇证明联。

3. 出口加工区出区深加工结转货物报关

出口加工区货物出区深加工结转是指加工区内企业按照有关法律规定,将本企业加工生产的产品直接或者通过保税仓库转入其他出口加工区、保税区等海关特殊监管区域内及区外加工贸易企业进一步加工后复出口的经营活动(按转关运输方式办理结转手续)。

转出企业需凭出口加工区管委会批复,向所在地的加工区海关办理海关备案手续后方可开展货物的实际结转。对转入特殊监管区域的,转出、转入企业分别在自己的主管海关办理结转手续,对转入特殊监管区域外加工贸易企业的,转出、转入企业在转出地主管海关办理结转手续。对转入特殊监管区域的深加工结转,比照转关运输方式办理结转手续;对结转至海关特殊监管区域外的加工贸易企业的货物,海关按照对加工贸易进口货物的有关规定办理手续。

转入区外加工贸易企业的深加工结转报关程序包括计划备案、实际收发货登记、结转报关三个环节。转出企业、转入企业每批实际发货、收货后,可以凭申请表和转出地卡口海关签注的登记表分批或者集中办理报关手续。转出企业、转入企业每批实际发货、收货后,应当在实际发货、收货之日起30天内办结该批货物的报关手续。转入企业填报结转进口报关单,转出企业填报结转出口备案清单。一份结转进口报关单对应一份结转出口备案清单。

(三)监管和报关要点

(1)出口加工区与境外之间进出的货物,除国家另有规定的外,不实行进出口许可证件管理。

(2)对出口加工区运往境内区外的货物,按进口货物报关,属许可证件管理的,出具有效的进口许可证件,缴纳进口关税、增值税、消费税,免交付缓税利息。

(3)出口加工区区内企业开展加工贸易业务适用电子账册管理,实行备案电子账册的滚动累加、扣减,每6个月核销一次。

(4)出口加工区内企业在需要时,可将有关模具、半成品运往区外进行加工,经加工区主管海关的关长批准,由接受委托的区外企业,向出口加工区主管海关缴纳货物应征关税和进口环节增值税等值的保证金或银行保函后方可办理出区手续。加工完毕后,加工产品应按期(一般为6个月)运回出口加工区,区内企业向出口加工区主管海关提交运出加工区时填写的"委托区外加工申请书"及有关单证,办理验放核销手续。出口加工区主管海关办理验放核销手续后,应退还保证金或撤销银行保函。

(5)从境内区外运进出口加工区供区内企业使用的国产机器、设备、原材料、零配件、元器件、包装物料、基础设施、加工企业和行政管理部门生产、办公用房合理数量的基建物资等,按照对出口货物的管理规定办理出口报关手续,海关签发出口退税报关单。境内区外企业依据报关单出口退税联向税务部门申请办理出口退(免)税手续。

(6)出口加工区区内企业经主管海关批准,可在境内区外进行产品的测试、检验和展示活动。测试、检验和展示的产品,应比照海关对暂时进口货物的管理规定办理出区手续。

(7) 出口加工区区内使用的机器、设备、模具和办公用品经主管海关批准可运往境内区外维修、测试或检验,但不得用于境内区外加工生产和使用。并自运出之日起 2 个月内运回出口加工区区内,特殊情况应提前 7 天申请延期,最多可延期 1 个月。海关需留存模具生产的样品,以备运回时核查。

 案例 4-6

津港保税加工区功能利用案例

1. 大宗货物进口寄售

案例:国外很多大宗货物经销商将需要进口到国内的大宗货物到港后存放到出口加工区,国内客人可以到出口加工区内看货、取样、成交后付款缴税进口。

优势:大宗货物进口到出口加工区可以保税,避免买卖双方大量税金占压;现货交易,避免由于价格波动给买卖双方带来损失。同时这也是商人低买高卖的好方式,赚取差价(很多农产品外商多是产期大量收购货物,然后根据客人销售出货);缩短国内买家付款到收货的时间,以往都是付款后国外发货,需要 2~3 周才能到港,此期间价格会有波动,而且品质无法保证。在出口加工区的大宗货物可以整进分出。

2. 国际中转

案例(1):国内贸易公司出货给国外买家,到港后由于某些原因国外客人拒收,货物需要退回国内。按照以往办法需要办理出口复进口或者临时进口,手续复杂而且费用与风险高。利用出口加工区进口保税的优势,国内贸易公司可以将货物进口到出口加工区,不需要客人提供手续,一切由仓库搞定(进境备案),货物入出口加工区也不需要相关配额商检,并且保税。货物在库内可以进行检修及包装等增值作业,待完成后可以再次出货给另外的买家。

案例(2):某国际采购商在亚洲地区大量采购服装,销往欧美国家。需要选择交通便利的港口保税仓库,对所采购商品在库内进行集拼、贴标、再加工服务。该采购商正是利用了天津地区港口航线发达的优势,以及低廉的仓租和劳动力成本,完成一系列的库内作业。

优势:避免烦琐的进出境手续,节省成本,进出更灵活。

3. 进口缓税(保税)分拨业务

案例:国内采购商批量从国外采购进口商品,根据不同门店销售需求每天分批出区并配送到不同门店补货。

优势:节省关税占压,保证即时供货,在库货物可以对品质检验不合格的随时退运。

4. 进口集拼业务

案例:某采购商从 A 国采购设备的 a 部分,从 B 国采购设备的 b 部分,两部分设备在库内组成最终的 c,销往国内客户。

优势:节省在国外集拼成本,避免买方跟卖方直接见面,利用国际采购优势。

附件 4-1

附件 4-2

进口保税核注清单

仅供核对使用   打印日期：2022-06-12

预录入统一编号		清单编号		手(账)册编号	
经营企业编码		经营企业社会信用代码		经营企业名称	
加工企业编码		加工企业社会信用代码		加工企业名称	
申报单位代码		申报单位社会信用代码		申报单位名称	
企业内部编号		录入日期		清单申报日期	
料件、成品标志		监管方式		运输方式	
进(出)口口岸		申报地口岸		核扣标志	
清单进出卡口状态		申请表编号		流转类型	
录入单位代码		录入单位社会信用代码		录入单位名称	
报关标志		报关类型		报关单类型	
对应报关单编号		对应报关单申报单位代码		对应报关单申报单位名称	
对应报关单申报单位社会信用代码				清单类型	
关联报关单编号		关联清单编号		关联手(账)册备案号	
关联报关单收发货人代码		收发货人名称		社会信用代码	
关联报关单生产销售(消费使用)单位代码		单位名称		社会信用代码	
关联报关单申报单位代码		申报单位名称		社会信用代码	
报关单申报日期		备注			

表体

商品序号	备案序号	商品料号	商品编码	商品名称	规格型号	产销国(地区)	申报单价	申报总价	币种	申报数量	申报单位	法定单位	法定数量	法定第二单位	法定第二数量	征免方式	单耗版本号

本章小结

本章介绍了保税制度和保税货物及保税方式下进出口货物的报关规定和流程,阐述了加工贸易货物进出的两种主要手册管理方式:电子手册管理和电子账册管理及它们之间的差异,并介绍了保税核注清单启用及其填制规范这一新内容,最后介绍了出口加工区的含义和出口加工区进出货物的报关规定及流程。

关键词

保税制度　保税货物　保税工厂　保税集团　来料加工　进料加工　加工贸易保税货物　加工贸易手册管理　电子手册管理　电子账册管理　保税核注清单　出口加工区

思考与问答

(1) 保税制度是如何产生的?主要有哪些形式?

(2) 保税货物有哪些特征?它与减免税货物有什么区别?

(3) 来料加工与进料加工具体有什么区别?

(4) 海关对加工贸易保税货物是如何进行分类管理的?

(5) 电子手册管理与电子账册管理有什么区别?

(6) 海关对加工贸易保税货物监管的基本程序有哪些?

(7) 为简化保税货物报关手续,在金关二期保税核注清单系统启用后,哪些情况可以不再办理报关单(备案清单)申报手续?

第5章 保税物流货物的报关程序

本章学习目标

- 了解保税物流货物的概念。
- 熟悉保税物流的主要功能。
- 掌握保税物流货物的监管模式。
- 掌握保税物流货物的税收政策。
- 掌握各种监管模式下保税物流货物的监管要点及报关规定。
- 了解自由贸易试验区的功能及其报关规定。

5.1 保税物流货物概述

5.1.1 相关概念与保税物流功能

保税物流货物,也称保税仓储货物,是指经海关批准未办理纳税手续进境,并在境内分拨、配送或储存后复运出境的货物。已办结海关出口手续尚未离境,经海关批准存放在海关专用监管场所或特殊监管区域的货物带有保税物流货物的性质。保税物流货物在境内储存后的流向除出境外,还可以留在境内按照其他海关监管制度办理相应的海关手续,如保税加工、正式进口等。

保税物流货物进境时,暂缓缴纳进口关税和进口环节海关代征税,复运出境免税,内销则应当缴纳进口关税和进口环节海关代征税,不征收缓税利息;进出境时除国家另有规定外,免予交验进出口许可证件,并且不受配额限制。

随着全球制造业中心的建成,我国对国际物流的需求进一步扩大,对国际采购、国际中转、分拨配送、物流信息处理等配套物流服务的需求也越来越迫切。这些都要求我国加快建设符合国际惯例的、配套的保税物流服务体系,即能实现全球采购、转口贸易、国际配送、流通性简单加工和增值服务、物流信息处理等一站式服务功能的载体,便于使货物以最快的速度、最小的成本、最低的风险分拨配送到各目的地。可以说,加速发展保税物流是推动我国现代物流发展、促进加工贸易转型升级的客观要求。

保税物流主要功能有以下几个方面。

(1) 保税仓储。从国内、国外货物运至保税仓以保税形式储存起来,免交关税,节约大量税金,增加资金流动性。如外某大型石油化工公司为拓展在我国华南地区的市场,在深圳设立办事处,将化工塑胶粒大批量进入保税区,再根据客户需求从保税区仓库提货,大大提高了买卖成交的速度和效率,节省了大量物流成本,提高了客户的可信度。

(2) 简单加工。货物可以在保税仓库进行包装、分拣、贴标签、换标签、拼装等流通性加工。如我国香港地区某公司选择内地保税区仓库代替香港的工厂作为简单加工的场所,意大利的大理石入境进仓,内地工人在这里挑选、分级、重新装箱,再运至香港地区。内地的人工费仅是香港的五分之一,该公司大大降低了成本,增加了产品的市场竞争力。

(3) 手册核销。加工贸易型企业可通过将货物出口到特殊区域内,核销手册,实现跨关区转厂、出口转内销等。如重庆某加贸企业的合同手册即将到期,海关要求公司产品必须限期出口方可核销。而这批成品所订的船期未到,于是他们将货品出口至两路寸滩保税港区暂时存放,这样货品视同出境,厂家的合同核销问题迎刃而解。当船期到时,再由保税港区出货交至外方。

(4) 转口贸易。进口货物在保税监管场所或区域存储,可经简单加工后,转手出口到其他目的国和地区。充分利用保税区内免领进出口许可证、免征关税和进口环节增值税等优惠政策,利用国内外市场间的地区差、时间差、价格差、汇率差等,在保税仓内实现货物国际转运流通加工贴唛、贴标签、再包装、打膜等,最终再运输到目的国和地区。

(5) 出口拼箱。将国内各地和国外供应商采购的原材料、半成品、成品等,汇集至保税仓存储,再按销售合同组合成不同的货柜后出口。

(6) 进口分拨。从世界各地进口的货物(其中包括国内转至保税仓的货物)可以暂存在保税仓,进行分拣、简单加工、拆拼箱后,根据国内采购商的需求进行批量送货,以减轻收货人的进口税压力和仓储负担。

(7) 展示服务。国外大宗商品(如设备和原材料等),可存放在保税区仓库,保税存放,并可常年展示;展示结束后可以直接运回原地,避免高昂的关税和烦琐的报关手续。

(8) 检测维修服务。发往国外的货物因品质或包装退运,须返回工厂检测或维修的,可利用保税场所或区域功能,直接将货物退至区内,简化报关程序,不用缴纳进口税,待维修完毕后,直接复出口。

5.1.2　监管模式

海关对保税物流货物的监管模式有两大类:一类是非物理围网的监管模式,包括保税仓库、保税工厂、出口监管仓库、保税物流中心 A 型;另一类是物理围网的监管模式,包括保税区、保税物流中心 B 型、保税物流园区、保税港区(内陆为综合保税区)、自由贸易试验区。它们是随着经济发展的需要逐渐建立起来的,见图 5-1。

5.1.3　监管特征

1. 设立审批

保税物流货物必须存放在经过法定程序审批设立的专用场所或者特殊区域。保税仓库、出口监管仓库、保税物流中心 A 型、保税物流中心 B 型,要经过海关审批,并核发批准证书,凭批准证书设立及存放保税物流货物;保税物流园区、保税区、保税港、综合保税区、自由贸易试验区要经过国务院审批,凭国务院同意设立的批复设立,并经海关等部门验收合格

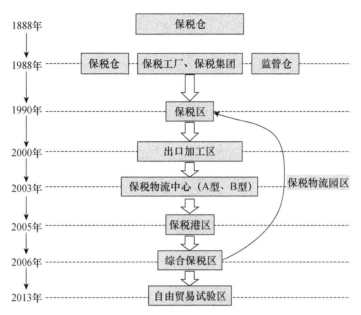

图 5-1 保税监管模式的发展变化

才能存放保税物流货物。

未经法定程序审批同意设立的任何场所或者区域都不得存放保税物流货物。

2. 准入保税

保税物流货物报关,在任何一种监管模式下,都没有备案程序,因此,不能像对加工贸易保税货物那样通过备案实现法律规定的批准保税,而只能通过准予进入来实现批准保税。这样,准予进入成为海关保税物流货物监管目标之一。这个监管目标只有通过对专用场所或者特殊区域的监管来实现。海关应当依法监管这些专用场所或者特殊区域,按批准存放范围准予货物进入监管场所或者区域,不符合规定存放范围的货物不准进入。

除自用物资外,凡按照批准范围进入经过法定程序审批而设立的专用监管场所或者特殊监管区域的进境货物,或者已办结海关出口手续尚未离境的货物,就意味着已经保税。

3. 监管延伸

进境货物从进境地海关监管现场、已办结海关出口手续尚未离境的货物从出口申报地海关现场,延伸到专用监管场所或者特殊监管区域。

存放保税物流货物的时间:保税仓库是 1 年,最长可以延长 1 年;出口监管仓库是 6 个月,最长可以延长 6 个月;保税物流中心 A 型是 1 年,最长可以延长 1 年;保税物流中心 B 型是 2 年,最长可以延长 1 年;保税物流园区、保税区、保税港区、综合保税区、自由贸易试验区无时间限制。

4. "运离"结关

根据规定,保税物流货物报关同加工贸易保税货物报关一样有报核程序,有关单位应当定期以电子数据和纸质单证向海关申报规定时段保税物流货物的进、出、存、销等情况。但是实际"结关"的时间,除外发加工和暂准"运离"(维修、测试、展览等)需要继续监管以外,每一批货物"运离"专用监管场所或者特殊监管区域,都必须根据货物的实际流向办结海关手续;办结海关手续后,该批货物就不再是"运离"的专用监管场所或者特殊监管区域范围的保税物流货物。各种监管模式下的保税物流货物监管要点比较如表 5-1 所示。

表 5-1 各种监管模式下的保税物流货物监管要点比较

监管场所、区域名称	存货范围	存储期限	服务功能	注册资本（人民币）	面积（不低于）东部	面积（不低于）中西部	审批权限	入区退税	备注
保税仓库	进口	1年＋1年	储存	300万元	公用/维修 2000 m² 液体 5000 m³		直属海关	否	按月报核
出口监管仓库	出口①	半年＋半年	储存/出口配送/国内结转		配送 5000 m² 结转 1000 m²		直属海关	否②	退换货物先入后出
保税物流中心A型	进出口	1年＋1年	储存/全球采购配送/国内结转/中转③	3000万元	公用 20 000 m² 自用 4000 m²	公用 5000 m² 自用 2000 m²	海关总署	是	
保税物流中心B型	进出口	2年＋1年	储存/贸易/全球采购配送/中转/展示	5000万元	100 000 m²	50 000 m²	海关总署	是	
保税物流园区	进出口	无期限	物流园区功能＋维修/加工				国务院	是	按年报核
保税区	进出口	无期限					国务院	否	离境退税
保税港区、综合保税区、自由贸易试验区	进出口	无期限	保税区功能＋港口功能				国务院	是	

注：① 出口配送型仓库可以存放为拼装出口货物而进口的货物。
② 经批准享受入仓即退税政策的除外。
③ 保税物流中心B型的经营者不得开展物流业务。

5.1.4 海关监管特殊区域的税收政策与报关特点

海关监管特殊区域进出存在保税、免税、征税和退税等几种税收政策，各类海关特殊监管区域的税收政策如表 5-2 所示。海关监管特殊区域实行"'一线'放开，'二线'管住"的监管制度。"一线"是指国境线，即从境外到特殊监管区内；"二线"是指特殊监管区内的空间分割线，即特殊监管区内与境内其他区域之间的分割线。"一线"与"二线"的划分如图 5-2 所示。

表 5-2 各类海关特殊监管区域的税收政策

特殊区域	"一线"入区保税	"一线"入区免税	"一线"入区征税	"二线"入区退税
保税区	√	√	√	×
出口加工区	√	√	√	√
保税物流园区	√	√	√	√
保税港区	√	√	√	√
综合保税区	√	√	√	√
自由贸易试验区	√	√	√	√

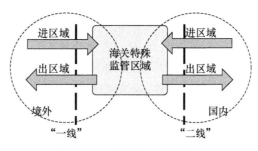

图 5-2 "一线"与"二线"的划分

1．"一线"入区保税政策

海关监管特殊区域与境外之间进出的货物实行备案制管理，对从境外进口入区的货物予以保税。货物的收发货人或者代理人应当如实填写进出境货物备案清单，向海关备案。

2．"一线"入区免税政策

下列货物从境外入区，海关免征进口关税和进口环节海关代征税：区内生产性的基础设施建设项目所需的机器、设备和建设生产厂房、仓储设施所需的基建物资，区内企业生产所需的机器、设备、模具及其维修用零配件，区内企业和行政管理机构自用合理数量的办公用品。

3．"一线"入区征税政策

从境外入区，供区内企业和行政管理机构自用的交通运输工具、生活消费用品，按进口货物的有关规定办理报关手续，海关按照有关规定征收进口关税和进口环节海关代征税。

4．"二线"入区退税政策

区外货物进入保税港区的，按照货物出口的有关规定办理缴税手续，并按照下列规定签发用于出口退税的《出口货物报关单》证明联：供区内企业开展业务的国产货物及其包装物料入区退税；供保税港区行政管理机构和区内企业使用的国产基建物资、机器、装卸设备、管理设备、办公用品,入区退税;供保税港区行政管理机构和区内企业使用的生活消费用品和交通运输工具,不退税;区外的原进口货物入区不退税,原已缴纳的关税、进口环节海关代征税不予退还。

在"一线"环节,区内与境外之间进出货物,实行备案管理,区内企业申报时填写进出境备案清单。特别的,区内企业自用物品填写进口报关单。

在"二线"环节,区内与境内区外之间进出货物,一次通关需2份报关单,即区内企业填写进出境备案清单,区外企业填写进出口报关单。

"一线"环节除特别要求的,不实行进出口许可证件管理,免于交验许可证件;"二线"环节属于配额、许可证件管理商品的需出具。

案例 5-1

保税物流助粉丝企业破解难题

A公司是B海关辖区内最著名的民族品牌,主要生产粉丝。多年来,B海关以发展地方经济为己任,以扶植民族品牌发展壮大为工作重心,主动为企业送政策办实事,利用保税物流模式支持粉丝生产企业克服进料价格和仓储问题,使A公司再展风采,受到当地政府和企业的广泛好评。

对于传统的粉丝加工行业而言,多年来其对外贸易一直沿用着这样的模式:需要进口原料时,首先向多家原料(豌豆)供应商询盘,选择其中价格和信誉方面都比较好的供应商签订进口合同,在规定的期限内开立信用证。待原料(豌豆)到港后,到海关和商检办理报关、报检等手续,缴纳税费后,将原料运往公司,加工成粉丝后再返销国际市场。

在这个传统的模式中,存在着两大难题无法克服。一个是原料价格问题企业无法选择。企业完全按照原料豌豆的实时价格进行交易,而豌豆价格是受市场规律调节的,短时期内起伏较大,最低时为150美元/吨左右,最高时可升至210美元/吨左右。而多年来成品粉丝在国际市场上的价格却是比较稳定的,鲜有较大起伏。这样造成的现状就是,原料价格低时企业利润就高一点,原料价格高时企业利润就低一点。如果原料价格达到一定高度,为占有市场和稳定客户,企业还必须赔本经营。

粉丝加工企业面临的另一个难题是税费和仓容问题,为解决原料价格问题,不少企业选择在原料豌豆价格较低时大量购进,但受企业实力所限,大量购买原料所必须缴纳的进口环节税费却是一般中小型企业负担不起的。另外豌豆大量进口后如何进行仓储保管也是一大难题。

针对粉丝行业发展存在的以上问题,B海关积极研究对策,在认真研究国家政策和充分调研论证的基础上,该海关认为应通过大力发展保税物流业以解决当前制约粉丝行业进一步发展的难题。为此,该海关主动出击,通过举办培训班和召开粉丝行业座谈会等形式送政策上门,加大宣传力度,鼓励大多数的粉丝加工企业通过保税仓库进口原料。

通过实践,保税仓库的优越性逐步体现出来并为广大粉丝加工企业所追捧。首先,保税仓库可以利用进口料件国际市场价格的变化低价购进,可以大量降低成本。其次,保税仓库超大的仓储空间和专业的保管能力成功地解决了原料的仓储问题,从而成为广大粉丝加工企业的又一重要货源地。

为鼓励保税仓库经营,B海关还为粉丝企业提供了一系列优惠政策支持,如货物入、出保税仓库可以享受到快捷通关优惠,可以减少滞港时间,节省港存费用;同时保税仓库货物还可以享受批量通关、纳税，分批提货的待遇。这些政策有效地缓解了企业一次性缴纳进口关税的资金压力。

保税仓库的建立，成功地解决了制约粉丝行业发展的两大难题，B海关也在扶持粉丝行业发展的过程中，成功地抓住了执行国家政策和服务地方经济的切入点，为民族产业的腾飞和地方经济的发展做出了应有的贡献。

5.2 保税仓库及其进出货物的报关程序

5.2.1 相关概念及其他

（一）含义

保税仓库是指经海关批准设立的专门存放保税货物及其他未办结海关手续货物的仓库。我国的保税仓库主要是根据使用对象、范围来分类，即分为公用型保税仓库和自用型保税仓库两种。但根据所存货物的特定用途，公用型保税仓库和自用型保税仓库下面还衍生出一种专用型保税仓库，所以目前我国大体上有三种保税仓库。

（1）公用型保税仓库：公用型保税仓库由主营仓储业务的中国境内独立企业法人经营，专门向社会提供保税仓储服务。

（2）自用型保税仓库：自用型保税仓库由特定的中国境内独立企业法人经营，仅存储供本企业自用的保税货物。

（3）专用型保税仓库：专门用来存储具有特定用途或特殊种类的商品的保税仓库称为专用型保税仓库。专用型保税仓库包括液体危险品保税仓库、备料保税仓库、寄售维修仓库和其他专用保税仓库。液体危险品保税仓库是指符合国家关于危险化学品存储规定的，专门提供石油、成品油或者其他散装液体危险化学品保税仓储服务的保税仓库。

（二）存放货物的范围

保税仓库的功能比较单一，就是仓储，而且只能存放进境货物。经海关批准可以存入保税仓库的货物有保税货物和未办结海关手续的货物，具体如下：

（1）加工贸易进口货物。

（2）转口货物。

（3）供应国际航行船舶和航空器的油料、物料和维修用零配件。

（4）供维修外国产品所进口寄售的零配件。

（5）外商进境暂存货物。

（6）未办结海关手续的一般贸易进口货物。

（7）经海关批准的其他未办结海关手续的进境货物。

保税仓库不得存放国家禁止进境货物，不得存放未经批准的影响公共安全、公共卫生或健康、公共道德或秩序的国家限制进境货物以及其他不得存入保税仓库的货物。

（三）保税仓库的设立

保税仓库应当设立在设有海关机构、便于海关监管的区域。经营保税仓库的企业，应当具备下列条件：

(1) 经工商行政管理部门备案,具有企业法人资格。
(2) 注册资本最低限额为 300 万元人民币。
(3) 具备向海关缴纳税款的能力。
(4) 经营特殊许可商品存储的,应当持有规定的特殊许可证件。
(5) 经营备料保税仓库的加工贸易企业,年出口额最低为 1000 万美元。
(6) 具有专门存储保税货物的营业场所(公用保税仓库面积最低为 2000 平方米,液体危险品保税仓库容积最低为 5000 立方米,寄售维修保税仓库面积最低为 2000 平方米)。

5.2.2 保税仓库货物报关程序

保税仓库货物的报关程序可以分为进仓报关和出仓报关。

1. 进仓报关

货物在保税仓库所在地进境时,除国家另有规定的外,免领进口许可证件,由收货人或其代理人办理进口报关手续,海关进境现场放行后存入保税仓库。

货物在保税仓库所在地以外其他口岸入境时,经海关批准,进口人可以按照转关运输的报关程序办理手续,也可以直接在口岸海关办理异地传输报关手续。

2. 出仓报关

保税仓库货物出库可能出现进口报关和出口报关两种情况。保税仓库货物出仓根据情况可以逐一报关,也可以集中报关。

(1) 进口报关。

保税仓库货物出仓用于加工贸易的,由加工贸易企业或其代理人按加工贸易货物的报关程序办理进口报关手续;保税仓库货物出库用于可以享受特定减免税的特定地区、特定企业和特定用途的,由享受特定减免税的企业或其代理人按特定减免税货物的报关程序办理进口报关手续;保税仓库货物出库进入国内市场或使用于境内其他方面,由进口人按一般进口货物的报关程序办理进口报关手续。保税仓库货物出仓运往境内其他地方转为正式进口的,必须经主管海关保税监管部门审核同意,同时要填制两张报关单,一张办结出仓报关手续,填制《出口货物报关单》;一张办理进口申报手续,按照实际进口监管方式,填制《进口货物报关单》。

(2) 出口报关。

保税仓库货物为转口或退运到境外而出库的,保税仓库经营企业或其代理人按一般出口货物的报关程序办理出口报关手续,但可免缴纳出口关税,免交验出口许可证件。

(3) 集中报关。

保税货物出库批量少、批次频繁的,经海关批准可以办理定期集中报关手续,同时根据企业资信和风险度征收保证金;根据出货频率、数量、价值可以合理设定集报时间;集报时间为次月 5 日前,不得跨年办理。

保税仓库与其他海关保税监管场所往来流转的货物,按转关运输的有关规定办理相关手续;保税仓库转往其他保税仓库的,应当各自在仓库主管海关报关,报关时应先办理进口报关,再办理出口报关。

5.2.3 监管和报关要点

保税仓库所存货物的储存期限为1年。如因特殊情况需要延长储存期限,应向主管海关申请延期,经海关批准可以延长,延长的期限最长不超过1年。

保税仓库所存货物是海关监管货物,未经海关批准并按规定办理有关手续,任何人不得出售、转让、抵押、质押、留置、移作他用或者进行其他处置。

货物在仓库储存期间发生损毁或者灭失,除不可抗力原因外,保税仓库应当依法向海关缴纳损毁、灭失货物的税款,并承担相应的法律责任。

保税仓库货物可以进行包装、分级分类、印刷运输标志、分拆、拼装等简单加工,不得进行实质性加工。

保税仓库经营企业应于每月5日之前以电子数据和书面形式向主管海关申报上一个月仓库进、出、转、存情况,并随附有关的单证,由主管海关核销。

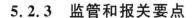
案例 5-2

香港A公司在广东省深圳市宝安区、广东省东莞市均设有工厂,国外的原材料到香港码头后,转由福汉兴福保保税物流园区或盐田物流园保税仓库/堆场存放,待内地工厂需要用料时,通知福汉兴报关部直接报关进口或转关至东莞海关报关。这样做的好处是:可节省可观的仓租和拖车费用,报关员无须出境而确保报关数据准确无误。再如,广东省东莞市的Q公司和广东省深圳市宝安区的M公司都是加工型企业,Q公司生产的成品,如电阻,要卖给M公司作料件,以往办理这种跨关区的"转厂",手续很烦琐。现在公司选择了福汉兴福保保税物流园区或盐田物流园保税仓库后一切都变得简单了:Q公司办理东莞至福保或盐田物流园的出口转关交货至福汉兴保税仓库视同出境,完成海关监管手续,可以退税,再用M公司的进口报关单证办理货物的进口手续,货物的运输可由内地车辆完成。这样使复杂问题简单化,开支节省。

5.3 出口监管仓库及其进出货物的报关程序

5.3.1 相关概念及其他

1. 含义

出口监管仓库,是指经海关批准设立,对已办结海关出口手续的货物进行存储、保税货物配送、提供流通性增值服务的海关专用监管仓库。

出口监管仓库分为出口配送型仓库和国内结转型仓库。出口配送型仓库是指存储以实际离境为目的的出口货物的仓库,国内结转型仓库是指存储用于国内结转的出口货物的仓库。

2. 存放货物的范围

经海关批准可以存入出口监管仓库的货物有:一般贸易出口货物,加工贸易出口货物,从其他海关特殊监管区域、场所转入的出口货物,其他已办结海关出口手续的货物。

出口配送型仓库还可以存放为拼装出口货物而进口的货物。但出口监管仓库不得存放下列货物：国家禁止进出境货物，未经批准的国家限制进出境货物，海关规定不得存放的货物。

3. 出口监管仓库的设立

出口监管仓库的设立应当符合区域物流发展和海关对出口监管仓库布局的要求，符合国家土地管理、规划、交通、消防、安全、环保等有关法律和行政法规的规定。申请设立出口监管仓库的经营企业，应当具备下列条件：

(1) 经工商行政管理部门备案登记，具有企业法人资格。

(2) 具有进出口经营权和仓储经营权。

(3) 具有专门存储货物的场所，其中出口配送型仓库的面积不得低于2000平方米，国内结转型仓库不得低于1000平方米。

企业申请设立出口监管仓库，应当向仓库所在地主管海关提交书面申请，提供能够证明上述条件已经具备的有关文件，包括《出口监管仓库申请书》、仓库地理位置示意图和平面图。

海关受理、审查设立出口监管仓库的申请属于海关行政许可，应当按照行政许可的法定程序，对符合条件的，作出准予设立的决定，并出具批准文件；对不符合条件的，作出不予设立的决定，并书面告知申请企业。

申请设立出口监管仓库的企业应当自海关出具批准文件之日起1年内向海关申请验收出口监管仓库。

企业无正当理由逾期未申请验收或者验收不合格的，该出口监管仓库的批准文件自动失效。出口监管仓库验收合格后，经直属海关备案登记并核发《中华人民共和国出口监管仓库注册登记证书》，可以投入运营。该证书有效期3年。

5.3.2 出口监管仓库货物报关程序

出口监管仓库货物报关，大体可以分为进仓报关、出仓报关、结转报关和更换报关。

1. 进仓报关

出口货物存入出口监管仓库时，发货人或其代理人应当向主管海关办理出口报关手续，填制《出口货物报关单》。按照国家规定应当提交出口许可证件和缴纳出口关税的，发货人或其代理人必须提交许可证件和缴纳出口关税。

发货人或其代理人按照海关规定提交报关必需单证和仓库经营企业填制的"出口监管仓库货物入仓清单"。

经主管海关批准，对批量少、批次频繁的入仓货物，可以办理集中报关手续。

2. 出仓报关

出口监管仓库货物出仓可能出现出口报关和进口报关两种情况。

(1) 出口报关。

出口监管仓库货物出仓并出口时，仓库经营企业或其代理人应当向主管海关申报。仓库经营企业或其代理人按照海关规定提交报关必需的单证，并提交仓库经营企业填制的"出口监管仓库货物出仓清单"。

(2) 进口报关。

出口监管仓库货物转进口的，应当经海关批准，按照进口货物的有关规定办理相关手续。用于加工贸易的，由加工贸易企业或其代理人按加工贸易货物的报关程序办理进口报关手续;用于可以享受特定减免税的特定地区、特定企业和特定用途的,由享受特定减免税的企业或其代理人按特定减免税货物的报关程序办理进口报关手续;进入国内市场或使用于境内其他方面,由进口人按一般进口货物的报关程序办理进口报关手续。

3. 结转报关

经转入、转出方所在地主管海关批准,并按照转关运输的规定办理相关手续后,出口监管仓库之间、出口监管仓库与保税区、出口加工区、保税物流园区、保税物流中心、保税仓库等特殊监管区域、专用监管场所之间可以进行货物流转。

4. 更换报关

对已存入出口监管仓库,因质量等原因要求更换的货物,经仓库所在地主管海关批准,可以更换货物。被更换货物出仓前,更换货物应当先行入仓,并应当与原货物的商品编码、品名、规格型号、数量和价值相同。

5.3.3 监管和报关要点

出口监管仓库的监管和报关要点如下:

(1) 出口监管仓库必须专库专用,不得转租、转借给他人经营,不得下设分库。

(2) 出口监管仓库经营企业应当如实填写有关单证、仓库账册,真实记录并全面反映其业务活动和财务状况,编制仓库月度进、出、转、存情况表和年度财务会计报告,并定期报送主管海关。

(3) 出口监管仓库所存货物的储存期限为6个月。如因特殊情况需要延长储存期限,应在到期之前向主管海关申请延期,经海关批准可以延长,延长的期限最长不超过6个月。货物存储期满前,仓库经营企业应当通知发货人或其代理人办理货物的出境或者进口手续。

(4) 出口监管仓库货物所存货物,是海关监管货物,未经海关批准并按规定办理有关手续的,任何人不得出售、转让、抵押、质押、留置、移作他用或者进行其他处置。

(5) 货物在仓库储存期间发生损毁或者灭失,除不可抗力原因外,保税仓库应当依法向海关缴纳损毁、灭失货物的税款,并承担相应的法律责任。

(6) 经主管海关同意,可以在出口监管仓库内进行品质检验、分级分类、分拣分装、印刷运输标志、改换包装等流通性增值服务。

案例 5-3

出口监管仓库的业务

深圳A公司已开展货物拼柜出口到东南亚及海运拼柜的业务。如客户有散货出口的情况,可以利用该公司出口监管仓库拼柜出口,将货物送到客户指定的地点,客户只需用普通货车将货物送入该公司出口监管仓库,并提供给该公司报关所需的相关单证即可,从该公司出口监管仓库到客户货物出口的指定地点的整个过程的相关操作都由该公司负责。这样不仅可以降低关务风险,也可以大大降低整体运作成本。

B工厂生产精密仪器,需从国内另一厂家转厂进口胶粒和一内资厂进口纸箱以制作产品外包装;现该工厂利用深圳该公司出口监管仓库,将所生产的仪器出口到该公司出口监管仓库,并让另外两个工厂以加工贸易和一般贸易的方式将其各自货物出口到该公司出口监管仓,然后进行拼装出口即可。

这种加工贸易进仓,加工贸易提货的出口监管模式,代替了转厂模式,可以大大减小关务风险,也可以大大减小对账的困难度。

5.4 保税物流中心及其进出货物的报关程序

5.4.1 相关概念及其他

保税物流中心分为 A、B 两种类型。保税物流中心 A 型是指经海关批准,由我国境内企业法人经营、专门从事保税仓储物流业务的海关监管场所。保税物流中心 A 型由一家物流企业经营,糅合、集成、拓展"两仓"功能于一体,既可存放出口货物又可存放进口货物,能够将运输、仓储、转口、简单加工、配送、检测、信息等方面有机结合,形成完整的供应链,充分发挥其在进出口物流中的"采购中心、配送中心、分销中心"的作用,为用户提供辐射国内外的多功能、一体化综合性服务保税场所。保税物流中心 A 型按照服务范围分为公用型物流中心和自用型物流中心。保税物流中心 B 型是指经海关批准,由我国境内一家企业法人经营,多家企业进入并从事保税仓储物流业务的海关集中监管场所。它是由多家保税物流企业在空间上集中布局的公共型场所,具有一定规模和综合物流服务功能的联结国内、国外两个市场的保税物流场所。海关对保税物流中心 B 型按照出口加工区监管模式实施区域化和网络化的封闭管理。保税物流中心 A 型、B 型保税物流中心设立的条件如表 5-3 所示。

表 5-3 设立 A、B 型保税物流中心条件对照表

设立保税物流中心 A 型的条件	设立保税物流中心 B 型的条件
① 符合海关监管规划建设要求; ② 公用型仓储面积,东部不低于 4000 m^2,中西部、东北地区不低于 2000 m^2;自用型仓储面积,东部不低于 2000 m^2,中西部、东北地区不低于 1000 m^2; ③ 建立符合海关监管要求的计算机管理系统,提供供海关查阅数据的终端设备,并按海关规定的认证方式和数据标准与海关联网; ④ 设置符合海关监管要求的隔离设施、监管设施和办理业务必需的其他设施	① 符合海关监管规划建设要求; ② 物流中心仓储面积,东部地区不低于 50000 m^2,中西部地区东北地区不低于 20000 m^2; ③ 选址在靠近海港、空港、陆路交通枢纽及内陆国际物流需求量较大,交通便利,设有海关机构且便于海关集中监管的地方; ④ 注册资本不低于 5000 万元人民币; ⑤ 建立符合海关监管要求的计算机管理系统,提供供海关查阅数据的终端设备,并按照海关规定的认证方式和数据标准,通过"电子口岸"平台与海关联网,以便海关在统一平台上与国税、外汇管理等部门实现数据交换及信息共享; ⑥ 设置符合海关监管要求的隔离设施、监管设施和办理业务必需的其他设施; ⑦ 经省级人民政府确认,符合地方经济发展总体布局,满足加工贸易发展对保税物流的需求

保税物流中心是以整合"保税仓库和出口监管仓库"功能为基础,打破"两仓"隔离状态,弥补"两仓"功能单一的缺陷,是"两仓"功能的整合、优化和提升,适应现代物流的发展要求。同时,具有同区港联动保税物流园区相同的保税仓储物流功能,是区港联动保税物流园区向内地的补充和延伸,更有利于内地及沿海(未设有保税区)地区加工贸易及物流集散的发展。

因此，可以说保税物流园区是和保税区配套的，一般在港口城市，而保税物流中心在内陆城市，它们共同促进各地加工贸易及物流业务的发展。

保税物流中心存放货物的范围是保税仓库存放货物与出口监管仓库存放货物的总和。保税物流中心开展业务的范围包括：保税存储进出口货物及其他未办结海关手续货物；对所存放货物开展流通性简单加工和增值服务①；全球采购和国际分拨、配送；转口贸易和国际中转业务；经海关批准的其他国际物流业务。

符合设立保税物流中心条件的经营企业应当向所在地直属海关提交书面申请，直属海关受理后，报海关总署审批，由海关总署出具批准申请企业筹建物流中心的文件。企业自海关总署出具批准文件之日起 1 年内向直属海关申请验收，验收合格后，由海关总署向企业核发"保税物流中心 A 型（或保税物流中心 B 型）验收合格证书"和"保税物流中心 A 型（或保税物流中心 B 型）备案登记证书"，颁发"保税物流中心 A 型（或保税物流中心 B 型）标牌"。入驻企业应具备独立法人资格，注册资本最低限额 500 万人民币；属于企业分支机构的，该企业注册资本不低于 1000 万人民币。

保税物流中心在验收合格后方可开展有关业务。无正当理由逾期未申请验收或者验收不合格的及获准开业后连续 6 个月未开展业务的，均视同撤回设立申请。

保税物流中心 A 型备案登记证书有效期为 2 年，保税物流中心 B 型为 3 年，企业在每次有效期满 30 日前向直属海关办理延期审查申请手续。海关对审查合格的经营 A 型保税物流中心的企业准予延期 2 年，经营 B 型保税物流中心的企业准予延期 3 年。

保税物流中心以保税仓储物流为主要功能，因此，不得开展商业零售、加工贸易、维修、翻新和拆解等业务，保税物流中心货物进出如图 5-3 所示，其具体功能包括以下两方面。

备注：
① 出口企业是指供应链上的上游加工贸易企业。
② 进口企业是指供应链上的下游加工贸易企业。
③ 替代"香港一日游"，降低企业运输成本和时间成本。
④ 缩短出口退税时间，加快出口企业资金周转。
⑤ 缩短进口企业的采购时间和运输成本。

图 5-3 保税物流中心货物进出

（1）出口货物退税功能（区分不退税的）。

货物进入物流中心后可享受"出口退税"政策，即实现"境内关外，入园退税"。加工贸易企业可以先将加工原材料运往保税物流中心完成"一日游"，实现"退税"，然后以加工贸易方

---

① "流通性简单加工和增值服务"是指对货物进行分级分类、分拆分拣、分装、计量、组合包装、打膜、加刷条形码、刷贴标志、改换包装、拼装等辅助性简单作业的总称。

式进行加工,成品再出口或内销。如某公司生产一台工程机械,可以先将国内采购的轮胎等原材料运往保税中心,实现退税,然后以加工贸易保税进口,加工完成再出口或者内销。这种操作意味着没有开始加工,国家就给予了退税,极大地减轻了其流动资金压力。再如,某公司以前出口工程机械,都是从上海或者广东出境,加上运输周期,企业一般约20天才能打印退税联,如果把出口产品运到保税物流中心完成报关手续后即视同出口,当即就可以打出退税联,极大地降低了企业的运营成本。

(2) 进口货物保税功能。

第一,进口货物进入保税物流中心实行保税政策,可以使企业达到缓税的目的,缓解流动资金压力。第二,根据国际行情,在国际市场价格较低时,购进货物存放在保税物流中心,价格较高时出库销售或生产,实现货物增值。第三,可以通过配送、分拨等方式,为企业搭建"零库存"平台,降低企业物流、库存成本,适应现代企业管理的需求。

保税物流中心的设立有利于引进跨国公司、知名企业、国际新兴产业等大型项目落户投资,提高招商引资的档次和水平;可以有效整合区域物流资源,促进供应链形成,加快产业结构优化。

5.4.2 保税物流中心进出货物报关程序

1. 保税物流中心与境外之间的进出货物报关

保税物流中心与境外之间进出的货物,应当在保税物流中心主管海关办理相关手续。保税物流中心与口岸不在同一主管海关的,经主管海关批准,可以在口岸海关办理相关手续。

保税物流中心与境外之间进出的货物,除实行出口被动配额管理和中华人民共和国参加或者缔结的国际条约及国家另有明确规定的以外,不实行进出口配额、许可证件管理。

从境外进入保税物流中心内的货物,凡属于规定存放范围内的货物予以保税;属于保税物流中心企业进口自用的办公用品、交通运输工具、生活消费品等,以及保税物流中心开展综合物流服务所需进口的机器、装卸设备、管理设备等,按照进口货物的有关规定和税收政策办理相关手续。

出中心运往境外需要填制《出口货物报关单》,办理出口报关手续。

2. 保税物流中心与境内之间的进出货物报关

保税物流中心货物进入关境内的其他地区视同进口,按照货物进入境内的实际流向和实际状态办理进口报关手续;货物从境内进入保税物流中心视同出口,办理出口报关手续,如需缴纳出口关税的,应当按照规定纳税。

保税物流中心内货物运往所在关区外,或者跨越关区提取货物进入保税物流中心,可以在保税物流中心主管海关办理进出中心的报关手续,也可以按照境内监管货物转关运输的方式办理相关手续。属于许可证件管理的商品,还应当向海关出具有效的许可证件。企业根据需要经主管海关批准,可以分批进出货物,月度集中报关,但集中报关不得跨年度办理。

5.4.3 监管和报关要点

保税物流中心A型内货物的保税存储期限为1年,保税物流中心B型内货物的保税存储期限为2年。确有正当理由的,经主管海关同意可以予以延期,除特殊情况外,延期不得超过1年。保税物流中心B型经营企业不得在本中心内直接从事保税仓储物流的经营活动。

从境内运入保税物流中心的原进口货物,境内发货人应当向海关办理出口报关手续,经主管海关验放;已经缴纳的关税和进口环节海关代征税,不予退还。

从境内运入保税物流中心已办结报关手续或者从境内运入保税物流中心供中心内企业自用的国产机器设备、装卸设备、管理设备、检测检验设备等及转关出口货物(启运地海关在已收到保税物流中心主管海关确认转关货物进入物流中心的转关回执后)签发出口退税报关单证明联。

从境内运入保税物流中心的下列货物,海关不签发出口退税报关单证明联:供中心企业自用的生活消费品、交通运输工具;供中心企业自用的进口的机器设备、装卸设备、管理设备、检测检验设备等;保税物流中心之间,保税物流中心与出口加工区、保税物流园区、保税物流中心B型和已实行国内货物入仓环节出口退税政策的出口监管仓库等海关特殊监管区域,或者海关保税监管场所往来的货物。

从保税物流中心进入境内用于在保修期限内免费维修有关外国产品并符合无代价抵偿货物有关规定的零配件,或者用于国际航行船舶和航空器的物料或者属于国家规定可以免税的货物,免征关税和进口环节海关代征税。

实行集中申报的进出口货物,应当适用每次货物进出口时海关接受申报之日实施的税率、汇率。

保税仓储货物在存储期间发生损毁或者灭失的,除不可抗力外,保税物流中心经营企业应当依法向海关缴纳损毁、灭失货物的税款,并承担相应的法律责任。

5.5 综合保税区及其进出货物的报关程序

5.5.1 相关概念及其监管特点

在保税监管模式的演变过程中,保税仓库、保税工厂、保税集团、出口监管仓库、保税区、出口加工区、保税物流中心、保税物流园区、保税港区都存在过或者仍然存在。经过不断发展,截至2022年6月底我国海关特殊监管区域共有168个,其中,保税区8个,保税港区2个,综合保税区156个,出口加工区1个(广州出口加工区)、珠澳跨境工业区(珠海园区)1个。[①] 由此可见,目前我国海关特殊监管区以综合保税区为主。鉴于综合保税区是在保税区、保税港区基础上发展起来的,所以需要先区分它们的概念及其监管特点,然后再主要阐述综合保税区进出货物的报关手续。

1. 保税区的含义、功能和税收政策

保税区是指经国务院批准在我国境内设立的具备保税加工、保税仓储、进出口贸易和进出口商品展示等功能的海关特殊监管区域。保税区具有出口加工、转口贸易、商品展示、仓储运输等多种功能,也就是说既有保税加工的功能,又有保税物流的功能。保税区可以享受保税、免税的货物具体如表5-4所示,免税进入保税区的进口货物,海关按照特定减免税货

---

① 海关特殊监管区域概况网址为 http://www.customs.gov.cn/zms/hgtsjgqy0/hgtsjgqyndqk/index.html。

物进行监管。保税区内仅设置保税区行政机构和企业。除安全保卫人员外,其他人员不得在保税区居住。

表 5-4　保税区可以享受保税、免税的货物

保税区享受保税的货物	保税区享受免税的货物
加工贸易保税货物	园区内生产性的基础设施建设项目所需的机器、设备和其他基建物资
保税仓储货物	企业自用的生产、管理设备和自用合理数量的办公用品,所需的维修零配件、生产用燃料
转口贸易货物	建厂房、仓储设施所需的物资、设备
为展示而进入保税区的货物	园区内行政管理机构自用合理数量的管理设备和办公用品、所需的维修零配件

我国曾经设立了 15 个保税区,目前减少到 8 个,它们是上海浦东外高桥保税区、大连保税区、宁波保税区、厦门象屿保税区、福州保税区、深圳福田保税区、广州保税区、珠海保税区。

与此同时,我国对外开放水平的全面提高,使保税区原来的政策和功能优势逐步弱化。加入世界贸易组织后,随着我国关税的不断调低,并取消所有的非关税措施,保税区的关税效应不断减弱,保税区的优势和功能不断遭到削弱,因此,功能更齐全的保税港区、综合保税区纷纷出现。

2. 保税港区的含义、功能和税收政策

保税港区是指经国务院批准,设立在国家对外开放口岸港区和与之相连的特定区域内,具有口岸、物流、加工等功能的海关特殊监管区域,实行封闭式管理,是我国开放层次最高、优惠政策最多、功能最齐全的特殊功能区之一。

我国曾经设立了十几个保税港区,目前减少到 2 个,分别是张家港保税港区和海南洋浦保税港区,其他升级为综合保税区或者自由贸易试验区。

保税港区的功能具体包括仓储物流,对外贸易,国际采购,分销和配送,国际中转,检测和售后服务维修,商品展示,研发、加工、制造,港口作业 9 项功能。保税港区享受保税区、出口加工区、保税物流园区相关的税收和外汇管理政策,主要为:国外货物入港区保税;货物出港区进入国内销售按货物进口的有关规定办理报关,并按货物实际状态征税;国内货物入港区视同出口,实行退税;区内企业之间的货物交易不征增值税和消费税。保税港区叠加了保税区和出口加工区税收和外汇政策,在区位、功能和政策上优势更明显。

从形态上讲,保税港区是我国保税经济区域的高级形态;从功能上讲,保税港区叠加了保税区、出口加工区、保税物流园区各项功能政策;从发展趋势上讲,保税港区是我国建设自由贸易区的先行实验区;从运作模式上讲,保税港区实现了保税区域与港口的实质联动。

保税港区与保税区的区别。① 保税区的功能比较单一。从保税区多年的运作来看,各个保税区的规模参差不齐,功能也不尽相同,总体看都偏重于贸易和加工,物流功能等相对薄弱。一些保税区在实际运作中并没有严格执行"境内关外"政策,相关优惠政策并没落到实处,总体上仍是"境内关内"的海关特殊监管区。而保税港区则整合多种外向型功能区之功能,内涵更为丰富,功能更为齐全。从字面上就可以看出,保税港区比保税区多了码头和

港口的功能。目前,我国设立的保税港区基本依港而建,正如世界上知名的自由贸易区一样,如德国的汉堡港、荷兰的鹿特丹港都是与港口相连,并实行区港一体化管理。② 保税港区叠加税收、监管等多项优惠政策。实际上,保税区与保税港区的本质是一致的,即"境内关外,自由免税",只是保税区的优惠政策不足,且一些优惠政策并未落到实处,而保税港区不仅是真正的"境内关外",还享受税收、监管等各项更为优惠的政策。

在监管方面,保税港区内货物可以自由流转;对保税港区与境外之间进出的货物,不实行进出口许可证件管理;对诚信等级高的企业所申报的危险货物,可视为内陆直接装船,不再开箱查验;对境外进入保税港区的货物,检验检疫部门只检疫不检验;对进入保税港区的国际航行船舶,实施电讯检疫或者码头检疫,一般不再实施锚地检疫。

可以说,保税港区比保税区的功能更多,政策更优,内涵更为丰富,意义更为深远。保税港区是经济自由区的一种表现形式,向国际先进的自由港、自由贸易区迈出了积极的一步。保税港区是世界自由港在我国的一种特殊表现形式,是"中国化"的自由贸易港。

3. 综合保税区的含义、功能和税收政策

综合保税区初始是设立在内陆地区的具有保税港区功能的海关特殊监管区域,由海关参照有关规定对综合保税区进行封闭管理,执行与保税港区同样的税收和外汇政策,集保税区、出口加工区、保税物流区、港口的功能于一身(同保税港区),可以开展研发、加工、制造、再制造,检测,维修,货物存储,物流分拨,融资租赁,跨境电商,商品展示,国际转口贸易,国际中转,港口作业,期货保税交割,国家规定可以在区内开展的其他业务等业务。

保税港区与综合保税区的主要区别:保税港区一般临港而建,可以实施区港一体化;综合保税区一般通过"区港联动"来加强与水港、空港的对接,实现其港口作业功能。

2019 年国务院出台《关于促进综合保税区高水平开放高质量发展的若干意见》(国发〔2019〕3 号),明确要求"促进海关特殊监管区域整合提升,推动符合条件的各类型海关特殊监管区域优化为综合保税区",并出台 21 条政策措施。因此,综合保税区是我国目前开放程度最高、功能最齐全、政策最优惠的海关特殊监管区域,以保税加工、保税物流和保税服务为基本功能,并赋予配套的特定税收、监管政策,目标是建设加工制造中心、研发设计中心、物流分拨中心、检测维修中心、销售服务中心,享有"免证、免税、保税、退税"政策。

综合保税区实行与保税港区完全一样的税收政策:国外货物入区保税;货物出区进入国内销售按货物进口的有关规定办理报关,并按货物实际状态征税;国内货物入区视同出口,实行退税;区内企业之间的货物交易不征增值税和消费税。

5.5.2 保税区、综合保税区进出货物报关程序

由于保税港区数量很少(只剩下 2 个),而且与综合保税区政策类似,本部分只涉及保税区和综合保税区进出货物的报关程序。

(一) 保税区进出货物报关程序

保税区货物报关分进出境报关和进出区报关。

1. 进出境报关

进出境报关采用报关制和备案制相结合的运行机制,即保税区与境外之间进出境货物,属自用的,采取报关制,填写进出口报关单;属非自用的,包括加工出口、转口、仓储和展示,

采取备案制,填写进出境备案清单。即保税区内企业的加工贸易料件、转口贸易货物、仓储货物进出境,由收货人或其代理人填写进出境货物备案清单向海关报关;对保税区内企业进口自用合理数量的机器设备、管理设备、办公用品及工作人员所需自用合理数量的应税物品及货样,由收货人或其代理人填写《进口货物报关单》向海关报关。

2. 进出区报关

进出区报关要根据不同的情况按不同的报关程序报关。

(1) 加工贸易保税货物进出区。

进区,报出口,要有加工贸易登记手册或者加工贸易电子账册,填写出口报关单,提供有关的许可证件,海关不签发《出口货物报关单》退税证明联。

出区,报进口,按不同的流向填写不同的《进口货物报关单》:出区进入国内市场的,按一般进口货物报关,填写《进口货物报关单》,提供有关的许可证件;出区用于加工贸易的,按加工贸易货物报关,填写加工贸易《进口货物报关单》,提供加工贸易登记手册或者加工贸易电子账册;出区用于可以享受特定减免税企业的,按特定减免税货物报关,提供《征免税证明》和应当提供的许可证件,免缴进口税。

(2) 进出区外发加工。

保税区企业货物外发到区外加工,或区外企业货物外发到保税区加工,需经主管海关核准。进区提交外发加工合同向保税区海关备案,加工出区后核销,不填写进出口货物报关单,不缴纳税费。出区外发加工的,须由区外加工企业在加工企业所在地海关办理加工贸易备案手续,需要建立"银行保证金台账"的应当设立台账,加工期限最长为6个月;若情况特殊,经海关批准可以延长,延长的最长期限是6个月;备案后按加工贸易货物出区进行报关。

(3) 设备进出区。

不论是施工设备还是投资设备,进出区均需向保税区海关备案,设备进区不填写报关单,不缴纳出口税,海关不签发《出口货物报关单》退税证明联,设备系从国外进口已征进口税的,不退进口税;设备退出区外,也不必填写报关单申报,但要报保税区海关销案。

(二) 综合保税区进出货物报关程序

2022年1月1日海关总署颁布《中华人民共和国海关综合保税区管理办法》(海关总署第256号令),根据该办法对进出综合保税区的货物进行监督管理。

1. 与境外之间

综合保税区与境外之间进出的货物,其收发货人或者代理人应当如实向海关申报,按照海关规定填写进出境货物备案清单并办理相关手续。境外入区的具体流程如下。

(1) 加工贸易所需进境料件、转口货物、仓储货物适用进境备案手续(其他境外货物进区手续等同一般货物进口)。

(2) 货物到港后,收货人或其代理人到预录入点办理进境货物备案清单预录入手续(加工贸易进境料件在加工企业预录入,仓储、转口货物在仓库预录入),预录入按《中华人民共和国进出口货物报关单填制规范》填写。

(3) 将预录入数据向海关发送申报,待接到接受申报回执后,打印进境货物备案清单。

(4) 在进境货物备案清单上签署报关员名字,并加盖报关章,随附报关员证、提单(包括小提单)、相关商业单证、运输单证、原产地证书、审批单证及其他海关认为必要时需交验的有关单证和资料到海关办理书面申报手续。

（5）海关接单后，经审核符合申报条件、手续齐全有效的，予以放行，并在有关单证上加盖放行章或验讫章，将盖单证返还报关员办理提货手续。

（6）货物须由海关监管车辆从码头（机场等）承运至综合保税区内。

境外进入综合保税区的货物及其外包装、集装箱，应当由海关依法在进境口岸实施检疫。因口岸条件限制等原因，海关可以在区内符合条件的场所（场地）实施检疫。综合保税区运往境外的货物及其外包装、集装箱，应当由海关依法实施检疫。综合保税区与境外之间进出的交通运输工具，由海关按照进出境交通运输工具有关规定实施检疫。

境外进入综合保税区的货物予以保税。综合保税区与境外之间进出的货物不实行关税配额、许可证件管理（但法律法规、我国缔结或者参加的国际条约、协定另有规定的除外）。除法律法规另有规定外，下列货物从境外进入综合保税区，海关免征进口关税和进口环节税：

（1）区内生产性的基础设施建设项目所需的机器、设备和建设生产厂房、仓储设施所需的基建物资；

（2）区内企业开展研发、加工、制造、再制造、检测、维修，货物存储，物流分拨，融资租赁，跨境电商，商品展示，国际转口贸易，国际中转，港口作业，期货保税交割等业务所需的机器、设备、模具及其维修用零配件；

（3）综合保税区行政管理机构和区内企业自用合理数量的办公用品。

以上货物的监管年限，参照进口减免税货物的监管年限管理，监管年限届满的自动解除监管；监管年限未满企业申请提前解除监管的，参照进口减免税货物补缴税款的有关规定办理，属于许可证件管理的应当取得有关许可证件。境外进入综合保税区，供区内企业和行政管理机构自用的交通运输工具、生活消费用品，海关依法征收进口关税和进口环节税。

除法律法规另有规定外，综合保税区运往境外的货物免征出口关税。区内出境的流程如下：

（1）区内运往境外的货物适用出境备案手续；

（2）发货人或其代理人到预录入点办理出境备案清单预录入手续，预录入按《中华人民共和国进出口货物报关单填制规范》填写。

（3）将预录入数据向海关发送申报，待收到申报回执后，打印出境货物备案清单。

（4）在出境备案清单上签署报关员名字，并加盖报关章，随附报关员证、相关商业单证、运输单证、审批单证及其他海关认为必要时需交验的有关单证和资料到海关办理书面申报手续。

（5）海关接单后，经审核符合申报条件、手续齐全有效的，予以放行，并在有关单证上加盖放行章或验讫章，将盖单证返还报关员办理货物装船出运手续。

（6）货物须由海关监管车辆从综保区运送至码头（机场等）。

2．与区外之间

综合保税区与中华人民共和国境内的其他地区（以下简称"区外"）之间进出的货物，区内企业或者区外收发货人应当按照规定向海关办理相关手续。综合保税区与区外之间进出货物包括区外货物进区和区内货物出区两个部分。

货物从区外(境内)出口到综合保税区流程如下：

(1) 从区外运往综合保税区的货物适用出口报关手续。

(2) 货物先运入综合保税区或直接运入码头后，发货人或其代理人到预录入点办理出口报关单预录入手续，预录入按《中华人民共和国海关进出口货物报关单填制规范》填写。

(3) 将预录入数据向海关发送申报，待接到申报回执后，打印《出口货物报关单》。

(4) 在报关单上签署报关员名字，加盖报关章，随附报关员证、相关商业单证、运输单证、审批单证及其他海关认为必要时需交验的有关单证和资料到海关办理书面交单申报手续。

(5) 海关接单后，经审核符合申报条件、手续齐全有效的，予以放行，并在相关单证上加盖放行章或验讫章，将盖章单证返还报关员办理货物进区手续。

货物从综合保税区内到区外的流程如下(与其他境外货物进区手续相同)：

(1) 除加工贸易进境料件、转口货物和仓储货物外的从境外运入综合保税区(需由海关车辆运送)，或者从综合保税区运往区外，或者从境外通过综合保税区报关直接运往区外的货物适用进口报关手续。

(2) 收货人或其代理人到预录入点办理进口报关单预录入手续，按《中华人民共和国海关进出口货物报关单填制规范》填写。

(3) 将预录入数据向海关发送申报，待接到接受申报回执后，打印进口报关单。

(4) 在报关单上签署报关员名字，加盖报关章，随附报关员证、相关商业单证、运输单证、审批单证及其他海关认为必要时需交验的有关单证和资料到海关办理书面交单申报手续。

(5) 海关接单后，经审核符合申报条件、手续齐全有效的，予以放行，并在相关单证上加盖放行章或验讫章，将盖章单证返还报关员办理货物提货手续。

货物属于关税配额、许可证件管理的，区内企业或者区外收发货人应当取得关税配额、许可证件；海关应当对关税配额进行验核，对许可证件电子数据进行系统自动比对验核。除法律法规另有规定外，海关对综合保税区与区外之间进出的货物及其外包装、集装箱不实施检疫。

综合保税区与区外之间进出的货物，区内企业或者区外收发货人应当按照货物进出区时的实际状态依法缴纳关税和进口环节税。区内企业加工生产的货物出区内销时，区内企业或者区外收发货人可以选择按照其对应进口料件缴纳关税，并补缴关税税款缓税利息；进口环节税应当按照出区时货物实际状态照章缴纳。经综合保税区运往区外的优惠贸易协定项下的货物，符合相关原产地管理规定的，可以适用协定税率或者特惠税率。

区内企业可以按照海关规定办理集中申报手续。除海关总署另有规定外，区内企业应当在每季度结束的次月15日前办理该季度货物集中申报手续，但不得晚于账册核销截止日期，且不得跨年度办理。集中申报适用海关接受集中申报之日实施的税率、汇率。

综合保税区与其他综合保税区等海关特殊监管区域、保税监管场所之间往来的货物予以保税。综合保税区与其他综合保税区等海关特殊监管区域或者保税监管场所之间流转的货物，不征收关税和进口环节税。

案例 5-4

综合保税区适合入区项目典型案例

1. 保税加工案例

A 综合保税区：M 企业是从事晶圆预处理、封装测试的加工制造企业（企业为加工制造类成品内外兼销模式原料内外采购型）。

适用政策：基建物资及设备免税，境外货物入区保税，境内货物入区退税，综合保税区运往境外的货物免征出口关税，保税货物自由流转，7×24 小时预约通关，便捷进出区等。

取得成效：M 企业 2021 年进出口值 2430.3 亿元人民币，同比增长 18.2%，发展迅速。M 企业积极拓展新市场、延伸产业链，入区以来已完成投资 22 亿美元，计划继续投资，扩大生产。

2. 研发设计案例

B 综合保税区：N 企业是从事快速诊断医疗产品开发与生产的企业（企业为研发设计类生产性研发型）。

适用政策：基建物资及设备进口免税，境外货物入区保税，境内货物入区退税，从境外进口（除禁止进境的外）且在区内用于研发的货物、物品，免于提交许可证件，进口的消耗性材料根据实际研发耗用核销。

取得成效：N 企业于 2020 年 7 月份研发上市了新型冠状病毒抗原检测试剂盒（胶体金法）（以下简称"新冠试剂盒"），在综合保税区内开展保税研发后，新冠试剂盒的关键原材料从国外进口变为国内采购且不需办理特殊物品审批，通关时间从原先的 10 个工作日压缩至 0.5 个工作日，提升 95%。企业新冠试剂盒月出口值从 961 万美元跃升至 1700 万美元，增幅高达 77%。

3. 物流分拨配送案例（药品分拨中心）

C 综合保税区：P 企业是经营保税药品进口的企业（物流分拨类进口配送型）。

适用政策：境外货物入区保税，区内企业之间保税货物自由流转，"两步申报"，"两段准入"，"批次进出，集中申报"。

取得成效：据 P 企业测算，每票进口冷链药品可节约货站冷藏等成本费用 2000~10000 元人民币。企业每月可节省冷藏费用成本在 10 万元人民币以上。药品出区时效由 1~2 天缩减为 0.5 天以内，提升市场竞争力。该企业 2020 年进出口货值 43.35 亿元人民币，同比增长 2.67%；2020 年 C 综合保税区保税药品进出口 88.08 亿元人民币，同比增长 6.12%。C 综合保税区正逐步成为该地保税医药分拨中心。

4. 境内外维修案例

D 综合保税区：Q 企业是从事境内外民航飞机和飞机部件保税改装维修的企业（保税维修类）。

适用政策：允许综合保税区内企业开展高技术、高附加值、符合环保要求的保税维修业务，进境维修货物及维修所需进口料件保税，进口设备免税，进出口流程简化等。

取得成效：以客改货为例，Q 企业 2019 年交付 5 架次客改货飞机，进出口值 3497 万美元；2020 年交付 6 架次客改货飞机，进出口值 4.646 亿美元；2021 年交付 7 架次客改货飞机，进出口值 10.479 亿美元。

5. 跨境电商物流供应链服务发展案例

E 综合保税区：R 企业是从事跨境电商商品保税仓储、分拣、打包服务的企业（物流分拨类物流综合型）。

适用政策：境外货物入区保税，跨境电商零售进口税收政策，仓储货物按状态分类监管，网购保税进口商品与其他保税货物同仓存储和账册互转等。

取得成效：R 企业建立了 15 万平方米的自动化标杆仓库，带动就业 400 余人。2020 年"双 11"促销期间用工超 4000 余人。E 综合保税区等各综合保税区内现有跨境仓储企业 30 余家，仓储面积近百万平方米，汇集了包括各类知名电商平台在内的近 1000 家跨境电商企业。2021 年，E 综合保税区所在市跨境电商网购保税进口清单 1.2 亿票，商品总值 261.1 亿元人民币，同比分别增长 8.9% 和 23.7%。

6. 承接境内（区外）企业委托加工业务案例

F 综合保税区：S 企业是从事笔记本电脑、服务器、手机、智能家居等 IT 产品的生产加工的企业（加工制造类成品内外兼销模式原料内外采购型）。

适用政策：区内加工制造企业可利用剩余产能承接境内区外委托加工，有效填补淡季时人力、设备等空闲，提升企业规模经营效益，统筹国内国外"两种资源、两个市场"。

取得成效：试点以来，通过承接委托加工笔记本电脑业务，该企业共加工出区笔记本 521 万台，货值 194 亿元人民币。S 企业充分依托综合保税区产业链、供应链等各类资源要素集成的优势，实现了产量逆势上涨。

7. "抽样后即放行"助力进口食品分拨案例

G 综合保税区：T 企业是从事进口酒类、食品保税存储、分拨配送的保税物流企业（物流分拨类进口配送型）。

适用政策：仓储货物按状态分类监管；"抽样后即放行"，进口食品在从境外入区环节无须检验便可快速提离口岸，同时在出区进入国内市场环节，对需检测的，实施抽样后即放行。

取得成效：2021 年，T 企业共计有 81 批次货物实行"抽样后即放行"，主要涉及白兰地酒、意大利千层面等货物，货值约 470 余万美元，节约企业通关时间 3～7 个工作日，节约企业运输费用约 4000 元人民币（每辆车）。

8. 再制造典型案例

H 综合保税区：W 企业是从事平板电脑、笔记本电脑的生产及平板电脑再制造企业（检测维修类再制造型）。

适用政策：基建物资及设备进口免税，境外货物入区保税，境内货物入区退税，区内企业之间货物交易免征增值税、消费税等。再制造产品监管模式参照保税维修业务执行。

取得成效：再制造相对于传统生产代工能获得 2～3 倍的利润，W 企业开展平板电脑再制造以来，业务发展迅速，目前可用于再制造生产线已达 18 条，带动新增就业 3700 人。2021 年共计再制造平板电脑进出区 189.4 万台。

5.6 自由贸易试验区进出货物的报关

5.6.1 自由贸易试验区概述

自由贸易试验区(Free Trade Zone,FTZ)是指在贸易和投资等方面比世界贸易组织有关规定更加优惠的贸易安排,在主权国家或地区的关境以内,划出特定的区域,准许外国商品豁免关税自由进出,实质上是采取自由港政策的关税隔离区。自由贸易试验区狭义上仅指提供区内加工出口所需原料等货物的进口豁免关税的地区,类似出口加工区;广义上还包括自由港和转口贸易区。

自由贸易试验区内允许外国船舶自由进出,外国货物免税进口,取消对进口货物的配额管制,也是自由港的进一步延伸,是一个国家对外开放的一种特殊的功能区域。自由贸易试验区除了具有自由港的大部分特点外,还可以吸引外资设厂,发展出口加工企业,允许和鼓励外资设立大的商业企业、金融机构等促进区内经济综合、全面的发展。我国自从2013年设立首个自由贸易试验区以来,截至2022年10月已陆续设立21个自由贸易试验区(如表5-5所示),形成了东西南北中协调、陆海统筹的开放态势,推动形成了我国新一轮全面开放格局,对于中国扩大开放、引领高质量发展、服务与融入国家重大战略有着重要的意义。

表 5-5 我国已设立的自由贸易试验区

设立时间	自由贸易试验区名称	设立时间	自由贸易试验区名称
2013.09.29	中国(上海)自由贸易试验区	2018.09.24	中国(海南)自由贸易试验区
2014.12.31	中国(广东)自由贸易试验区	2019.08.26	中国(山东)自由贸易试验区
2014.12.31	中国(天津)自由贸易试验区	2019.08.26	中国(江苏)自由贸易试验区
2014.12.31	中国(福建)自由贸易试验区	2019.08.26	中国(广西)自由贸易试验区
2017.03.15	中国(辽宁)自由贸易试验区	2019.08.26	中国(河北)自由贸易试验区
2017.03.15	中国(浙江)自由贸易试验区	2019.08.26	中国(云南)自由贸易试验区
2017.03.15	中国(河南)自由贸易试验区	2019.08.26	中国(黑龙江)自由贸易试验区
2017.03.15	中国(湖北)自由贸易试验区	2020.09.21	中国(北京)自由贸易试验区
2017.03.15	中国(重庆)自由贸易试验区	2020.09.21	中国(湖南)自由贸易试验区
2017.03.15	中国(四川)自由贸易试验区	2020.09.21	中国(安徽)自由贸易试验区
2017.03.15	中国(陕西)自由贸易试验区		

在一国境内设立自由贸易试验区具有以下功能:充分利用自由贸易试验区作为商品集散中心的地位,进一步扩大国家和地区的出口贸易和转口贸易,从而提高其在全球贸易中的地位和能级,并且创造更多的外汇收入;充分利用自由贸易试验区作为国际投资中心的地位,利用区内税收、外汇使用等优惠政策,进一步吸引外资,引进国外先进技术与管理经验;充分利用自由贸易试验区作为国际物流中心的地位,通过在港口、交通枢纽和边境地区设立自由贸易试验区,可起到繁荣港口、刺激所在地区和国家交通运输、物流业发展的作用。

上海自贸区播撒众多创新"良种"

中国(上海)自由贸易试验区(以下简称"上海自贸区")广播制度创新"良种",形成了300多项向全国复制推广的制度创新成果。其中,国务院先后推出的6批向全国复制推广的自由贸易试验区制度创新经验中,约一半为上海首创。尤其是在"十三五"期间,上海自贸区以制度创新为核心,大胆试、大胆闯、自主改,充分彰显了改革开放"试验田"的作用。

负面清单"瘦身"

2013年9月29日,上海自贸区挂牌后,将推出全国第一张负面清单。许多人深夜无眠,翘首企盼自由贸易试验区交出的第一份"作业单"。在当天下午召开的上海自贸区情况说明会上,谈到即将揭开神秘面纱的首份负面清单,自由贸易试验区有关负责人表示,"我们是小学生"。

如今,当年的"小学生作业"——"外商投资负面清单"早已不是新名词,普通人也已耳熟能详;"作业量"则大大减负,从2013版的190条减少到2020版的30条。受益于负面清单的正面效应,全国第一家再保险经纪公司、外商独资游艇设计公司、外商独资金融类投资性公司等一批首创性项目,在自由贸易试验区如雨后春笋般涌现……负面清单也由此成为自由贸易试验区内企业最频繁提及、让企业获得感最多的制度创新之一。

负面清单产生的"场效应",不仅是数量上的"加减法",更是管理制度的重大突破。如今,上海自贸区率先推出的外商投资负面清单管理模式,已经写入《中华人民共和国外商投资法》,率先在55个开放领域落地一批全国首创性项目等。

从"特斯拉速度"到"山姆速度"

"去年,我们创造了'特斯拉速度',从项目签约到开工建设只用了半年时间;今年,我们又创造了'山姆速度',落户外高桥保税区的山姆中国会员旗舰店,从签约到开工仅用了76天。"昨天,在市政府召开的浦东新区专场新闻发布会上,浦东新区相关负责人如是说。

两个"飙升"的速度背后有一个共同的关键词——自贸区。"特斯拉速度"形成于去年8月成立的上海自贸区临港新片区;"山姆速度"则产生于上海自贸区外高桥保税区。好的营商环境就是软实力,就是生产力。"特斯拉速度""山姆速度"作为上海营商环境的典范,受益于自贸区的创新审批管理模式和服务机制,为项目顺利开工奠定了基础,类似的案例未来将成为自贸区的"新常态"。

上海自贸区有关负责人介绍,将始终把完善市场化、法治化、国际化的营商环境作为改革重点,围绕企业从设立到退出的全生命周期,持续优化政务服务。比如,为破解企业准入难题,上海自贸区先后推出"先照后证""证照分离""一业一证"等改革;又率先推出企业名称登记告知承诺制,在临港新片区试点商事主体登记确认制,登记速度从改革前的"一天"提升到"实时"办理。

又一项创新举措——"医疗器械注册人"制度

2020年9月,上海自贸区保税区域内的两家外资企业举行了一场简短的医疗器械项目签约仪式。和普通企业签约不同,记者了解到,这是在政府的牵线搭桥和精准服务下,上海自贸区又一项开花结果的制度创新——"医疗器械注册人"制度。

"过去,医疗器械研发企业需要生产许可证,才能实现产业化。创新的制度允许符合条件的企业,将创新成果委托给专业代工企业生产,既让企业能够一心一意做研发,实现从'卖青苗'变成卖产品,也缩短了成果变产品、产品变商品的时间,让企业赢得了宝贵的商机,本地化生产也给患者带来了更加优惠的产品。"施乐辉医用产品国际贸易(上海)有限公司相关负责人表示。

上海自贸区相关负责人表示,下一步,上海自贸区将全面对标CPTPP(全面与进步跨太平洋伙伴关系协定)等国际规则,加大压力测试,着力打造"升级版";力争率先建成与国际高标准经贸规则相衔接的对外开放枢纽门户功能示范区,融通全球资金、信息、人才等高端要素资源的全球资源配置功能示范区,集聚全球创新资源的科技创新策源功能示范区,聚焦产业链、价值链、生态链核心环节的高端产业引领功能示范区。

(资料来源:宋宁华.全国自贸区制度创新近半来自上海首创!上海自贸区播撒众多创新"良种"[EB/OL].(2020-09-29)[2022-08-29]. https://baijiahao.baidu.com/s? id = 1679128549572127285&wfr = spider&for=pc.)

中国自由贸易试验区设立的主要目的是以制度创新为核心,以可复制、可推广为基本要求,在加快政府职能转变、探索体制机制创新、促进投资贸易便利化等方面进行先行先试,为全面深化改革和扩大开放探索新途径、积累新经验。由于上海自贸区是第一个设立的自由贸易试验区,承担着为其他自由贸易试验区积累可复制经验的重要任务,所以,本节以上海自贸区为例,梳理海关对其监管特点、要求及报关规定。

5.6.2 上海自贸区监管特点

上海自贸区借鉴了国际自由贸易园区的先进经验,并以投资管理体制创新、扩大服务业开放和金融制度改革为核心任务,已经不再是简单的特殊经济区域范畴,形成了自身的鲜明特点。

特点一:自由贸易试验区不限于保税区的一般做法。1990年以来,我国的保税区主要以特殊政策为特点,主要体现在税收政策的减免及外汇、监管、投资政策的便利等;2009年以来,上海综合保税区以功能创新为重点,着力推进经济功能和商业模式创新突破,满足跨国公司国际化运作需求,打造与国际接轨的贸易便利化环境。而此次自由贸易试验区以制度创新为核心,通过带动投资、金融、贸易、政府管理等一系列制度变革,培育我国面向全球的竞争新优势,构建与各国合作发展的新平台,这早已超越了海关特殊监管区域的功能定位。

特点二:自由贸易试验区不囿于传统的自由贸易园区。试验区积极借鉴欧美自由贸易园区的经验和做法,在提升对外贸易、航运服务、便利化环境等传统自由贸易园区功能的基础上,进一步增加了服务贸易、金融领域的扩大开放,为自由贸易园区增加了新的内涵和发展空间。

特点三:自由贸易试验区不同于新加坡等自由港模式。新加坡发展的特色是自由港政策和制度,包括贸易自由、融资汇兑自由、航运自由等,通过开放、高效、低税赋形成自由港的国际竞争力。我国的自由贸易试验区借鉴了国际通行做法,但主要目的还是以开放促改革、以改革促发展,为全国的改革开放积累经验。

特点四：自由贸易试验区不拘于一般开发区的内容框架。自由贸易试验区是国家战略，不着重一般的产业培育、招商引资、经济发展，而是强调在投资管理、服务业开放、金融、航运、贸易等多个层面的先行先试和全方位的制度创新。

特点五：自由贸易试验区不止于自身的建设发展。"中国（上海）自由贸易试验区"的名称就表明这是一个国家试验区，建设目标是成为我国推动改革和提高开放型经济水平的试验田，寻求能够在全国可复制、可推广的制度性建设，发挥示范带动、服务全国的积极作用。

上海自贸区的主要任务是适应建立国际高水平投资和贸易服务体系的需要，创新监管模式，促进试验区内货物、服务等各类要素自由流动，形成公开、透明的管理制度。具体而言就是要做到"'一线'放开，'二线'管住"。

5.6.3　上海自贸区报关规定

上海自贸区范围涵盖上海市外高桥保税区、外高桥保税物流园区、洋山保税港区和上海浦东机场综合保税区等4个海关特殊监管区域。2014年12月28日全国人大常务委员会授权国务院扩展上海自贸区区域，将面积扩展到120.72平方公里。上海自贸区已建立"'一线'放开，'二线'管住，区内自由"的便利通关新模式。新模式以"一线""先进区、后报关"、"二线""批次进出、集中申报"、区内"自行运输"为标志。这也是国际自由贸易区通行的通关模式。

（一）先进区、后报关

"先进区、后报关"是指在海关特殊监管区域境外入区环节，允许经海关备案登记的海关特殊监管区域内企业（以下简称"区内企业"）可以凭进境货物舱单等信息先向海关简要申报，并办理口岸提货和货物进区手续，后在海关规定的时限内向海关办理进境货物正式申报手续的作业模式[①]。

1. 实施"先进区、后报关"作业模式的条件

区内企业应当符合以下条件：

（1）海关企业信用管理认定为一般信用及以上企业的。

（2）建立符合海关监管要求的计算机管理系统，能够通过数据交换平台或者其他计算机网络，按照海关规定的认证方式与"中国（上海）自由贸易试验区海关监管信息化系统"联网，向海关报送能够满足海关监管要求的相关数据。

符合条件的区内企业开展"先进区、后报关"作业模式的，应当向试验区内特殊监管区域主管海关（以下简称"主管海关"）办理备案手续，并提交以下材料：

（1）《中国（上海）自由贸易试验区"先进区、后报关"业务模式备案表》。

（2）《报关单位注册登记证书》正本及复印件。

（3）海关认为需要提交的其他材料。主管海关在材料收齐之日起3个工作日内反馈意见。备案后区内企业可以自行选择全部或者部分业务适用"先进区、后报关"作业模式。

[①] 上海海关关于在中国（上海）自由贸易试验区实行境外入区货物"先进区、后报关"作业模式的公告[EB/OL]. (2016-02-16)[2022-08-09]. http://www.customs.gov.cn/shanghai_customs/423405/qtzhxx1/423461/423462/434396/index.html.

下列货物不适用"先进区、后报关"作业模式：国家禁止进口货物及自境外进入海关特殊监管区域时依法需向海关递交许可证件的货物，国家主管部门发布的《危险化学品目录》中列明的危险化学品。

2."先进区、后报关"作业模式操作流程

（1）区内企业应当在信息化系统企业端中根据货物的舱单等信息如实填制《提货申请单》并发送至主管海关；接收到核准信息后前往口岸提货，并在信息化系统企业端打印《提货通知书》。

（2）空运货物采用"先进区、后报关"作业模式的区内企业应在《提货申请单》"提运单号"栏填报"总运单号_分运单号"，无"分运单号"的填报"总运单号"。区内企业可以凭海关提货通知书电子放行信息（以下简称"电子放行信息"）直接在空运货站办理货物提离手续，或在仓库类监管场所办理货物提离手续。

（3）区内企业应当使用海关监管车辆运输货物，并在提货后的24小时内凭《提货通知书》将货物运入试验区。

（4）区内企业应当自运输工具申报进境之日起14日内向主管海关申报进境备案。

在试验区内实施区港一体管理的海关特殊监管区域，对从区内口岸作业区经区内通道运至区内保税作业区的"先进区、后报关"货物，企业可以自行运输。监管场所经营人凭海关《提货通知书》电子放行信息办理货物交付提离手续。监管场所经营人应当按照《上海海关关于实施放行电子信息安全认证规范的公告》（上海海关2013年第4号公告）的规定对接收的电子放行信息进行验签等操作，在对收到的电子放行信息与货物实际信息就运输工具名称、航（班）次、提（运）单号、件数、数量等核对一致后，可以办理相关货物的交付手续。同时，监管场所经营人应当妥善保存电子放行信息、放行确认凭证及其他各类相关单证，以备海关核查。

监管场所经营人因系统设备故障无法正常接收电子放行信息的，或者收到的相关货物电子放行信息与货物实际信息不符的，应当开具纸质《进口货物海关电子放行信息确认联系单》（一式两份），交由适用"先进区、后报关"作业模式的企业提交至口岸海关办理放行确认手续。已入区未备案申报的货物不得出区；已备案申报货物在收发货过程中发生错发、溢短及破损等情况需要退运出区的，按一般退运手续处理。

有下列情形之一的，暂停适用相应企业的"先进区、后报关"作业模式：不符合业务开展条件的；涉嫌走私或者进出口侵犯知识产权货物，被海关立案调查的；有其他违法行为，海关认为需要暂停的。待重新符合业务开展条件或者调查结束后，由主管海关根据实际情况确定是否恢复。

以上适用自由贸易试验区的业务模式及优化措施同时适用于试验区外其他海关特殊监管区域和保税物流中心B型。

（二）批次进出、集中申报

"批次进出、集中申报"是指允许特殊监管区域内企业与境内区外企业分批次进出货物的，可以先凭海关特殊监管区域管理系统、保税物流管理系统（即金关二期系统）的出入库单和卡口核放单办理货物的实际进出区手续，再在规定期限内以备案清单或者报关单集中办理报关手续，海关依托辅助系统进行监管的一种通关模式，目的主要是解决通关效率低、审核时间长、通关成本高的问题。

区内企业适用分送集报模式,应当具备以下条件:

(1) 企业信用状况为一般信用及以上。

(2) 建立符合海关监管要求的计算机管理系统,能够通过数据交换平台或者其他计算机网络,按照海关规定的认证方式与信息化系统联网,向海关报送能够满足海关监管要求的相关数据。

区内企业应当通过金关二期系统向主管海关办理设立电子账册手续,并通过电子账册详细记录商品的进、出、转、存等情况。货物首批次进出区前,区内企业通过金关二期系统填报分送集报申报表,向主管海关备案本企业及货物等关联信息。

适用分送集报模式的进出区货物涉及许可证件管理的,区内企业应按照海关总署关于许可证件联网核查等有关规定办理。适用分送集报模式的进出区货物涉及税款征收的,区内企业应当按照规定在货物实际进出区前提供保证金、银行或者非银行金融机构保函及海关认可的其他税款担保。

货物分批次进出区时,区内企业应当通过金关二期系统填报分送集报出入库单及卡口核放单。已分批进出区货物在集中申报前需要退运的,区内企业应当通过金关二期系统向海关填报退运出入库单,退运的出入库单应当关联原出入库单编号。

区内企业应当在规定时限内通过金关二期系统将批次进出区货物的出入库单汇总为保税核注清单。区外企业应当在规定期限内办理集中申报手续,填报进出口货物报关单,并在进出口货物报关单备注栏中注明"分送集报"字样。区外企业不得跨年度办理集中申报手续。

进出区货物经查验发现异常的,该批货物不得进行集中申报,区内企业应当按照逐票申报的方式通过金关二期系统填报保税核注清单,并由区外企业办理报关手续。

税率或者汇率发生调整的,区外企业应当区分调整前批次进出的货物和调整后批次进出的货物,分开办理集中申报手续。区外企业办结集中申报手续、缴清应缴纳税款后,金关二期系统自动恢复担保额度。

案例 5-6

海口海关"批次进出、集中申报"助力企业赢得"先机"

为认真贯彻落实商务部等18部门《关于在中国(海南)自由贸易试验区试点其他自贸试验区施行政策的通知》要求,海口海关所属马村港海关推动"批次进出、集中申报"监管制度落地,通过制度创新不断优化营商环境、降低企业运营成本,助力企业复工复产。

马村港海关相关负责人向记者介绍,"批次进出、集中申报"是指允许海关特殊监管区域内企业在办理金关二期海关特殊监管区域管理系统底账后,可以先通过金关二期区域系统办理货物的实际进出区手续,再在规定期限内以报关单集中办理海关报关手续,海关依托金关二期区域系统进行监管的一种通关模式。

据了解,该通关模式由原来的"一票一报"改为"多票一报",从而减少企业申报次数,降低企业通关成本,方便企业开展"多批次、小批量"进出口业务。同时,"批次进出、集中申报"是海关认真贯彻落实相关部门支持海南自由贸易港建设的具体举措之一。2020年4月,马村港海关共监管放行"批次进出,集中申报"报关单54份,涉及商品9.02万件、货值3884万元。

海口免税店有限公司相关负责人告诉记者：以"批次进出、集中申报"方式办理报关手续，增强了货物进出的灵活性，让企业及时捕捉应对市场变化，同时解决了企业办理保税货物内销时通关环节多、时效长、效率低等问题，更重要的是降低了企业的运营成本。

下一步，海关将会结合区内实际，不断加大监管制度创新力度，促进海口综合保税区高水平开放高质量发展，助力海南国际旅游消费中心建设。

（资料来源：海口海关"批次进出、集中申报"助力企业赢得"先机"[EB/OL].（2020-05-18）[2022-08-27]. https://baijiahao.baidu.com/s? id=1667031605527434124&wfr=spider&for=pc.）

案例 5-7

"先进区、后报关"带来的益处

目前，"先进区、后报关"发展较为成熟，已覆盖区内有需求的空运、海运企业，企业物流成本平均下降10%，为企业更好地把握市场机遇、发展国际贸易提供便利与支持。

案例企业：上海元初供应链管理有限公司

1. 改革前做法

流程：货物信息备案、船公司换单、进区备案、提货入库四个环节。

时间：货物信息多而杂的时候，基本需花费5～7天的货物信息备案时间，5～7天HS归类、修改、探讨的时间，2～4天船公司换单、进境备案和运输，合计时间在12～20天后货物才可以进自由贸易试验区仓库。

2. 改革后的做法

流程：货物信息备案、进区备案等环节可同步进行，简化流程。

时间：货物到港，船公司换单，凭"先进区、后报关"政策，2天左右进入自由贸易试验区仓库，缩短10～18天。

3. 改革主要成效

节约时间：货物到港，船公司换单，凭"先进区、后报关"政策，2天左右进入自由贸易试验区仓库，缩短10～18天。

节约资金成本：避免了海关15天未申报的滞报金，船公司超过10天的滞箱费；降低了港区的堆杂费、搬移费等。

提高效率：之前遇到HS预归类审核、货物信息不准确、发货溢短等造成的删改单等情况，通过"先进区、后报关"可以先核实货物信息，准确向海关申报，避免问题发生。

本章小结

本章介绍了保税物流货物的概念、保税物流的主要功能、税收政策及不同监管模式；主要阐述了保税仓库、出口监管仓库、保税物流中心、保税物流园区、保税区、保税港区和综合保税区等海关监管特殊区域进出货物的监管要求和报关程序，并对它们之间的区别做了清楚的比较；最后，特别介绍了近年来正在蓬勃发展的自由贸易试验区的功能及其进出货物的报关规定。

关键词

保税物流货物 "一线"与"二线" 保税仓库 出口监管仓库 保税物流中心 保税物流园区 保税区 保税港区 综合保税区 自由贸易试验区 "先进区、后报关"

思考与问答

(1) 保税物流货物的监管模式有哪两大类?分别包括哪些类型?

(2) 保税物流主要有哪些功能?

(3) 保税物流区域有哪些具体的税收政策?

(4) 保税物流中心 A 型与保税物流中心 B 型有什么不同?

(5) 比较保税区、保税港区、综合保税区的概念、功能和税收政策。

(6) 相较于以往的海关监管区域,自由贸易试验区有什么鲜明特点?

第6章 其他特殊货物的报关程序

本章学习目标

- 了解特定减免税货物的含义及其报关规定。
- 了解暂准进出境货物的含义及其报关规定。
- 熟悉跨境电商进出口流程及其报关要点。
- 了解过境、转运、通运货物的区别及其报关规定。
- 了解货样广告品、出料加工货物的报关规定。
- 了解无代价抵偿货物的含义及其报关要点。
- 了解进出境快件的报关管理规定。
- 了解退运货物、退关货物的报关规定。

6.1 特定减免税货物的报关程序

6.1.1 特定减免税货物

特定减免税货物是海关根据国家的政策规定准予减免税进口，用于特定地区、特定企业、特定用途的货物。特定地区减免税货物主要是在出口加工区、保税物流园区、保税区、保税港区使用的一些货物；特定企业减免税货物主要是外商投资项目在投资额度内进口自用设备、外商投资企业投资总额外进口自用设备；特定用途减免税货物主要包括国内投资项目进口自用设备、贷款项目进口物资、科教用品、科技开发用品、残疾人专用品、救灾捐赠物资、扶贫慈善捐赠物资等。

特定减免税货物具有以下特征。

1. 特定条件下减免进口关税

特定减免税是我国关税优惠政策的重要组成部分，是国家无偿向符合条件的进口货物使用企业提供的关税优惠，其目的是优先发展特定地区的经济，鼓励外商在我国的直接投资,促进国有大中型企业和科学、教育、文化、卫生事业的发展。因而,这种关税优惠具有鲜明的特定性,只能在国家行政法规规定的特定条件下使用。特定减免税进口的货物只能以自用为目的,符合享受减免税优惠政策条件的单位不得以自用为名,替他人申请办理进口货物的减免税手续。

2. 属许可证管理的,进口申报应当提交进口许可证件

特定减免税货物是实际进口货物。按照国家有关进出境管理的法律法规,凡属于进口需要交验许可证件的货物,收货人或其代理人应交验进口许可证件。

3. 进口后在特定的海关期限内接受海关监管

进口货物享受特定减免税的条件之一就是在规定的期限,使用于规定的地区、企业和用途,并接受海关的监管。特定减免税进口货物的海关监管期限按照货物的种类各有不同(如表 6-1 所示)。

表 6-1 特定减免税进口货物的海关监管期限

特定减免税货物的范围	设定的海关监管期限
船舶、飞机	8 年
机动车辆	6 年
其他货物	3 年

6.1.2 特定减免税货物的管理

减免税申请人可以自行向海关申请办理减免税备案、审批、税款担保和后续管理业务等相关手续,也可以由已经在海关办理备案登记的报关企业代理,还可以由进口货物收货人代理。

有下列情形之一的,减免税申请人可以向海关申请凭税款担保先予办理货物放行手续:主管海关按照规定已经受理减免税备案或者审批申请,尚未办理完毕的;有关进出口税收优惠政策已经国务院批准,具体实施措施尚未明确,海关总署已确认减免税申请人属于享受该政策范围的;其他经海关总署核准的情况。

减免税申请人在货物申报进口前向主管海关提出申请,主管海关准予担保的,出具"准予办理减免税货物税款担保证明",进口地海关凭主管海关出具的准予担保证明,办理货物的税款担保和验放手续。税款担保期限不超过 6 个月,经直属海关关长或者其授权人批准可以予以延期,延期不超过 6 个月。

在海关监管年限内,减免税申请人应当自进口减免税货物放行之日起,在每年第一季度向主管海关递交减免税货物使用状况报告书,期间海关将依法实施稽查。减免税货物因品质或者规格原因原状退运出境,以无代价抵偿方式进口同一类型货物的,不予恢复其减免税额度;未以该方式进口的,可以在货物退运出境之日起 3 个月内向海关申请恢复其减免额度。

6.1.3 特定减免税货物的报关程序

根据 2020 年 12 月 11 日公布的《中华人民共和国海关进出口货物减免税管理办法》(海关总署第 245 号令),特定减免税货物的报关程序一般有减免税审核确认、进口报关、后续处置和解除监管 3 个阶段。

(一)减免税审核确认

减免税申请人按照有关进出口税收优惠政策的规定申请减免税进出口相关货物,应当在货物申报进出口前,取得相关政策规定的享受进出口税收优惠政策资格的证明材料,并凭以下材料向主管海关申请办理减免税审核确认手续:

(1)《进出口货物征免税申请表》;

(2)事业单位法人证书或者国家机关设立文件、社会团体法人登记证书、民办非企业单位法人登记证书、基金会法人登记证书等证明材料;

(3)进出口合同、发票以及相关货物的产品情况资料。

主管海关应当自受理减免税审核确认申请之日起10个工作日内,对减免税申请人主体资格、投资项目和进出口货物相关情况是否符合有关进出口税收优惠政策规定等情况进行审核,并出具进出口货物征税、减税或者免税的确认意见,制发《中华人民共和国海关进出口货物征免税确认通知书》(以下简称《征免税确认通知书》)。

有下列情形之一,主管海关不能在规定期限内出具确认意见的,应当向减免税申请人说明理由:有关进出口税收优惠政策规定不明确或者涉及其他部门管理职责,需要与相关部门进一步协商、核实有关情况的;需要对货物进行化验、鉴定等,以确定其是否符合有关进出口税收优惠政策规定的。有以上规定情形的,主管海关应当自情形消除之日起10个工作日内,出具进出口货物征税、减税或者免税的确认意见,并制发《征免税确认通知书》。

《征免税确认通知书》有效期限不超过6个月,减免税申请人应当在有效期内向申报地海关办理有关进出口货物申报手续;不能在有效期内办理,需要延期的,应当在有效期内向主管海关申请办理延期手续。《征免税确认通知书》可以延期一次,延长期限不得超过6个月。《征免税确认通知书》有效期限届满仍未使用的,其效力终止。无《征免税确认通知书》的,海关在进出口环节照章征税。减免税申请人需要减免税进出口该《征免税确认通知书》所列货物的,应当重新向主管海关申请办理减免税审核确认手续。除有关进出口税收优惠政策或者其实施措施另有规定外,进出口货物征税放行后,减免税申请人申请补办减免税审核确认手续的,海关不予受理。

(二)进口报关

特殊减免税货物的进口报关操作如下:

① 登录"中国国际贸易单一窗口"门户网站:www.singlewindow.cn,依次点击标准版应用—货物申报—减免税,进入减免税申请模块。

② 用户在"中国国际贸易单一窗口"减免税申请界面的"是否已申报进口"栏填写"是"。

③ 在"报关单编号"栏输入已申报进口货物的进口报关单编号。

④ 填入报关单编号后,系统弹框提示"请确认报关单编号是否正确"。

⑤ 点击"确认"后,系统按照报关单编号调取该进口报关单相关字段的电子数据,反填至减免税申请界面相应字段。

⑥ 点击"取消",用户可以返回继续修改"报关单编号"栏数据。如不填写"报关单编号",需将"是否已申报进口"修改为"否"才可以进行申报。

以下情形,在货物申报进口之前,减免税申请人可以向海关申请办理有关货物凭税款担保先予放行手续:

① 有关进出口税收优惠政策或者其实施措施明确规定的;

② 主管海关已经受理减免税审核确认申请,尚未办理完毕的;

③ 有关进出口税收优惠政策已经国务院批准,具体实施措施尚未明确,主管海关能够确认减免税申请人属于享受该政策范围的;

④ 其他经海关总署核准的情形。

办理税款担保需要提交以下材料:

① 《减免税货物税款担保申请表》(海关总署公告 2021 年第 16 号关于《中华人民共和国海关进出口货物减免税管理办法》实施有关事项的公告附件 4);

② 事业单位法人证书或者国家机关设立文件、社会团体法人登记证书、民办非企业单位法人登记证书、基金会法人登记证书等证明材料;

③ 进出口合同、发票及相关货物的产品情况资料;

④ 相关优惠政策或其实施措施明确规定可以向海关申请办理税款担保的相关材料。

主管海关应当自受理申请之日起 5 个工作日内出具是否准予办理担保的意见。符合本办法上述规定情形的,主管海关应当制发《中华人民共和国海关准予办理减免税货物税款担保通知书》,并通知申报地海关;不符合有关规定情形的,制发《中华人民共和国海关不准予办理减免税货物税款担保通知书》。《中华人民共和国海关准予办理减免税货物税款担保通知书》确定的减免税货物税款担保期限不超过 6 个月,主管海关可以延期 1 次,延长期限不得超过 6 个月。减免税申请人在减免税货物税款担保期限届满前取得《征免税确认通知书》,并已向海关办理征税、减税或者免税相关手续的,申报地海关应当解除税款担保。

(三)后续处置和解除监管

1. 后续处置

(1) 变更使用地点。

减免税货物在海关监管年限内应当在海关核准的地点使用,需要变更地点的,减免税申请人应当向主管海关提出申请,说明理由,经批准方可变更。减免税货物需要移出主管海关管辖地使用的,申请人应当事先向主管海关申请办理异地监管手续,经主管海关审核同意方可运至转入地海关。异地使用结束后,应申请办结异地监管手续,将减免税货物运回主管海关管辖地。

(2) 结转。

减免税申请人将进口减免税货物转让给进口同一货物享受同等减免税优惠待遇的其他单位的,应当按照下列规定办理减免税货物结转手续:

① 减免税货物的转出申请人持有关单证向转出地主管海关提出申请,转出地主管海关审核同意后,通知转入地主管海关。减免税货物的转入申请人向转入地主管海关申请办理减免税审核确认手续。转入地主管海关审核同意后,制发《征免税确认通知书》。

② 转出、转入减免税货物的申请人应当分别向各自的主管海关申请办理减免税货物的出口、进口报关手续。转出地主管海关办理转出减免税货物的解除监管手续。结转减免税货物的监管年限应当连续计算,转入地主管海关在剩余监管年限内对结转减免税货物继续实施后续监管。

(3) 转让。

在海关监管年限内,减免税申请人将进口减免税货物转让给不享受进口税收优惠政策或者进口同一货物不享受同等减免税优惠待遇的其他单位的,应当事先向减免税申请人主管海关申请办理减免税货物补缴税款和解除监管手续。

案例 6-1

A大学邀请境外一学术代表团来华进行学术交流,通过货运渠道从北京国际机场口岸运进一批讲学必需的设备,其中有一个先进的智能机器人是国内所没有的。货物进口时,A大学作为收货人委托北京某报关企业在机场海关办理该批设备的进口手续。交流结束后,北京大学同外国代表团协商决定留购该机器人以备研究,并以科教用品的名义办妥减免税手续。其余测试设备在规定期限内经北京国际机场复运出口。

实务操作提醒 6-1

关于减免税若干问题操作提醒

问:我司近日购进一批进口设备,享受减免税补贴,但由于公司内部原因,想把这批设备转到我司另一家企业名下,请问该如何申请,申请手续都有哪些?另外3年监管期满后是否需补缴关税?

答:除海关总署另有规定外,进口减免税货物的监管年限为:船舶、飞机为8年,机动车辆为6年,其他货物为3年。在海关监管年限内,减免税申请人需要将减免税货物转让给不享受进口税收优惠政策或者进口同一货物不享受同等减免税优惠待遇的其他单位的,应当事先向主管海关申请办理减免税货物补缴税款手续。进口时免予提交许可证件的减免税货物,按照国家有关规定需要补办许可证件的,减免税申请人在办理补缴税款手续时还应当补交有关许可证件。有关减免税货物自办结上述手续之日起,解除海关监管。减免税货物因转让或者其他原因需要补征税款的,补税的完税价格以货物原进口时的完税价格为基础,按照减免税货物已进口时间与监管年限的比例进行折旧,减免税货物已进口时间自货物放行之日起按月计算。不足1个月但超过15日的,按1个月计算;不超过15日的,不予计算。

问:如何办理减免税货物税款担保手续?

答:根据《中华人民共和国海关进出口货物减免税管理办法》(海关总署第245号)第十条规定:减免税申请人应当在货物申报进出口前向主管海关申请办理有关货物凭税款担保先予放行手续,并随附相关材料;对于符合相关规定的,主管海关出具《中华人民共和国海关准予办理减免税货物税款担保通知书》,并将相关电子数据直接通知申报地海关;申报地海关根据电子数据,凭减免税申请人提交符合规定的财产、权利,直接办理凭税款担保先予放行货物相关手续。

问:我公司在保税区,2018年进口2台免税自用设备,按3年监管期,至今已自动解除监管,准备内销至保税区外,是否须向所属海关提交文件,进行申请解除监管、报关等操作?还是不用办理任何手续,直接出区即可?

答:根据海关总署相关文件规定,特殊区域区内进口免税设备或从境内(区外)入区并享受出口退税的设备(以下统称设备)出区内销时,企业按照出区时状态申报出区核注清单和进口报关单,核注清单监管方式为"设备进出区"(代码5300),报关单监管方式为"一般贸易"(代码0110),其中,已满监管期限的设备,征免为"特案",税款计征为"零";未满监管期限的设备,比照进口减免税货物的监管年限办理征税手续。

问:残疾人进口项目进口,需要提供哪些手续?是否可以办理减免税?

答:需要提供以下材料:①《进出口货物征免税申请表》;② 进口合同、发票;③ 福利、康复机构进口残疾人专用品的需提交加盖省、自治区、直辖市一级民政厅(局)、残疾人联合会印章的《社会福利企业证书》和《集中安置残疾人单位证书》复印件,上述证书复印件与《残疾人专用品进口证明》之间应加盖民政部规划财务司、中国残疾人联合会审核签章(骑缝章);④ 如果由他人代办相关手续,减免税申请人应出具《减免税手续办理委托书》。

2. 解除监管

(1)自动解除。

特定减免税货物在海关监管期满后,自动解除海关监管。

(2)申请解除。

监管期满申请解除监管,纳税义务人需要开解除监管证明的,可以自监管年限届满之日起1年内向海关申请,海关自接到申请之日起20日内核发减免税进口货物解除监管证明。

监管期内申请解除监管,可以有以下几种处理方式:

① 销售、转让:办理纳税手续→海关(按使用的时间)征税后签发解除监管证明书→可以销售、转让。

② 退运出境:办理出境手续→海关监管下出境→企业持报关单及其他单证申请解除监管。

③ 放弃货物:海关核准放弃后,将货物拍卖,所得款上缴国库,凭以申领解除监管证明。

④ 企业破产清算中特定减免税货物的处理:先申请→征税→解除监管→进入破产清算,变卖、拍卖程序。

实务操作提醒 6-2

外商无偿提供设备能否解除海关监管

问:某工艺服装厂承接1万套服装来料加工合同,加工期两年,成品全部返销日本,合同规定,外商无偿提供一套价值2.5万美元的专用设备。合同期满加工成品全部出口后,该厂向海关办理合同核销手续,该设备可以随之解除海关监管吗?

答:不可以解除海关监管。该专用设备不属于保税货物,而属于特定减免税货物。海关对不同特定减免税货物规定了不同的监管年限,只有年限到期方可解除海关监管。根据海关现行规定,该专用设备的监管年限应为5年,到期退运;不退运的,办理有关手续。

6.2 暂准进出境货物的报关程序

6.2.1 相关概念及海关监管特征

(一)含义

暂准进出境货物是暂准进境货物和暂准出境货物的合称。前者是指经海关批准暂时进境,在进境时纳税义务人向海关缴纳相当于应纳税款的保证金或者提供其他担保可以暂不缴纳税款,并按规定的期限原状复运出境的货物;后者是指经海关批准暂时出境,在出境时纳税义务人向海关缴纳相当于应纳税款的保证金或者提供其他担保可以暂不缴纳税款,并按规定的期限原状复运进境的货物。其具体范围如下:

（1）在展览会、交易会、会议及类似活动中展示或者使用的货物。
（2）文化、体育交流活动中使用的表演、比赛用品。
（3）进行新闻报道或者摄制电影、电视节目使用的仪器、设备及用品。
（4）开展科研、教学、医疗活动使用的仪器、设备及用品。
（5）上述四项所列活动中使用的交通工具及特种车辆。
（6）货样。
（7）供安装、调试、检测修理设备时使用的仪器、工具。
（8）盛装货物的包装材料。
（9）慈善活动使用的仪器、设备及用品。
（10）旅游用自驾交通工具及其用品。
（11）工程施工中使用的设备、仪器及用品。
（12）测试用产品、设备、车辆。
（13）海关总署规定的其他暂时进出境货物。

(二) 海关监管特征

（1）有条件暂时免予缴纳税费。暂准进出境货物在向海关申报进出境时,不必缴纳进出口税费,但收发货人须向海关提供担保。

（2）免于提交进出口许可证件。暂准进出境货物不是实际进出口货物,只要按照暂准进出境货物的有关法律、行政法规办理进出境手续,可以免交验进出口许可证件。但是,涉及公共道德、公共安全、公共卫生所实施的进出境管制制度的暂准进出境货物应当凭许可证件进出境。

（3）规定期限内按原状复运进出境。暂准进出境货物应当自进境或者出境之日起6个月内复运出境或者复运进境;经收发货人申请,海关可以根据规定延长复运出境或者复运进境的期限。

（4）按货物实际使用情况办结海关手续。暂准进出境货物都必须在规定期限内,由货物的收发货人根据货物不同的情况向海关办理核销结关手续。

上述13项暂准进出境货物按照我国海关的监管方式可以归纳为:使用ATA单证册报关的暂准进出境货物、不使用ATA单证册报关的展览品、集装箱箱体、暂时进出口货物等4种类型。以下分述其报关程序。

6.2.2 使用ATA单证册报关的暂准进出境货物

(一) ATA单证册概述

1. ATA单证册的含义

ATA是由法文"Admission Temporaire"与英文"Temporary Admission"的首字母组成,表示"暂准进口",即货物在暂准进口国进口后,在一年内原状复出口。ATA单证册的英文名称为"ATA CARNET",国际贸易界将其称为"货物护照"。ATA单证册是一份国际通用的报关文件,专用于暂准进口货物报关使用,它既代替了货物在国内外报关所需要的所有报关文件,又使货物免纳进口关税,确保持证人可以快捷方便地办理海关手续。

近几十年来,随着世界贸易与文化的不断发展和融合,厂商在国外展示产品,工程技术人员、影视摄制组等携专业设备去国外使用等活动越来越频繁。过去,要把在这些活动中使用的货物出口到国外,必须事先了解各国的海关要求,填写各国不同的海关申报单,还要提供进口国海关所要求的关税担保,这笔担保往往是高额外汇押金,给货主带来许多不便。为解决这些问题,世界海关组织创建了ATA单证册制度。

2. ATA单证册在我国的适用范围、签发机构和有效期

在我国,使用ATA单证册报关的范围仅限于展览会、交易会、会议及类似活动项下的货物。除此以外的货物,我国海关不接受持ATA单证册办理进出口申报手续。

我国进出境展览品及相关货物的报关自1998年1月1日起开始启用ATA单证册制度。ATA单证册的担保协会和出证协会一般是经国际商会国际局和各国海关批准的各国国际商会。中国国际商会是我国ATA单证册的担保协会和出证协会。

根据国际公约的规定,ATA单证册的有效期最长是1年。2019年我国海关总署发布13号公告,为服务国家经济发展,加强对外交流与合作,促进贸易便利化,除了之前的各种展览品,我国海关扩大接受"专业设备"和"商业样品"用途的暂时进境ATA单证册。海关签注ATA单证册项下暂时进出境货物的进出境期限与单证册有效期一致。

3. ATA单证册的格式

一份ATA单证册一般由8页ATA单证组成:一页绿色封面单证、一页黄色出口单证、一页白色进口单证、一页白色复出口单证、两页蓝色过境单证、一页黄色复进口单证、一页绿色封底。

4. ATA单证册的使用程序

使用ATA单证册报关,首先要向出证协会提出申请,缴纳一定的手续费,并按出证协会的规定提供担保。出证协会审核后签发ATA单证册。持证人凭ATA单证册将货物在出境国(地区)暂时出境,又暂时进境到进境国(地区),进境国(地区)海关经查验签章放行。货物完成暂时进境的特定使用目的后,从进境国(地区)复运出境,又复运进境到原出境国(地区)。持证人将使用过的、经各海关签注的ATA单证册交还给原出证协会。ATA单证册的整个使用过程到此结束。

(二)适用ATA单证册的暂准进出境货物的报关

1. 进境申报

进口人持ATA单证册向海关申报进境展览品时,先在海关核准的出证协会即中国国际商会及其他商会,将ATA单证册上的内容预录入海关与商会联网的ATA单证册电子核销系统,然后向展览会主管海关提交纸质ATA单证册、提货单等单证。

海关在白色进口单证上签注,并留存白色进口单证(正联),退还其存根联和ATA单证册其他各联给进口人。

2. 出境申报

出境货物发货人或其代理人持ATA单证册向海关申报出境展览品时,向出境地海关提交国家主管部门的批准文件、纸质ATA单证册、装货单等单证。

海关在绿色封面单证和黄色出口单证上签注,并留存黄色出口单证(正联),退还其存根联和 ATA 单证册其他各联给出境货物发货人或其代理人。

3. 过境申报

过境货物承运人或其代理人持 ATA 单证册向海关申报将货物通过我国转运至第三国参加展览会的,不必填制过境货物报关单。海关在两份蓝色过境单证上分别签注后,留存蓝色过境单证(正联),退还其存根联和 ATA 单证册其他各联给运输工具承运人或其代理人。

4. 担保和许可证件

持 ATA 单证册向海关申报进出境展览品,不需向海关提交进出口许可证件,也不需另外再提供担保。但如果进出境展览品及相关货物受公共道德、公共安全、公共卫生、动植物检疫、濒危野生动植物保护、知识产权保护等限制的,展览品收发货人或其代理人应当向海关提交进出口许可证件。

ATA 单证册必须使用英语或法语,如果需要,也可以同时使用第三种语言印刷。我国海关接受中文或英文填写的 ATA 单证册的申报。用英文填写的 ATA 单证册,海关可要求提供中文译本。

5. 核销结关

持证人在规定期限内将进境展览品或出境展览品复运出境或复运进境,海关在白色复出口单证和黄色复进口单证上分别签注,留存单证(正联),退还其存根联和 ATA 单证册其他各联给持证人,正式核销结关。

持证人不能按规定期限将展览品复运进出境的,我国海关向担保协会即中国国际商会提出追索。

案例 6-2

ATA 单证册——货物的通关护照

案例(1):A 杂技团赴泰国演出,其主要道具是一个由多个零部件组成的巨型铁球。根据《中华人民共和国海关暂时进出境货物管理办法》(海关总署第 233 号令)等我国海关的相关规定,这些道具在出境时需要进行临时出境报关手续,并缴纳相当于税款的保证金或者海关依法认可的其他担保。在国外进境时同样需要按照泰国海关的规定办理烦琐的入境报关单、缴纳担保金等手续。如某一环节出现问题,演出无法按时进行,就会出现违约损失。由于在泰国海关曾有过语言和通关障碍,演出前,A 杂技团在货物运输代理的建议下,向当地中国国际贸易促进委员会申请了 ATA 单证册,提交了申请、货物清单表等纸面材料和相应担保金后,很快拿到了 ATA 单证册,顺利通关,演出如期进行;在回国后,又根据中国国际贸易促进委员会要求提交了核销申请,全额取回了担保金。

案例(2):B 计算机公司,为开拓国际市场,其产品作为商业样品要经常前往美国、韩国、印度等地进行检测。因为计算机的 CPU 属于高价值电子产品,超出了快件通关的货值要求,必须办理临时进出境报关手续。产品附带的电源连接器在进出口时也需要办理商检手续,在通关时,证件要求必须齐全,并要交报关手续费。有时通过业务人员的随身携带,则将面临海关查验扣留罚款的高风险。B 计算机公司在参加中国国际贸易促进委员会培训时,了解到 ATA 单证册制度,认为该制度可以帮助他们简化通关手续、节约通关费用和时间、降低他们临时进出口货物的风险,于是致电中国国际贸易促进委员会。在确认其产品适用

ATA单证册通关后,中国国际贸易促进委员会为其产品申办了ATA单证册,产品在境内外顺利通关,大大节约了公司通关的时间和经济成本。

案例(3):C省电视台需要赴美国进行一组宣传片的外景拍摄,要随身携带广播级摄像机、摄像头、监视器等摄影设备。根据《中华人民共和国海关暂时进出境货物管理办法》(海关总署第233号令),此类产品需要提前向主管地海关提交货物暂时进出境申请,得到批准后,缴纳相当于应纳税款的保证金或者其他担保,方可办理临时出入境手续。电视台工作人员对于通关手续可以说是一窍不通,特别是临时入境美国时也需要办理类似的手续,这让他们很是发怵,而委托报关的话又增加了拍摄组的预算。在美国同行的提醒下,该电视台工作人员向当地中国国际贸易促进委员会申办了ATA单证册。在机场旅检处将设备的"护照"——ATA单证册提交给海关官员,就这样,对通关手续一窍不通的摄影师们,凭借"人、物"两种"护照"顺利入境美国。

6.2.3 不使用ATA单证册报关的展览品

进出境展览品的海关监管有使用ATA单证册的,也有不使用ATA单证册直接按展览品监管的。以下介绍不使用ATA单证册报关的展览品。

(一)进出境展览品的范围

进境展览品包含展览会中展示或示范用的货物、物品,为示范展出的机器或器具所需用的物品,展览者设置临时展台的建筑材料及装饰材料,供展览品做示范宣传用的电影片、幻灯片、录像带、录音带、说明书、广告等。

以下与展出活动有关的物品也可以按展览品申报进境:

(1)为展出的机器或器具进行操作示范,并在示范过程中被消耗或损坏的物料。

(2)展出者为修建、布置或装饰展台而进口的一次性廉价物品,如油漆、涂料、壁纸。

(3)参展商免费提供并在展出中免费散发的与展出活动有关的宣传印刷品、商业目录、说明书、价目表、广告招贴、广告日历、未装框照片等。

(4)供各种国际会议使用或与其有关的档案、记录、表格及其他文件。

以下货物虽然在展览活动中使用,但不是展览品:

(1)展览会期间出售的小卖品,属于一般进口货物范围。

(2)展览会期间使用的含酒精饮料、烟叶制品、燃料,虽然不是按一般进口货物管理,但海关对这些商品一律征收关税,其中属于参展商随身携带进境的含酒精饮料、烟叶制品,则按进境旅客携带物品的有关规定管理。

出境展览品包含国内单位赴国外举办展览会或参加外国博览会、展览会而运出的展览品,以及与展览活动有关的宣传品、布置品、招待品及其他公用物品。

与展览活动有关的小卖品、展卖品,可以按展览品报关出境,不按规定期限复运进境的办理一般出口手续,交验出口许可证件,缴纳出口关税。

(二)展览品的暂准进出境期限

进口展览品的暂准进境期限是6个月,即自展览品进境之日起6个月内复运出境。如果需要延长复运出境的期限,应当向主管海关提出申请。经批准可以延长,延长期限最长不超过6个月。出口展览品的暂准出境期限与进口相同。

(三)展览品的进出境申报

1. 进境申报

展览品进境之前,展览会主办单位应当将举办展览会的批准文件连同展览品清单一起送展出地海关,办理登记备案手续。

展览品进境申报手续可以在展出地海关办理。从非展出地海关进口的,可以申请在进境地海关办理转关运输手续,将展览品在海关监管下从进境口岸转运至展览会举办地主管海关办理申报手续。

展览会主办单位或其代理人应当向海关提交报关单、展览品清单、提货单、发票、装箱单等。展览品中涉及检验检疫等管制的,还应当向海关提交有关许可证件。同时,展览会主办单位或其代理人应当向海关提供担保。海关派员进驻展览场所的,经主管海关同意,展览会办展人可以就参展的展览品免予向海关提交担保。

海关一般在展览会举办地对展览品开箱查验。展览品开箱前,展览会主办单位或其代理人应当通知海关。海关查验时,展览品所有人或其代理人应当到场,并负责搬移、开拆、封装货物。

2. 出境申报

展览品出境申报手续应当在出境地海关办理。在境外举办展览会或参加国外展览会的企业应当向海关提交国家主管部门的批准文件、报关单、展览品清单一式两份等单证。

展览品属于应当缴纳出口关税的,向海关缴纳相当于税款的保证金;属于核用品、"核两用品"及相关技术的出口管制商品的,应当提交《出口许可证》。

海关对展览品开箱查验,核对展览品清单。查验完毕,海关留存一份清单,另一份封入"关封"交还给出口货物发货人或其代理人,凭以办理展览品复运进境申报手续。

(四)进出境展览品的核销结关

1. 复运进出境

进境展览品按规定期限复运出境,出境展览品按规定期限复运进境后,海关分别签发报关单证明联,展览品所有人或其代理人凭以向主管海关办理核销"结关"手续。

展览品未能按规定期限复运进出境的,展览会主办单位或出国举办展览会的单位应当向主管海关申请延期,在延长期内办理复运进出境手续。

2. 转为正式进出口

进境展览品在展览期间被人购买的,由展览会主办单位或其代理人向海关办理进口申报、纳税手续,其中属于许可证件管理的,还应当提交进口许可证件。

出口展览品在境外参加展览会后被销售的,由海关核对展览品清单后要求企业补办有关正式出口手续。

3. 展览品放弃或赠送

展览会结束后,进口展览品的所有人决定将展览品放弃交由海关处理的,由海关变卖后将款项上缴国库。有单位接受放弃展览品的,应当向海关办理进口申报、纳税手续。

展览品的所有人决定将展览品赠送的,受赠人应当向海关办理进口手续,海关根据进口礼品或经贸往来赠送品的规定办理。

4. 展览品毁坏、丢失、被窃

展览品因毁坏、丢失、被窃等原因,而不能复运出境的,展览会主办单位或其代理人应当向海关报告。对于毁坏的展览品,海关根据毁坏程度估价征税;对于丢失或被窃的展览品,海关按照进口同类货物征收进口税。

展览品因不可抗力遭受损毁或灭失的,海关根据受损情况,减征或免征进口税。

案例6-3

展览品进境展出报关典型案例

上海市B公安局邀请境外一无线电设备生产厂商C厂商到上海展览馆展出其价值100万美元的无线电设备,并委托上海某展览报关公司A办理一切手续,上海展出后又决定把其中价值40万美元的设备运到杭州展出。设备从杭州返回后,上海市B公安局决定购买其中的20万美元设备。C厂商为了感谢上海市B公安局,赠送了5万美元的设备给上海市B公安局。其余设备退出境外。A公司的报关员应当办理哪些手续?

(1)上海展出手续。其主要包括以下内容:

①进境展览要由境内展出单位的上级主管部门审批。上海市B公安局展出,由上海市公安局审批。无线电设备要由无线电管理局审批。暂时进口的无线电管理局批件没有文号,展品属于暂时进口。

②凭上海市公安局批件、上海市无线电管理局没有文号的批件、展品清单及其他展出资料到上海海关展览物品主管部门D办事处备案。

③物品到港后,填写《进口货物报关单》,预录入,电子通关。

④向D办事处交单:报关单,无线电管理局批件,发票、装箱单、提货单。

⑤提供担保(相当于税款的保证金或保证函)。

⑥取得海关盖了章的提货单。

⑦提货。

⑧在布置展出时,陪同海关查验,负责搬移货物、开拆包装、重封包装。

(2)杭州展出手续。其主要包括以下内容:

①凭杭州展出单位上级主管部门的批件、展出清单及其他资料到杭州海关备案。

②向杭州海关提前报关转关,或向上海海关直接转关,办理40万美元展品的转关运输手续。

③在杭州海关办理展出手续,闭馆后再以转关运输的方式转运至上海,到D办事处办理有关手续。

(3)展出闭馆出境前的仓储手续。其主要包括以下内容:

①价值60万美元留在上海的展品应向D办事处办理进入公共型保税仓库的海关手续。

②从杭州运回的价值40万美元的展品也应向杭州办事处办理进入公共型保税仓库的海关手续。

(4)留购与赠送手续。其主要包括以下内容:

①20万美元的留购展品。如E公司有进出口经营权,则可由E公司参展商签订进出口合同,如E公司无进出口经营权,则应委托有关外贸公司签订进口合同;E公司填写进口报关单,预录入,电子通关,提供无线电管理局有文号的批件和上海机电审查办的机电产品登记证明,以留购价作为完税价格缴纳进口税;凭已完税税款缴纳证、报关单和海关签章的出库单从公共型保税仓库提取20万美元的无线电设备。

②5万美元的赠送展品。属于经贸往来无偿赠送的物品,要有B公安局上级主管部门

审批,要办理有文号的无线电审批批件和机电审批批件,要照章纳税;凭上述 3 个批件办理报关手续,填写报关单,预录入,电子通关,按进口 CIF 价格作为完税价格缴纳进口税。

(5) 75 万美元的展品的出库离境报关。

(6) 凭已办结海关手续的有关单证和担保收据向主管海关办理撤销担保手续。

6.2.4 集装箱箱体

(一) 含义

集装箱箱体既是一种运输设备,又是一种货物。当货物用集装箱装载进出口时,集装箱箱体就作为一种运输设备;当一个企业购买进口或销售出口集装箱时,集装箱箱体又与普通的进出口货物一样了。这里,主要介绍在通常情况下,集装箱作为运输设备暂时进出境的报关。

(二) 暂准进出境集装箱箱体的报关

暂准进出境的集装箱箱体报关有两种情况。

(1) 境内生产的集装箱和我国营运人购买进口的集装箱在投入国际运输前,营运人应当向其所在地海关办理登记手续。

海关准予登记并符合规定的集装箱箱体,无论是否装载货物,海关准予暂时进境和异地出境,营运人或其代理人无须对箱体单独向海关办理报关手续,进出境时也不受规定的期限限制。

(2) 境外集装箱箱体暂准进境,无论是否装载货物,承运人或其代理人应当对箱体单独向海关申报,并应当于入境之日起 6 个月内复运出境。如因特殊情况不能按期复运出境的,营运人应当向"暂准进境地"海关提出延期申请,经海关核准后可以延期,但延长期最长不得超过 3 个月,逾期应按规定向海关办理进口报关纳税手续。

6.2.5 暂时进出口货物

(一) 暂时进出口货物的范围

《进出口关税条例》规定,可以暂不缴纳税款的 13 项暂准进出境货物除使用 ATA 单证册报关的货物、不使用 ATA 单证册报关的展览品、集装箱箱体按各自的监管方式由海关进行监管外,其余的均按《中华人民共和国海关对暂时进出口货物监管办法》进行监管,因此均属于暂时进出口货物的范围。

(二) 暂时进出口货物的期限

暂时进口货物应当自进境之日起 6 个月内复运出境,暂时出口货物应当自出境之日起 6 个月内复运进境。如果因特殊情况不能按规定期限复运出境或者复运进境的,应当向海关申请延期,经批准可以适当延期,延期最长不超过 6 个月。

(三) 进出境申报

暂时进出口货物进出境要经过海关的核准。暂时进出口货物进出境核准属于海关行政许可范围,应当按照海关行政许可的程序办理。

1. **暂时进口货物进境申报**

暂时进口货物进境时,进口人应当向海关提交主管部门允许货物为特定目的而暂时进境的批准文件、《进口货物报关单》、商业及货运单据等,向海关办理暂时进境申报手续。

暂时进口货物不必提交进口货物许可证件,但对国家规定需要实施检验检疫的,或者为公共安全、公共卫生等实施管制措施的,仍应当提交有关的许可证件。

暂时进口货物在进境时,进口货物的收货人或其代理人免予缴纳进口税,但必须向海关提供担保。

2. 暂时出口货物出境申报

暂时出口货物出境,发货人或其代理人应当向海关提交主管部门允许货物为特定目的而暂时出境的批准文件、《出口货物报关单》、货运和商业单据等,向海关办理暂时出境申报手续。

暂时出口货物除易制毒化学品、监控化学品、消耗臭氧层物质、有关核用品、"核两用品"及相关技术的出口管制条例管制的商品及其他国际公约管制的商品按正常出口提交有关许可证件外,不需交验许可证件。

(四) 结关手续

1. 复运进出境

暂时进口货物复运出境,暂时出口货物复运进境,进出口货物收、发货人或其代理人必须留存由海关签章的复运进出境的报关单,准备报核。

2. 转为正式进口

暂时进口货物因特殊情况,改变特定的暂时进口目的转为正式进口,进口人应当向海关提出申请,提交有关许可证件,办理货物正式进口的报关纳税手续。

3. 放弃

暂时进口货物在境内完成暂时进口的特定目的后,如货物所有人不准备将货物复运出境的,可以向海关声明将货物放弃,海关按放弃货物的有关规定处理。

4. 核销结关

暂时进口货物复运出境,或者转为正式进口,或者放弃;暂时出口货物复运进境,或者转为正式出口后,收发货人向海关提交经海关签注的进出口货物报关单,或者处理放弃货物的有关单据及其他有关单证,申请报核。海关经审核,情况正常的,退还保证金或办其他担保销案手续,予以结关。

6.3 其他进出境货物的报关程序

6.3.1 跨境电商货物

(一) 相关概念

跨境电子商务(以下简称"跨境电商")是指分属不同关境的交易主体,通过电子商务平台达成交易、进行支付结算,并通过跨境物流送达商品、完成交易的一种国际商业活动。跨境电商企业包括自境外向境内消费者销售跨境电商零售进口商品的境外注册企业(不包括在海关特殊监管区域或保税物流中心内注册的企业),或者境内向境外消费者销售跨境电商零售出口商品的企业,为商品的货权所有人[①]。跨境电商货物进出口流程见图 6-1、6-2。

---

① 中华人民共和国海关总署.海关总署公告 2018 年第 194 号(关于跨境电子商务零售进出口商品有关监管事宜的公告)[EB/OL].(2018-12-10)[2022-08-26]. http://www.customs.gov.cn//customs/302249/302266/302267/2141321/index.html.

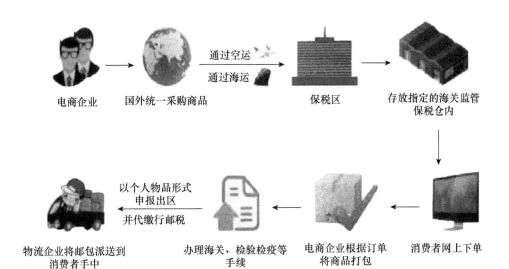

图 6-1 跨境电商货物进口流程

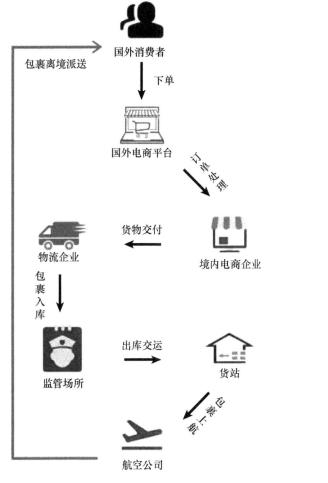

图 6-2 跨境电商货物出口流程

跨境电商进口主要分为两种操作模式：海外直邮和保税区发货。海外直邮为货物发到国外指定仓库(海外仓)，消费者下单后直接由国外发货；保税区发货为货物发到保税区指定仓库(保税仓)，消费者下单后由保税区发货。直邮进口指符合条件的电商平台与海关联网，境内消费者网购后，电子订单、支付凭证、电子运单等由跨境电商实时传输给海关，按个人行邮物品征税。它的特点是：产品种类丰富多样，消费者可以直接购买稀缺、优质、新奇的全球商品，但是运费可能比较高，运输时间比较长。保税进口是指跨境电商提前批量采购将商品运至保税区内保税仓库免税备货，客户订单发出后，商品直接从保税仓库发出，在海关等部门监管下通关。它的优点是可事先储存货物，用户下单后直接国内发货，节省用户收到货物的物流时间；货物暂存于保税仓库，消费者承担费用低、退换货方便；产品入境有法定检验程序，质量有保障；保税备货模式能够大幅降低商品的采购成本和物流成本。但是由于需要提前备货，商品品类相对单调。总体上，保税备货模式以其时效快、成本低的优势，一直倍受跨境进口电商企业的青睐，约80％的订单通过保税备货模式发起。

(二) 备案

参与跨境电商业务的企业应当事先向所在地海关提交以下材料进行备案：企业法人营业执照副本复印件；组织机构代码证书副本复印件(以统一社会信用代码注册的企业不需要提供)；企业情况登记表，具体包括企业组织机构代码或统一社会信用代码、中文名称、工商注册地址、营业执照注册号、法定代表人(负责人)、身份证件类型、身份证件号码、海关联系人、移动电话、固定电话、跨境电商网站网址等。

企业按照前款规定提交复印件的，应当同时向海关交验原件。如需向海关办理报关业务，应当按照海关对报关单位备案登记管理的相关规定办理备案登记。参与跨境电子商务零售进出口业务并在海关备案登记的企业，纳入海关信用管理，海关根据信用等级实施差异化的通关管理措施。

(三) 报关规定

跨境电商企业或其代理人应提交《中华人民共和国海关跨境电子商务零售进(出)口商品申报清单》[以下简称《进(出)口商品申报清单》]，出口采取"清单核放、汇总申报"方式办理报关手续，进口采取"清单核放"方式办理报关手续。《进(出)口商品申报清单》与《进(出)口货物报关单》具有同等法律效力。

除特殊情况外，《进(出)口商品申报清单》《进(出)口货物报关单》应当采取通关无纸化作业方式进行申报。《进(出)口商品申报清单》的修改或者撤销，参照海关《进(出)口货物报关单》修改或者撤销有关规定办理。

1. 进口

跨境电子商务零售进口商品申报前，电子商务企业或电子商务交易平台企业、支付企业、物流企业应当分别通过跨境电商通关服务平台(以下简称"服务平台")如实向海关传输交易/订单、支付、物流等电子信息，并对数据真实性承担相应责任。在直购进口模式下，邮政企业、进出境快件运营人可以接受跨境电商平台企业或跨境电商企业境内代理人、支付企业的委托，在承诺承担相应法律责任的前提下，向海关传输交易、支付等电子信息。其具体流程如下：

(1) 清单申报(三单信息汇总)。

国内消费者在电商平台成功支付订单后，电商企业将订单信息发送至服务平台；支付企业发送支付信息至服务平台；物流企业发送舱单和运单信息至服务平台。服务平台将接收到的三单信息(订单、运单、支付单)汇总生成清单信息。清单生成后,核对主运单、分单、重量等信息是否完整,核对无误后,将生成的清单信息(三单和清单)分别批量申报至海关管理平台和检验检疫管理平台。

(2) 平台审单。

平台审单分为电子审单和人工审单两种。根据审单规则(包括企业分类管理参数等风险参数)进入电子审单和人工审单的清单,处理结果包括:审单通过和退单。

清单申报后,系统首先进入电子审单环节,电子审单完成后,对于有潜在风险的物品,系统进入人工审单,由海关、商检人工审核。审单结果包括:暂存(退单)、审单通过、检验查验、检验放行等。

对于退单的清单,点击"详情→操作日志→查找退单原因",通常退单原因有以下几点:收货人信息备案异常;"三单"比对不成功订单不存在;个人信息验核不通过,系统自动退单;订单中的收货人国别与清单中不一致;担保金预扣失败,余额不足等。

(3) 机检查验、放行。

审单完成后,通知海关、商检人员对货品进行现场过 X 光机。监管场所运营人对包裹物流单进行逐一扫描,上 X 光机对申报货物进行同屏对比,机检正常做自动放行,机检异常的包裹进行下线查验处理。监管科查验人员和商检科查验人员分别对下线包裹实施拆包查验,查验完毕后记录查验结果。查验结果包括:查验放行、改单、删单、移交缉私处理等。机检完毕后,在通关服务平台清单查询里,查询每一单的海关、商检指令状态,确保每一单指令均为放行(如为查验,则请海关、商检录查验结果)。

2. 出口

跨境电商零售出口也就是我们常说的 B2C(Business to Customer,商对客电商务模式)出口,监管代码为 9610,是指企业直接面向境外消费者开展在线销售产品和服务。在跨境电商零售出口商品申报前,电子商务企业或其代理人、物流企业应当分别通过"中国国际贸易单一窗口"或跨境电子商务通关服务平台如实向海关传输交易、收款、物流等电子信息,并对数据的真实性承担相应的法律责任。

在跨境电商零售商品出口时,跨境电商企业或其代理人应提交《进(出)口商品申报清单》,采取"清单核放、汇总申报"方式办理报关手续;跨境电商综合试验区内符合条件的跨境电商零售商品出口,可采取"清单核放、汇总统计"方式办理报关手续。在跨境电商零售商品出口后,电商企业或其代理人应当于每月 15 日前(当月 15 日是法定节假日或者法定休息日的,顺延至其后的第一个工作日,第 12 月的清单汇总应当于当月最后一个工作日前完成),将上月(12 月为当月)结关的《进(出)口商品申报清单》依据清单表头同一收发货人、同一运输方式、同一生产销售单位、同一运抵国、同一出境口岸,以及清单表体同一最终目的国、同一 10 位海关商品编码、同一币制规则进行归并,汇总形成《出口货物报关单》向海关申报。[①]

允许以"清单核放、汇总统计"方式办理报关手续的,不涉及出口征税、出口退税、许可证件管理,且单票价值在人民币 5000 元以内的跨境 B2C 出口商品,不再汇总形成《出口货物报关单》。

---

① 中华人民共和国海关总署. 海关总署公告 2018 年第 194 号(关于跨境电子商务零售进出口商品有关监管事宜的公告)[EB/OL]. (2018-12-10)[2022-09-13]. http://www.customs.gov.cn/customs/302249/302266/3022267/2141321/index.html.

(四) 跨境电商货物的税收政策

跨境电商零售进口商品按照货物征收关税和进口环节增值税、消费税,购买跨境电商零售进口商品的个人作为纳税义务人,实际交易价格(包括货物零售价格、运费和保险费)作为完税价格,在海关备案登记的电子商务企业、电子商务交易平台企业或物流企业可作为代收代缴义务人,代为履行纳税义务。

跨境电商零售进口税收政策适用于从其他国家或地区进口的、《跨境电子商务零售进口商品清单》范围内的以下商品:

(1) 所有通过与海关联网的电子商务交易平台交易,能够实现交易、支付、物流电子信息"三单"比对的跨境电商零售进口商品;

(2) 未通过与海关联网的电子商务交易平台交易,但快递、邮政企业能够统一提供交易、支付、物流等电子信息,并承诺承担相应法律责任进境的跨境电商零售进口商品。

不属于跨境电商零售进口的个人物品及无法提供交易、支付、物流等电子信息的跨境电子商务零售进口商品,按现行规定执行。

跨境电子商务零售进口商品的单次交易限值为人民币5000元,个人年度交易限值为人民币26000元。在限值以内进口的跨境电子商务零售进口商品,关税税率暂设为0%;完税价格超过5000元单次交易限值但低于26000元年度交易限值,且订单下仅一件商品时,可以自跨境电商零售渠道进口,按照货物税率全额征收关税和进口环节增值税、消费税,交易额计入年度交易总额,但年度交易总额超过年度交易限值的,应按一般贸易管理[①]。

跨境电子商务零售进口商品自海关放行之日起30日内退货的,可申请退税,并相应调整个人年度交易总额。跨境电子商务零售进口商品购买人(订购人)的身份信息应进行认证;未进行认证的,购买人(订购人)身份信息应与付款人一致。

(五) 检疫、查验和物流管理

网购保税进口业务:"一线"入区时以报关单方式进行申报,海关可以采取视频监控、联网核查、实地巡查、库存核对等方式加强对网购保税进口商品的实货监管。海关实施查验时,跨境电子商务企业或其代理人、跨境电子商务监管作业场所经营人、仓储企业应当按照有关规定提供便利,配合海关查验。

跨境电子商务零售进出口商品可采用跨境电商模式进行转关。其中,跨境电子商务综合试验区所在地海关可将转关商品品名以总运单形式录入"跨境电子商务商品一批",并需随附转关商品详细电子清单。

网购保税进口商品可在海关特殊监管区域或保税物流中心B型间流转,按有关规定办理流转手续。以"网购保税进口"(监管方式代码1210)海关监管方式进境的商品,不得转入适用"网购保税进口A"(监管方式代码1239)的城市继续开展跨境电子商务零售进口业务。网购保税进口商品可在同一区域(中心)内的企业间进行流转。

---

① 中华人民共和国财政部,中华人民共和国海关总署,国家税务总局.财政部 海关总署 税务总局关于完善跨境电子商务零售进口税收政策的通知[EB/OL].(2018-11-29)[2022-08-26]. http://www.chinatax.gov.cn/chinatax/n810341/n810765/n3359382/201812/c4182338/content.html.

6.3.2 过境、转运、通运货物

(一) 过境货物

1. 过境货物的含义和范围

过境货物是指从境外启运,在我国境内不论是否换装运输工具,通过陆路运输继续运往境外的货物。

下列货物准予过境:与我国签有过境货物协定国家的过境货物,或在与我国签有铁路联运协定的国家收、发货的过境货物;未与我国签有过境货物协定但经国家经贸、运输主管部门批准,并向入境地海关备案后准予过境的货物。

下列货物禁止过境:来自或运往我国停止或禁止贸易的国家和地区的货物;各种武器、弹药、爆炸品及军需品(通过军事途径运输的除外);各种烈性毒药、麻醉品和鸦片、吗啡、海洛因、可卡因等毒品;我国法律、法规禁止过境的其他货物物品。

2. 海关对过境货物的监管要求

海关对过境货物监管的目的是为了防止过境货物在我国境内运输过程中滞留在国内,或将我国货物混入过境货物随运出境;防止禁止过境货物从我国过境。

过境货物经营人应当持主管部门的批准文件和工商行政管理部门颁发的营业执照,向海关主管部门申请办理备案手续;装载过境货物的运输工具,应当具有海关认可的加封条件或装置。海关认为必要时,可以对过境货物及其装载装置进行加封;运输部门和过境货物经营人应当负责保护海关封志的完整,任何人不得擅自开启或损毁。

3. 过境货物报关程序

过境货物进境时,过境货物经营人或报关企业应当向海关递交"过境货物报关单"及海关规定的其他相关单证,办理过境手续。

过境货物经进境地海关审核无误后,进境地海关在提运单上加盖"海关监管货物"戳记,并将"过境货物报关单"和过境货物清单制作"关封"后加盖"海关监管货物"专用章,连同上述提运单一并交经营人或报关企业。过境货物经营人或报关企业应当负责将上述单证及时地交出境地海关验核。

过境货物出境时,过境货物经营人或报关企业应当及时向出境地海关申报,并递交进境地海关签发的"关封"和其他单证。经出境地海关审核有关单证、"关封"和货物后,由海关加盖放行章,在海关的监管下出境。

过境货物的过境期限为6个月,因特殊原因,可以向海关申请延期,经海关同意后,可延期3个月。过境货物超过规定的期限3个月仍未过境的,海关按规定依法提取变卖,变卖后的货款按有关规定处理。

过境货物进境后因换装运输工具等原因需卸地储存时,应当经海关批准并在海关监管下存入海关指定或同意的仓库或场所。过境货物在进境以后、出境以前,应当按照运输主管部门规定的路线运输,运输部门没有规定的,由海关指定。海关可根据情况需要派员押运过境货物运输。

(二) 转运货物

1. 转运货物的含义

转运货物是指由境外启运,通过我国境内设立海关的地点换装运输工具,不通过境内陆路运输,继续运往境外的货物。

2. 货物转运的条件

进境运输工具载运的货物必须具备下列条件之一,方可办理转运手续:

(1) 持有转运或联运提货单的。
(2) 进口载货清单上注明是转运货物的。
(3) 持有普通提货单,但在卸货前向海关声明转运的。
(4) 误卸下的进口货物,经运输工具经理人提供确实证件的。
(5) 因特殊原因申请转运,获海关批准的。

3. 转运货物的报关程序

(1) 载有转运货物的运输工具进境后,承运人应当在进口载货清单上列明转运货物的名称、数量、启运地和到达地,并向主管海关申报进境。
(2) 申报经海关同意后,在海关指定的地点换装运输工具。
(3) 在规定时间内运送出境。

4. 海关对转运货物的监管要点

(1) 海关对转运货物实施监管的主要目的在于防止货物在口岸换装过程中误进口或误出口。
(2) 外国转运货物在中国口岸存放期间,不得开拆、改换包装或进行加工。
(3) 转运货物必须在 3 个月之内办理海关有关手续并转运出境,超出规定期限 3 个月仍未转运出境或办理其他海关手续的,海关将提取依法变卖处理。
(4) 海关对转运的外国货物有权进行查验。

(三) 通运货物

通运货物是指由境外启运,由船舶或飞机载运进境后,仍由原装运输工具继续运往境外的货物。

通运货物进口报关时,运输工具负责人应在船舶的进口报告书或民航机的进口和过境的货物、邮件和其他物品清单上注明通运货物数量,海关凭以监管货物至出境止。

过境、转运、通运货物的区别见表 6-2。

表 6-2　过境、转运、通运货物的区别

货物	类别		启运地	目的地
	运输形式	是否在我国境内换装运输工具		
过境货物	通过我国境内陆路运输	不论是否换装运输工具	我国境外	我国境外
转运货物	不通过我国境内陆路运输	换装运输工具		
通运货物	原装航空器、船舶载运进出境	不换装运输工具		

6.3.3　无代价抵偿货物

(一) 相关概念和海关监管特点

无代价抵偿货物是指进出口货物在海关放行后,因残损、短少、品质不良或者规格不符原因,由进出口货物的发货人、承运人或者保险公司免费补偿或者更换的与原货物相同或者与合同规定相符的货物。

收发货人申报进出口的无代价抵偿货物,与退运出境或者退运进境的原货物不完全相同或者与合同规定不完全相符的,经收发货人说明理由,海关审核认为理由正当且税则号列未发生改变的,仍属于无代价抵偿货物范围。

收发货人申报进出口的免费补偿或者更换的货物,其税则号列与原进出口货物的税则号列不一致的,不属于无代价抵偿货物范围,属于一般进出口货物范围。

无代价抵偿货物海关监管的基本特征如下。

(1) 进出口无代价抵偿货物免交验进出口许可证件。

(2) 进口无代价抵偿货物,不征收进口关税和进口代征税;出口无代价抵偿货物,不征收出口关税。但是进出口与原货物或合同规定不完全相符的无代价抵偿货物,应当按规定计算与原进出口货物的税款差额,高出原征收税款数额的应当征收超出部分的税款,低于原征收税款,原进出口货物的发货人、承运人或者保险公司同时补偿货款的,应当退还补偿货款部分的税款,未补偿货款的,不予退还。

(3) 现场放行后,海关不再进行监管。

(二) 报关程序

无代价抵偿大体上可以分为两种:一种是短少抵偿,另一种是残损、品质不良或规格不符抵偿。对两种抵偿引起的两类进出口无代价抵偿货物在报关程序上有所区别。

1. 残损、品质不良或规格不符引起的无代价抵偿货物

对于残损、品质不良或规格不符引起的无代价抵偿货物,进出口前应当先办理被更换的原进出口货物中残损、品质不良或规格不符货物的有关海关手续。

(1) 退运进出境。

原进口货物的收货人或其代理人应当办理被更换的原进口货物中残损、品质不良或规格不符货物的退运出境的报关手续。被更换的原进口货物退运出境时不征收出口关税。

原出口货物的发货人或其代理人应当办理被更换的原出口货物中残损、品质不良或规格不符货物的退运进境的报关手续。被更换的原出口货物退运进境时不征收进口关税和进口代征税。

(2) 放弃交由海关处理。

被更换的原进口货物中残损、品质不良或规格不符货物不退运出境,但原进口货物的收货人愿意放弃交由海关处理的,海关应当依法处理并向收货人提供依据,凭以申报进口无代价抵偿货物。

(3) 不退运出境也不放弃或不退运进境。

被更换的原进口货物中残损、品质不良或规格不符货物不退运出境且不放弃交由海关处理的,或者被更换的原出口货物中残损、品质不良或规格不符的货物不退运进境,原进出口货物的收发货人应当按照海关接受无代价抵偿货物申报进出口之日适用的有关规定申报出口或进口,并缴纳出口关税或进口关税和进口代征税,属于许可证件管理的商品还应当交验相应的许可证件。

2. 向海关申报办理无代价抵偿货物进出口手续的期限

向海关申报进出口无代价抵偿货物应当在原进出口合同规定的索赔期内,不超过原货物进出口之日起3年。

3. 无代价抵偿货物报关应当提供的单证

收、发货人向海关申报无代价抵偿货物进出口时除应当填制报关单和提供基本单证外,还应当提供以下特殊单证。

(1) 进口提供。

原进口货物报关单,原进口货物退运出境的出口货物报关单或者原进口货物交由海关处理的货物放弃处理证明或者已经办理纳税手续的单证(短少抵偿的除外),原进口货物税款缴纳书或者《征免税证明》,买卖双方签订的索赔协议。

海关认为需要时,纳税义务人还应当提交具有资质的商品检验机构出具的原进口货物残损、短少、品质不良或者规格不符的检验证明书或者其他有关证明文件。

(2) 出口提供。

原出口货物报关单,原出口货物退运进境的进口货物报关单或者已经办理纳税手续的单证(短少抵偿的除外),原出口货物税款缴纳书;买卖双方签订的索赔协议。

海关认为需要时,纳税义务人还应当提交具有资质的商品检验机构出具的原出口货物残损、短少、品质不良或者规格不符的检验证明书或者其他有关证明文件。

案例 6-4

如何确认"无代价抵偿"货物

H科技有限公司于2020年由国外L公司进口一套大豆出仓系统。2021年11月,出仓机的滑动式轴承磨损严重,通过"无代价抵偿"方式更换了一套滑动式轴承,已损部件未退运出境(以下简称"第一次更换行为")。2022年6月,该轴承环又产生严重磨损,经商检部门检验是设计缺陷。H科技有限公司与外方签订索赔协议,将滑动轴承更换为滚动轴承(以下简称"第二次更换行为"),又拟以"无代价抵偿"方式向海关申报。

第一次更换行为如何申报?如何征税?

第一次更换行为符合"无代价抵偿"货物的定义,但海关对这批更换料件仍应照章征税。原因在于其原进口货物未退运出境且未放弃交由海关处理。根据《中华人民共和国海关进出口货物征税管理办法》(以下简称《征税管理办法》)第三十二条的规定:"纳税义务人申报进出口无代价抵偿货物,被更换的原进口货物不退运出境且不放弃交由海关处理的,……海关应当按照接受无代价抵偿货物申报进出口之日适用的税率、计征汇率和有关规定对原进出口货物重新估价征税。"一方面,为保证依法征税,第一次更换行为应照章征税(因原货物仍留在境内);另一方面,为保障税赋公平,海关对其留在境内的磨损件应估价征税,并把原多征的税款退还给纳税义务人。

第二次更换行为如何申报?如何征税?

第二次更换行为不符合"无代价抵偿"货物的定义,海关对这批货物应以"一般贸易"的方式通关并照章征税。原因在于2022年申报的替换件(滚动轴承)与原进口货物不完全相同或与原货物不完全相符(原进口货物是滑动轴承)。根据《征税管理办法》的规定,此种情况下:第一,纳税义务人应该向海关说明原因;第二,如海关认为理由正当,且其税则号列未发生改变的,应当按照审定进出口货物完税价格的有关规定和原进出口货物适用的计征汇率、税率,审核确定其完税价格,计征应征税款;第三,如果纳税义务人申报进出口的免费补偿或者更换的货物,其税则号列与原货物的税则号列不一致的,不适用无代价抵偿货物的有关规定,海关应当按照一般进出口货物的有关规定征收税款。在这个案例中,两者税则号不一致,滑动轴承归入 8483.3000 项下,滚动轴承归入 8482.5000 项下,按照上述规定的第三款,海关应该按一般贸易进口方式征收税款。

进出口企业还应注意,向海关申报"无代价抵偿"货物有一个时限,即"在原进出口合同规定的索赔期内且不超过原货物进出口之日起 3 年"。

6.3.4 出料加工货物

(一) 含义

出料加工货物是指我国境内企业运到境外进行技术加工后复运进境的货物。

出料加工的目的是为了借助国外先进的加工技术提高产品的质量和档次,因此,只有在国内现有的技术手段无法或难以达到产品质量要求而必须运到境外进行某项工序加工的情况下,才可开展出料加工业务。

出料加工货物属暂时出境性质,加工后需要复运进境。开展出料加工应本着"简单加工""有限加工"的原则,其加工程度原则上不能改变原出口货物的物理形态,HS 编码不能发生变化,如纸张的印刷、布匹的印染等。对于完全改变原出口货物的物理形态的加工,如出口棉纱织成棉布,出口木材制成胶合板等,则已超出"简单加工"范围,不属于出料加工业务,而按一般贸易办理出口、进口有关手续。

出境加工业务,应同时符合下列要求:信用等级为一般认证及以上企业,不涉及国家禁止、限制进出境货物,不涉及国家应征出口关税货物。

海关采用账册方式对出境加工货物实施监管。在信息化系统上线前,暂用纸质账册进行管理。企业开展出境加工业务,应设置符合海关监管要求的账簿、报表及其他有关单证,记录与本企业出境加工货物有关的情况,凭合法、有效凭证记账、核算并接受海关监管。

(二) 报关程序[①]

1. 设立账册

开展出境加工业务的企业,应向其所在地主管海关办理账册设立手续,并提交下列单证:出境加工合同、生产工艺说明、相关货物的图片或样品等、海关需要收取的其他证件和材料。企业提交单证齐全有效的,主管海关应自接受企业账册设立申请之日起 5 个工作日内完成出境加工账册设立手续。账册核销期为 1 年。

办理出境加工账册设立手续时,企业应如实申报进出口口岸、商品名称、商品编号、数量、规格型号、价格和原产地等;使用境外料件的,还应如实申报使用境外料件的数量、金额。账册设立内容发生变更的,企业应在账册有效期内办理变更手续。

2. 进出境申报

出境加工货物的出口和复进口应在同一口岸。企业应按下列方式进行申报:

(1) 出境加工货物从国内出口,企业填报出口货物报关单,监管方式为"出料加工"(监管代码 1427),征减免税方式为"全免",备注栏填写账册编码(待信息化系统完善后,在备案

[①] 中华人民共和国海关总署. 海关总署公告 2016 年第 69 号(关于出境加工业务有关问题的公告)[EB/OL]. (2016-11-28)[2022-07-12]. http://www.customs.gov.cn/customs/302249/302266/302267/630735/index.html.

号一栏填写账册编码),其他项目据实填写。

(2)出境加工货物从国外加工完毕后复进口,企业填报进口货物报关单,监管方式为"出料加工"(监管代码1427),商品编号栏目按实际报验状态填报,每一项复进口货物分列两个商品项填报,其中一项申报所含原出口货物价值,商品数量填写复进口货物实际数量,征减免税方式为"全免";另一项申报境外加工费、料件费、复运进境的运输及其相关费用和保险费等,商品数量为0.1,征减免税方式为"照章征税"。备注栏填写账册编码(待信息化系统完善后,在备案号一栏填写账册编码),其他项目据实填写。

出境加工货物在规定期限内复运进境的,海关根据《进出口关税条例》和《中华人民共和国海关审定进出口货物完税价格办法》(以下简称《审价办法》)有关规定,以境外加工费、料件费、复运进境的运输及其相关费用和保险费等为基础审查确定完税价格。

出境加工货物因品质或规格等原因需退运的,企业应按退运货物(监管代码4561)有关规定,在账册核销周期内办理;出境加工货物超过退运期限或账册核销周期再复运进境的,企业应按一般贸易管理规定办理进口手续。

3. 核销

出境加工账册按以下方式进行核销。

(1)出境加工账册采取企业自主核报、自动核销模式,企业应于出境加工账册核销期结束之日起30日内向主管海关核报出境加工账册。

(2)出境加工货物因故无法按期复运进境的,企业应及时向主管海关书面说明情况,海关据此核扣复运进境商品数量。

(3)对逾期不向海关核报的出境加工账册,海关可通过电子公告牌等方式联系企业进行催核。催核后仍不核报的,海关可直接对账册进行核销。

(4)对账册不平衡等异常情况,企业应作出说明并按具体情况办结相应海关手续后予以核销;需要删改报关单的,企业应按《中华人民共和国海关进出口货物报关单修改和撤销管理办法》办理。

6.3.5 货样广告品

进出口货样系指进出口专供订货参考的货物样品;进出口广告品系指进出口用以宣传有关商品内容的广告宣传品。进出口的货样广告品(以下简称"货样广告品",监管代码为3010),适用于有进出口经营权的单位进出口货样广告品,取消原货样广告品B(监管代码3039),暂时进出口的货样、广告品和驻华商业机构不复运出口的进口陈列样品不适用本监管方式[①]。

货样广告品B取消后,进出口货样和广告品,无论是否为免费提供,均应申报货样广告品。进出口货样和广告品,不论是否免费提供,均应由在海关备案登记的进出口收发货人或其代理人向海关申报,由海关按规定审核验放。进出口无商业价值的货样和广告品准予免征关税和进口环节海关代征税,其他进出口货样和广告品一律照章征税。

进出口货样和广告品属于国家禁止进出口或者进出口实行许可证件管理的商品,应按照国家有关管理规定办理。

---

① 中华人民共和国海关总署. 海关总署公告2016年第37号(关于调整部分监管方式代码名称及适用范围的公告)[EB/OL].(2016-06-20)[2022-08-17]. http://www.customs.gov.cn/customs/302249/302266/302267/632478/index.html.

经营者运出国(境)外属于《出口许可证》管理货物的货样或者实验用样品,每批货物价值在人民币3万元(含3万元)以下者,免领《出口许可证》,海关凭经营者填写的出口货样报关单查验放行;超过3万元者,视为正常出口,经营者按规定申领《出口许可证》。《出口许可证》备注栏内应当注明"货样"字样。

以货样广告品、实验品方式进口自动许可货物的,每批次价值不超过5000元人民币的,可以免领《自动进口许可证》。进出口货样、广告品涉及两用物项和技术进出口许可证的,应申领《两用物项和技术进口许可证》或《两用物项和技术出口许可证》。

6.3.6 进出境快件

(一) 相关概念

进出境快件是指进出境快件运营人(以下简称"运营人"),以向客户承诺的快速商业运作方式承揽、承运的进出境的货物、物品。

运营人是指在中华人民共和国境内依法注册,在海关登记备案的从事进出境快件运营业务的国际货物运输代理企业。

进出境快件分为文件类、个人物品类和低值货物类三种。

(1) 文件类进出境快件(简称"A类快件")是指无商业价值的文件、单证、票据和资料(依照法律、行政法规及国家有关规定应当予以征税的除外);

(2) 个人物品类进出境快件(简称"B类快件")是指境内收寄件人(自然人)收取或者交寄的个人自用物品(旅客分离运输行李物品除外);

(3) 低值货物类进出境快件(简称"C类快件")是指价值在5000元人民币(不包括运、保、杂费等)及以下的货物(涉及许可证件管制的,需要办理出口退税、出口收汇或者进口付汇的,一般贸易监管方式下依法应当进行检验检疫的,货样广告品监管方式下依法应当进行口岸检疫的除外)。

(二) 进出境快件的报关

A类快件报关时,运营人应当向海关提交A类快件报关单(或称KJ1报关单)、总运单(复印件)和海关需要的其他单证。

B类快件报关时,运营人应当向海关提交B类快件报关单(或称KJ2报关单)、每一份进出境快件的分运单、进境快件收件人或出境快件发件人身份证影印件和海关需要的其他单证。B类快件的限量、限值、税收征管等事项应当符合海关总署关于邮递进出境个人物品相关规定。

C类快件报关时,运营人应当向海关提交C类快件报关单(或称KJ3报关单)、《代理报关委托书》或者委托报关协议、每一份进出境快件的分运单、发票和海关需要的其他单证,并按照进出境货物规定缴纳税款。C类快件的监管方式为一般贸易或者货样广告品,征免性质为一般征税,征减免税方式为照章征税。

运营人按照上述规定提交复印件(影印件)的,海关可要求运营人提供原件验核。通过快件渠道进出境的其他货物、物品,应当按照海关对进出境货物、物品的现行规定办理海关手续。

6.3.7 退运货物

退运进出口货物是指货物因质量不良或交货时间延误等原因,被国内外买方拒收造成的退运货物,或因错发、错运、溢装、漏卸造成退运的货物。退运货物包括一般退运货物和直接退运货物。

(一)一般退运货物

一般退运货物是指已经办理进出口申报手续且海关已放行的退运货物,不包括加工贸易退运货物。

1. 一般退运进口货物的报关

一般退运进口货物的报关分两种情况。

(1) 原出口货物已收汇、核销,则当事人应提供原出口报关单,现场海关凭税务部门出具的"出口商品退运已补税证明",保险公司证明或承运人溢装、漏卸的证明等有关资料办理退运进口手续。

(2) 原出口货物未收汇,则当事人应提供原货物出口报关单、税务部门出具的"出口货物未退税证明"等证明向进口地海关申报退运进口。若出口货物部分退运进口,海关应在原出口货物报关单上批注退运的实际数量、实际金额后退回企业并留存复印件,海关核实无误后,验放有关货物进境。

因品质、规格原因,出口货物自出口之日起1年内原状退货复运进境的,不予征税。已经征收出口税的,只要重新缴纳因出口而退还的国内环节税,自缴纳出口税款之日起1年内准予退还。

2. 一般退运出口货物的报关

一般退运出口货物的报关分两种情况。

(1) 因故退运出口的进口货物,原收货人或其代理人应填写《出口货物报关单》,并提供原货物进口时的有关单据,海关核实无误后,验放有关货物出境。

(2) 因品质或规格原因,进口货物自进口之日起1年内原状退货复运出境,可以免税,已征收的进口税,自缴纳进口税款之日起1年内准予退还。

(二)直接退运货物

直接退运货物是指进口货物进境后向海关申报,但由于特殊原因无法继续办理进口手续,经主管海关批准将货物全部退运境外的货物。进口转关货物在进境地海关放行后,当事人申请办理退运手续的,不属于直接退运货物,应当按照一般退运货物办理退运手续。

1. 当事人申请直接退运的货物

(1) 因国家贸易管制政策调整,收货人无法提供有关证明的。

(2) 属错发、误卸货物,并能提供发货人或运输部门书面证明的;收货人因故不能支付进口税、费,或收货人未按时支付货款致使货物所有权已发生转移,并能提供发货人同意退运的书面证明的。

(3) 收发货人双方协商一致同意退运,能够提供双方同意退运的书面证明文书的。

(4) 有关贸易发生纠纷,能够提供法院判决书、仲裁机构决定书或者无争议的有效货物所有权凭证的。

(5) 货物残损或者国家检验检疫不合格,能够提供国家检验检疫部门根据收货人申请而出具的相关检验证明文书的。

当事人申请直接退运前,海关已经确定检验或者认为有走私违规嫌疑的货物,不予办理直接退运。

2. 海关责令直接退运货物

(1) 进口国家禁止进口的货物,经海关依法处理后。

(2) 违反国家检验检疫政策法规,经国家检验检疫部门处理并且出具"检验检疫处理通知书"或者其他证明文书后的。

(3) 未经许可擅自进口属于限制进口的固体废物用作原料,经海关依法处理后的。

(4) 违反国家有关法律行政法规,应当责令直接退运的其他情形。

3. 直接退运货物的报关规定

海关责令直接退运货物的报关程序除不需要申请外,均与当事人申请直接退运货物相同。

(1) 申请直接退运由货物所有人或其代理人向进境地海关提出正式书面申请,并填写"直接退运货物审批表";海关批准后方可办理退运,并在原进境地口岸办理退运。

(2) 报关单填制符合以下要求:"标记唛码与备注"栏填写"准予直接退运决定书"编号;"贸易方式"栏填写"直接退运"代码4500。

(3) 直接退运一般先申报出口,再申报进口;并在进口报关单的"标记唛码及备注"栏填写关联报关单(出口报关单)号;对货物进境申报后经海关批准直接退运的,在办理进口货物直接退运出境申报手续前,海关应当将原进口货物报关单或者转关单数据予以撤销。

(4) 属承运人的责任造成的错发、误卸,获批准退运的,可以不填写报关单。

(5) 经海关批准直接退运的货物免交许可证、免征税费及滞报金,不列入海关统计。

案例 6-5

出口货物退运返修案例

东莞A电子公司出口一批数码相机到国外,因机内有一些部件损坏,需退回A公司维修,此批货物已办理退税、已核销。遇到这种情况,公司一般选择办理退运送回公司维修再复出口,但办理退运非常麻烦,需要提供以下资料:① 退运申请、盖公章。② 退运协议(中英文对照)。③ 与客户之间关于退运事情的来往邮件,重点部分翻译为中文,盖公章。④ 原出口整套单据:出口报关单出口退税联与核销收汇联(就是报关单的绿联和黄联),一定要正本。原核销单正本,原出口发票,装箱单,合同,复印件即可(如已核销到外管局开已核销证明,如已退税到税务局开补税证明)。⑤ 收货人的国家商检机构出具的质量问题报告,国外商检机构出具的质量问题报告,也就是三方权威机构出具。⑥ 报关、报检委托书。⑦ 需要交纳保证金。

资料准备完后公司向海关申报,海关审核最快需要2周,若海关审核不通过,则需要重新申请或退回国外,而且退运货会使公司产生不良的海关信誉和记录。针对退运货物,海关一定会查验,退运货物6个月后没有复出的,海关不予退还保证金。

遇到这种情况,公司可以选择另一种方法进行返修再复出,利用保税物流园区境内关外的功能进行退运返修。

维修建议操作模式:公司只需将货由国外运到深圳盐田、蛇口码头或其他码头办理转关到保税物流园区,也可由香港转关到深圳保税物流园。货到保税物流园区后打EDI单进入保税物流园仓库,货到仓库后公司方安排技术人员携配件及检测仪器到保税物流园区仓库维修,改换包装。返修完后装柜交码头出境。

公司利用深圳保税物流园区进行返修的好处:① 无须办理复杂的退运手续,无须向海关申请退运货物,无须交纳保证金,无须申报进出口关。② 复杂问题简单化,节约时间、成本。

保税物流园区退运的货物需满足以下条件：① 货物必须是九成新以上，每个产品有独立完整的包装。② 退运是因产品质量本身问题，不能是以翻新为目的。③ 外包装上面必须标明原产国，即非中性包装。

维修完的零配件不能再带进国内，需作垃圾处理或出境。

出口货物退运该不该征税？

2021年2月，A电子设备有限责任公司（以下简称"A公司"）与外方签订货物买卖合同。双方约定：A公司向外方出售一批电子感光仪器设备，有关合同须在2021年6月底之前履行完毕。此后，A公司组织生产上述设备，但由于原材料供应问题，拟出口的电子感光仪器设备直到2021年8月初才全部生产完毕。

2021年8月15日，A公司以一般贸易方式向B海关办理出口手续，将上述设备发给境外收货人。因A公司延迟履行合同，外方以A公司违约为由拒绝接收货物，并要求解除合同。A公司虽经交涉但仍无法改变外商意见，为避免货物滞留境外港口造成更大经济损失，A公司无奈于2021年10月开始着手办理货物退运事宜，同时联系国内企业拟将退运货物在国内销售。

2021年10月17日，上述货物从原出境口岸复运进境，A公司在办理报关手续时向B海关说明了出口货物退运进境的原因和事由，并提供了有关证明材料。B海关经审核认为，上述货物虽为出口退运货物，但造成退运的原因是A公司延迟履行合同致使外方拒绝接收货物，该事由不属于《进出口关税条例》所规定的可不予征收进口关税的退运情形，根据《海关法》和《进出口关税条例》的有关规定，对A公司出口退运货物应照章征收进口税款。

2021年10月20日，B海关向A公司作出征税决定，征收退运设备进口关税和进口环节增值税合计人民币38.24万元。

海关此举是否正确？

6.3.8 退关货物

（一）含义

退关货物又称出口退关货物，是指出口货物在向海关申报出口后被海关放行，因故未能装上运输工具，发货单位请求将货物退运出海关监管区域不再出口的货物。

（二）报关程序

（1）出口货物的发货人及其代理人应当在得知出口货物未装上运输工具，并决定不再出口之日起3天内，向海关申请退关。

（2）经海关核准且撤销出口申报后方能将货物运出海关监管场所。

（3）已缴纳出口税的退关货物，可以在缴纳税款之日起1年内，提出书面申请，向海关申请退税。

（4）出口货物的发货人及其代理人办理出口货物退关手续后，海关应对所有单证予以注销，并删除有关报关电子数据。

本章小结

本章介绍了各种特殊货物的海关监管规定及其报关要点,重点梳理了特定减免税货物、暂准进出境货物、跨境电商货物、过境、转运、通运货物、无代价抵偿货物、出料加工货物、货样广告品、进出境快件、退运货物与退关货物等的海关监管要求及报关流程。

关键词

特定减免税货物　暂准进出境货物　ATA单证册　进出境展览品　跨境电商　过境货物　转运货物　通运货物　无代价抵偿货物　出料加工货物　货样、广告品　进出境快件　退运货物　退关货物

思考与问答

(1) 什么是特定减免税货物?其海关监管期限有何规定?
(2) 什么是暂准进出境货物?它包括哪些范围?
(3) 跨境电商进口主要有哪两种模式?各有什么特点?
(4) 过境货物、转运货物、通运货物有什么区别?
(5) 阐述出料加工货物的报关程序。
(6) 退运货物与退关货物有什么区别?

第三篇　归类与税费计算实务

本篇主要讲述进出口商品税则归类规则和进出口环节涉及的相关税费计算。前者包括国际统一编码规则——HS编码制度、我国与国际接轨后制定的《进出口税则》、海关归类预裁定和HS编码制度归类总规则；后者包括关税的计征标准、完税价格的审定或计算、进口原产地规则及税率的适用、关税及相关税费的计算等内容。学习本篇可以确立进出口商品的税号及适用的税率，并正确计算商品在进出口环节的关税和其他税费成本。

第7章 进出口商品税则归类

本章学习目标

- 了解 HS 编码制度。
- 熟悉我国《进出口税则》。
- 了解海关对进出口商品归类的管理。
- 掌握 HS 编码制度归类总规则。
- 熟悉商品归类的简易方法。

7.1 商品名称及编码协调制度

海关进出口商品归类是指在《商品名称及编码协调制度国际公约》(International Convention on the Harmonized Commodity Name and Coding System,以下简称《HS 制度公约》,HS 为 Harmonized System 的缩写)商品分类目录体系下,以《进出口税则》为基础,按照《进出口税则商品及品目注释》《中华人民共和国进出口税则本国子目注释》及海关总署发布的关于商品归类的行政裁定、商品归类决定的要求,确定进出口货物商品编码的活动。进出口商品归类是海关监管、海关征税及海关统计的基础,归类的正确与否与报关人的切身利益也密切相关,因此,报关员必须掌握该技能。

7.1.1 HS 编码制度的产生

在国际贸易领域中曾采用过两套国际通用的商品分类编码标准,一套是联合国统计委员会制定的《国际贸易标准分类目录》(以下简称"SITC"),另一套是欧洲海关同盟研究小组制定的《海关合作理事会商品分类目录》(以下简称"CCCN"),它们对简化国际贸易程序、提高工作效率起到了积极的推动作用。但两套编码同时存在,导致商品在国际贸易往来中因分类方法不同而需重新对应分类、命名和编码。这些都阻碍了信息的传递,妨碍了贸易效率,增加了贸易成本,不同体系的贸易统计资料难以进行比较分析,同时也给利用计算机等现代化手段来处理外贸单证及信息带来很大困难。因此,从1973年5月开始,海关合作理事会成立了协调制度临时委员会,以CCCN和SITC为基础,以满足海关进出口管理、关税征收和对外贸易统计,以及生产、运输、贸易等方面的需要为目的,着手编制一套国际通用的协调统一商品分类目录。经过多年努力,终于在1983年6月通过了《HS制度公约》及其附件《商品名称及编码协调制度》(Harmonized Commodity Description And Coding System)(以下简称"HS编码制度"),以HS编码制度涵盖了CCCN和SITC两大部分编码体系,这一制度于1988年1月1日正式实施,使得世界各国在国际贸易领域中所采用的商品分类和编码体系有史以来第一次得到了统一。HS编码制度自1988年生效以来,共进行了7次修订,形成了1988年、1992年、1996年、2002年、2007年、2012年、2017年、2022年共8个版本。

7.1.2 HS编码的基本结构与特点

(一) HS编码的基本结构

HS编码是一部科学、系统的国际贸易商品分类体系。HS编码的总体结构包括三大部分:归类规则,类、章及子目注释,按顺序编排的目与子目编码及条文。这三个部分是HS编码的法律性条文,具有严格的法律效力和严密的逻辑性。

为了保证国际上对HS编码使用和解释的一致性,使得某一特定商品能够始终如一地归入一个唯一编码,HS编码首先列明6条归类总规则,规定了使用HS编码对商品进行分类时必须遵守的分类原则和方法。

HS编码的许多类和章在开头均列有注释(类注、章注或子目注释),严格界定了归入该类或该章中的商品范围,阐述HS编码中专用术语的定义或区分某些商品的技术标准及界限。

HS编码采用6位数编码,把全部国际贸易商品分为21类、97章(其中第77章为保留章),章下再分为目和子目。商品编码的前两位数代表"章",第3、4位数代表"目",第5、6位数代表"子目"。

HS编码共分为21类97章。"类"基本上是按经济部门划分的,如食品、饮料和烟酒在第4类,化学工业及其相关工业产品在第6类,纺织原料及制品在第11类,机电设备在第16类,运输设备在第17类,武器、弹药在第19类等。"章"基本按两种方法分类:一是按商品原材料的属性分类,相同原料的产品一般归入同一章。章内按产品的加工程度从原料到成品顺序排列。如第52章棉花,按"原棉—已梳棉—棉纱—棉布"顺序排列。二是按商品的用途或性能分类。制造业的许多产品很难按其原料分类,尤其是可用多种材料制作的产品或由混合材料制成的产品(如第64章鞋、第65章帽、第95章玩具等)及机电仪器产品等,HS按其功能或用途分为不同的章,而不考虑其使用何种原料,章内再按原料或加工程度排列出目或子目。

(二) HS编码的特点

HS编码制度商品分类目录的特点是通过协调,适合于与国际贸易有关的各个方面需要,成为国际贸易商品分类的一种"标准语言"。其优点是完整、系统、通用、准确。

完整,是由于它将目前世界上国际贸易主要品种全都分类列出,同时,为了适应各国关税、统计等商品目录全方位的要求和将来技术发展的需要,还在各类、章列有起"兜底"作用的"其他"子目,使任何进出口商品,即使是目前无法预计的新产品,都能在这个分类体系中找到自己适当的位置。

系统,是因为它的分类原则既遵循了一定的科学原理和规则,将商品按人们所了解的生产部类、自然属性和不同用途来分类排列;又照顾了商业习惯和实际操作的可行性,把一些进出口量较大而又难以分类的商品(如灯具、活动房屋等)专门列目,因而容易理解,易于归类和便于查找。

通用,一方面,它在国际上有相当大的影响,这些国家(地区)的海关税则及外贸统计商品目录的项目可以相互对应转换,具有可比性;另一方面,它既适于作为海关税则目录,又适于作为对外贸易统计目录,还可供国际运输、生产部门作为商品目录使用,其通用性超过以往任何一个商品分类目录。

准确,则是指它的各个项目范围清楚明了,绝不交叉重复。由于它的项目除了靠目录条文本身说明外,还有归类总规则、类注、章注和一系列的辅助刊物加以说明限定,使得其项目范围准确无误。

除了 HS 编码制度本身的优点以外,它作为一个国际上政府间公约的附件,国际上有专门的机构、人员进行维护和管理,技术上的问题还可利用世界上各国专家的力量帮助解决,各国也可通过制定或修订 HS 编码制度(HS 委员会决定,每隔若干年对 HS 作一次全面审议和修订,2022 年修订版已投入使用),争取本国的经济利益,施加本国的影响。这些不是一个国家的力量所能办到的,也不是其他国际上采用的商品分类目录所能比拟的。

正是以上的这些优点使 HS 成为目前世界上最广泛采用的商品分类目录,目前已有 180 多个国家使用 HS,全球贸易总量 98% 以上的货物都是以 HS 分类的。

7.2 我国《进出口税则》简介

7.2.1 我国《进出口税则》概况

我国海关进出口税则表(如图 7-1 所示)是应税商品和免税商品的系统分类表。该税则表自左到右排列,共分为 7 栏,第 1 栏是序号,第 2 栏是税则号列,第 3 栏是货品名称,第 4 栏是最惠国税率,第 5 栏是协定税率,第 6 栏是特惠税率,第 7 栏是普通税率。它是海关凭以对进出口货物征收关税的依据,是根据我国的关税政策,通过一定的立法程序制定和公布实施的,因此具有法律效力。

序号	税则号列	货品名称	最惠国税率(%)	协定税率(%)		特惠税率(%)	普通税率(%)
	01.01	马、驴、骡:					
		-马:					
1	0101.2100	--改良种用	0	0	东盟AS,智CL,巴PK,新西兰NZ,秘PE,哥CR,瑞CH,冰IS,韩KR,澳AU,格GE,毛MU,东盟AS^R,澳$^RAU^R$,日$^RJP^R$,新西兰$^RNZ^R$,柬KH,港HK,澳门MO	0	受惠国LD	0

图 7-1 我国海关进出口税则表部分截图

我国海关税则目录于 1985 年 3 月采用了欧洲海关同盟研究小组制定的《海关合作理事会商品分类目录》。1987 年将 HS 编码制度译成了中文,并着手开展对原海关税则目录和海关统计商品目录向 HS 编码制度的转换工作。1992 年 1 月 1 日我国海关正式采用 HS 编码制度并制定了以 HS 编码制度为基础的《进出口税则》。自 2007 年 1 月 1 日起，我国采用 2007 年版 HS 编码制度。根据《HS 制度公约》的规定，中华人民共和国海关全部采用 HS 编码制度的项目（即 6 位数子目），不进行任何增添和删改，全部采用 HS 编码制度的归类总规则和类、章、子目的注释，不更改其分类范围并遵守 HS 编码制度的编号顺序。《HS 制度公约》还规定，在 6 位数子目不变的情况下，各国可在 HS 编码制度的子目项下加列适合本国国情的更加具体细目，即 7 位数、8 位数等细目。现以 0301.9210 鳗鱼苗为例说明如下。

```
鳗鱼苗    编码：0 3    0 1    9    2    1    0
          位数：1 2    3 4    5    6    7    8
          含义：章号   顺序号  1级子目 2级子目 3级  4级
```

HS 编码制度中的编码只有 6 位，而第 7、8 位是我国根据实际情况加入的"本国子目"。从以上可以看出：第 5 位数码代表 1 级子目，表示它所在税（品）目下所含商品 1 级子目的顺序号；第 6 位数码代表 2 级子目，表示它在 1 级子目下所含商品 2 级子目的顺序号；第 7、8 位依次类推。需要指出的是，若第 5～8 位上出现数字"9"，则它并不一定代表在该级子目的实际顺序号，而是通常情况下代表未具体列名的商品，即"9"的前面一般留有空序号以便用于将来修订时增添新商品。如编码 0407.0029 中第 8 位的"9"并不代表实际顺序号（不用实际顺序号"4"），而是代表除鸡蛋、鸭蛋、鹅蛋以外未具体列名的其他禽蛋。其中 3～9 之间的空序号可以用于将来增添新的商品。在商品编码表中的商品名称前分别用"—""——""———""————"代表 1 级子目、2 级子目、3 级子目、4 级子目。

2022 年修订后的我国《进出口税则》商品目录与 HS 商品分类目录保持一致，也是 21 类、97 章（第 77 章是空章，保留为将来所用）。中国海关商品编码一般为 8 位或 10 位数字编码，前 8 位为《进出口税则》和《中华人民共和国海关统计商品目录》确定的商品编码，第 9、10 位为海关监管附加编号。涉及检验检疫的商品编码则有 13 位数字编码，第 11～13 位为检验检疫附加编号。申请报关时，一般须填写最新的 8 位或 10 位 HS 编码。具体说来，我国加列的子目主要有以下几种情况：

（1）为贯彻国家产业政策和关税政策，保护和促进民族工业顺利发展，需制定不同税率的商品加列子目，如临时税率商品。

（2）对国家控制或限制进出口的商品加列子目，包括许可证、配额管理商品和特定商品。

（3）为适应国家宏观调控、维护外贸出口秩序、加强进出口管理的需要，对有关主管部门重点监测的商品加列子目，包括进出口商会为维护出口秩序或组织反倾销应诉要求单独列目的商品（电视机分规格，电风扇、自行车分品种等）。

（4）出口应税商品。

（5）在我国进口或出口中所占比重较大、需分项进行统计的商品，包括我国传统大宗出口商品（罐头、中药材及中成药和编结材料制品等）。

（6）国际贸易中发展较快，且我国有出口潜力的一些新技术产品。

近年来，商务部与海关总署合作，将许可证商品纳入 HS 目录管理，实现了联网传输海关统计数据，配额许可证联网核销管理；海关总署与国际机电管理部门和机电产品进出口商会合作制定了机电产品商品目录，并根据商会对有关机电产品加强管理的要求加列了本国子目;与国家税务总局合作以HS编码为基础加强对出口退税商品的核销管理;与外汇管理部门合作加强了对出口结汇、进口付汇管理等。HS编码正在我国外经贸工作中发挥特别积极的作用。

7.2.2 我国《进出口税则》中税率的规定

我国《进出口税则》是根据以下原则制定税率的:

(1) 对进口国内不能生产或供应不足的动植物良种、粮食、肥料、饲料、药剂、精密仪器仪表、关键机械设备等,制定低税率或免税。

(2) 原料的进口税率,比半成品、成品低。

(3) 国内不能生产或质量未过关的零件、部件,进口税率比整机低。

(4) 国内能生产的物品、奢侈品,制定高税率。

(5) 国内需保护的产品或国内外差价大的产品,制定更高税率。

(6) 对绝大多数出口商品不征出口税,仅对需要限制出口的极少数原料、材料和半成品征收适当的出口税。

无论是进口税还是出口税都用一个税则商品目录,并在进口税率栏同时列出各栏高低不同的税率,由于原产地的不同,其适用的进口关税税率也不同。我国规定从2002年1月1日起进口税则的适用税率执行四档税率,即最惠国税率、协定税率、特惠税率和普通税率,进口货物均按原产地规定确定适用的税率。在《进出口税则》中,税率是核心。

我国第一部税则的算术平均税率为52.9%。1985年,我国海关采用CCCN税则目录,并且对税率进行了重大调整,形成第二部税则。20世纪90年代以来,为了适应各国经济、贸易发展的新格局和实现加入世界贸易组织的目标,我国多次对关税政策进行了较大调整。1992年12月,我国降低了3371个税号的关税,平均税率降至39.9%,同时,取消了进口调节税。1993年12月,我国再次调整2898个税目的进口关税,使关税平均水平降至36.9%。1994年,我国进一步对234种商品降低税率,实行进口暂定税率,使税率降至35.9%。1995年又对烟、酒和录像带等进口关税作了进一步下调。1996年4月1日起,我国对4900多个税号大幅度降低进口关税,关税总水平降至23%。1997年10月1日再次下调至17%。加入世界贸易组织后,为履行承诺,我国关税税率不断调低,2005年我国平均关税水平调整为10%左右,2010年关税总水平与2009年相同,为9.8%;其中,农产品平均税率15.2%,工业品平均税率8.9%。2018年11月1日起我国降低部分商品最惠国税率,关税总水平从之前维持多年的9.8%降至7.5%,低于大多数发展中国家,处于中等偏低水平。调整后的关税基本上形成了资源类产品—原材料—零配件—半成品—制成品由低到高的梯形税制结构。

目前,大部分商品都免税出口,仅对小部分商品征出口税,目的是为了限制这些商品出口,保证国内市场供应或者控制其盲目出口。

西方发达国家及大部分发展中国家的关税制度均十分复杂,设置有法定税率、优惠税率、特惠税率、普惠税率、最惠国税率等多栏税率。目前,我国进口税则使用4栏税率,分别为:最惠国税率、协定税率、特惠税率和普通税率(关税配额税率在最惠国税率栏对应的脚注标示)。最惠国税率适用于原产于共同适用最惠国待遇条款的世界贸易组织成员的进口货物,原产于与中华人民共和国签订含有相互给予最惠国待遇条款的双边贸易协定的国家或者地区的进口货物,以及原产于中华人民共和国境内的进口货物;协定税率适用于原产于与中华人民共和国签订含有关税优惠条款的区域性贸易协定的国家或者地区的进口货物;特惠税率适用于原产于与中华人民共和国签订含有特殊关税优惠条款的贸易协定的国家或者地区的进口货物;普通税率适用于原产于除适用最惠国税率、协定税率、特惠税率国家或者地区以外的国家或者地区的进口货物,以及原产地不明的进口货物。例如,小麦的关税配额税率为1%,最惠国税率为65%,普通税率为180%。除进出口税则中规定的税率外,我国对部分货物还实行进出口关税暂定税率。例如,进口关税中有暂定最惠国税率,出口关税中有暂定出口税率,在具体实施过程中,暂定税率优先于税则税率执行。但进口暂定最惠国税率只适用最惠国待遇的国家和地区,按普通税率征税的进口货物,不适用进口暂定最惠国税率。适用协定税率、特惠税率的进口货物有暂定税率的,应当从低适用税率。

 案例 7-1

A 市第一中级人民法院曾审理了 B 有限公司采购部和该部门化学品采购经理范某及供应商的一起走私案。该案暴露了该公司在对一项日化原料进口报关时,使用错误代码报关,从而达到逃税目的。

当时,B 有限公司的采购经理范某曾将产品主动送检海关,海关查验通过。6 年来,B 有限公司通过多家贸易公司,共进口了近百单。涉及 B 有限公司的这起走私案案发于 2022 年年初,供应商在对一项日化原料进口报关时,被 C 海关发现使用了错误的 HS 编码制度代码。供应商为一家澳大利亚贸易公司,是 B 有限公司的代理进口商。据 C 海关称,供应商 HS 编码制度代码使用错误,是指其在进口一项名为"羊毛醇"的日化原料时,申报品名却是"固醇"。两者的化学成分相似,但前者的关税税率是 27%,后者仅为 5.5%。因此,错误的 HS 编码制度编码使用,导致其在这项原料进口时少缴了部分关税,在 6 年里总计少缴了 300 多万元的税款。

从 B 有限公司的情况看,HS 编码制度归类问题是这个事件的关键。

7.3 进出口货物商品归类的海关管理

为了规范进出口货物的商品归类,保证商品归类结果的准确性和统一性,根据《海关法》《进出口关税条例》及其他有关法律、行政法规的规定,海关总署发布了《中华人民共和国海关进出口货物商品归类管理规定》。①

7.3.1 归类的依据

进出口货物的商品归类应当遵循客观、准确、统一的原则。具体来说,对进出口货物进行商品归类的依据是:《进出口税则》《进出口税则商品及品目注释》《中华人民共和国进

---

① 中华人民共和国海关总署. 中华人民共和国海关进出口货物商品归类管理规定(海关总署第 252 号令)[EB/OL]. (2021-09-18)[2022-07-12]. http://www.customs.gov.cn//customs/302249/302266/302267/3898724/index.html.

出口税则本国子目注释》,海关总署发布的关于商品归类的行政裁定规定,海关总署发布的商品归类决定规定。

7.3.2 归类的申报要求

为了规范进出口企业申报行为,提高申报数据质量,促进贸易便利化,海关总署制定了《中华人民共和国海关进出口商品规范申报目录》。《中华人民共和国海关进出口商品规范申报目录》按我国海关进出口商品分类目录的税目顺序编写,并根据需要在税目级或子目级列出了申报要素。

例如,税目2204"鲜葡萄酿造的酒"下各子目的申报要素分别如下。

子目2204.1000"汽酒":① 品名,② 种类,③ 加工方法。

子目2204.2100"装入2升及以下容器的其他酒及加酒精抑制发酵的酿酒葡萄汁":① 品名,② 品牌,③ 加工方法,④ 容器容积,⑤ 年份,⑥ 产区。

子目2204.2900"装入2升以上容器的其他酒及加酒精抑制发酵的酿酒葡萄汁":① 品名,② 种类,③ 加工方法,④ 容器容积。

子目2204.3000"其他酿酒葡萄汁":① 品名,② 加工方法。

再如,对于税目8528"电视接收装置,不论是否装有无线电收音装置或声音、图像的录制或重放装置"的申报要素为:① 品名,② 用途,③ 品牌,④ 显像类型,⑤ 显示屏幕尺寸,⑥ 型号。

收发货人或者其代理人应当按照法律、行政法规规定及海关要求如实、准确申报进出口货物的商品名称、规格型号等,并且对其申报的进出口货物进行商品归类,确定相应的商品编码。

收发货人或者其代理人向海关提供的资料涉及商业秘密,要求海关予以保密的,应当事前向海关提出书面申请,并且具体列明需要保密的内容,海关应当依法为其保密。收发货人或者其代理人不得以商业秘密为理由拒绝向海关提供有关资料。

海关在审核收发货人或者其代理人申报的商品归类事项时,可以依照《海关法》和《进出口关税条例》的规定行使下列权力,收发货人或者其代理人应当予以配合。

(1) 查阅、复制有关单证、资料。

(2) 要求收发货人或者其代理人提供必要的样品及相关商品资料。

(3) 组织对进出口货物实施化验、检验,并且根据海关认定的化验、检验结果进行商品归类。

海关可以要求收发货人或者其代理人提供确定商品归类所需的资料,必要时可以要求收发货人或者其代理人补充申报。收发货人或者其代理人隐瞒有关情况,或者拖延、拒绝提供有关单证、资料的,海关可以根据其申报的内容依法审核确定进出口货物的商品编码。

7.3.3 归类的修改

收发货人或者其代理人申报的商品编码需要修改的,应当按照《中华人民共和国海关进出口货物报关单修改和撤销管理办法》等规定向海关提出申请。

海关经审核认为收发货人或者其代理人申报的商品编码不正确的,可以根据《征税管理办法》有关规定,按照商品归类的有关规则和规定予以重新确定,并且根据《中华人民共和国海关进出口货物报关单修改和撤销管理办法》等有关规定通知收发货人或者其代理人对报关单进行修改。

7.3.4　归类预裁定

自2019年1月1日起,各直属海关以往制发的《中华人民共和国海关商品预归类决定书》停止使用。企业需要申请海关商品预归类的,适用商品归类预裁定程序[①]。根据《中华人民共和国海关预裁定管理暂行办法》,在货物实际进出口前,申请人可以向海关申请预裁定[②]。商品预裁定的好处是不仅可以简化企业通关流程,提高通关效率,而且还能帮助企业提前准确了解关税政策及涉税要素,有效预估成本,降低不合规申报的风险,其具体规定如下。

预裁定的申请人应当是与实际进出口活动有关,并且在海关备案登记的对外贸易经营者。申请人应当在货物拟进出口3个月前向其备案地直属海关提出预裁定申请。

有下列特殊情况之一,且申请人有正当理由,经直属海关批准,可以在货物拟进出口前3个月内提出预裁定申请:因不可抗力或政策调整原因造成申请时间距实际进出口时间少于3个月的;申请企业在海关注册时间少于3个月的。

申请人申请预裁定的,应当通过电子口岸"海关事务联系系统"(QP系统)或"互联网＋海关"提交《中华人民共和国海关预裁定申请书》(以下简称《预裁定申请书》)以及相关材料。

海关在接到《预裁定申请书》以及相关材料之日起10日内审核决定是否受理,并制发《中华人民共和国海关预裁定申请受理决定书》或者《中华人民共和国海关预裁定申请不予受理决定书》。

申请材料不符合有关规定的,申请人应当在收到《中华人民共和国海关预裁定申请补正通知书》后于规定期限内进行补正。

海关对申请人申请的海关事务依据有关法律、行政法规、海关规章以及海关总署公告作出预裁定决定,自受理之日起60日内制发《中华人民共和国海关预裁定决定书》(以下简称《预裁定决定书》)。

除涉及申请人商业秘密的,海关将通过网站等方式公开预裁定决定内容。《预裁定决定书》自送达之日起生效,有效期3年;《预裁定决定书》全国范围内有效。申请人对预裁定决定不服的,可以向海关总署申请行政复议;对复议决定不服的,可以依法向人民法院提起行政诉讼。申请人在预裁定决定有效期内进出口与预裁定决定列明情形相同的货物,应当按照预裁定决定的税号申报,海关予以认可。

7.4　HS编码制度归类总规则

税则归类是指对应税的进出口商品,在税则中找出其相应的税目,它是征税工作的重要环节。进出口商品种类繁多、性质复杂,且商品变化日新月异,要将世界上所有商品浓缩在

[①] 中华人民共和国海关总署. 海关总署公告2018年第138号(关于海关预归类决定后续有关事项的公告)[EB/OL]. (2018-10-23)[2022-08-19]. http://www.customs.gov.cn/customs/302249/302266/302267/2058469/index.html.

[②] 中华人民共和国海关总署. 中华人民共和国海关预裁定管理暂行办法(海关总署第236号令)[EB/OL]. (2017-12-26)[2022-08-19]. http://www.customs.gov.cn//customs/302249/302266/302267/1069484/index.html.

几百页的税则上,将数以万计的商品在几千条子目中找到最适当的税目,具有一定的难度。因此,税则归类是一项政策性和技术性很强的工作,每一票货物的归类正确与否,不但关系到国家关税政策贯彻执行的好坏,而且直接影响到企业的经济效益。

要进行正确的税则归类,就必须牢牢掌握"归类总规则",并且在使用时,必须注意以下两点:

(1) 要按顺序使用每一条规则。当规则一不合适时才用规则二,规则二不合适时才用规则三,并依次类推。

(2) 在实际使用规则二、三、四时要注意条件,即是否类注、章注和税目有特别的规定或说明。如有特别规定,应按税目或注释的规定归类而不能使用规则二、三、四。

下面详细介绍归类总规则。

7.4.1 规则一

(一) 条文内容

类、章及分章的标题,仅为查找方便而设;具有法律效力的归类,应按税目条文和有关类注或章注确定,如税目、类注或章注无其他规定,按以下规则确定。

(二) 条文解释

本规则说明了类、章及分章的标题不是归类的依据,并不具有法定的约束力。如第15类的标题为"贱金属及其制品",但许多贱金属制品,如铜纽扣归入9606(18类),类似的例子还很多。因此,归类的真正依据为:第一层次是税目条文、类注和章注,第二层次是规则二、三、四,并应按顺序依次使用。规则一应用举例如下。

(1) 冻牛胃,根据规则一,具有法律效力的归类,应按税(品)目条文和有关类注或章注确定。牛胃属于牛杂碎,按0206的税目条文"鲜、冷、冻牛、猪、绵羊、山羊、马、驴、骡的食用杂碎"似乎可归入0206,但千万注意归类时还要看类注或章注,根据第二章章注三可知,本章不包括动物的肠、膀胱、胃,所以该商品应归入0504.0029。

(2) 如冷藏的葡萄,税目0806只列了鲜的或干的,而没有冷藏的,查看类注、章注,看到第八章注释二规定了"鲜的"包括"冷藏的"在内,这样就可将冷藏的葡萄归入0806。

(3) 如牛尾毛,查第五章其他动物产品,0511税目中未提到牛尾毛,再查阅第五章注四,马毛包括牛尾毛,因此归入马毛税号0511.9940。

规则一使用提示:

★ 正确的归类应该是依据税目条文和类注、章注及规则一以下的各条规则。

★ 不可因为某货品符合某一类、章及分章的标题,就确定归入该类、章及分章。

例如,"针织女式胸衣",如果直接看标题,似乎符合第六十一章的标题"针织或钩编的服装及衣着附件"而可以归六十一章,但由于标题不是归类依据,所以应根据税目条文和类注、章注来确定。按六十一章章注二(一)、六十二章章注一和6212税目条文,应归入6212。

7.4.2 规则二

(一) 条文内容

(1) 税目所列货品,应包括该项货品的不完整品或未制成品,只要在进口或出口时该项不完整或未制成品具有完整品或制成品的主要特征;还应包括该项货品的完整品或制成品在进口或出口时的未组装件或拆散件。

(2) 税目中所列材料或物质,应视为包括该种材料或物质与其他材料或物质混合或组合的货品。税目所列某种材料或物质构成的货品,应视为包括全部或部分由该种材料或物质构成的货品。由一种以上材料或物质构成的货品,应按规则三归类。

(二) 条文解释

规则二第(1)款有两层意思:一是扩大税号的商品范围,不仅包括它的整机、完整品或制成品,而且包括了它的非完整品、非制成品,还包括它的拆散件;二是在使用这条规则时,应具备条件,即非完整品、未制成品一定要具有整机特征;拆散件主要是为了运输、包装上的需要。

例如,一辆车缺个门或轮子,虽不完整,但已具备了车辆的主要特征,因此可归入整车税号。

又如,已加工成型但未装配的卧室木家具板,还缺少五金件,这是一种不完整品(缺少五金件)的未组装件(未装配),由于缺少的仅是次要的零配件,因此,该不完整品具有完整品的基本特征,根据规则二第(1)款,应按完整的卧室木家具归类,可归入 9403.4000。

规则二第(2)款也有两层意思:第一,税号中所列某种材料包括了该种材料的混合物或组合物,也是对税目所列的范围的扩大;第二,其适用条件是加进去的东西或组合起来的东西不能失去原来商品的特征。这就不存在看起来可归入两个以上税号的问题。

如加糖牛奶,还是按牛奶归类,因其虽是一种混合物,但它并不改变鲜牛奶的基本特征和性质,所以仍按鲜牛奶归类。又如,涂有石蜡的软木塞,是一种主要由软木构成的组合货品,它应按其主要材料归入天然软木制品的税号中。

规则二使用提示:

★ 税(品)目所列货品范围的扩大是有条件的,即不管是"缺少"[规则二第(1)款]还是"增多"[规则二第(2)款],都必须保持"基本特征"。

★ "基本特征"的判断有时是很困难的。例如,缺少了多少零配件的电视机仍具有电视机的基本特征,仍可以按电视机归类。

对于不完整品而言,核心是看其关键部件是否存在。如压缩机、蒸发器、冷凝器、箱体这些关键部件如果存在,则可以判断为具有冰箱的基本特征。

对于未制成品而言,主要看其是否具有制成品的特征,如齿轮的毛坯,如果其外形基本上与齿轮制成品一致,则可以判断为具有齿轮的基本特征。

对未组装件或拆散件而言,主要看其是否通过简单组装即可装配起来。

★ 规则二第(1)款一般不适用于第一类至第六类的商品。

★ 只有在规则一无法解决时,方能运用规则二。

7.4.3 规则三

(一) 条文内容

不论何种原因,货品看起来可归入两个或两个以上税目时,应按以下规则归类:

(1) 列名比较具体的税目,优先于列名一般的税目。但是,如果两个或两个以上税目都仅述及混合或组合货品所含的某部分材料或物质,在零售的成套货品中的某些货品,即使其中某个税目对该货品描述得更为全面、详细,这些货品在有关税目的列名应视为同样具体。

(2) 混合物、不同材料构成或不同部件组成的组合物及零售的成套货品,如果不能按照规则三第(1)款归类时,在可适用本款条件下,应按构成货品基本特征的材料或部件归类。

(3) 货品不能按照规则三第(1)款或第(2)款归类时,应按号列顺序归入其可归入的最末一个税目中。

(二) 条文解释

规则三第(1)款包含三层意思:第一,商品的具体名称与商品的类别名称相比,当然前者更具体,因此,按商品具体名称列目的税号优先于按商品类别列目的税号。例如,"进口电子表用的集成电路",税则上有两个税号与其有关,一个是税号8542,是按集成电路中时钟及时序电路或其他电路名称列目;另一个是9111,是按钟表零件这样一类商品名称列目。显然,时钟及时序电路或其他电路的税号更具体,应归入8542。又如,"紧身胸衣"是一种女内衣,有两个税号与其有关,一个是6208女式背心及其他内衣,一个是6212紧身胸衣。前一个是类名称,后一个是具体商品名称,故应归入6212。如果两个税号属同一商品,可比较它的内涵和外延,一般说来内涵越大、外延越小,就越具体。第二,如果一个税目所列名称更为明确地包括某一货品,则该税目要比所列名称不完全包括该货品的其他税目更为具体。例如,"汽车用电动刮雨器",看起来可归入两个税号,一个是汽车零件(第八十七章),另一个是电动工具(第八十五章),查阅这两章注释没有说明,便按这一规则选择说明最明确的税目,8512用于自行车或机动车辆的风挡刮水器,8708用于机动车辆零件及附件,因此,应归入前者。第三,与有关商品最为密切的税号应优先于与其关系间接的税号。例如,"进口汽车柴油机的活塞",有关的税号一个是压燃式活塞(柴油或半柴油发动机)8408,另一个是机动车辆零件、附件8708,活塞是柴油机的零件,柴油机是汽车的零件,那么活塞就是汽车零件的零件,但上述两个零件是不同层次的,活塞与汽车是间接关系,因此,应归入8408。

但是,如果两个或两个以上税目都仅述及混合或组合货品所含的某部分材料或物质,或零售成套货品中的某些货品,即使其中某个税目比其他税目对该货品描述得更为全面、详细,这些货品在有关税目的列名应视为同样具体。在这种情况下,货品应按规则三第(2)款或第(3)款的规定进行归类。

规则三第(2)款解释:这里与规则二的混合物、组合物是有区别的,此时混合物、组合物已改变了原来的特征,难以肯定是原来的商品。其中,对于由几个不同部件构成的组合货品,这些部件可以是各自独立的,但它们必须是功能上互相补充,共同形成一个新的功能,从而构成一个整体。例如,放在皮盒内出售含有电动理发推子、剪子、梳子、刷子、毛巾的成套理发用具应如何归类?查阅类及章注,并未提到这类成套货品归何税号,而按此规则,其成套货品中具有主要特征的货品是电动理发推子,因此归入其税号8510.2000。

使用本规则的关键是确定货品的主要特征。一般来说可根据商品的外观形态、使用方式、主要用途、购买目的、价值比例、贸易习惯、商业习惯、生活习惯等诸因素进行综合考虑分析来确定。

规则三第(3)款解释:此规则明确,按规则三的上述两款都不能解决的归类问题,则在几个认为同等可归的税号中,归在排列最后的税号,这是一条"从后归类"的原则。例如,有一套梳理工具,由一个塑料盒子(4202)、带塑料手柄的小镜子(7009)、发刷(9603)和梳子(9615)组成,如何归类?由于没有一项物品构成该成套工具的基本特征,因此,依据归类总规则三第(3)款,该套梳理工具应从后归入税目9615。

规则三的三款规则应按照其在本规则的先后次序加以运用,且在税目条文、类注、章注未作其他规定时才能施行。总结规则三,其优先权的次序为:具体列名,基本特征,从后归类。

规则三使用提示:

★ 只有规则一与规则二解决不了时,才能运用规则三。

例如,"豆油70%、花生油20%、橄榄油10%的混合食用油",不能因为是混合物,且豆油含量最大,构成基本特征,从而运用规则三第(2)款,按豆油归入1507,而是应该首先运用规则一,由税(品)目条文确定归入1517。

★ 在运用规则三时,必须按其中第(1)(2)(3)款的顺序逐条运用。

★ 规则三第(2)款中的零售成套货品,必须同时符合下列三个条件:① 由至少两种可归入不同税(品)目的不同物品构成;② 为了某项需求或某项专门活动而将几件产品或物品包装在一起;③ 其包装形式适于直接销售而货物无须重新包装。

不符合以上三个条件时,不能看成是规则三第(2)款中的零售成套货品。例如,"包装在一起的手表与打火机",由于不符合以上第二个条件,所以只能分开归类。

7.4.4 规则四

(一)条文内容

根据上述规则无法归类的货品,应归入与其最相类似的货品所适用的税目中。

(二)条文解释

本规则明确对不能归入税则分类目录中任何一个税号的货品,应归入最相类似物品的税号。归类时,第一步要用进口货品与其相近似的货品逐一比较,从而确定其最相近似的货品。第二步确定哪一个税号对该项类似物品最为适用。然后,将进口货品即归入该税号之内。

由于物品的类似性由许多因素决定,如物品的名称、性质、用途等,实际问题中往往难以统一认识。一般说,这条规则不常使用。

规则四使用提示:

★ 本条规则是为了使整个规则制定得更严密,一般很少实际运用。

7.4.5 规则五

(一)条文内容

除上述规则外,本规则适用于下列货品的归类。

(1) 制成特殊形状仅适用于盛装某个或某套物品,并适合长期使用的照相机套、乐器盒、枪套、绘图仪器盒、项链盒及类似容器,如果与所装物品同时进口或出口,并通常与所装物品一同出售的,应与所装物品一并归类。但本款不适用于本身构成整个货品基本特征的容器。

(2) 除本规则第(1)款中规定的以外,与所装货品同时进口或出口的包装材料或包装容器,如果通常是用来包装这类货品的,应与所装货品一并归类。但明显可重复使用的包装材料和包装容器可不受本款限制。

(二) 条文解释

规则五第(1)款是一条关于包装物归类的专门条款,仅适用于同时符合以下各条规定的容器:制成特定形状或形式,专门盛装某一物品或某套物品的;适合长期使用的;与所装物品一同进口或出口,不论其是否为了运输方便而与所装物品分开包装(单独进口或出口的容器应归入其他应归入的税目);通常与所装物品一同出售的;包装物本身并不构成整个货品基本特征的,即包装物本身无独立使用价值。

如"装有茶叶的银质茶叶罐",银罐本身价值昂贵,已构成整个货品的基本特征,应按银制品归入税目7114;又如,"装有糖果的成套装饰性瓷碗",应按瓷器品归入税目6911。而与所装电动剃须刀一同报验的电动剃须刀的皮套,由于符合以上条例,因此应与电动剃须刀一并归入税目8510。

规则五第(2)款仅适用于同时符合以下各条规定的包装材料及包装容器:规则五第(1)款以外的;通常用于包装有关货品的;与所装物品一同报验的(单独报验的包装材料及包装容器应归入其所应归入的税目)。

规则五使用提示:

★ 本规则要解决的是包装材料或包装容器何种情况下单独归类,何种情况下可与所装物品一并归类的问题。重点注意包装材料或包装容器与所装物品一并归类的条件——与所装货品同时进口或出口。

例如,"单独进口某香水专用的玻璃瓶",尽管该玻璃瓶是香水专用的,也不能按香水归类,只能按玻璃瓶归入税目7013。

又如,"与数字照相机一同进口的照相机套",由于符合规则五第(1)款的条件,所以应与照相机一并归入数字照相机的税目8525,而不能按4202的照相机套的列名归类。

由于HS税则出现了5位数级、6位数级子目,这与CCCN税则只有4位数级税目不同,因此,有必要对5、6位数级子目的归类规则作出规定,规则六就是这样产生的。

7.4.6 规则六

(一) 条文内容

货品在某一税目项下各子目的法定归类,应按子目条文或有关的子目注释及以上各条规则来确定,但子目的比较只能在同一数级上进行。除本税则目录另有规定的以外,有关的类注、章注也适用于本规则。

(二) 条文解释

本规则表明只有在货品归入适当的4位数级税目后,方可考虑将它归入合适的5位数级或6位数级子目,并且在任何情况下,应优先考虑5位数级子目,后再考虑6位数级的范围或子目注释。此外,规则六注明只属同一级别的子目才可比较,以决定哪个子目较为合适,比较方法为同级比较,层层比较。

例如,税号5208棉机织物,其5位数级子目按未漂白、漂白、染色、色织、印花来分,而6位数级子目又是按坯布每平方米重量来分,如在税号5208.4的色织布中,色织布又按每平方米重量是否超过100克,来分出两个6位数子目,即超过100克的归入税号5208.42,不超过100克的归入税号5208.41。也就是说,税目5208棉机织物中的色织布,还要按其每平方米重量进行比较后归入各自对应的6位数级子目中。

又如"紫檀木制办公桌",该商品的归类主要是子目问题(规则六),不能因为紫檀木属于红木而直接找三级子目9403.6010"红木制",应该先确定一级子目"办公室用木家具",所以应归入税号9403.3000。

规则六使用提示:

★ 确定子目时,一定要按先确定一级子目,再二级子目,然后三级子目,最后四级子目的顺序进行。

★ 确定子目时,应遵循"同级比较"的原则,即一级子目与一级子目比较,二级子目与二级子目比较,依次类推。

例如,"中华绒毛蟹种苗",在归税目0306项下子目时,应按以下步骤进行。

① 先确定一级子目,即将两个一级子目"冻的"与"未冻的"进行比较而归入"未冻的";

② 再确定二级子目,即将二级子目"龙虾""大鳌虾""小虾及对虾""蟹""其他"进行比较而归入"蟹";

③ 然后确定三级子目,即将两个三级子目"种苗"与"其他"进行比较而归入"种苗"。

所以,正确的归类(重点是子目)是0306.3391。

注意,不能将三级子目"种苗"与四级子目"中华绒毛蟹"比较而归入0306.3391"中华绒毛蟹",因为二者不是同级子目,不能比较。

按照归类总规则及其归类方法归类,每一种商品都能找到一个最合适的税目。如果有些新产品或特殊商品按照这个归类规则和方法,确定其应归税目确有困难时(首先要对该商品做全面了解),可向海关总署请示、咨询。

7.5 商品归类的简易方法

根据HS编码制度中所包含的归类总规则的规定,各类的注释及各章的章注释内容和部分章中的子目注释内容,以及其特定意义,本节将提供一种简易的归类方法,并对每一种归类方式的特定含义、采用顺序、使用技巧及应用实例进行介绍,从而使读者能够尽快地将所需归类的商品转化为与《进出口税则》相吻合的商品归类语言。

7.5.1 列名优先原则——有列名归列名

本节所述"有列名"是指《进出口税则》中税目条文或者子目条文中列名具体或比较具体的商品名称,即商品表现出的特征与商品归类的语言基本吻合。举例如下:

(1) 已冲洗并已配音的供教学用的35毫米电影胶片(税号3706.1010)。

(2) 规格及形状适于安装在船舶舷窗上的安全玻璃(税号7007.1110)。

(3) 功率为80瓦的吊扇(税号8414.5110)。

这其中包括归类总规则规则二第(1)款所示的:在进出口时具有完整品或制成品的基本特征的,该项商品的不完整品或未制成品。举例如下:

(1) 缺少四个轮子的高尔夫球车(税号8703.1019)。
(2) 缺少鞍座的山地自行车(税号8712.0030)。
(3) 未喷漆的自行车架(税号8714.9100)。
(4) 缺少螺钉的塑料制眼镜架(税号9003.1100)。
(5) 已剪裁成型未缝制的机织面料分指手套(税号6216.0000)。

以及这些商品的拆散件及成套散件(SKD-成套部件,CKD-成套散件)。举例如下：
(1) 高速摄影机成套散件(税号9007.1010)。
(2) 机动游览船成套部件(税号8901.1010)。
(3) 尚未焊接装配的成套心电图记录仪(税号9018.1100)。

还包括归类总规则规则二第(2)款所示的：某种材料或物质与其他材料或物质混合或组合的物品,但不得改变原来材料或物质构成货品的基本特征。举例如下：
(1) 加碘的食用盐(税号2501.0011)。
(2) 加糖的牛奶(税号0402.9900)。
(3) 加有着色剂的砂糖(税号1701.9910)。
(4) 皮革制分指手套、口上镶有兔毛皮装缏条(税号4203.2990)。

通过上述例子,我们不难理解"有列名"是指由税(品)目条文及子目条文所组合而成的商品名称,已完整或者基本描绘出我们进行归类的进出口商品的特征。显示出的商品列名与实际商品已经具体。由此,根据归类总规则规则三第(1)款所示,列名比较具体的税(品)目,优先于列名一般的税(品)目,即本节所称的列名优先的原则。列名优先的原则是进出口商品归类的第一原则,也是首选的归类方法。

因此,在我们进行商品归类练习时,首先要根据所归类商品的特征,如商品的主要成分(材料)、加工方式、规格、用途、等级、包装方式、功能作用等进行综合分析,再根据分析结果找出其相适合的税目,最后以列名优先的原则进行归类。

【例7-1】 纯棉妇女用针织紧身胸衣,归类步骤如下。
(1) 商品分析。
成分：纯棉。
用途：妇女用。
加工方式：针织。
品名：紧身胸衣。
(2) 品目归类。

根据对成分及加工方式的分析,大家会直接将该项商品归入第六十一章"针织或钩编的服装及衣着附件"。但我们仔细阅读第六十一章章注释二(一),可以发现本章不包括税目6212的货品。再看第六十二章的税则号列为6212的税目条文：胸罩、束腰带、紧身胸衣、吊裤带、吊袜带,等等。因此,我们可以初步将"紧身胸衣"归入6212税目。

(3) 简易方法适用。

根据列名优先的原则,我们查看6212税目中所包含的子目税号6212.3090,可以看出,该税号符合所需归类商品的特定意义——棉制(是其他纺织材料制)紧身胸衣(即束腰胸衣)。因此,"纯棉妇女用针织紧身胸衣"应归入本税号。

【例7-2】 人工肾,归类步骤如下。

(1) 商品分析。

功能作用:人工肾,显然是指能够起到替代人体肾脏功能的液体过滤、分离的机器,即肾脏的透析设备,因此,"人工肾"应属于医疗器械、设备类。

(2) 品目归类。

根据该设备的特点,查阅《进出口税则》,第九十章标题为"……医疗或外科用仪器及设备",所以,应该是在本章内查找适当税目。显然,9018税目条文为:医疗、外科、牙科或兽医用仪器及器具,等等。因此,"人工肾"应归入9018税目。

(3) 简易方法适用。

根据列名优先的原则进行查找,子目税号9018.9040条文所述内容为:肾脏透析设备(人工肾)。"人工肾"即归入本税号。

【例7-3】 葵花子油渣饼,归类步骤如下。

(1) 商品分析。

成分:葵花子。

商品特征:葵花子油渣饼,即葵花子榨油后所剩残渣压成的饼状货品。

品名:油渣饼。

(2) 品目归类。

根据该商品的特点,葵花子油渣饼显然仅是由葵花子经榨取油后所剩的残渣构成。因此,葵花子中其他有用成分并未提取。所以,其油渣仍具有利用价值。通观《进出口税则》,第二十三章标题为"食品工业的残渣及废料……",而葵花子榨取葵花油的加工过程,亦符合食品工业的范畴,因此,可初步将"油渣饼"归入本章。查阅本章各税目,税目2306所示"税目2304或2305以外的提炼植物油或微生物油脂所得的油渣饼及其他固体残渣……"因此,"葵花子油渣饼"应归入2306税目。

(3) 简易方法适用。

根据列名优先的原则,子目税号2306.3000条文为葵花子的油渣饼,即应将其归入本税号。

7.5.2　没有列名归用途

所谓没有列名,是指所需归类商品的语言不能与《进出口税则》中税目、子目条文所列名的内容相吻合。在这种情况下,我们应将归类方法顺序转为第二种方法——按用途归类的方法,即按照该商品的主要用途进行归类。该归类方法应从对商品的用途分析入手,使之产生《进出口税则》所认可的语言。这种方法特别适用所归类商品已构成商品的基本特征的各类商品,如动植物类、机器、电气、仪器仪表类。例如,第一章:活动物,如我们所归类的商品是马戏团表演用的马,分析商品得知,虽然马戏团的马肯定是活动物,理该归入第一章,但由于第一章所述马的用途仅限定在种用或食用、服役马,而马戏团的马的用途在于表演,因此不能将该种活动物——马戏团的马归入第一章,而应根据其章注归入第九十五章,税号9508.1000。

【例7-4】 盥洗用醋(美容盥洗用,带香味),归类步骤如下。

(1) 商品分析。

成分:醋、香味剂。

用途:盥洗用。

(2) 品目归类。

根据成分和用途,该种醋可能会被归入税号 2209.0000。其为:醋及用醋制得的醋代用品。根据海关总署关税征管司、全国海关进出口商品归类中心广州分中心编写的《海关进出口税则——统计目录、商品及品目注释》(2002 年版)注释:醋及其代用品可用于食物的调味和腌制。……也可用调味香料增加香味。同时注明:本税目不包括税目 3304 的"盥洗用醋"。显然,其应当归入税目 3304。

(3) 简易方法适用。

查阅税目 3304 条文,并没有具体的"盥洗用醋"列名。此时,我们应当按照没有列名归用途的方法进行归类。根据该商品最大的用途特征为:盥洗用,也就是保护皮肤用,将其归入"护肤品",即税号 3304.9900。

【例7-5】 含有中草药的牙膏,归类步骤如下。

(1) 商品分析。

成分:含有中草药的原药或者提取的有效成分。

特征:比普通牙膏增加了护齿、洁齿功能。

(2) 品目归类。

通过对该商品的分析,我们可以得知,虽然该种牙膏比普通牙膏增加了中草药的成分;但是其主要的成分及其功能并没有发生改变,仍然为护齿、洁齿品。因此,尽管该种牙膏增加了中草药的成分,也不可能具备医疗功能,则不能将其归入药品类。因而,只能根据其基本的用途归入相应税目。第三十三章标题为"……芳香料制品及化妆盥洗品",牙膏应属于"盥洗品"类,所以应在该章查找出相应的税目。税目 3306 为"口腔及牙齿清洁剂",牙膏应属于"牙齿清洁剂"类,所以应归入该税目。

(3) 简易方法适用。

虽然税目 3306 显示为"口腔及牙齿清洁剂……",但是在其所包含的子目中并没有明确列名"含有中草药的牙膏",根据没有列名归用途的归类方法,在税目 3306 中查找相适应的子目,"含有中草药的牙膏"归入税号 3306.1010。我们不能根据该商品的"成分",将其错误地归入第三十章。

【例7-6】 卫生纸巾(用肥皂、医用酒精浸渍;零售包装,每包 20 片),归类步骤如下。

(1) 商品分析。

成分:纸、肥皂、酒精。

加工方式:用肥皂、医用酒精浸渍。

包装方式:零售包装,每包 20 片。

用途:可以清洁人体及其他物品。

(2) 品目归类。

通过以上分析我们得知,该商品虽然是以纸为主要成分的纸巾,但它不同于一般的餐巾纸、卫生纸、口纸等纸制品。其主要原因是该商品的加工方式是在已形成一定规格的纸制品的基础上,增加了清洁、消毒功能。在消毒剂的选用上,采用了适用于人体的医用酒精,在包装上采用零售形式包装。对此,我们不应将该商品简单地归入"第四十八章:纸及纸板;纸浆、纸或纸板制品",而应从其特定的用途入手,将其归入带有清洁、消毒,并且可以不通过水冲洗即可达到清洁、消毒目的的商品。根据《进出口税则》,我们可以发现"第三十四章:肥皂、有机表面活性剂、洗涤剂……",该商品中含有肥皂成分,我们可以在该章内查找与之相适应的税目,税目3401:肥皂……用肥皂或洗涤剂浸渍、涂面或包覆的纸……。税目3401条文所包含的内容已与该商品的归类语言基本吻合,所以应将其归入该税目。

(3) 简易方法适用。

"卫生纸巾"在《进出口税则》3401税目或其他税目中均没有具体列名,根据没有列名用途的归类方法,以该商品的主要用途特征,在税目3401中查找相适应的子目,"卫生纸巾"归入税号3401.3000。根据商品成分和用途,不得将其归入第四十八章。

【例7-7】 汽车水温表,归类步骤如下。

(1) 商品分析。

用途:测量汽车冷却循环水温度专用的仪表。

商品特征:在汽车显著位置采用指针方式显示变化的温度。

(2) 品目归类。

根据对仪表的分析,我们得知,该仪表的安装目的是显示汽车冷却循环水的变化温度,使用范围为各种汽车。很显然,该仪表是安装在车身上的仪表,因此,初学者很容易将其归入汽车的零配件中。但是,通过对该商品的分析得知,该商品自身的特征已完整地表现出温度仪表的基本特征,其主要功能是测量温度并显示出对应的温度值,已经属于通用性仪表。因此,不可将其归入汽车的零配件中。根据《进出口税则》第九十章:光学……计量、检验、医疗或外科用仪器及设备……,可知汽车水温表属于仪表范畴,所以,应当归入本章。查找本章各税目,税目9025"……温度计、高温计,等等",因此,应将其归入本税目。

(3) 简易方法适用。

汽车水温表在《进出口税则》9025税目或其他税目中均没有具体列名,根据没有列名用途的归类方法,以该商品的主要用途、功能特征,在税目9025中查找相适应的子目,汽车水温表可归入税号9025.1100。根据商品特征和用途,不得将其归入第八十七章。

7.5.3 没有用途归成分

成分一般是指化合物或组合物中所含有物质(元素或化合物)的种类。"没有用途归成分"的归类方法,是指当某种商品的归类语言无法与《进出口税则》相吻合,既没有具体列名,并且用途特征也不明显时,应依顺序按其主要"成分"归类。也就是要按照归类总规则的规则二第(2)款、规则三第(2)款所示规则进行归类,并且应当按照列名、用途、成分归类方法的先后次序归类。

按照成分归类时,应充分理解归类总规则中关于材料或物质的定义。"税(品)目中所列材料或物质,应视为包括该种材料或物质与其他材料或物质混合或组合的物品。税(品)目中所列某种材料或物质构成的货品,应视为包括全部或部分由该种材料或物质构成的货品";"混合物,不同材料构成或不同部件组成的组合物以及零售的成套货品,如果不能按照规则三(1)归类时,在本款可适用的条件下,应按构成货品基本特征的材料或部件归类"。

在实际操作中,可以按照成分归类的商品基本分为两大类:

第一类,由某种材料制的商品。如:针叶木制、阔叶木制、钢铁制、铝制、铜制、塑料制、纸制、化学纤维制、天然动物纤维制、天然植物纤维制等。对于这一类的商品,应当理解为完全由该类物质加工而成,或以该类物质占有绝对比例的物质构成。如木制门窗、钢铁制螺母、塑料制螺母、铝制牛奶桶、化纤制香烟过滤嘴等。

第二类,按重量计含有某种材料与其他材料混合的制成品。例如,① 女式针织毛衣(按重量计,含羊毛 70%、兔毛 20%、腈纶 10%),② 含铅 99.9%、含银 0.01%、含其他金属 0.09%的精炼铝,③ 按重量计含棉 90%、含化学短纤维 10%的棉纱线。

但是,在运用该方法归类时,不可打乱列名、用途、成分三者的优先次序,而应按序使用。也就是在列名、用途的归类方法无法找到正确答案时,才能使用按成分的方法归类,而不可将按成分的归类方法,优先于其他两种方法使用。例如,塑料制中国象棋,若未按优先次序选择使用归类方法,若优先选择按成分归类,则会产生错误的商品归类语言,误将其归入第三十九章——塑料及其制品。正确方法是应按列名优先的原则,将其归入税号 9504.9030:中国象棋、国际象棋、跳棋等棋类用品。所以,简易商品归类方法的适用,必须按照列名、用途、成分的先后顺序进行,千万不可颠倒,否则将无法产生正确的归类,也就是无法产生子目条文与商品归类相吻合的语言。

【例 7-8】 一次性纸制厨师帽,归类步骤如下。

(1)商品分析。

成分:纸。

特征:一次性使用。

品目:厨师帽。

(2)品目归类。

通过对商品的分析,我们得知,该项商品是由纸制成的,并且是供厨师一次性使用的专用帽子。查询《进出口税则》中包含各种帽类的章分别是:第四十八章的"纸制衣着附件"、第六十三章的"旧帽类"、第六十八章的"石棉制的帽类"和第九十五章的"玩偶帽类或狂欢节用的帽类"。"一次性纸制厨师帽"在以上各章均无具体列名,所以,不能依列名优先的原则归类。依次按用途归类,由于该商品的用途特征仅为"厨师用的帽子",虽然已经显示出该商品的专用性特征,但其中缺少成分内容,所以,并未完全表达出需要归类的商品全部定义,也就是归类语言不完整。再依次按成分归类。该商品的成分为纸,这时商品归类语言可以表述为:用纸制成的厨师用的帽子。我们需要归类的商品是"一次性纸制厨师帽","一次性纸制厨师帽"与"用纸制成的厨师用的帽子"之间的区别,仅仅在于是否是一次性使用。一次性使用或者多次性使用,只是使用方法问题,在归类总规则中没有关于商品进出口后使用方式的限定,因此,是否一次性使用应当忽略不计。根据"一次性纸制厨师帽"的特定含义可知,该帽子应该是与厨师的职业服装同时使用的,因此,应将其归入纸制的衣着附件类。根据第四十八章章注释二(十一):本章不包括第六十四章或第六十五章的物品。这时,可以在第四十八章中查找与之相适应的税目——税目4818:衣服及衣着附件。因此,"一次性纸制厨师帽"应该归入该税目。

(3) 简易方法适用。

根据列名、用途、成分的先后顺序,"一次性纸制厨师帽"应该以其成分归类,归入纸制品类。查找税目4818,"一次性纸制厨师帽"应归入税号4818.5000。

【例7-9】 混纺毛华达呢(按重量计含精梳羊毛95%,涤纶短纤纤维5%,每平方米重185克),归类步骤如下。

(1) 商品分析。

成分:精梳羊毛95%、涤纶短纤纤维5%。

规格:每平方米重185克。

品名:混纺毛华达呢。

(2) 品目归类。

通过对商品的分析得知,该商品的主要成分是天然动物纤维——精梳羊毛,化学纤维——涤纶短纤纤维仅占次要成分。对于纺织品的归类非常适宜按"成分"进行归类的方法,也就是纺织品或者纺织制成品的归类,应以其成分或原材料为主要归类依据,然后再选择与之相适应的章、品、子目进行归类。根据"混纺毛华达呢"的主要成分是精梳羊毛的这一特征,我们应将其归入第五十一章:羊毛、动物细毛或粗毛;马毛纱线及其机织物;然后,选择税目5112"精梳羊毛或精梳动物毛的机织物"。

(3) 简易方法适用。

采用按"成分"归类的方法,依据对商品的上述分析及初步税目归类的结果,然后根据该商品的规格特征——每平方米重185克,成分特征——精梳羊毛95%、涤纶短纤纤维5%,查阅税目5112,我们可以发现与该商品有关的子目如下。其一,一级子目:按重量计羊毛或动物细毛含量在85%及以上;其二,该一级子目下的二级子目:每平方米重量不超过200克。从表面上看,"混纺毛华达呢(按重量计含精梳羊毛95%、涤纶短纤纤维5%、每平方米重185克)"应归入税号5112.1100,但是,我们可以通过如下分析得知该答案是错误的。上述一级子目所包含的内容有两个:(1) 按重量计羊毛或动物细毛含量在85%及以上,并且与其他纺织材料(但化学纤维长丝、短纤除外,因为其均有本身的一级子目权码进行限定)混纺的机织物;(2) 每平方米重量不超过200克或其他克重。因为,根据归类总规则的规定,该一级子目权码所限定的内容不能取缔其他两个一级子目权码所限定的内容。同时,根据列名具体优先于列名一般的归类原则,子目5112.3000(其他,主要或仅与化学纤维短纤混纺)明显具体于子目5112.1000。因此,应将混纺毛华达呢正确归入税号5112.3000。

总之,进出口商品归类可以遵循以下的简单原则:有列名归列名;没有列名归用途;没有用途归成分;没有成分归类别;不同成分比多少,相同成分要从后。

案例 7-2

自动控制设备的出口归类

一般来说,一套自动控制设备由 3 个部分组成,即感应部分、主机部分、执行部分。感应部分用于获取外部的实际数据,并传回主机,一般由一些传感器组成。主机部分用于对数据进行分析并和设定值比较,发出指令。执行部分对主机发出的指令进行具体操作,往往是一些马达、阀门,等等。当一套自动控制设备整体出口时,应归在税目 9032 当中,如上述部分单独出口,感应部分应归在自动控制设备的零件,主机部分还是归在整机当中,而执行部分按其实际情况,马达按马达归,阀门按阀门归,等等。

在归类当中还有一些常用的经验。一般来说,像化工品出口,如果出口货物为纯净物,则按具体成分来归;但如果已制成化学制剂或制品,即使当中某种成分占绝对多数,一般也是按照用途将其归入第三十八章相对应的化学制品税号。对于一些零售包装物品,《进出口税则》上一般对零售包装物品都有特别列名,像胶黏剂,零售包装的不论其成分全部归在 3506.1000 当中,而非零售包装的才按其成分归在 3506 中的其他税号。

正确对产品进行海关编码归类是不断积累和学习的过程。相信只要我们认真学习、不断积累、扩大知识面,基本做到海关 HS 编码制度的准确归类还是可以的。

本章小结

本章介绍了 HS 编码制度的来源及其特点,阐述了我国《进出口税则》及其税率的制定原则,梳理了海关对我国进出口商品归类的管理规定和要求,同时详细介绍了 HS 编码制度归类总规则,最后归纳了商品归类的几种简易方法。

关键词

商品名称及编码协调制度(HS 编码制度)　税则归类　归类预裁定　归类总规则　规则一　规则二　规则三　类注　章注　具体列名　基本特征　从后归类

思考与问答

(1) HS 编码制度协调了哪两套国际通用的商品分类编码标准?它有什么优点?
(2) 在我国《进出口税则》中,税率的确定遵循哪些原则?
(3) 在使用归类总规则的时候应特别注意哪两点?
(4) 归类总规则具体包括哪几条规则?

第8章 关税及其他税费的计算

本章学习目标

- 了解关税的计征方法。
- 熟悉完税价格的审定方法。
- 掌握完税价格的计算方法。
- 了解《海关估价协议》在实际业务中的运用。
- 了解进口货物原产地规则及税率适用。
- 掌握关税及其他税费的计算。

8.1 关税的计征方法

进出口货物的品种非常繁杂,有的商品体积小但价值大;有的属同一种商品,但规格不同,价格悬殊;有的按重量出售,有的按价格出售。国家根据实施关税政策的需要,对不同的商品制定的征收关税的依据叫计征标准(也叫征税基准)。因计征标准不同,计征税款的方法(又称关税计征方法)就不同。计征标准是关税制度中的一项重要内容。

8.1.1 常见的关税计征方法

1. 从价税

从价税(Ad Valorem Duty)是一种最常用的计征关税的方法。这种方法,以进口货物的完税价格作为计税依据,以应征税额占货物完税价格的百分比作为税率,货物进口时,以此税率和实际进口货物完税价格相乘计算应征税额。进口货物的完税价格按海关的有关规定进行审定或估定后才能作为计税依据,经审定后的计税价格称为海关完税价格(Duty Paying Value)或称海关价格(Customs Value)。这种计征关税方法的特点是,对应进口商品价格的高低,其税额也相应有高低,即质优价高的商品税高,质劣价低的商品税低,从而可以体现税赋的合理性。但是,从价税也存在一些不足,如不同品种、规格、质量的同一货物价格有很大差异,海关估价有一定的难度,因此计征关税的手续也较繁杂。又如,当某一种进口商品的国际价格大幅度下跌时,或人为故意低报进口商品价格和低价倾销时,从价税不能有效地起到保护国内相关工业或防止逃漏税款的作用。

2. 从量税

从量税(Specific Duty)是以进口商品的数量、体积、重量等计量单位为计税基准的一种计征关税的方法。从量税的特点:每一种进口商品的单位应税额固定,不受该商品进口价格的影响。计税时以货物的计量单位乘以每单位应纳税金额即可得出该货物的关税税额。这种计税方法,税额计算简便,通关手续快捷,并能起到抑制低廉商品或故意低报价格的商品的进口。从量税适用于规格品种简单、计量容易、同一种商品规格价差比较小且经常性大宗进口的商品。但是,由于应税额固定,物价涨落时税额不能相应变化,因此,在物价上涨时,关税的调控作用相对减弱。但是,《关贸总协定》第二条第六款甲项对从量税有这样的规定:当本国的货币在按国际货币基金协定的有关规定认可下贬值达20%时,可以调整其从量税税率。这样的规定,既可以保护缔约国的利益,又可以防止缔约国频繁地改变从量税的税率。

3. 复合税

复合税(Compound Duty)是对某种进口商品混合使用从价税和从量税的一种计征关税的方法。混合使用从价税和从量税的方法有多种,例如,对某种商品同时征收一定数额的从价税和从量税;或对低于某一价格进口的商品只按从价税计征关税,高于这一价格,则混合使用从价税和从量税计征关税等。复合税既可发挥从量税抑制低价进口商品的优势,又可发挥从价税税负合理、稳定的优势。

4. 选择税

选择税(Selective Duty)与复合税类似,对某一种商品既使用从价税又使用从量税。与复合税不同的是,选择税对某种商品不同时征收从量税与从价税,而是分别按从价税和从量税计算税额,选择两税额中较高者(或较低者,依政策而定)作为应税额。

5. 滑准税

滑准税(Sliding Duty)是一种关税税率随进口商品价格由高至低或由低至高设置计征关税的方法。通俗地讲,就是进口商品的价格越高,其进口关税税率越低;进口商品的价格越低,其进口关税税率越高。滑准税的特点:可保持实行滑准税商品的国内市场价格的相对稳定,不受国际市场价格波动的影响。

6. 差额税

差额税(Price Differential Duty)是一种按进口商品价格与基准价格的差额计征关税的方法。基准价格是根据本国对这种商品的贸易政策和该商品国内市场的价格水平而确定的。差额税的特点:可以防止某种商品以低于基准价格的价格进入国内市场。目前,一些国家基本上是将差额税与从价税混合使用来对某种商品计征关税。

7. 季节税

季节税(Seasonal Duty)是一种对某种商品在不同季节进口适用不同关税税率的计征关税的方法。季节税一般是针对生产季节性较强的农产品而设置的。为保护国内某种农产品,对国内上市季节进口的这种农产品,设置较高的关税税率;反之,对国内淡季进口的这种农产品,设置较低的关税税率。

8.1.2 目前我国及亚太地区关税计征方法的采用情况

自1980年恢复单独计征关税以来,我国的关税计征方法主要采用从价税的计征方法。自改革开放以来,尤其是社会主义市场经济制度确立以来,我国对进出口税制进行了改革,在征税方法上也进行着有益的尝试。自1997年7月1日起,啤酒、原油和部分感光胶片试行从量税,对录(放)像机、摄像机、数码相机和一体式相机试行复合税。我国从2005年5月份开始对关税配额外棉花进口配额征收滑准税,税率滑动的范围为5%~40%,征收的目的是在大量棉花进口的情况下,减少进口棉花对国内棉花市场的冲击,确保棉农收益。2010年,我国对关税配额外进口一定数量的棉花继续实施滑准税。通过滑准税可以调整国内产业结构,使国内进口高等级原料(高价格,低税率)的积极性增加,生产高等级产品的比重增加,从而避免了出口低成本货物容易带来的反倾销问题,减少贸易摩擦。

目前,亚太地区部分国家进口关税的计征方法采用情况如下:

墨西哥目前实行的关税计征方法有从价税、从量税、复合税和季节税。该国对摄影胶卷实行从量税,对鱼实行季节税,对石油及其2709、2710、2711税目的石油制品实行复合税。

新加坡目前实行的关税计征方法有从价税、从量税和选择税。该国对酒、烟、柴油实行从量税,对汽油实行选择税。

泰国目前实行的关税计征方法有从价税、从量税、选择税。该国对农产品实行从量税,对大部分商品规定从量税和从价税,海关择高者计征税款。

马来西亚目前实行的关税计征方法有从价税、从量税和选择税。该国实行从量税和选择税的目的是为了实施的简便,以及对某些工业产品的保护。

韩国目前实行的关税计征方法有从价税、从量税、复合税和选择税。该国对摄影胶片实行从量税。

澳大利亚目前实行的关税计征方法有从价税、从量税、复合税和选择税。该国对烟、酒、啤酒和石油产品实行复合税。

新西兰目前实行的关税计征方法有从价税、从量税、选择税。

美国目前实行的关税计征方法有从价税、从量税和复合税。

日本目前实行的关税计征方法有从价税、从量税、选择税、滑准税。该国对原油实行从量税,对毛线、未锻轧的镍实行选择税,对铜、洋葱实行滑准税。

印度尼西亚目前只实行从价税一种关税计征方法。

8.2 完税价格的审定及计算

我国现行进出口关税基本上都是按从价征税。从价征税首先必须确定应税货物的完税价格,才能正确依率计征。因此,准确、合理地审定应税货物的完税价格也是贯彻国家关税政策的主要环节。

8.2.1 完税价格的定义及海关审价的法律依据

进出口货物完税价格是海关对进出口货物征收从价税时审查估定的应税价格,是凭以计征进出口货物关税和进口环节税税额的基础。完税价格与关税的关系是:

$$进口关税 = 进口货物完税价格 \times 进口关税税率$$
$$出口关税 = 出口货物完税价格 \times 出口关税税率$$

审定进出口货物完税价格是贯彻关税政策的重要环节，也是海关依法行政的重要体现。我国已加入世界贸易组织，并已全面实施世界贸易组织海关估价协定，这标志着我国对进出口货物海关审价的法律法规与国际通行规则相衔接。

目前，我国海关审价的法律依据可分为三个层次。一是法律层次，即《海关法》。《海关法》第五十五条规定："进出口货物的完税价格，由海关以该货物的成交价格为基础审查确定，成交价格不能确定时，完税价格由海关估定。"二是行政法规层次，即《进出口关税条例》。三是部门规章，如海关总署颁布施行的《审价办法》《征税管理办法》等。

8.2.2 《海关估价协议》简介

所谓海关估价是指一国海关为征收从价税，根据统一的估价定义（估价标准），确立某一进出口货物完税价格的过程。海关估价是海关征税业务的基础工作，是一国关税政策的重要组成部分。

《海关估价协议》是乌拉圭回合多边贸易谈判达成的与1994年《关贸总协定》配套的有关多边货物贸易12项协议中的一个，是多边货物贸易协议的重要组成部分。《海关估价协议》产生的原因有两个方面：一是一些不法商人出于逃税目的而想方设法假报、低报进出口商品价值；二是一些国家的海关武断地高估进出口商品的价值，从而变相地提高关税，对贸易起到非关税壁垒的阻碍作用。因此，为了促进国际贸易的发展，国际上要求有一个统一的海关估价规定，乌拉圭回合多边贸易谈判为此作出了很大的努力，并终于达成并通过了《海关估价协议》。《海关估价协议》的估价制度建立在简单和公平的标准之上，并充分考虑到了商业惯例，通过要求各成员将各自国内有关立法与该协议协调一致，进而确保这些规则在实际操作中的统一性，使进口商在进口商品之前就可以有把握地判断应缴纳多少关税。

《海关估价协议》的基本宗旨：通过要求海关在确定完税价格时接受进口商提供的在具体交易中的实付价格，以保护诚实商人的利益。《海关估价协议》规定：海关当局在对申报价格的项目和单据的准确性有怀疑理由时，可以要求进口商作进一步解释。如果海关认为进口商对单据的真实性和准确性仍未提出足够的证明，海关当局应当书面与进口商联系，进口商应享有应答的合理机会。如果进口商的解释仍未被接受，海关应以书面形式通知进口商海关拒绝接受成交价格，以及转而采取其他估价方法来确定海关估价的理由。

8.2.3 进口货物完税价格的审定

进口货物完税价格的审定包括一般进口货物完税价格的审定和特殊进口货物完税价格的审定。

（一）一般进口货物完税价格的审定

根据《海关估价协议》，海关确定进口货物完税价格共有进口货物成交价格法、相同货物成交价格法、类似货物成交价格法、倒扣价格法、计算价格法、合理方法等六种估价方法。上述估价方法应当依次采用,但如果进口货物纳税义务人提出要求,并提供相关资料,经海关同意,可以选择倒扣价格法和计算价格法的适用次序。

1. 进口货物成交价格法

进口货物成交价格法是《进出口关税条例》和《审价办法》规定的第一种估价方法,进口货物的完税价格应尽可能采用该货物的成交价格。这里应注意进口货物成交价格方法中完税价格与成交价格两个概念的差异。

《审价办法》规定,进口货物的完税价格,由海关以该货物的成交价格为基础审查确定,并应包括货物运抵中华人民共和国境内输入地点起卸前的运输及相关费用、保险费〔通常相当于进口货物的 CIF 价,即 cost(成本)+ insurance(保险费)+ freight(运费)〕。"相关费用"主要是指与运输有关的费用,如装卸费、搬运费等属于广义的运费范围内的费用。

进口货物的成交价格,是指卖方向中华人民共和国境内销售该货物时,买方为进口该货物向卖方实付、应付的,并按有关规定调整后的价款总额,包括直接支付的价款和间接支付的价款。此处的"实付或应付"是指必须由买方支付,支付的目的是为了获得进口货物,支付的对象既包括卖方也包括与卖方有联系的第三方,且包括已经支付和将要支付两者的总额。"直接支付"是指买方直接向卖方支付的款项,而"间接支付"是指买方根据卖方的要求,将货款全部或者部分支付给第三方,或者冲抵买卖双方之间的其他资金往来的付款方式。对于买方为自己利益而非受卖方限制进行的活动而支付的费用,尽管有可能使卖方受益,但它还是不属于买方向卖方的间接支付,如由买方负担的市场调研和营销费用、广告费用、参展费用、检测费用或开立信用证的费用等。成交价格不完全等同于贸易中实际发生的发票价格,需要按有关规定进行调整。调整因素包括计入项目和扣减项目。

(1) 计入项目是指由买方支付,必须计入完税价格的项目,包括以下几部分。

① 除购货佣金以外的佣金和经纪费。佣金通常可分为购货佣金和销售佣金。购货佣金是指买方向其采购代理人支付的佣金,按照规定购货佣金不应该计入进口货物的完税价格中;销售佣金是指卖方向其销售代理人支付的佣金。但上述佣金如果由买方直接付给卖方的代理人,按照规定应该计入完税价格中。经纪费是指委托人向自己的经纪人支付的劳务费用,根据规定应计入完税价格中。

② 与进口货物作为一个整体的容器费。与有关货物归入同一个税号的容器可以理解为与有关货物作为一个整体,比如说酒瓶与酒构成一个不可分割的整体,两者归入同一税号,如果没有包括在酒的完税价格中间,则应该计入。也就是说,如果合同规定买方需另外支付容器费用的,或买方另行向第三方支付容器费用的,则应将该费用计入进口货物的完税价格。

③ 包装费。这里应注意:包装费既包括材料费,又包括劳务费。如果合同规定包装费由买方在合同货价之外另行支付,或者买方为了运输或再销售的目的而额外对被估货物进行包装,这些费用应调整计入货物成交价格中。

④ 协助的价值。在国际贸易中,买方以免费或以低于成本价的方式向卖方提供了一些货物或者服务,这些货物或服务的价值被称为协助的价值,若未包括在进口货物的实付或应付价格之中,可按适当比例分摊。协助费用包括:进口货物所包含的材料、零配件等的价

值,生产进口货物中使用的工具、模具、消耗的材料等的价值,在境外完成的为生产该货物所需的工程设计、技术研发、工艺及制图等工作的价值。

⑤ 特许权使用费。特许权使用费是指进口货物的买方为取得知识产权权利人及权利人有效授权人关于专利权、商标权、专有技术、著作权、分销权或者销售权的许可或者转让而支付的费用。以成交价格为基础审查确定进口货物的完税价格时,未包括在该货物实付、应付价格中的特许权使用费需计入完税价格,但是符合下列情形之一的除外:特许权使用费与该货物无关,特许权使用费的支付不构成该货物向中华人民共和国境内销售的条件。

⑥ 返回给卖方的转售收益。如果买方在货物进口之后,把进口货物的转售、处置或使用的收益一部分返还给卖方,这部分收益的价格应该计入完税价格中。

上述所有项目的费用或价值计入完税价格中,必须同时满足三个条件:由买方负担,未包括在进口货物的实付或应付价格中,有客观量化的数据资料。如果纳税义务人不能提供客观量化的数据资料,海关与纳税义务人进行价格磋商后,完税价格由海关依次采用其他估价方法估定。

(2) 扣减项目是指进口货物价款中单独列明的税收、费用,不计入完税价格的项目,包括:厂房、机械或者设备等货物进口后发生的建设、安装、装配、维修或者技术援助费用,但是保修费用除外;货物运抵境内输入地点起卸后发生的运输及其相关费用、保险费;进口关税、进口环节税及其他国内税;为在境内复制进口货物而支付的费用;境内外技术培训及境外考察费用。

此外,同时符合下列条件的利息费用不计入完税价格:利息费用是买方为购买进口货物而融资所产生的;有书面的融资协议的;利息费用单独列明的;纳税义务人可以证明有关利率不高于在融资当时当地此类交易通常具有的利率水平,且没有融资安排的相同或者类似进口货物的价格与进口货物的实付、应付价格非常接近的。

(3) 成交价格必须满足一定的条件才能被海关所接受,否则不能适用成交价格方法。根据规定,成交价格必须具备以下四个条件。

① 买方对进口货物的处置和使用不受限制。

有下列情形之一的,视为对买方处置或者使用进口货物进行了限制:进口货物只能用于展示或者免费赠送的;进口货物只能销售给指定第三方的;进口货物加工为成品后只能销售给卖方或者指定第三方的;其他经海关审查,认定买方对进口货物的处置或者使用受到限制。

但是以下三种限制并不影响成交价格的成立:国内法律、行政法规或规章规定的限制;对货物转售地域的限制;对货物价格无实质影响的限制。

② 货物的出口销售或价格不应受到某些条件或因素的影响。

有下列情形之一的,视为进口货物的价格受到了使该货物成交价格无法确定的条件或者因素的影响:进口货物的价格是以买方向卖方购买一定数量的其他货物为条件而确定的;进口货物的价格是以买方向卖方销售其他货物为条件而确定的;其他经海关审查,认定货物的价格受到使该货物成交价格无法确定的条件或者因素影响的。

③ 卖方不得直接或间接从买方获得因转售、处置或使用进口货物而产生的任何收益,除非上述收益能够被合理确定。

④ 买卖双方之间的特殊关系不影响价格。

根据规定,有下列情形之一的,应当认定买卖双方有特殊关系:买卖双方为同一家族成员;双方互为商业上的高级职员或董事;一方直接或间接地受另一方控制;买卖双方都直接或间接地受第三方控制;买卖双方共同直接或间接地控制第三方;一方直接或间接地拥有、控制或持有对方5%以上(含5%)公开发行的有表决权的股票或股份;一方是另一方的雇员、高级职员或董事;买卖双方是同一合伙的成员。此外,买卖双方在经营上相互有联系,一方是另一方的独家代理、经销或受让人,若与以上规定相符,也应当视为有特殊关系。

买卖双方有特殊关系这个事实本身并不能构成海关拒绝成交价格的理由,买卖双方之间存在特殊关系,但是纳税义务人能证明其成交价格与同时或者大约同时发生的下列任何一款价格相近的,视为特殊关系未对进口货物的成交价格产生影响:向境内无特殊关系的买方出售的相同或者类似进口货物的成交价格,按照倒扣价格估价法所确定的相同或者类似进口货物的完税价格,按照计算价格估价法所确定的相同或者类似进口货物的完税价格。

海关在使用上述价格进行比较时,需考虑商业水平和进口数量的不同,以及买卖双方有无特殊关系造成的费用差异。

2. 相同及类似货物成交价格法

进口货物成交价格法是海关估价中使用最多的一种估价方法,但是如果货物的进口非因销售引起或销售不能符合成交价格须满足的条件,就不能采用成交价格法,而应该依次采用相同及类似进口货物成交价格法,即依次采用与被估货物同时或大约同时向中华人民共和国境内销售的相同货物及类似货物的成交价格作为被估货物完税价格的依据。

这里的相同货物是指与进口货物在同一国家或者地区生产的,在物理性质、质量和信誉等所有方面都相同的货物,但是表面的微小差异允许存在。类似货物是指与进口货物在同一国家或者地区生产的,虽然不是在所有方面都相同,但是却具有相似的特征,相似的组成材料,相同的功能,并且在商业中可以互换的货物。其中的"同时或大约同时"是指在进口货物接受申报之日的前后各45天以内。

上述两种估价方法在运用时,首先应使用和进口货物处于相同商业水平、大致相同数量的相同或类似货物的成交价格,只有在上述条件不满足时,才可采用以不同商业水平和不同数量销售的相同或类似进口货物的价格,但不能将上述价格直接作为进口货物的价格,还须对由此而产生的价格方面的差异作出调整。

此外,对进口货物与相同或类似货物之间由于运输距离和运输方式不同而在成本和其他费用方面产生的差异应进行调整;而且,上述调整都必须建立在客观量化的数据资料的基础上。

同时还应注意,在采用相同或类似货物成交价格法确定进口货物完税价格时,首先应使用同一生产商生产的相同或类似货物的成交价格,只有在没有同一生产商生产的相同或类似货物的成交价格的情况下,才可以使用同一生产国或地区不同生产商生产的相同或类似货物的成交价格。如果有多个相同或类似货物的成交价格,应当以最低的成交价格为基础估定进口货物的完税价格。

3. 倒扣价格法

倒扣价格法即以进口货物、相同或类似进口货物在境内第一环节的销售价格为基础,扣除境内发生的有关费用来估定完税价格。上述第一环节是指有关货物进口后进行的第一次转售,且转售者与境内买方之间不能有特殊关系。

倒扣时,必须首先以进口货物、相同或类似进口货物按进口时的状态销售的价格作为倒扣的基础;其次,必须是在被估货物进口时或大约同时(进口货物接受申报之日的前后各45天以内,也可以将这一时间延长至90天内)转售给国内无特殊关系方的价格。

使用倒扣价格法时,需要扣除的费用有:该货物或同类货物在境内第一环节销售时通常支付的佣金或利润;货物运抵境内输入地点之后的运输及其相关费用、保险费;进口关税、进口环节税及其他国内税;加工增值额(若以货物经过加工后在境内转售的价格作为倒扣基础,则必须扣除加工增值部分)。

4. 计算价格法

计算价格法既不是以成交价格,也不是以在境内的转售价格为基础,它是以发生在生产国或地区的生产成本作为基础的价格。采用该方法时,进口货物的完税价格包括以下项目:

(1) 生产该货物所使用的原材料价值和进行装配或其他加工的费用;

(2) 向境内销售同等级或者同种类货物通常的利润和一般费用(包括直接费用和间接费用);

(3) 货物运抵中华人民共和国境内输入地点起卸前的运输及其相关费用、保险费。

计算价格方法按顺序为第五种估价方法,但如果进口货物纳税义务人提出要求,并经海关同意,可以与倒扣价格法颠倒顺序使用。此外,海关在征得境外生产商同意并提前通知有关国家或者地区政府后,可以在境外核实该企业提供的有关资料。

5. 合理方法

合理方法,是指当海关不能根据成交价格法、相同货物成交价格法、类似货物成交价格法、倒扣价格法和计算价格法确定完税价格时,根据公平、统一、客观的估价原则,以客观量化的数据资料为基础审查确定进口货物完税价格的估价方法。

在运用合理方法估价时,禁止使用以下六种价格:

(1) 境内生产的货物在境内销售价格;

(2) 在两种价格中选择高的价格;

(3) 依据货物在出口地市场的销售价格,也就是出口国国内市场价格,其目的是为了反倾销,但根据国际惯例,估价手段不能用于反倾销;

(4) 以计算价格法规定之外的价值或者费用计算的相同或者类似货物的价格;

(5) 依据出口到第三国或地区货物的销售价格;

(6) 依据最低限价或武断、虚构的价格。

案例 8-1

A海关查获利用企业特殊关系逃税大案

近日,A海关通过缜密侦查,查获B企业企图利用与另一企业特殊关系影响进口货物成交价格逃税案件,成功补税800余万元。

这是一起特殊关系影响成交价格的典型案例。2022年5月24日,B企业向A海关提交进口锌精矿合同备案申请。经办关员在审核其合同时,发现该企业与外方公司在合同中约定的锌精矿的加工费用为255美元/吨,远远高于同期其他企业进口锌精矿加工费水平。因商品的最终成交价格是商品基础价格减掉加工费用所得,所以加工费用越高,商品成交价格越低,企业缴纳的税款越低。经过深入调查了解,A海关得知锌精矿的国外供应商是B企业与国外企业合资成立的子公司,该企业占有51%的股份。此情形,符合《审价办法》中第十六条规定的买卖双方存在特殊关系的条件。据此,A海关根据相关规定启动了价格质疑程序,要求该企业提供其申报的价格未受买卖双方特殊关系影响的证据。在规定时限内,B企业未能提供有力证据证明其加工费用的合理性。同时,该企业解释为,由于国外供应商是其控股公司,因此在加工费用方面给予了一定的价格优惠。A海关最终认定其进口锌精矿的成交价格受到了特殊关系的影响,不接受企业申报的价格,根据《审价办法》的相关规定,另行估价,以海关掌握的同期其他企业进口锌精矿加工费水平为基础对该企业的加工费进行调整,审查确定该企业进口锌精矿的完税价格,最终涉及补征税款859万元。

近年,随着国内资源需求量的增加,国内资源已不能完全满足生产的需求,为获得稳定的矿砂来源,提高自身在国际价格谈判中的地位,我国部分企业纷纷着手在境外投资铁矿,实施"走出去"战略,进行矿山参股开发,并从参股矿山公司直接进口矿砂,形成稳定的海外资源供应渠道,其特殊经济关系对于矿砂价格的影响也越来越明显。因此海关审价也面临着一些新的挑战。

(二)特殊进口货物完税价格的审定

1. 加工贸易进口料件或者其制成品一般估价方法

由于种种原因,部分加工贸易进口料件或者其制成品不能按有关合同、协议约定复出口,经海关批准转为内销,需依法对其实施估价后征收进口税款。对加工贸易进口货物估价的核心问题有两个:一是按制成品征税还是按料件征税,二是征税的环节是在进口环节还是在内销环节。具体有以下四种情况:

(1)进口时需征税的进料加工进口料件,以该料件申报进口时的成交价格为基础审查确定完税价格。进口时需征税的进料加工进口料件,主要是指不予保税部分的进料加工进口料件。一般来讲,进料加工进口料件在进口环节都有成交价格,因此,以该料件申报进口时的价格确定。

(2)进料加工进口料件或者其制成品(包括残次品)内销时,以料件原进口成交价格为基础审查确定完税价格。制成品因故转为内销时,以制成品所含料件原进口成交价格为基础审查确定完税价格。料件原进口成交价格不能确定的,海关以接受内销申报的同时或者大约同时进口的与料件相同或者类似的货物的进口成交价格为基础审查确定完税价格。

(3)来料加工进口料件或者其制成品(包括残次品)内销时,以接受内销申报的同时或者大约同时进口的与料件相同或者类似的货物的进口成交价格为基础审查确定完税价格。来料加工进口料件在原进口时没有成交价格,所以,以其进口料件申报内销时的进口成交价格为基础审查确定完税价格。

(4)加工企业内销加工过程中产生的边角料或者副产品,以海关审查确定的内销价格作为完税价格。

加工贸易内销货物的完税价格按照上述规定仍然不能确定的,由海关按照合理的方法审查确定。

2．出口加工区内加工企业内销制成品估价办法

出口加工区内的加工企业内销的制成品(包括残次品),海关以接受内销申报的同时或者大约同时进口的相同或者类似货物的进口成交价格为基础审查确定完税价格;出口加工区内的加工企业内销加工过程中产生的边角料或者副产品,以海关审查确定的内销价格作为完税价格;出口加工区内的加工企业内销制成品(包括残次品)、边角料或者副产品的完税价格按照上述规定不能确定的,由海关按照合理的方法审查确定。

3．保税区内加工企业内销进口料件或者其制成品估价办法

保税区内的加工企业内销的进口料件或者其制成品(包括残次品),海关以接受内销申报的同时或者大约同时进口的相同或者类似货物的进口成交价格为基础审查确定完税价格。

保税区内的加工企业内销的进料加工制成品中,如果含有从境内采购的料件,海关以制成品所含从境外购入的料件原进口成交价格为基础审查确定完税价格。料件原进口成交价格不能确定的,海关以接受内销申报的同时或者大约同时进口的与料件相同或者类似货物的进口成交价格为基础审查确定完税价格。

保税区内的加工企业内销的来料加工制成品中,如果含有从境内采购的料件,海关以接受内销申报的同时或者大约同时进口的与制成品所含从境外购入的料件相同或者类似货物的进口成交价格为基础审查确定完税价格。

保税区内的加工企业内销加工过程中产生的边角料或者副产品,以海关审查确定的内销价格作为完税价格。

保税区内的加工企业内销制成品(包括残次品)、边角料或者副产品的完税价格按照上述规定仍然不能确定的,由海关按照合理的方法审查确定。

4．从保税区、出口加工区、保税物流园区、保税物流中心等区域、场所进入境内需要征税的货物的估价方法

从保税区、出口加工区、保税物流园区、保税物流中心等区域、场所进入境内,需要征税的货物,以从上述区域、场所进入境内的销售价格为基础审查确定完税价格,加工贸易进口料件及其制成品除外。

5．出境修理复运进境货物的估价方法

运往境外修理的机械器具、运输工具或者其他货物,出境时已向海关报明,并在海关规定的期限内复运进境的,海关以境外修理费和料件费审查确定完税价格。

出境修理货物复运进境超过海关规定期限的,由海关按照本节中一般进口货物完税价格审定的规定审查确定完税价格。

8.2.4 出口货物完税价格的审定

就估价准则和价格基础而言,出口货物完税价格的审定与进口货物完税价格的审定是基本一致的。出口货物的完税价格由海关以该货物的成交价格为基础审查确定,包括货物运至我国境内输出地点装载前的运输及其相关费用、保险费。海关审定的出口货物成交价格,是该项货物的买方为购买该货物向卖方实际支付或应当支付的价格。若纳税

人向海关申报的出口货物成交价格明显偏低或经查明成交双方具有特殊经济关系,海关也同样对申报价格不予承认并另行估价征税。但由于世界上绝大多数国家和地区均实行鼓励出口的政策,一般不对出口商品征收出口税。即使出于某些情况需要征收出口税,也仅限于少数商品且税率不高。因此,就估价技术和方法而言,出口估价比进口估价相对简化、方便。

(1) 出口货物应以海关审定的货物售予境外的离岸价格(FOB),扣除出口税后,作为完税价格。如离岸价格内单独列明了向国外支付的佣金,对这部分佣金应先予以扣除,再按规定扣除出口税后计算完税价格。出口货物在离岸价格以外,买方还另行支付货物包装费,应将其计入完税价格。

(2) 上述离岸价格应以该项货物运离关境前的最后一个口岸的离岸价格为实际离岸价格。若该项货物从内地启运,则从内地口岸至最后出境口岸所支付的国内段运输费用应予扣除。

(3) 离岸价格需扣除出口税是因为出口税的纳税人是出口商或生产商,出口税作为出口的成本费用必然要作为出口价格的一部分,所以,在完税价格中不应包括关税。

(4) 离岸价格不包括装船以后发生的费用,因此,出口货物成交价格如为境外口岸到岸价格(CIF)或货价加运费价格(CFR)时,应先扣除运费、保险费等越过船舷后的一切费用,包括佣金。对实际支付金额无法确定的运、保、杂费,可比照进口货物计算运、保费的规定方法计算。

8.2.5 进出口货物完税价格的计算

(一) 常见成交价格的进口货物完税价格的计算

(1) 以我国口岸到岸价(CIF)成交的,可直接以此价格作为完税价格,即:

$$完税价格 = CIF$$

(2) 以境外口岸(FOB)成交的,应加上该项货物从境外发货或交货口岸运到我境内口岸以前所实际支付的运费和保险费作为完税价格,即:

$$完税价格 = \frac{FOB + 运费}{1 - 保险费率}$$

(3) 以我国口岸 CFR 价成交的,应当另加保险费作为完税价格,即:

$$完税价格 = \frac{CFR}{1 - 保险费率}$$

(二) 出口货物完税价格的计算

(1) 以我国口岸 FOB 价成交的,其出口货物完税价格的计算公式为:

$$完税价格 = \frac{离岸价}{1 + 出口税率}$$

(2) 以境外口岸 CFR 价成交的,应先扣除离开我国口岸后的运费,再按规定扣除出口税后计算完税价格,即:

$$完税价格 = \frac{CFR 价 - 运费}{1 + 出口税率}$$

(3) 以境外口岸 CIF 价成交的,应先扣除离开我国口岸后的运费、保险费,再按规定扣除出口税后计算完税价格,即：

$$完税价格 = \frac{CIF 价 - 保险费 - 运费}{1 + 出口税率}$$

(4) 当成交价格为 CIFC 境外口岸时,其佣金应和运费、保险费同时扣除。有两种情况：佣金 C 为给定金额,则出口货物完税价格的公式为：

$$完税价格 = \frac{CIFC 价 - 保险费 - 运费 - 佣金}{1 + 出口税率}$$

佣金 C 为百分比,则出口货物完税价格的公式为：

$$完税价格 = \frac{CIFC 价 (1-C) - 保险费 - 运费}{1 + 出口税率}$$

8.2.6 海关估价中的价格质疑程序和价格磋商程序

1. 价格质疑程序

海关对申报价格的真实性、准确性有疑问,或者有理由认为买卖双方的特殊关系可能影响成交价格时,向纳税义务人或者其代理人制发《中华人民共和国海关价格质疑通知书》,将质疑的理由书面告知,纳税义务人或者其代理人应当自收到《中华人民共和国海关价格质疑通知书》之日起 5 个工作日内,以书面形式提供相关资料或者其他证据,证明其申报价格真实、准确或者双方之间的特殊关系未影响成交价格。纳税义务人或者其代理人确有正当理由无法在规定时间内提供资料的,可以在规定期限届满前以书面形式向海关申请延期。除特殊情况外,延期不得超过 10 个工作日。

对进口货物没有成交价格的,或申报明显不符合成交价格条件的情况,海关无须履行价格质疑程序,可直接进入价格磋商程序。

2. 价格磋商程序

价格磋商是指海关在使用除成交价格以外的估价方法时,在保守商业秘密的基础上,与纳税义务人交换彼此掌握的用于确定完税价格的数据资料的行为。

海关通知纳税义务人进行价格磋商时,纳税义务人需自收到《中华人民共和国海关价格磋商通知书》之日起 5 个工作日内与海关进行价格磋商。纳税义务人未在规定的时限内与海关进行磋商的,视为放弃价格磋商的权利,海关可以直接按照《审价办法》规定的方法审查确定进出口货物的完税价格。

海关与纳税义务人进行价格磋商时,应当制作《中华人民共和国海关价格磋商记录表》。

对符合下列情形之一的,经纳税义务人书面申请,海关可以不进行价格质疑和价格磋商,依法审查确定进出口货物的完税价格：

(1) 同一合同项下分批进出口的货物,海关对其中一批货物已经实施估价的；

(2) 进出口货物的完税价格在人民币 10 万元以下,或者关税及进口环节税总额在人民币 2 万元以下的；

(3) 进出口货物属于危险品、鲜活品、易腐品、易失效品、废品、旧品等的。

案例 8-2

不服海关估价决定行政复议案

一、案件基本情况

2021年6月10日,B外贸公司以一般贸易方式向A海关申报进口集成电路。A海关经审核,发现其申报价格明显低于海关掌握的相同或类似货物成交价格或国际市场价格行情,遂于2021年6月11日制发《中华人民共和国海关价格质疑通知书》,对申请人进行价格质疑,要求其作出书面说明,并提供相关资料。经审查,A海关认为,B外贸公司提供的说明及相关资料不足以证明其申报货物价格的真实性、准确性,而且A海关还发现B外贸公司代理的国内实际买方C科技公司与境外卖方D科技公司存在特殊经济关系且对成交价格产生影响。因此,根据《审价办法》的规定,A海关不接受该进口货物的申报价格。为充分交流双方掌握的信息,A海关与B外贸公司进行了价格磋商。A海关对B外贸公司提供的价格信息资料进行了审查,认为该资料存在诸多瑕疵,不能作为估价的基础。由于B外贸公司未能提供适用相同或类似货物成交价格及构成倒扣价格法、计算价格法所需的相关可量化的数据,而A海关也未能掌握使用相同货物成交价格方法、类似货物成交价格方法、倒扣价格方法和计算价格方法的相关价格资料,因此2021年9月20日,A海关依据《审价办法》有关规定,使用合理估价方法进行估价,并相应作出征税决定。

B外贸公司不服海关上述估价征税行为,于2021年9月22日向A海关的上一级海关申请行政复议,国内实际买方的C科技公司作为第三人参加了复议。

二、行政复议情况

B外贸公司与C科技公司在行政复议申请书中提出的主要申辩理由是:

(1)被申请人认为C科技公司与境外D科技公司有特殊关系,因而影响成交价格,没有任何证据支持;

(2)申请人提供的报关单、厂商发票等证据可证实申请人申报价格的真实性;

(3)海关估价未适用法律规定的估价程序,而直接采用合理方法估定完税价格,是违反程序的。

行政复议机关经审理认为,本案有证据表明C科技公司的经营活动实际受到境外D科技公司的控制,而这种特殊经济关系影响了成交价格,被申请人经了解有关情况,并与申请人进行价格磋商后,依次排除了相同货物成交价格法、类似货物成交价格法、倒扣价格法、计算价格法的使用可能,最后以海关掌握的国内其他口岸相同型号规格产品的实际进口成交价格资料为基础,采用合理方法进行估价,作出了征税决定,认定事实清楚,证据充分,适用依据正确,程序合法,应予支持。2021年11月27日,行政复议机关对本案作出复议决定,维持A海关的原估价征税决定。

8.2.7 纳税义务人在海关审定完税价格时的权利和义务

(一)权利

(1)要求具保放行货物的权利,即在海关审查确定进出口货物的完税价格期间,纳税义务人可以在依法向海关提供担保后,先行提取货物。

(2)估价方法的选择权,即如果纳税义务人向海关提供有关资料后,可以提出申请,颠倒倒扣价格法和计算价格法的适用次序。

(3) 对海关如何确定进出口货物完税价格的知情权,即纳税义务人可以提出书面申请,要求海关就如何确定其进出口货物的完税价格作出书面说明。

(4) 对海关估价决定的申诉权,即依法向上一级海关申请行政复议,对复议决定不服的,可以依法向人民法院提起行政诉讼。

(二) 义务

(1) 如实提供单证及其他相关资料的义务,即纳税义务人向海关申报时,应当按照《审价办法》的有关规定,向海关如实提供发票、合同、提单、装箱清单等单证。根据海关要求,纳税义务人还应当如实提供与货物买卖有关的支付凭证,以及证明申报价格真实、准确的其他商业单证、书面资料和电子数据。

(2) 如实申报及举证的义务,即货物买卖中发生《审价办法》规定中所列的价格调整项目的,纳税义务人应当如实向海关申报。价格调整项目如果需要分摊计算的,纳税义务人应当根据客观量化的标准进行分摊,并同时向海关提供分摊的依据。

(3) 举证证明特殊关系未对进口货物的成交价格产生影响的义务,即买卖双方之间虽然存在特殊关系,但是纳税义务人认为特殊关系未对进口货物的成交价格产生影响时,应提供相关资料,以证明其成交价格符合《审价办法》的规定。

8.2.8 《海关估价协议》在实际业务中的运用

我国已经加入世界贸易组织,进出口货物所有人或其代理报关单位或其报关员应了解并熟悉世界贸易组织《海关估价协议》,以便充分享受这一协议给予的权利,保护自身正当利益。反之,如果进出口货物所有人或其代理报关单位不了解这一新的海关估价准则,将有可能遭受巨大损失。案例 8-3 就是例子。

案例 8-3

A 公司通过香港 X 公司从 G 国 H 公司进口一套设备,合同总价为 CIP 中国某内陆城市 180 万美元,合同价包括 H 公司派人来华进行设备安装、调试和验收的费用,但在合同中未单列出来。该设备关税税率为 14%,设备 5 月份到货后缴纳关税约为:$180 \times 8.3 \times 14\% = 209$ 万元人民币(当时人民币兑美元的汇率为 100 美元=830 元人民币)。

B 公司从 H 公司进口同样一套设备,合同总价为 CIF 中国某港口 160 万美元,其中包含 16 万美元的 H 公司人员来华进行设备安装、调试和验收的费用。同年 6 月设备到货,B 公司以 160 万美元的成交价格向海关申报,海关受理后对其申报价格产生怀疑,要求 B 公司予以解释,B 公司只是提供了一个简单的书面说明,海关认为该说明不足以支持 B 公司的申报价格,于是拒绝接受 160 万美元的申报价格,其依据是:该套设备同上月 A 公司申报的设备属同一国家和同一生产商生产的相同货物,因而参照上月 A 公司申报的 180 万美元作为完税价格,B 公司同样地应缴关税约为 209 万元人民币。B 公司因不了解海关规定又急用该设备,无奈只好缴税提货。

案例 8-3 中的 A、B 公司缴纳 209 万元关税究竟合不合理?答案是:对 A 公司而言是合理的,对 B 公司来说却是不合理的。如果 B 公司充分了解海关的有关规定,它应缴纳的合理关税约为人民币 $(160-16) \times 8.3 \times 14\% \approx 167$(万元)。167 万元和 209 万元相差 42 万元之多!

根据《海关估价协议》，显然 B 公司已在合同中列明的安装、调试和验收费用 16 万美元应当扣除，即完税价格应为 160－16＝144（万美元），而 A 公司因无法区分安装、调试和验收的费用，所以完税价格为 180 万美元（其实这也是因为进口方不了解海关估价准则而造成的损失）。那么为何同样的商品完税价格不一样呢？《海关估价协议》认为：不同进口商就同一产品所谈妥的价格有可能不一样，海关不能仅凭某一进口商的报价低于其他进口商进口同类产品的报价为理由，而拒绝接受成交价格。海关只有在有理由对进口商品的报价的真实性和准确性表示怀疑时，方可拒绝接受成交价格。即使在这种情况下，海关也应该给进口商为其申报价格进行解释的机会。在案例 8-3 中，与 A 公司不同，B 公司因为是和 H 公司直接签订合约，省掉了中间商的利润或佣金，所以 160 万美元的成交价格是有依据的；而且，合同中单独列出了设备安装、调试和验收的费用，所以 16 万美元要从完税价格中扣除。B 公司有解释的机会但没有利用好，提供的材料苍白无力，最终放弃了自己的权利，白白多付了 42 万元的关税。

《海关估价协议》要求各成员国的国内立法应为进口商提供一定的权利。第一，如果海关对申报价值的真实性和准确性表示怀疑，进口商有权提供解释，包括出示单据或其他证据以证明其申报价格反映进口货物的真实价值。第二，如果海关对所提供的解释不满意，进口商有权要求海关以书面形式，向其解释海关对所申报价格表示怀疑的原因。在案例 8-3 中，B 公司因不熟悉海关规定也放弃了要求海关解释的权利。

在实际工作中，如果遇到像 B 公司这样的问题该如何操作呢？

当海关对申报价格表示怀疑时，正确做法是：向海关提供必要的说明和有关单据，除报关必需的合同和商业发票外，银行开立的信用证或付汇凭证、保险公司出具的货物保险单/凭证或招标机构出具的国际招标中标通知书等都是重要和有力的证据；如果海关对此仍不满意，我们可要求海关解释其不满意的原因以便继续提供对应的材料或向海关高一级主管部门申诉。

另外，向海关解释和申诉的过程可能要花费一定的时间，在此期间，进口商急需进口货物怎么办？

《海关估价协议》对此也要求各国海关给进口商提供这样的权利，即在确定完税价格方面可能发生延迟时，进口商在向海关提供足额的担保或保证金后有权从海关提走进口货物。这样，上述问题就迎刃而解了。

8.3　进口货物原产地的确定与税率适用

8.3.1　进口货物原产地的确定

（一）原产地规则的含义

在国际贸易中，原产地这个概念是指货物生产的国家（地区），也就是货物的"国籍"。随着世界经济一体化和生产国际化的发展，准确认定进出口货物的"国籍"变得更为重要，因为确定了进口货物的"国籍"，就直接确定了其依照进口国的贸易政策所适用的关税和非关税待遇。原产地的不同决定了进口商品所享受的待遇不同。

各国为了适用国际贸易的需要,并为执行本国关税与非关税方面的国别歧视性贸易措施,纷纷以本国立法形式制定出其鉴别货物国籍的标准,这就是原产地规则的由来。世界贸易组织《原产地规则协议》将原产地规则定义为:一国(地区)为了确定货物的原产地而实施的普遍适用的法律、法规和行政决定。

(二) 类别

从适用目的讲,原产地规则分为两大类:一类为优惠原产地规则,另一类为非优惠原产地规则。

1. 优惠原产地规则

优惠原产地规则是指一国(地区)为了实施国别优惠政策而制定的原产地规则,是以优惠贸易协定通过双边或多边协定形式或本国(地区)自主制定的一些特殊原产地认定标准,也称协定原产地规则。优惠原产地规则具有很强的排他性,优惠范围以原产地为受惠国的进口产品为限,其目的是促进协议方之间的贸易发展。

优惠原产地规则主要有以下两种实施方式:一是通过自主方式授予,如欧盟普惠制(GSP)、中国对最不发达国家的特别优惠关税待遇;二是通过协定以互惠性方式授予,如《亚太贸易协定》、中国-东盟自贸区协定、中国-巴基斯坦自贸区协定、中国-智利自贸区协定、中国-新西兰自贸区协定、中国-新加坡自贸区协定等。由于优惠原产地规则是用于认定进口货物有无资格享受比最惠国更优惠待遇的依据,因此,其认定标准通常会与非优惠原产地规则不同,其宽或严完全取决于成员方。进口国为了防止此类优惠措施被滥用或规避,一般都制定了货物直接运输的条款。

2. 非优惠原产地规则

非优惠原产地规则是指一国(地区)根据实施其海关税则和其他贸易措施的需要,由本国(地区)立法自主制定的原产地规则,也称自主原产地规则。按照世界贸易组织的规定,适用于非优惠性贸易政策措施的原产地规则,其实施必须遵守最惠国待遇原则,即必须普遍地、无差别地适用于所有原产地为最惠国的进口货物。它包括实施最惠国待遇、反倾销、反补贴、保障措施、原产地标记管理、国别数量限制、关税配额等非优惠性贸易措施及进行政府采购、贸易统计等活动而认定的标准。

(三) 原产地认定标准

在认定货物的原产地时,会出现以下两种情况:一种是完全获得标准,即货物完全是在一个国家(地区)获得或生产制造,如农产品或矿产品,各国(地区)的原产地认定标准基本一致,即以产品的种植、开采或生产地为原产地;另一种是不完全获得标准,即货物的生产制造有两个及以上国家(地区)介入,各国(地区)多以最后完成实质性加工的国家(地区)为原产地,也称实质性改变标准。这一标准包括税则归类改变标准、从价百分比标准(也称增值百分比标准、区域价值成分标准等)、加工工序标准、混合标准等。无论是优惠原产地规则还是非优惠原产地规则,都要确定这两种货物的原产地认定标准。

1. 优惠原产地认定标准

(1) 完全获得标准:在该国(地区)领土或领海开采的矿产品,在该国(地区)领土或领海收获或采集的植物产品,在该国(地区)领土出土和饲养的活动物及从其所得产品,其他符合相应优惠贸易协定项下完全获得标准的货物。

(2) 税则归类改变标准,是指原产于非成员国或者地区的材料在出口成员国或者地区境内进行制造、加工后,所得货物在 HS 编码税则中归类发生了变化。

(3) 区域价值成分标准,是指出口货物 FOB 价扣除该货物生产过程中该成员国或者地区非原产材料价格后,所余价款在出口 FOB 价中所占的百分比。

部分贸易协定的区域价值成分标准如下:

《亚太贸易协定》规定,在生产过程中所使用的非成员国或者地区原产的材料、零件等总价值不超过该货物出口 FOB 价的 55%,原产于最不发达受惠国(即孟加拉国)的产品的以上比例不超过 65%。

《中国东盟自贸区原产地规则》规定,生产产品中原产于任一成员方的成分不低于该货物 FOB 价的 40%;或者非自贸区原产的材料、零配件等的总价值不超过该货物出口 FOB 价的 60%,且最后生产工序在成员方境内完成。

(4) 直接运输规则。该规则是指优惠贸易协定项下进口货物从该协定成员国或地区直接运输至中国境内,而不得在中途转卖或进行实质性的加工。

原产于优惠贸易协定成员国或地区的货物,经过其他国家或地区运输至中国境内,不论在运输途中是否转换运输工具或者作临时储存,同时符合下列条件的,视为"直接运输":该货物在经过其他国家或地区时,未做除使货物保持良好状态所必须处理以外的其他处理,如未进行贸易或者消费、未进行加工;该货物在其他国家或地区停留的时间未超过相应优惠贸易协定规定的期限;该货物在其他国家或地区作临时储存时,处于该国家或地区海关监管之下。

2. 非优惠原产地认定标准

目前,我国的非优惠原产地认定标准主要有完全获得标准和实质性改变标准。实质性改变标准以税则归类改变为基本标准,税则归类改变不能反映实质性改变的,以从价百分比、制造或者加工工序等为补充标准。从价百分比标准要求某一国家或地对非该国或地区原材料进行制造、加工增值部分,不低于所得货物价值的 30%,即(工厂交货价-非该国或地区原材料价值)/工厂交货价×100%≥30%。

(四) 原产地预裁定

进出口货物的收发货人,应当在货物拟进出口 3 个月前通过"中国国际贸易单一窗口""海关事务联系系统"或"互联网+海关"提交《预裁定申请书》及规定的所需资料,向其注册或备案地直属海关提出原产地或原产资格预裁定申请。

8.3.2 税率的适用

(一) 税率适用的原则

1. 进口税率

进口税则设最惠国税率、协定税率、特惠税率、关税配额税率、普通税率等,一定期限内可实行暂定税率。当对于同时适用多种税率的进口货物,在选择适用的税率时,基本的原则是"从低适用",特殊情况除外。最惠国税率低于或等于协定税率时,协定有规定的,按相关协定的规定执行;协定无规定的,二者从低适用。适用最惠国税率的进口货物有暂定税率的,应当适用暂定税率;适用协定税率、特惠税率的进口货物有暂定税率的,应当从低适用税率;适用普通税率的进口货物,不适用暂定税率。

(1) 最惠国税率。适用于原产于世界贸易组织成员的进口货物,原产于与我国签订含有相互给予最惠国待遇条款的双边贸易协定的国家或者地区的进口货物,以及原产于我国境内的进口货物。在最惠国税率中,还包含非全税目信息技术产品最惠国税率,适用范围以货品名称栏中描述为准。

(2)协定税率。适用于原产于与我国签订含有关税优惠条款的贸易协定的国家或者地区的进口货物。

(3)特惠税率。适用于原产于与我国签订含有特殊关税优惠条款的贸易协定的国家或者地区的进口货物,或者原产于我国自主给予特别优惠关税待遇的国家或者地区的进口货物,适用特惠税率。自2020年1月1日起,除赤道几内亚外,对与我国建交并完成换文手续的其他最不发达国家继续实施特惠税率。

(4)关税配额税率。我国对部分重要商品(如2022年对小麦、玉米、大米、食糖、羊毛、毛条、棉花、化肥八类货物)实施关税配额管理,配额以内,适用关税配额税率。

(5)暂定税率。在最惠国税率、协定税率、特惠税率和关税配额税率基础上,国家在一定时期内可对进口的某些重要工农业生产原材料和机电产品关键部件制定暂时的关税税率。这种税率一般按照年度制定,并且随时可以根据需要恢复按照法定税率征税。此外,2022年版《进出口税则》规定,对配额外进口的一定数量棉花,适用滑准税形式暂定关税。当进口棉花价格高于或等于14元/千克时,按0.280元/千克计征从量税;当进口棉花完税价格低于14元/千克时,按规定的暂定从价税率公式计算适用的暂定税率。

(6)普通税率。除最惠国税率、协定税率、特惠税率以外的国家或者地区的进口货物及原产地不明的进口货物,适用普通税率。

对于同时适用多种税率的进口货物,在选择适用的税率时,基本的原则是"从低适用",特殊情况除外。适用最惠国税率的进口货物有暂定税率的,暂定税率优先;适用协定税率和特惠税率,又适用于暂定税率的,从低适用。适用普通税率进口的,不适用暂定税率;无法确定原产地的,按普通税率征收(如表8-1所示)。

表8-1 从多种税率中选择最终适用税率

货物可选用的税率	选择最终适用税率
同时适用最惠国税率、暂定税率	应当适用暂定税率
同时适用暂定税率、协定税率、特惠税率	应当"从低适用"税率
适用普通税率的进口货物,存有暂定税率等税率	适用普通税率
适用关税配额税率、其他税率	在关税配额内,适用关税配额税率,在配额税率基础上,还设有暂定税率的,适用暂定税率;在关税配额外,根据具体情况可以"从低适用"不同税率

案例8-4

以货物形式进口奶粉及乳制品的,根据《进出口税则》,奶粉的具体税号随脂肪含量、是否加糖或其他甜物质等不同而不同,编码为0402.2100奶粉的进口最惠国关税税率为10%,编码为1901.1010的婴幼儿奶粉最惠国关税税率为15%;东盟协定税率为0,中巴协定税率为7%到8.3%不等,中智协定税率为7%,其他奶粉及乳制品的关税税率因海关编码的不同而有差异。此外,奶粉、乳制品进口时,海关将按17%的比例代征增值税。

2. 出口税率

国家对少数出口货物征收出口关税,在正常的出口关税税率基础上,对其中部分出口货物还施行出口暂定税率。出口暂定税率一般按照年度制定,并且随时可以根据需要恢复按照法定税率征税。我国自2022年1月1日起继续对铬铁等102项商品征收出口关税,适用出口税率或出口暂定税率,征收商品范围和税率维持不变。我国目前对出口货物均以从价方式计征关税。

(二)税率的实际运用

《进出口关税条例》规定,进出口货物应当按海关接受申报日的税率征税。在实际运用时应区分以下不同情况:

(1) 提前申报的,适用运输工具申报进境日(进口)税率。

(2) 进口转关,适用指运地海关接受申报日税率。

(3) 出口转关,适用启运地海关接受申报日税率。

(4) 集中申报货物,适用每次进出口(申报进出境)日税率。

(5) 超限未报被依法变卖的进口货物,适用运输工具申报进境日税率。

(6) 违反规定需追征税款的进出口货物,适用违反行为发生日税率;不能确定时,选择发现日税率。

(7) 已放行保税货物、减免税货物、租赁货物、暂时进出境货物,下列行为需交纳税款的,适用海关再次接受申报日或核准日的税率。

(8) 保税货物经批准不复运出境的。

(9) 保税仓储货物转入国内销售的。

(10) 减免税货物经批准转让或者移作他用的。

(11) 暂准进出境货物经批准不复运出/进境的。

(12) 租赁进口货物,分期缴纳税款的。

案例 8-5

汽车公司如何利用原产地规定进行关税筹划

设想,如果您是一位成功的汽车商,您的业务遍布全球,特别是在东南亚地区,许多国家的企业为您的汽车提供所需的零配件。中国国内日益扩大发展的汽车市场所可能带来的巨大收益对您无疑是一种无法抗拒的诱惑,但进入中国市场您又不得不面对高额关税。高额的普通税率可能使您在激烈的市场竞争中,在价廉质优的丰田、大众等汽车品牌面前毫无竞争优势可言。如何选择汽车的组装厂地?如何避免普通税率的重负,取得优惠税率的护身符呢?

很简单,选择合适的原产地。即选择与中华人民共和国签有关税互惠协议的国家和地区作为您汽车的出产地,并比较在与中国签订关税互惠协定的国家和地区中,哪一个更适合,包括税收优惠、经济成本的低廉和外汇管制政策等。关于原产地的确认,海关总署设定了两种标准:一是全部产地标准,二是实质性加工标准。由于您是一位跨国经营者,因此第一个标准,即全部产地标准,对您显然不适用。因为无法变更原产地,适用的税率形式是既定的。对于第二个标准,实质性加工标准,这其中显然充满了避税的可能。具体做法:一是在符合税则归类改变的要求或者符合规定比例以上时,可对加工产品的最后一个国家进行恰当的选择,使其适用较低的关税税率;二是当产品加工后,加工增值部分占新产品总值的比例达不到规定的30%的比例时,纳税人可以采用适当的转让定价办法,如降低其他地区的零配件生产价格,从而加大总增值部分占全部新产品的比重,达到或超过30%,成为实质性加工。这样您的产品仍然可享受到税率的优惠。

应该指出的是,对仪器或车辆所用的零件、部件、配件、备件及工具,若与主件同时进口而且数量合理,其原产地按主件的原产地予以确定;如果分别进口的,应按其各自的原产地确定。

8.4 关税及其他税费的计算

海关征收的关税、进口环节增值税、进口环节消费税、船舶吨税、滞纳金等税费一律以人民币计征,完税价格、税额采用四舍五入法计算至分,分以下四舍五入。

进出口货物的价格及有关费用以外币计价的,海关按照该货物适用税率之日所适用的计征汇率折合为人民币计算完税价格。海关每月使用的计征汇率为上一个月第三个星期三(第三个星期三为法定节假日的,顺延采用第四个星期三)中国人民银行公布的外币对人民币的基准汇率;以基准汇率币种以外的外币计价的,采用同一时间中国银行公布的现汇买入价和现汇卖出价的中间值(人民币元后采用四舍五入法保留4位小数)。如果上述汇率发生重大波动,海关总署认为必要时,可另行规定计征汇率,并对外公布。①

8.4.1 关税的计算

进出口货物的归类及税率和其完税价格经过审定和确定后,接下来便是进行应征税款的计算。税款一经计算确定,海关即可作出具有强制性的征税决定,纳税义务人必须按时履行,在规定期限内向海关缴纳。税款计算是稽征关税的重要环节。税率体现的政策性、归类的准确性、估价的客观性最终都要体现在税款的计算和征税决定上,因此必须按照有关规定正确计算税款。目前我国海关工作已现代化、科学化,接受申报、计征关税等工作已使用计算机网络。但专职报关员应熟练掌握关税的基本理论和知识,掌握关税税款的计算方法及计算公式。

海关计算税款的一般程序为:
(1) 按照归类原则确定税则归类,将应税货物归入恰当的税目税号。
(2) 若为进口,需要根据原产地规则和税率使用原则,确定应税货物所适用的税率。
(3) 根据完税价格审定办法和规定,确定进口应税货物的 CIF 价格,出口应税货物的 FOB 价格。
(4) 根据汇率使用原则和税率使用原则,将外币折算成人民币。
(5) 按照计算公式正确计算应征进出口关税税款。

以下举几个例子(税率和汇率均为方便计算而假设)。

---

① 中华人民共和国海关总署.中华人民共和国海关进出口货物征税管理办法(海关总署第124号令)[EB/OL]. (2021-12-13)[2022-08-22]. http://www.customs.gov.cn/customs/302249/302266/302267/4052249/index.html.

【例 8-1】 上海五金矿产进出口公司向新加坡出口黑钨砂 5 吨,成交价格为 CIF 新加坡 3000.00 美元,其中运费为 400.00 美元,保险费为 30.00 美元,求关税。

答:确定税率:钨矿砂归入税号 2611,出口税率为 20%。

外币折算成人民币:适用汇率设为 100.00 美元=680.00 元人民币。

$$CIF=3000.00\times 6.8=20400.00(元),$$
$$运费=400.00\times 6.8=2720.00(元),$$
$$保险费=30.00\times 6.8=204.00(元)。$$

求 FOB 价:$20400.00-2720.00-204.00=17476.00(元)$。

计算完税价格:$\dfrac{17476.00}{1+20\%}$。

计算出口关税:$\dfrac{17476.00\times 20\%}{1+20\%}=2912.67(元)$。

【例 8-2】 中南建筑材料厂自香港购进美国纽约产钢铁盘条 80000.00 千克,成交价格为 FOB 纽约 10000.00 美元,另付港商佣金 3%,求关税、增值税。(单位运费为 50.00 美元/吨)

答:确定税率:钢铁盘条归入税号 7310,税率假设为 15%,增值税税率为 14%。

外币折成人民币:适用汇率为 100.00 美元=680.00 元人民币。

FOB 价加上佣金折成人民币:$10000.00\times(1+3\%)\times 6.8=70040.00(元)$。

计算运费并折成人民币:$50\times 80.00\times 6.8=27200.00(元)$。

求完税价格:保险费率设为 0.20%,

$$\dfrac{70040.00+27200.00}{1-0.20\%}=97434.8697394\approx 97434.87(元)。$$

计算关税:$97434.87\times 15\%=14615.23(元)$。

计算增值税:$(97434.87+14615.23)\times 14\%=15687.01(元)$。

【例 8-3】 国内某公司从日本购进该国企业生产的广播级电视摄像机 40 台,其中 20 台成交价格为 CIF 境内某口岸 4000.00 美元/台,其余 20 台成交价格为 CIF 境内某口岸 5200.00 美元/台,已知适用汇率 1 美元=6.80 元人民币,计算应征进口关税额。

答:确定税则归类:该批摄像机归入税号 8525.8110。

确定税率:货物原产国为日本,关税税率适用最惠国税率,经查税税率为,完税价格不高于 5000.00 美元/台的,关税税率为单一从价税率 35%;完税价格高于 5000.00 美元/台的,关税税率为 3%,加 12960.00 元从量税从价税。

确定成交价格分别为:$20\times 4000.00=80000.00(美元)=544000.00(元)$;$20\times 5200.00=104000.00(美元)=707200.00(元)$。

分别计算进口关税:

单一从价进口关税税额=完税价格×进口关税税率
$$=544000.00\times 35\%=190400.00(元),$$

复合进口关税税额=货物数量×单位税额+完税价格×关税税率
$$=20\times 12960.00+707200.00\times 3\%$$

$$=280416.00(元),$$
$$合计进口关税税额=从价进口关税税额+复合进口关税税额$$
$$=190400.00+280416.00$$
$$=470816.00(元)。$$

8.4.2 关税减免的计算

我国对进出口货物关税减免的方式有以下几种。

1. 全额免税

全额免税即对应纳税款全部免征。

2. 减半征税

减半征税其计算公式为：

$$实征关税税额=完税价格×原关税税率×\frac{1}{2}$$

3. 按实际复出口部分减免关税(如对进料加工的进口料件)

进料加工的进口料件,对其实际复出口部分免征关税。这些进口料件属于保税物品,一般可按保税办法由海关在进、出口时予以核销监管(进口时暂缓征税)。加工后复出口部分免税,内销(不出口)部分予以征税。如经常加工的单位或企业不具备办理保税条件的,则在进口时预先按海关规定的进料加工料件征免税比例,分别按85%或95%作为出口部分免税,15%或5%部分作为不出口的部分预先征税。涉及的有关公式有：

$$不出口部分征收关税额=进口料件的到岸价格×进口税率×15\%(或5\%)$$
$$内销部分补税税额=内销料件原进口到岸价格单价×内销料件的数量×进口税率$$

若进口料件因故经批准全部转为内销,则

$$全部内销补税税额=原进口料件到岸价格×进口税率×85\%(或95\%)$$

4. 按原税率比例减免征税或减按指定的(低)税率征税

按原税率比例减免征税或减按指定的(低)税率征税其计算公式为：

$$实征关税税额=完税价格×实征关税税率$$

按一般情况,减免关税的货物应代征的国内税同样给予减免税待遇。

【例 8-4】 国内某远洋渔业企业向美国购进国内性能不能满足需要的柴油船用发动机 2 台,成交价格合计为 CIF 境内目的地口岸 680000.00 美元。经批准该发动机进口关税税率减按 1% 计征。已知适用中国银行的外汇折算价为 1 美元＝人民币 6.80 元,计算应征进口关税(原产国美国适用最惠国 5%,减按 1% 计征)。

答：确定税则归类：该发动机归入税号 8409.9910。

确定税率：原产国美国适用最惠国税率 5%,减按 1% 计征。

确定货物的完税价格(即确定货物的 CIF 报价)：审定 CIF 价格为 680000.00(美元)。

根据汇率适用原则将外币计算为人民币：680000.00×6.8＝4624000.00(元)。

计算应该征收的税款：

$$关税税额=完税价格×减按进口关税税率=4624000.00×1\%=46240.00(元)。$$

8.4.3 海关代征税的计算

根据国务院颁布的《中华人民共和国增值税暂行条例》(2017年修订)和《中华人民共和国消费税暂行条例》(2008年修订)的有关规定,我国从1994年1月1日起,对进口货物由原来的征收产品税、增值税、工商统一税和特别消费税改为征收增值税和消费税。为统一税收政策,便于海关征收工作,对进口的应税产品一律按组成计税价格计征海关代征税,即海关代征税=组成计税价格×代征税税率。公式中的"代征税税率",如征增值税,则为增值税税率,如征消费税,则为消费税税率。

(一) 进口货物增值税的计算

(1) 对于进口货物,如果不属于应征消费税范围的货物,其组成计税价格公式为:

$$组成计税价格=进口商品完税价格+关税$$

$$增值税=(进口商品完税价格+关税)×增值税税率$$

(2) 如属应征消费税范围的进口货物,其计税公式为:

$$组成计税价格=进口商品完税价格+关税+消费税$$

$$增值税=(进口商品完税价格+关税+消费税)×增值税税率$$

(二) 进口货物消费税的计算

消费税实行从价定率或从量定额的办法计算应纳税额。

(1) 实行从价定率时,其公式为:

$$组成计税价格=进口商品完税价格+关税+消费税$$

$$消费税=(进口商品完税价格+关税)×\frac{消费税税率}{1-消费税税率}$$

(2) 实行从量定额时,其公式为:

$$消费税=销售数量×单位税额$$

【例 8-5】 某公司自日本进口圆钢 500.00 吨,申报价格为 FOB 大阪 380.00 美元/吨,已知申报运费人民币 200.00 元/吨,保险费率为 0.27%,适用汇率为 1 美元=6.80 元人民币,求应征进口增值税是多少。

答:① 求完税价格:查得圆钢进口税率为 10%,则

$$完税价格=\frac{6.8×380.00×500.00+200.00×500.00}{1-0.27\%}$$

$$≈1395768.58(元)。$$

② 求关税:

$$关税=完税价格×税率=1395768.58×10\%≈139576.86(元)。$$

③ 求增值税的组成计税价格:

$$组成计税价格=完税价格+关税$$
$$=1395768.58+139576.86$$
$$=1535345.44(元)$$

④ 求海关代征的增值税:圆钢的增值税税率为 17%

$$增值税=1535345.44×17\%≈261008.73(元)。$$

【例 8-6】 某公司从德国进口奔驰豪华小轿车 1 辆(排气量超过 3000 CC),其成交价格为 CIF 天津新港 25000.00 美元,适用汇率为 1 美元＝6.8 元人民币,求海关应征消费税是多少。

答:① 求完税价格与关税:查小轿车进口税率为 120%,

完税价格＝6.8×25000.00＝170000.00(元),

关税＝170000.00×120%＝204000.00(元)。

② 求消费税的组成计税价格:排气量超 3000 CC 的小轿车消费税税率为 8%,

$$组成计税价格 = \frac{170000.00 + 204000.00}{1 - 8\%}$$
$$\approx 406521.74(元)。$$

③ 求消费税:

消费税＝406521.74×8%≈32521.74(元)。

8.4.4 滞纳金的计算

(一) 滞纳金的征收规定

按照规定,海关征收的关税、进口环节增值税和消费税、船舶吨税,进出口货物的纳税义务人应当自海关填发税款缴款书之起 15 日内缴纳税款;如纳税义务人逾期缴纳税款的,由海关自缴款期限届满之日起至缴清税款之日止,按日加收滞纳税款 0.5‰的滞纳金。滞纳金的起征点为人民币 50 元。

纳税义务人应该自海关填发滞纳金缴款书之日起 15 日内向指定的银行缴纳滞纳金。在实际计算纳税期限时,应从海关填发税款缴款书之日的第二天起计算,当天不计入。即最后那天(到期日)是填发滞纳金缴款书之日加上 15 日即可。

缴纳期限的最后一日(到期日)是星期六、星期日或法定节假日,则关税缴纳期限顺延至周末或法定节假日过后的第一个工作日,但税款缴纳期限内含有的星期六、星期日或法定节假日不予扣除。滞纳天数从缴纳期限最后一日的第二天起(即到期日不算在内),按照实际滞纳天数计算(实际交税那天也要算),其中的星期六、星期日或法定节假日一并计算。

(二) 计算公式

滞纳金金额的计算公式如下:

关税滞纳金金额＝滞纳的关税税额×0.5‰×滞纳天数

进口环节税滞纳金金额＝滞纳的进口环节税税额×0.5‰×滞纳天数

【例 8-7】 国内某公司购进日本皇冠轿车 10 辆,已知该批货物应征关税税额为人民币 352793.52 元,应征进口环节消费税为人民币 72860.70 元,进口环节增值税税额为人民币 247726.38 元。海关于 2022 年 2 月 10 日填发海关税款缴款书,该公司于 2022 年 3 月 8 日缴纳税款。现计算应征的滞纳金。

答:① 首先确定滞纳天数,然后再计算应缴纳的关税、进口环节消费税和增值税的滞纳金。

用原来的日期加 15 天算出:税款缴纳的到期日为 2022 年 2 月 25 日(星期五),2 月 26 日—3 月 8 日为滞纳期,共滞纳 11 天。

② 按照计算公式分别计算进口关税、进口环节消费税和增值税的滞纳金。

关税滞纳金＝滞纳关税税额×0.5‰×滞纳天数＝352793.52×0.5‰×11
≈1940.36(元)。

$$进口环节消费滞纳金 = 进口环节消费税税额 \times 0.5‰ \times 滞纳天数$$
$$= 72860.70 \times 0.5‰ \times 11$$
$$\approx 400.73(元)。$$

$$进口环节增值税滞纳金 = 进口环节增值税税额 \times 0.5‰ \times 滞纳天数$$
$$= 247726.38 \times 0.5‰ \times 11$$
$$\approx 1362.50(元)。$$

本章小结

本章首先介绍了关税的两种主要计征标准:从价税和从量税;其次阐述了海关对进出口货物完税价格的几种审定方法,并介绍了在不同价格条件下进出口货物完税价格的计算公式;接着通过实例阐释了《海关估价协议》在实际业务中的运用,方便读者深刻理解估价方法对企业进出口环节成本的影响;然后梳理了进口货物的原产地规则及如何运用原产地规则获得关税优惠待遇并对不同贸易伙伴国采取的不同税率政策;最后讨论了关税、增值税和消费税的具体计算方法和过程,方便读者了解进出口环节涉及的成本。

关键词

从价税　从量税　复合税　选择税　滑准税　完税价格　《海关估价协议》　成交价格法　买卖双方特殊关系　相同及类似货物成交价格法　倒扣价格法　计算价格法　合理方法　原产地规则

思考与问答

(1) 关税的计征方法有哪些?
(2) 海关对进口货物完税价格的审定方法有哪些?使用原则是什么?
(3) 如何认定买卖双方有特殊关系?
(4) 结合案例 8-1、8-2,谈谈企业特殊关系如何影响成交价格及海关如何处理此种情况。
(5) 进出口完税价格的确定有何差异?
(6) 结合案例 8-3,谈谈报关员了解与掌握《海关估价协议》带来的益处。
(7) 阐述原产地规则的含义、意义及其认定标准。

第四篇　报关单填制实务

近几年进出口报关单的填制规范变化比较频繁，本篇主要讲解进出口报关单的最新填制规范和具体要求，同时也介绍了进出口主要商业单据的填制要求。学习本篇可以使读者具备报关业务的实操能力。

第9章 进出口货物报关单及有关单证的填制

―――― 本章学习目标 ――――

- 了解报关单的作用、法律效力和填制要求。
- 掌握报关单表头的填报。
- 掌握报关单表体的填报。
- 熟悉进出口主要商业单据的填制。

9.1 进出口货物报关单概述

9.1.1 报关单的含义及其法律效力

进出口货物报关单是指进出口货物的收发货人或其代理人,按照海关规定的格式对进出口货物实际情况作出书面申明,申请海关审查、放行货物的法律文书,是报关员代表报关单位向海关办理货物进出境手续的主要单证。它在对外经济贸易活动中具有十分重要的法律地位。它既是海关监管、征税、统计及开展稽查和调查的重要依据,又是出口退税和外汇管理的重要凭证,也是海关处理走私、违规案件及税务、外汇管理部门查处骗税和套汇犯罪活动的重要书证。报关单填写的质量如何,直接关系到报关效率,企业的经济效益和海关的征、减、免、验、放等工作环节。因此,完整、准确、有效地填制进出口货物报关单是报关员执业所必备的基本技能,申报人对所填报的报关单的真实性和准确性应承担法律责任。

9.1.2 报关单类别

报关单有不同的类别。按进出口状态分为《进口货物报关单》和《出口货物报关单》;按表现形式分为纸质报关单和电子数据报关单。

在实际操作中,多数企业都采用通过计算机系统先提交电子版报关单,再打印纸质版报关单并提交给海关的形式进行申报。提交电子版报关单多采用委托预录入申报的形式,由报关单位的报关人员手工填写报关单预录入凭单的各个栏目,然后交给预录入单位。预录入单位预录入相关信息后打印一份,由委托预录入的报关人员审核,有错误就修改,直到确认无误后提交,向海关申报(传输电子数据进入海关的报关自动化系统)。这个经确认无误录入并提交到海关计算机系统中的报关单就是预录入报关单。海关计算机系统对报关单进行逻辑性、规范性审核,通过审核的,计算机自动接受申报,并记录接受申报的时间,发出接受申报的信息。此项处理构成报关员向海关申报及海关接受申报的法律行为。海关接受申报的报关单被称为电子数据报关单,报关员凭以打印纸质报关单签名盖章连同随附单证向现场海关递交。

如果电子申报未通过海关计算机系统的规范性审核,海关将不接受申报,计算机系统会自动退回并发布信息要求报关员修改。报关员修改报关单后再次提交,海关计算机系统再次对报关单进行逻辑性、规范性审核,通过审核的,计算机自动接受申报。

9.1.3　海关对报关单填制的一般要求

报关人员必须按照《海关法》《海关统计条例》《中华人民共和国海关进出口货物申报管理规定》和填制规范的有关规定和要求,向海关如实申报,对申报内容的真实性、准确性、完整性和规范性承担相应的法律责任。

（1）报关单的填报必须真实、准确、齐全,不得出现差错,更不能伪报、瞒报和虚报。要做到两个相符:一是单证相符,即报关单与合同、批文、发票、装箱单等相符;二是单货相符,即报关单中所报内容与实际进出口货物情况相符。

（2）分单填报:不同运输工具、不同航次、不同提运单、不同监管方式、不同备案号、不同征免性质的货物,均应分单填报。一份原产地证书只能对应一份报关单,只能用于同一批次进口货物。同一份报关单上的商品不能同时享受协定税率和减免税。

（3）分栏填报:商品编号不同的;商品名称不同的;商品名称、商品编号相同,但规格型号和单价不同的;原产国(地区)或最终目的国不同的均应分栏填报。一张报关单上如有多种不同商品,应分别填报清楚。

（4）分行填报:指同一栏分行填。以下几个栏目需分行填:商品名称、规格型号、项号、数量及单位。

（5）报关单有关项目有海关规定的统计代码的,除填写有关项目外,还应填写有关项目的统计代码,这是报关自动化的需要。

报关人员对进出境货物的品名、数量、规格、价格、原产国(地区)、监管方式、最终目的国(地区)、贸易国(地区)或者其他应当申报的项目填写不准确或不填报,影响海关统计准确性的,其所属企业将受到处分或可能遭到降级处理。

实务操作提醒 9-1

进出口货物报关单填制常见差错

报关单指标项目填制不齐全。根据海关统计,进出口货物报关单经常出现漏填的栏目有备案号、合同号、许可证号、进/出口日期、征免性质、毛重、成交总价等。

报关单指标项目填制不准确。报关单指标项目填制不准确的差错主要表现在以下几个方面:

(1) 收发货人及其代码和企业类型填制错误。如委托进出口货物,收发货人填制为被委托单位;代理报关进出口货物,将报关企业作为收发货人填制。

(2) 监管方式填制错误。如三资企业凭手册从保税仓库取出货物,其贸易方式应按货物种类分别填为"合作合资设备"或"外资设备物品",但常错填为"其他"。

(3) 征免性质填制错误。如将"科教用品"征免性质错填为"其他法定",将货样广告品的征免性质错填为"一般征税"等。

(4) 运费、保险费填制错误。如将运费、保险费单价错按总价处理,将总价错按单价处理。

报关单填制不规范,主要表现在以下两个方面:

(1) 合同号、备案号、许可证号、征免性质、随附单据等内容不按规定填在相应的报关单栏目内,而填在"备注"栏内。

(2) 应填在备案号栏内的加工贸易《登记手册》编号、《征免税证明》编号填在合同号、随附单据栏内等。

实务操作提醒 9-2

进出口货物申报不实影响海关统计作业

根据海关反映企业报关常见的问题,总结报关人员在进出口货物申报时,常出现申报不实的问题。由于这些申报不实仅对海关统计的准确性有影响,并未对海关作业造成困扰,也未影响到企业进出口货物的正常通关,因此,对这些申报不实的行为,海关大都对报关单位及报关人员处以罚款处分,对当事人处以人民币 1000 元的罚款。以下是常见报关作业中申报不实的问题:

(1) 报关单上的统计项目填报不齐全,但该项目未影响到报关作业,例如,货物途经我国香港运至美国,该货物的最终目的地应填写美国,而不应填我国香港。

(2) 对以收取工缴费的来料加工装配企业,在报关单上未分别填报原料费和加工费。

(3) 对于不同海关统计商品编号或不同产、销国别(地区)的货物,未分别填报。

(4) 报关单的产、销国别(地区)填报错误。

(5) 报关单中填报的产、销国别(地区)与随附单证不符。

(6) 实行集中报关的企业,对不同产、销国别(地区)的货物,未分别汇总填制报关单。

(7) 报关单所填项目与实际货物不符,或与随附单证不符。

(8) 收发货单位所在地填报错误。

(9) 监管方式填报错误。

(10) 填报数(重)量与实际进出口数(重)量不符。

(11) 商品编号填报错误,差错 4 位数以上。

(12) 报关单位对海关的查询未按期作出答复。

(13) 报关申请内容有变动,未及时向海关办理更正手续,从而影响到海关的统计。

(14) 其他填报统计项目不符合海关统计要求的。

针对报关作业时发生进出口货物申报不实的种种问题,最主要的原因在于报关人员训练不足,以及做事粗心大意。为了避免上述问题一再发生,报关员应接受报关训练来熟悉报关作业流程和掌握报关技巧,并在每次报关作业时,由报关管理人员负责审核相关报关单据,如此,一方面可对报关人员产生自我警惕作用并形成压力,另一方面可起到监督的作用。若能制定报关人员奖惩制度,将有助于减少报关填报不实的问题的发生。

9.2 进出口货物报关单表头各栏目的填报

为规范进出口货物收发货人的申报行为,统一进出口货物报关单填制要求,海关总署对《中华人民共和国海关进出口货物报关单填制规范》(海关总署 2018 年第 60 号公告)进行了修订,修订后的《中华人民共和国海关进出口货物报关单填制规范》自 2019 年 2 月 1 日起执行。海关特殊监管区域与境内(区外)之间进出的货物,区外企业应填制《中华人民共和国海关进(出)口货物报关单》(以下简称"报关单",见附件 9-1、附件 9-2),海关特殊监管区域企业向海关申报货物进出境、进出区,应填制《中华人民共和国海关进(出)境货物备案清单》,保税货物流转按照相关规定执行。《中华人民共和国海关进(出)境货物备案清单》(见附件 9-3、附件 9-4)比照《中华人民共和国海关进出口货物报关单填制规范》的要求填制。

报关单最上面的预录入编号是指预录入报关单的编号,一份报关单对应一个预录入编号,由系统自动生成。报关单预录入编号为 18 位,其中第 1~4 位为接受申报海关的代码(海关规定的《关区代码表》中相应海关代码),第 5~8 位为录入时的公历年份,第 9 位为进出口标志("1"为进口,"0"为出口;集中申报清单"I"为进口,"E"为出口),后 9 位为顺序编号。

海关编号是指海关接受申报时给予报关单的编号,一份报关单对应一个海关编号,由系统自动生成。报关单海关编号为 18 位,其中第 1~4 位为接受申报海关的代码(海关规定的《关区代码表》中相应海关代码),第 5~8 位为海关接受申报的公历年份,第 9 位为进出口标志("1"为进口,"0"为出口;集中申报清单"I"为进口,"E"为出口),后 9 位为顺序编号。

进出口货物报关单表头部分包括 30 个栏目。

9.2.1 境内收发货人

收发货人是指在海关备案的对外签订并执行进出口贸易合同的中国境内法人、其他组织或个人。

本栏目进口填报收货人单位名称及其编码(两者缺一不可),出口填报发货人单位名称及其编码。编码可选填 18 位法人和其他组织统一社会信用代码或 10 位海关备案编码①任一项。特殊情况下填制要求如下:

(1) 进出口货物合同的签订者和执行者非同一企业的,填报执行合同的企业。例如,中国化工进出口总公司对外统一签约,而由辽宁省化工进出口公司负责合同的具体执行,则收发货人应为辽宁省化工进出口公司。

(2) 外商投资企业委托外贸企业进口投资总额以内设备、物品的(监管方式为合资合作设备"2025"、外资设备物品"2225"),收发货人栏应填报外商投资企业的中文名称及编码,并在"标记唛码及备注"栏注明"委托某进口企业进口",同时注明被委托企业的 18 位法人和其他组织统一社会信用代码。例如,上海协通针织有限公司(3114920061)②委托上海机械进

---

① 企业海关备案编码可以在中华人民共和国商务部业务系统统一平台查询。
② 企业海关备案编码的第 6 位数如果是 2、3、4,则分别代表中外合作企业、中外合资企业及外商独资企业;第 6 位数如果是 8,则代表有报关权而没有进出口经营权的企业。

出口(集团)公司进口"圆形针织机"5台,收发货人栏应填报"上海协通针织有限公司3114920061",并在"标记唛码及备注"栏注明"委托上海机械进出口(集团)公司进口"。

外商投资企业委托外贸企业进口生产用原材料,应视同一般委托,其收发货人应填报外贸企业及其海关编码。

(3) 有代理报关资格的报关企业代理其他进出口企业办理进出口报关手续时,填报委托的进出口企业的名称及海关注册编码。

(4) 海关特殊监管区域收发货人填报该货物的实际经营单位或海关特殊监管区域内经营企业。

(5) 免税品经营单位经营出口退税国产商品的,填报免税品经营单位名称。

9.2.2 进出境关别

根据货物实际进出境的口岸海关,填报海关规定的《关区代码表》中相应口岸海关的名称及代码。

该栏目填报要求如下。

(1) 进口货物报关单的进境关别栏应填报货物实际进入我国关境的口岸海关的名称及代码,出口货物报关单的出境关别栏应填报货物实际运出我国关境的口岸海关的名称及代码。

口岸海关名称及代码是指国家正式对外公布并已编入海关《关区代码表》的海关的中文名称及四位代码。例如,上海海关的关区代码为2200,浦江海关的关区代码为2201,吴淞海关的关区代码为2202,浦东海关的关区代码为2210。其中2200表示整个上海海关关区,2201、2202、2210表示上海海关的隶属海关代码。《关区代码表》中有隶属海关关别及代码时,则应填报隶属海关名称及代码。如货物由天津新港进境,"进境关别"栏不能填报为"天津海关"+"0201",而应填报为"新港海关"+"0202";如货物由上海吴淞港出境,出境关别栏填报为"吴淞海关"+"2202"。若《关区代码表》中只有直属海关关别及代码的,填报直属海关名称及代码,如西宁海关应填报为"西宁海关"+"9701"。

(2) 特殊情况下,进出境关别栏按以下方式填报。进口转关运输货物应填报货物进境地海关名称及代码,出口转关运输货物应填报货物出境地海关名称及代码。按转关运输方式监管的跨关区深加工结转货物,出口报关单填报转出地海关名称及代码,进口报关单填报转入地海关名称及代码。在不同海关特殊监管区域或保税监管场所之间调拨、转让的货物,填报对方特殊监管区域或保税监管场所所在的海关名称及代码。其他无实际进出境的货物,填报接受申报的海关名称及代码。

9.2.3 进出口日期

进口日期是指运载所申报进口货物的运输工具申报进境的日期。进口日期栏填报的日期必须与运载所申报货物的运输工具申报进境的实际日期一致。

出口日期是指运载所申报出口货物的运输工具办结出境手续的日期,在申报时免予填报。

该栏目填报要求如下:

(1) 日期均为8位数字,顺序为年(4位)、月(2位)、日(2位)。例如,2022年8月8日进口一批货物,运输工具申报进境日期为8月8日,进口日期栏填报为"20220808"。

(2) 进口人在进口申报时无法确知相应的运输工具的实际进境日期时，进口日期栏允许为空。

(3) 对于无实际进出境的货物，填报海关接受申报的日期。

(4) 对集中申报的报关单，进口日期以海关接受报关申报的日期为准。

9.2.4 申报日期

申报日期是指海关接受进出口货物收发货人、受委托的报关企业申报数据的日期。以电子数据报关单方式申报的，申报日期为海关计算机系统接受申报数据时记录的日期；以纸质报关单方式申报的，申报日期为海关接受纸质报关单并对报关单进行登记处理的日期。

本栏目在申报时免予填报。

9.2.5 备案号

本栏目填报进出口货物收发货人、消费使用单位、生产销售单位在海关办理加工贸易合同备案或征、减、免税备案审核确认等手续时，海关核发的《加工贸易手册》、海关特殊监管区域和保税监管场所保税账册、《征免税证明》或其他备案审批文件的编号。备案号的首位为备案或审批文件的标记码，主要备案号首位代码如表9-1所示。

表9-1 主要备案号首位代码表

首位代码	备案审批文件	首位代码	备案审批文件
B	《加工贸易手册》（来料加工）	C	《加工贸易手册》（进料加工）
E	加工贸易电子账册	Z	《征免税证明》
Y	原产地证书		

一份报关单只允许填报一个备案号，无备案审批文件的报关单，本栏目免予填报。备案号的标记码必须与监管方式、征免性质、征免及项号等栏目相协调。具体填报要求如下：

(1) 加工贸易项下货物，除少量低值辅料按规定不使用《加工贸易手册》及以后续补税监管方式办理内销征税的外，备案号栏填报《加工贸易手册》编号，不得为空，如"C57205711700""B57707170022""E09088322223"。

使用异地直接报关分册和异地深加工结转出口分册在异地口岸报关的，填报分册号；使用本地直接报关分册和本地深加工结转分册限制在本地报关的，填报总册号。

加工贸易成品凭《征免税证明》转为减免税进口货物的，进口报关单填报《征免税证明》编号，出口报关单填报《加工贸易手册》编号，并在进口报关单标记唛码及备注栏填报加工贸易手册编号，在出口报关单的标记唛码及备注栏填报《征免税证明》编号。

对加工贸易设备之间的结转，转入和转出企业分别填制进、出口报关单，在报关单备案号栏目填报《加工贸易手册》编号。

(2) 涉及征、减、免税备案审批的报关单，填报《征免税证明》编号，如"Z22010870142"。

(3) 减免税货物退运出口，填报《中华人民共和国海关进口减免税货物准予退运证明》的编号；减免税货物补税进口，填报《减免税货物补税通知书》的编号；减免税货物进口或结转进口（转入），填报《征免税证明》的编号；相应的结转出口（转出），填报《中华人民共和国海关进口减免税货物结转联系函》的编号。

(4) 免税品经营单位经营出口退税国产商品的,免予填报。

9.2.6 境外收发货人

境外收货人通常是指签订并执行出口贸易合同中的买方或合同指定的收货人。境外发货人通常是指签订并执行进口贸易合同中的卖方。

填报境外收发货人的名称及编码。名称一般填报英文名称,检验检疫要求填报其他外文名称的,在英文名称后填报,以半角括号分隔;对于 AEO 互认国家(地区)企业的,编码填报 AEO 编码,填报样式为"国别(地区)代码+海关企业编码",例如,新加坡 AEO 企业 SG123456789012(新加坡国别代码+12 位企业编码);非互认国家(地区)AEO 企业等其他情形,编码免予填报。

特殊情况下无境外收发货人的,名称及编码填报"NO"。

9.2.7 运输方式

运输方式包括实际运输方式和海关规定的特殊运输方式,前者是指货物实际进出境的运输方式,按进出境所使用的运输工具分类;后者是指货物无实际进出境的运输方式,按货物在境内的流向分类。

根据货物实际进出境的运输方式或货物在境内流向的类别,按照海关规定的《运输方式代码表》选择填报相应的运输方式名称或代码,如表 9-2 所示。

表 9-2 运输方式代码表及说明

代码	名称	运输方式说明
0	非保税区	非保税区运入保税区和保税退区
1	监管仓库	境内存入出口监管仓库和出口监管仓库退仓
2*	水路运输	利用船舶在国内外港口之间进行运输
3*	铁路运输	利用铁路进行进出口货物运输
4*	公路运输	利用汽车进行进出口货物运输
5*	航空运输	利用航空器进行进出口货物运输
6	邮件运输	利用邮局进行寄运货物进出口
7	保税区	保税区运往境内非保税区
8	保税仓库	保税仓库转内销或转加工贸易货物
9	其他运输	人扛、驮畜、输水管道、输油管道、输电网等方式
G	固定设施	
H	边境特殊海关作业区	
L	旅客携带	
T	综合试验区	
W	物流中心	
X	物流园区	
Y	保税港区/综合保税区	
Z	出口加工区	

注:*表示常用运输方式。

（一）特殊情况填报要求

特殊情况填报要求如下：

(1) 非邮件方式进出境的快递货物，按实际运输方式填报。

(2) 进口转关运输货物，按载运货物抵达进境地的运输工具填报；出口转关运输货物，按载运货物驶离出境地的运输工具填报。

(3) 不复运出（入）境而留在境内（外）销售的进出境展览品、留赠转卖物品等，填报"其他运输"（代码9）。

(4) 进出境旅客随身携带的货物，填报"旅客携带"（代码L）。

(5) 以固定设施（包括输油、输水管道和输电网等）运输货物的，填报"固定设施运输"（代码G）。

（二）无实际进出境货物在境内流转时填报要求

无实际进出境货物在境内流转时填报要求如下：

(1) 境内非保税区运入保税区货物和保税区退区货物，填报"非保税区"（代码0）。

(2) 保税区运往境内非保税区货物，填报"保税区"（代码7）。

(3) 境内存入出口监管仓库和出口监管仓库退仓货物，填报"监管仓库"（代码1）。

(4) 保税仓库转内销货物或转加工贸易货物，填报"保税仓库"（代码8）。

(5) 从境内保税物流中心外运入中心或从中心运往境内中心外的货物，填报"物流中心"（代码W）。

(6) 从境内保税物流园区外运入园区或从园内运往境内园外的货物，填报"物流园区"（代码X）。

(7) 在保税港区、综合保税区与境内（区外）（非海关特殊监管区域、保税监管场所）之间进出的货物，填报"保税港区/综合保税区"（代码Y）。

(8) 在出口加工区、珠澳跨境工业区（珠海园区）、中哈霍尔果斯边境合作中心（中方配套区）与境内（区外）（非海关特殊监管区域、保税监管场所）之间进出的货物，填报"出口加工区"（代码Z）。

(9) 境内运入深港西部通道港方口岸区的货物以及境内进出中哈霍尔果斯边境合作中心中方区域的货物，填报"边境特殊海关作业区"（代码H）。

(10) 经横琴新区和平潭综合实验区（以下简称"综合试验区"）"二线"指定申报通道运往境内区外或从境内经"二线"指定申报通道进入综合试验区的货物，以及综合试验区内按选择性征收关税申报的货物，填报"综合试验区"（代码T）。

(11) 海关特殊监管区域内的流转、调拨货物，海关特殊监管区域、保税监管场所之间的流转货物，海关特殊监管区域与境内区外之间进出的货物，海关特殊监管区域外的加工贸易余料结转、深加工结转、内销货物，以及其他境内流转货物，填报"其他运输"（代码9）。

9.2.8 运输工具名称及航次号

本栏目填报载运货物进出境所使用的运输工具的名称或运输工具编号，以及载运货物进出境的运输工具的航次编号。填报内容应与运输部门向海关申报的舱单（载货清单）所列相应内容一致。

(一) 运输工具名称的填报要求

1. 直接在进出境地或采用全国通关一体化通关模式办理报关手续的报关单填报要求

直接在进出境地或采用全国通关一体化通关模式办理报关手续的报关单填报要求如下:

(1) 水路运输:填报船舶编号(来往港澳小型船舶为监管簿编号)或者船舶英文名称。

(2) 公路运输:启用公路舱单前,填报该跨境运输车辆的国内行驶车牌号,深圳提前报关模式的报关单填报国内行驶车牌号+"/"+提前报关。启用公路舱单后,免予填报。

(3) 铁路运输:填报车厢编号或交接单号。

(4) 航空运输:填报航班号。

(5) 邮件运输:填报邮政包裹单号。

(6) 其他运输:填报具体运输方式名称,例如,管道、驮畜等。

2. 转关运输货物的报关单填报要求

转关运输货物的报关单填报要求如下:

(1) 进口。

① 水路运输:直转、提前报关填报"@"+16位转关申报单预录入号(或13位载货清单号),中转填报进境英文船名。

② 铁路运输:直转、提前报关填报"@"+16位转关申报单预录入号,中转填报车厢编号。

③ 航空运输:直转、提前报关填报"@"+16位转关申报单预录入号(或13位载货清单号),中转填报"@"。

④ 公路及其他运输:填报"@"+16位转关申报单预录入号(或13位载货清单号)。

⑤ 以上各种运输方式使用广东地区载货清单转关的提前报关货物填报"@"+13位载货清单号。

(2) 出口。

① 水路运输:非中转填报"@"+16位转关申报单预录入号(或13位载货清单号),如多张报关单需要通过一张转关单转关的,运输工具名称字段填报"@"。

中转货物,境内水路运输填报驳船船名;境内铁路运输填报车名(主管海关4位关区代码+"TRAIN");境内公路运输填报车名(主管海关4位关区代码+"TRUCK")。

② 铁路运输:填报"@"+16位转关申报单预录入号(或13位载货清单号),如多张报关单需要通过一张转关单转关的,填报"@"。

③ 航空运输:填报"@"+16位转关申报单预录入号(或13位载货清单号),如多张报关单需要通过一张转关单转关的,填报"@"。

④ 其他运输方式:填报"@"+16位转关申报单预录入号(或13位载货清单号)。

采用集中申报通关方式办理报关手续的,报关单本栏目填报"集中申报"。免税品经营单位经营出口退税国产商品的及无实际进出境的报关单,本栏目免予填报。

(二) 航次号的填报要求

航次是指船舶、飞机等出航编排的次第。航次号是指载运货物进出境的运输工具的航次编号。在填制纸质报关单时,本项内容与运输工具名称合并填报。

1. 直接在进出境地或采用全国通关一体化通关模式办理报关手续的报关单航次号的填报要求

(1) 水路运输：填报船舶的航次号。

(2) 公路运输：启用公路舱单前，填报运输车辆的 8 位进出境日期，顺序为年（4 位）、月（2 位）、日（2 位），下同；启用公路舱单后，填报货物运输批次号。

(3) 铁路运输：填报列车的进出境日期。

(4) 航空运输：免予填报。

(5) 邮件运输：填报运输工具的进出境日期。

(6) 其他运输方式：免予填报。

2. 转关运输货物的报关单航次号的填报要求

(1) 进口。水路运输：中转转关方式填报"@"＋进境干线船舶航次，直转、提前报关免予填报。铁路运输填报"@"＋8 位进境日期。公路运输、航空运输、其他运输方式免予填报。

(2) 出口。水路运输：非中转货物免予填报；中转货物时，境内水路运输填报驳船航次号，境内铁路、公路运输填报 6 位启运日期，顺序为年（2 位）、月（2 位）、日（2 位）。铁路拼车拼箱捆绑出口、航空运输、其他运输方式免予填报。

免税品经营单位经营出口退税国产商品的及无实际进出境的报关单，本栏目免予填报。

当填报纸质报关单时，运输工具名称及航次号栏的填报要求如下：

(1) 水路运输填报船舶英文名称（来往港澳的小型船舶为监管簿编号）或者船舶编号＋"/"＋航次号，即运输工具名称＋"/"＋航次号。例如，"HANSASTAVANGER"号轮 HV300W 航次，在"运输工具名称"栏应填报为"HANSASTAVANGER/HV300W"。

(2) 公路运输填报该跨境运输车辆的国内行驶车牌号＋"/"＋进出境日期，进出境日期顺序为年（4 位）、月（2 位）、日（2 位），下同。

(3) 铁路运输填报车厢编号或交接单号＋"/"＋进出境日期。

(4) 航空运输填报航班号。

(5) 邮件运输填报邮政包裹单号＋"/"＋进出境日期。

(6) 其他运输填报具体运输方式名称，例如，管道、驮畜等。

9.2.9 提运单号

填报进出口货物提单或运单的编号，该编号必须与运输部门向海关提供的载货清单所列相应内容一致（包括数码、英文大小写、符号、空格等），包括以下内容。

1. 提单（海运提单）号

提单，是货物承运人或其代理人在收到货物后签发给托运人的一种证件。提单号是指水路运输的承运人编排的号码，便于承运人通知、查阅和处理业务。提单号一般位于提单的右上角。

2. 运单号

运单，是货物运单的简称，是货物运输的承运人签发的承认收到货物并同意负责运送至目的地的凭证,同时也是规定托运和承运双方权利和义务的一种契约。运单主要包括铁路运单和航空运单。

(1) 铁路运单号。

铁路运单是铁路运输部门的承运人签发给货物托运人承认收到货物并同意负责运送至目的地的凭证,并规定了托运和承运双方权利和义务的一种契约。铁路运单号是指铁路运输承运人在运单上编排的号码。

(2) 航空运单号。

航空运单分为两种:一种是航空公司的运单,称总运单;另一种是航空货运代理公司签发的运单,称为分运单。航空运单号是由航空运输承运人或其代理人签发的货运单据上编排的号码。

3. 海运单号

海运单,是证明海上运输合同和货物由承运人接管或装船,以及承运人保证据以将货物交付给单证所载明的收货人的一种不可流通的单证,因此又被称为"不可转让海运单"。海运单号是指海运单的承运人编排的号码。

一份报关单只允许填报一个提单号或运单号,一票货物对应多个提单或运单时,应分单填报。

(1) 直接在进出境地或采用全国通关一体化通关模式办理报关手续的,提运单号按以下要求填写。

① 水路运输:填报进出口提单号。如有分提单的,填报进出口提单号+"*"+分提单号。

② 公路运输:启用公路舱单前,免予填报;启用公路舱单后,填报进出口总运单号。

③ 铁路运输:填报运单号。

④ 航空运输:填报总运单号+"－"+分运单号,无分运单的填报总运单号。

⑤ 邮件运输:填报邮运包裹单号。

(2) 转关运输货物的报关单,提运单号按以下要求填写。

进口时,提运单号按以下要求填写:

① 水路运输:直转、中转填报提单号,提前报关免予填报。

② 铁路运输:直转、中转填报铁路运单号,提前报关免予填报。

③ 航空运输:直转、中转货物填报总运单号+"－"+分运单号,提前报关免予填报。

④ 其他运输方式:免予填报。

⑤ 以上运输方式进境货物,在广东省内用公路运输转关的,填报车牌号。

出口时,提运单号按以下要求填写:

① 水路运输:中转货物填报提单号,非中转货物免予填报。

② 其他运输方式:免予填报。广东省内汽车运输提前报关的转关货物,填报承运车辆的车牌号。

(3) 采用"集中申报"通关方式办理报关手续的,报关单填报归并的集中申报清单的进出口起止日期,顺序为起始年月日(8位)、终止年月日(8位)。无实际进出境的,本栏目免予填报。

9.2.10　货物存放地点

填报货物进境后存放的场所或地点,包括海关监管作业场所、分拨仓库、定点加工厂、隔离检疫场、企业自有仓库等。

9.2.11　消费使用单位/生产销售单位

消费使用单位填报已知的进口货物在境内的最终消费、使用单位的名称和编码,包括自行进口货物的单位和委托进出口企业进口货物的单位。

生产销售单位填报出口货物在境内的生产或销售单位的名称,包括自行出口货物的单位和委托进出口企业出口货物的单位;免税品经营单位经营出口退税国产商品的,填报该免税品经营单位统一管理的免税店。

减免税货物报关单的消费使用单位/生产销售单位应与《征免税证明》的"减免税申请人"一致;保税监管场所与境外之间的进出境货物,消费使用单位/生产销售单位填报保税监管场所的名称(保税物流中心 B 型填报中心内企业名称)。海关特殊监管区域的消费使用单位/生产销售单位填报区域内经营企业(加工单位或仓库)。

编码填报要求:填报 18 位法人和其他组织统一社会信用代码;无 18 位统一社会信用代码的,填报"NO"。进口货物在境内的最终消费或使用及出口货物在境内的生产或销售的对象为自然人的,填报身份证号、护照号、台胞证号等有效证件号码及姓名。

9.2.12　监管方式

监管方式是指以国际贸易中进出口货物的交易方式为基础,结合海关对进出口货物的征税、统计及监管条件综合设定的海关对进出口货物的管理方式。其代码由四位数字构成,前两位是按照海关监管要求和计算机管理需要划分的分类代码,后两位是参照国际标准编制的贸易方式代码。

本栏目应根据实际对外贸易情况按海关规定的《监管方式代码》(见附件 9-5)选择填报相应的监管方式简称及代码。一份报关单只允许填报一种监管方式。

特殊情况下加工贸易货物监管方式填报要求如下:

(1)进口少量低值辅料(即 5000 美元以下,78 种以内的低值辅料)按规定不使用《加工贸易手册》的,填报"低值辅料";使用《加工贸易手册》的,按《加工贸易手册》上的监管方式填报。

(2)加工贸易料件转内销货物及按料件办理进口手续的转内销制成品、残次品、未完成品,应填制进口报关单,填报"来料料件内销"或"进料料件内销";加工贸易成品凭《征免税证明》转为减免税进口货物的,应分别填制进出口货物报关单,出口货物报关单本栏目填报"来料成品减免"或"进料成品减免",进口货物报关单本栏目按照实际监管方式填报。

(3)加工贸易出口成品因故退运进口及复运出口的,填报"来料成品退换"或"进料成品退换";加工贸易进口料件因换料退运出口及复运进口的,填报"来料料件退换"或"进料料件退换";加工贸易过程中产生的剩余料件、边角料退运出口,以及进口料件因品质、规格等原因退运出口且不再更换同类货物进口的,分别填报"来料料件复出""来料边角料复出""进料料件复出""进料边角料复出"。

(4) 加工贸易边角料内销和副产品内销,应填制进口报关单,填报"来料边角料内销"或"进料边角料内销"。

(5) 企业销毁处置加工贸易货物未获得收入,销毁处置货物为料件、残次品的,填报"料件销毁";销毁处置货物为边角料、副产品的,填报"边角料销毁"。企业销毁处置加工贸易货物获得收入的,填报为"进料边角料内销"或"来料边角料内销"。

9.2.13 征免性质

征免性质是指海关根据《海关法》《进出口关税条例》及国家有关政策对进出口货物实施的征、减、免税管理的性质类别。

本栏目应根据进出口货物实际情况按海关规定的《征免性质代码表》(见附件9-6)选择填报相应的征免性质简称及代码,持有海关核发的《征免税证明》的,应按照《征免税证明》中批注的征免性质填报。一份报关单只允许填报一种征免性质,涉及多个征免性质的,应分单填报。

加工贸易货物报关单应按照海关核发的《加工贸易手册》中批注的征免性质简称及代码填报。特殊情况填报要求如下:

(1) 加工贸易转内销货物,按实际情况填报,如一般征税、科教用品、其他法定等;

(2) 料件退运出口、成品退运进口货物及免税品经营单位经营出口退税国产商品的,填报其他法定(代码299);

(3) 加工贸易结转货物,本栏目免予填报。

9.2.14 许可证号

本栏目填报进出口许可证、两用物项和技术进出口许可证、两用物项和技术出口许可证(定向)、纺织品临时出口许可证、出口许可证(加工贸易)、出口许可证(边境小额贸易)的编号。免税品经营单位经营出口退税国产商品的,免予填报。一份报关单只允许填报一个许可证号。

进出口许可证号的组成为××-××-×××××××,第1、2位代表年份,第3、4位代表发证机关(AA代表许可证局发证,AB、AC等代表特派员办事处发证,01、02等代表商务部授权各省、自治区、直辖市等主管部门发证),后6位为顺序号,如16AA101888。两用物项和技术进出口许可证的编号长度、编排与进出口许可证的相同,但编号的第5位为字母。非许可证管理商品本栏目为空。

9.2.15 启运港

本栏目填报进口货物在运抵我国关境前的第一个境外装运港。

根据实际情况,按海关规定的《港口代码表》填报相应的港口名称及代码,未在《港口代码表》列明的,填报相应的国家名称及代码。货物从海关特殊监管区域或保税监管场所运至境内区外的,填报《港口代码表》中相应海关特殊监管区域或保税监管场所的名称及代码,未在《港口代码表》中列明的,填报"未列出的特殊监管区"及代码。

其他无实际进境的货物,填报"中国境内"及代码。

9.2.16 合同协议号

本栏目填报进出口货物合同(包括协议或订单)编号,如在原始单据(发票)上合同号表示为"Contract No.:ABC1001",则"合同协议号"栏应填报为"ABC1001"。未发生商业性交易的免予填报;免税品经营单位经营出口退税国产商品的,免予填报。

9.2.17 贸易国(地区)

本栏目填报对外贸易中与境内企业签订贸易合同的外方所属的国家(地区)。进口填报购自国(地区),出口填报售予国(地区)。未发生商业性交易的填报货物所有权拥有者所属的国家(地区)。

具体含义:第一,发生商业性交易的,填报贸易合同上的买方(Buyer)或卖方(Seller)所属国别(地区);第二,未发生商业性交易的(没有贸易合同),比如样品、赠送货物,则填写拥有货物所有权的外方所属国别(地区)。

新版报关单新增的"贸易国(地区)"指标与原报关单"贸易国别(起/运抵地)"指标含义不同,原"贸易国别(即启运地/运抵地)"实际为"启运国(地区)/运抵国(地区)"指标。

启运国(地区)不一定等于贸易合同上卖方所属国别(地区),运抵国(地区)不一定等于贸易合同上买方的所属国别(地区)。因为在实际中,贸易合同上的 Buyer 所属"国别(地区)"与货物的"运抵国(地区)"经常会不一致。

设置这一栏目的目的:第一,为了顺应贸易国(地区)经常与实际运抵国(地区)不一致这个商业实践发展的需要;第二,为了如实体现境外买方与境内开展贸易的具体国别(地区)。

本栏目应按海关规定的《国别(地区)代码表》(如表 9-3 所示)选择填报相应的贸易国(地区)中文名称及代码。无实际进出境的,填报"中国"(代码 CHN)。

表 9-3 国别(地区)代码表(主要贸易伙伴)

代码	中文名称	原报关代码	代码	中文名称	原报关代码
HKG	中国香港	110	DEU	德国	304
JPN	日本	116	FRA	法国	305
SGP	新加坡	132	RUS	俄罗斯联邦	344
KOR	韩国	133	BRA	巴西	410
CHN	中国	142	USA	美国	502
TWN	中国台湾	143	AUS	澳大利亚	601
GBR	英国	303	ZZZ	国(地)别不详	701

注:其他详见中华人民共和国海关总署网站。

9.2.18 启运国(地区)/运抵国(地区)

启运国(地区)是指进口货物启始发出直接运抵我国或者在运输中转国(地)未发生任何商业性交易的情况下运抵我国的国家(地区)。

运抵国(地区)是指出口货物离开我国关境直接运抵或者在运输中转国(地区)未发生任何商业性交易的情况下最后运抵的国家(地区)。

1. 常规填报要求

本栏目应按海关规定的《国别(地区)代码表》选择填报相应的启运国(地区)或运抵国(地区)中文名称及代码。无实际进出境的,填报"中国"(代码 CHN)。

不经过第三国(地区)转运的直接运输进出口货物,以进口货物的装货港所在国(地区)为启运国(地区),以出口货物的指运港所在国(地区)为运抵国(地区)。

2. 中转货物的填报要求

经过第三国(地区)转运的进出口货物,如在中转国(地区)发生商业性交易,则以中转国(地区)作为启运国(地区)/运抵国(地区)。

中转货物指船舶、飞机等运输工具从装运港将货物装运后,不直接驶往目的港,而在中途的港口卸下后,再换装另外的船舶、飞机等运输工具转运往目的港。

货物中转的原因很多,如至目的港无直达船舶(飞机),或目的港虽有直达船舶(飞机)而时间不定或航次间隔时间太长,或目的港不在装载货物的运输工具的航线上,或货物属于多式联运等。

对于中转货物,启运国(地区)或运抵国(地区)分两种不同情况填报。货物是否中转,可根据随附单据中的有关信息来判断,如随附单据中出现"VIA"或"IN TRANSIT TO"字样,则可确定货物发生了中转。但"VIA"或"IN TRANSIT TO"含有的中转地信息并不相同,请注意二者的区别。

在国际贸易实务中,如相关单证中出现"VIA"字样即为发生中转,跟在"VIA"后面的是中转地,"VIA"是指"经由某地到达某地"。比如,"LONDON VIA HONGKONG"是指"经过 HONGKONG(香港)到达 LONDON(伦敦)","MALI VIA DAKAR"是指"经过 DAKAR(达喀尔)到达 MALI(马里)","TRAVEL FROM LONDON TO PARIS VIA DOVER"是指"从 LONDON(伦敦)经 DOVER(多佛)至 PARIS(巴黎)"。"IN TRANSIT TO"是指"转运到……",跟在"IN TRANSIT TO"后面的是目的地。比如,"HAMBURG IN TRANSIT TO ZURICH SWITZERLAND"是指"经过 HAMBURG(汉堡)到达 ZURICH SWITZERLAND(瑞士苏黎世)"。

(1) 对于发生运输中转而未发生任何买卖关系的货物,其启运国(地区)或运抵国(地区)不变,即以进口货物的始发国(地区)为启运国(地区)填报,以出口货物的最终目的国(地区)为运抵国(地区)填报。

例如,上海某进出口公司进口的 100 台日本产丰田面包车从日本东京启运经我国香港中转运抵境内,深圳某电子有限公司出口的 1 万台自产数码相机经我国香港中转运至日本名古屋。进口丰田面包车的启运国(地区)为日本,出口数码相机的运抵国(地区)为日本。

(2) 对于发生运输中转并发生了买卖关系的货物,其中转地为启运国(地区)或运抵国(地区)。可通过提单、发票等单证来判断货物中转时是否发生了买卖关系。

上海某进出口公司与我国香港某公司签约进口的 100 台日本产丰田面包车从东京启运经我国香港中转运抵上海,深圳某电子有限公司与我国香港某公司签约出口的 1 万台自产数码相机经我国香港中转运至日本名古屋。进口丰田面包车的启运国(地区)为我国香港,因为进口丰田面包车的境外签约人(我国香港某公司)的所在地(中转地)是我国香港。出口数码相机的运抵国(地区)和最终目的国(地区)分别为我国香港和日本,因为出口数码相机的境外签约人(我国香港某公司)的所在地(中转地)是我国香港。

9.2.19 经停港/指运港

报关单上的经停港栏填报进口货物在运抵我国关境前的最后一个境外装运港。

指运港亦称目的港,是指最终卸货的港口。报关单上的指运港栏专指出口货物运往境外的最终目的港。

本栏目应根据实际情况按海关规定的《港口代码表》选择填报相应的港口中文名称及代码。① 经停港/指运港在《港口代码表》中无港口中文名称及代码的,可选填报相应的国家(地区)中文名称或代码。如最终目的港不可预知的,按尽可能预知的目的港填报。

对于直接运抵货物,以货物实际装货的港口为经停港,货物直接运抵的港口为指运港。对于发生运输中转的货物,最后一个中转港就是经停港,指运港不受中转影响。

无实际进出境的,本栏目填报"中国"(代码 CHN)。

9.2.20 入境口岸/离境口岸

入境口岸填报进境货物从跨境运输工具卸离的第一个境内口岸的中文名称及代码;采取多式联运跨境运输的,填报多式联运货物最终卸离的境内口岸中文名称及代码;过境货物填报货物进入境内的第一个口岸的中文名称及代码;从海关特殊监管区域或保税监管场所进境的,填报海关特殊监管区域或保税监管场所的中文名称及代码。其他无实际进境的货物,填报货物所在地的城市名称及代码。

离境口岸填报装运出境货物的跨境运输工具离境的第一个境内口岸的中文名称及代码;采取多式联运跨境运输的,填报多式联运货物最初离境的境内口岸中文名称及代码;过境货物填报货物离境的第一个境内口岸的中文名称及代码;从海关特殊监管区域或保税监管场所离境的,填报海关特殊监管区域或保税监管场所的中文名称及代码。其他无实际出境的货物,填报货物所在地的城市名称及代码。

入境口岸/离境口岸类型包括港口、码头、机场、机场货运通道、边境口岸、火车站、车辆装卸点、车检场、陆路港、坐落在口岸的海关特殊监管区域等。按海关规定的《国内口岸代码表》选择填报相应的境内口岸名称及代码。

9.2.21 包装种类

商品的包装是指包裹和捆扎货物用的内部或外部包装和捆扎物的总称。一般情况下,应以装箱单或提运单据所反映的货物处于运输状态时的最外层包装或称运输包装作为"包装种类"向海关申报,并相应计算件数。

本栏填报进出口货物的所有包装材料,包括运输包装和其他包装。运输包装是指提运单所列货物件数单位对应的包装;其他包装包括货物的各类包装,以及植物性铺垫材料等。

在原始单据(装箱单或提运单据)上件数和包装种类一般表示为 No. of PKGS,其后数字即表示应填报的 Packages(包装)的件数,或 TOTAL PACKED IN×××CARTONS ONLY,或 TOTAL×××WOODEN CASES ONLY。

---

① 见全球港口查询网,网址为 http://gangkou.51240.com。

例如,PACKED IN 22CTNS 表明共有 22 个纸箱[CTNS 为 Carton(纸箱)的缩写的复数],件数填报为 22,包装种类填报为 22;TOTAL PACKED IN 200 CARTONS ONLY 表明共有 200 个纸箱,件数填报为 200,包装种类填报为 22;TOTAL FIVE(5) WOODEN CASES ONLY 表明共有 5 个木箱,件数填报为 5,包装种类填报为 23。

本栏目应根据进出口货物的实际外包装种类,按海关规定的《包装种类代码表》(如表 9-4 所示)选择填报相应的包装种类代码。

表 9-4 包装种类代码表

代码	中文名称	代码	中文名称
00	散装	39	其他材料制桶
01	裸装	04	球状罐类
22	纸制或纤维板制盒/箱	06	包/袋
23	木制或竹藤等植物性材料制盒/箱	92	再生木托
29	其他材料制盒/箱	93	天然木托
32	纸制或纤维板制桶	98	植物性铺垫材料
33	木制或竹藤等植物性材料制桶	99	其他包装

9.2.22 件数

本栏目填报进出口货物运输包装的实际件数,货物可以单独计数的一个包装称为一件。特殊情况填报要求如下:

舱单件数为集装箱的,填报集装箱个数;舱单件数为托盘的,填报托盘数。有关单据仅列明托盘件数,或者既列明托盘件数,又列明单件包装件数的,本栏填报托盘件数,例如 2 PALLETS 100 CTNS,件数应填报为"2"。

本栏目不得填报为零,裸装、散装货物,件数栏填报为 1。

9.2.23 毛重(千克)

本栏目填报进出口货物及其包装材料的重量之和,计量单位为千克,不足 1 千克的填报为"1"。如货物的毛重在 1 千克以上且非整数,其小数点后保留 4 位,第 5 位及以后略去。如毛重 9.56789 千克填报为"9.5678",毛重 123456.789 千克填报为"123456.789"。应以合同、发票、提(运)单、装箱单等有关单证所显示的重量确定进出口货物的毛重填报。报关单的"毛重"栏不得为空,毛重应大于或等于 1。

9.2.24 净重(千克)

净重是指货物的毛重扣除外包装材料后所表示出来的纯商品重量。部分商品的净重还包括直接接触商品的销售包装物料的重量(如罐头装食品等)。

商品的净重一般都在合同、发票、装箱单或提运单据的"Net Weight(缩写 N.W.)"栏体现。

本栏目填报进出口货物的毛重减去外包装材料后的重量,即货物本身的实际重量,计量单位为千克,不足 1 千克的填报为 1。如货物的净重在 1 千克以上且非整数,其小数点后保留 4 位,第 5 位及以后略去。

本栏目填报应注意以下几点:
(1) 以毛重作为净重计价的,可填毛重。
(2) 按照国际惯例以公量重计价的货物,如未脱脂羊毛、羊毛条等,填报公量重。
(3) 合同、发票等有关单证不能确定净重的货物,可以估重填报。
(4) 对采用零售包装的酒类、饮料,应按照液体部分的重量填报。

9.2.25 成交方式

成交方式在国际贸易中称为贸易术语,又称价格术语,在我国习惯称为价格条件。成交方式包括两方面的内容:一方面表示交货条件,另一方面表示成交价格的构成因素。

1. 报关单中使用的成交方式

在我国进出口贸易活动中常见的成交方式有:CIF、CFR、FOB、CPT、CIP等。值得注意的是,报关单填制中的诸如CIF、CFR、FOB等成交方式是中国海关规定的《成交方式代码表》中所指定的成交方式,与《国际贸易术语解释通则2020》中的贸易术语内涵并非完全一致。这里的CIF、CFR、FOB并不仅限于水路而适用于任何运输方式,主要体现成本、运费、保险费等成交价格构成因素,目的在于方便海关税费的计算。

《国际贸易术语解释通则2020》中的11种贸易术语与报关单中成交方式的对应关系如表9-5所示。

表9-5 贸易术语与成交方式的对应关系

组别	E组	F组			C组				D组		
术语	EXW	FCA	FAS	FOB	CFR	CPT	CIF	CIP	DAP	DPU	DDP
成交方式		FOB			CFR		CIF				

2. 成交方式的表现形式

成交方式一般标示在发票中的"价格"栏,其表现形式一般为 CIF ZHUHAI,FOB SHANGHAI,CFR HUANGPU 等。

3. 填报要求

本栏目应根据进出口货物实际成交价格条款,按海关规定的《成交方式代码表》(如表9-6所示)选择填报相应的成交方式代码。

表9-6 成交方式代码表

成交方式代码	成交方式名称	成交方式代码	成交方式名称
1*	CIF	4	C&I
2*	CFR(C&F/CNF)	5	市场价
3*	FOB	6	垫仓

注:*表示常用的成交方式。

无实际进出境的报关单,进口填报CIF,出口填报FOB。

9.2.26 运费

本栏目填报进口货物运抵我国境内输入地点起卸前的运输费用,出口货物运至我国境内输出地点装载后的运输费用。

进口货物成交价格包含前述运输费用或者出口货物成交价格不包含前述运输费用的,本栏目免予填报;进口货物成交价格不包含前述运输费用或者出口货物成交价格含有前述运输费用,即进口成交方式为 FOB、C&I 或出口成交方式为 CIF、CFR 的,应在本栏填报运费。

运费可按运费单价、总价或运费率三种方式之一填报,注明运费标记(运费标记"1"表示运费率,"2"表示每吨货物的运费单价,"3"表示运费总价),并按海关规定的《货币代码表》选择填报相应的币种代码。

填制纸质报关单时,运费栏填报如下。

(1) 运费率:直接填报运费率的数值,如 5% 的运费率填报为"5/1"。

(2) 运费单价:填报运费货币代码+"/"+运费单价的数值+"/"+运费单价标记,如 24 美元的运费单价填报为"502/24/2"。

(3) 运费总价:填报运费货币代码+"/"+运费总价的数值+"/"+运费总价标记,如 7000 美元的运费总价填报为"502/7000/3"。

运保费合并计算的,运保费填报在运费栏中。

9.2.27 保费

保费是指被保险人允予承保某种损失、风险而支付给保险人的对价或报酬。进出口货物报关单所列的保费专指进出口货物在国际运输过程中,由被保险人付给保险人的保险费用。

本栏目填报进口货物运抵我国境内输入地点起卸前的保费,出口货物运至我国境内输出地点装载后的保费。进口货物成交价格包含前述保费的或者出口货物成交价格不包含前述保费的,本栏目免予填报。进口货物成交价格不包含保费的和出口货物成交价格含有保费的,即进口成交方式为 FOB、CFR 或出口成交方式为 CIF、C&I 的,应在本栏填报保费。

保费可按保险费总价或保险费率两种方式之一填报,注明保险费标记(保险费标记"1"表示保险费率,"3"表示保险费总价),并按海关规定的《货币代码表》选择填报相应的币种代码。

填制纸质报关单时,保费栏不同的保费标记填报如下。

(1) 保费率:直接填报保费率的数值,如 3‰ 的保费率填报为"0.3/1"。

(2) 保费总价:填报保费货币代码+"/"+保费总价的数值+"/"+保费总价标记,如 10000 港元保费总价填报为"110/10000/3"。

运保费合并计算的,运保费填报在"运费"栏中。

9.2.28 杂费

本栏目填报成交价格以外的,按照《进出口关税条例》相关规定应计入完税价格或应从完税价格中扣除的费用,如手续费、佣金、折扣等,可按杂费总价或杂费率两种方式之一填报,注明杂费标记(杂费标记"1"表示杂费率,"3"表示杂费总价),并按海关规定的《货币代码表》选择填报相应的币种代码。

应计入完税价格的杂费填报为正值或正率,应从完税价格中扣除的杂费填报为负值或负率。

填制纸质报关单时,杂费栏不同的杂费标记填报如下。

（1）杂费率：直接填报杂费率的数值,如应计入完税价格的1.5%的杂费率填报为"1.5/1";应从完税价格中扣除的1%的回扣率填报为"—1/1"。

（2）杂费总价：填报杂费货币代码＋"/"＋杂费总价的数值＋"/"＋杂费总价标记,如应计入完税价格的500英镑杂费总价填报为"303/500/3"。

免税品经营单位经营出口退税国产商品的及无杂费时,本栏免予填报。

9.2.29 随附单证及编号

根据海关规定的《监管证件代码表》（如表9-7所示）和《随附单据代码表》选择填报除《中华人民共和国海关进出口货物报关单填制规范》第十六条规定的许可证件以外的其他进出口许可证件或监管证件、随附单据代码及编号。

本栏目分为随附单证代码和随附单证编号两栏,其中代码栏按海关规定的《监管证件代码表》和《随附单据代码表》选择填报相应证件代码;随附单证编号栏填报证件编号。

加工贸易内销征税报关单（使用金关二期的除外）,随附单证代码栏填报"c",随附单证编号栏填报海关审核通过的内销征税联系单号。

表9-7 监管证件代码表

代码	监管证件名称	代码	监管证件名称
1	进口许可证	O	自动进口许可证（新旧机电产品）
2	两用物项和技术进口许可证	P	固体废物进口许可证
3	两用物项和技术出口许可证	Q	进口药品通关单
4	出口许可证	R	进口兽药通关单
5	纺织品临时出口许可证	S	进出口农药登记证明
6	旧机电产品禁止进口	U	合法捕捞产品通关证明
7	自动进口许可证	V	人类遗传资源材料出口、出境证明
8	禁止出口商品	X	有毒化学品环境管理放行通知单
9	禁止进口商品	Z	赴境外加工光盘进口备案证明
A	检验检疫	b	进口广播电影电视节目带（片）提取单
B	电子底账	d	援外项目任务通知函
D	出入境货物通关单（毛坯钻石用）	f	音像制品（成品）进口批准单
E	濒危物种允许出口证明书	g	技术出口合同登记证
F	濒危物种允许进口证明书	i	技术出口许可证
G	两用物项和技术出口许可证（定向）	k	民用爆炸物品进出口审批单
I	麻醉精神药品进出口准许证	m	银行调运人民币现钞进出境证明
J	黄金及黄金制品进出口准许证	n	音像制品（版权引进）批准单
L	药品进出口准许证	u	钟乳石出口批件
M	密码产品和设备进口许可证	z	古生物化石出境批件

9.2.30 标记唛码及备注

标记唛码是运输标志的俗称。进出口货物报关上标记唛码专指货物的运输标志。标记唛码英文表示为 Marks,Marking,MKS,Marks & No.,Shipping Marks 等。它通常是由一个简单的几何图形和一些字母、数字及简单的文字组成,一般分列为收货人代号、合同号和发票号、目的地、原产国（地区）[包括最终目的国（地区）、目的港或中转港]和件数号码等项。

备注是指填制报关单时需要备注的事项，包括关联备案号、关联报关单号，以及其他需要补充或特别说明的事项。所以，备注栏有时也称"关联备案"栏或"关联报关单"栏。

本栏目填报要求如下：

(1) 标记唛码中除图形以外的文字、数字，无标记唛码的填报 N/M。

(2) 受外商投资企业委托代理其进口投资设备、物品的进出口企业名称，填报在本栏"备注"项，格式为"委托××公司进口"。

(3) 与本报关单有关联关系的，同时在业务管理规范方面又要求填报的备案号，填报在电子数据报关单中"关联备案"栏。

保税间流转货物、加工贸易结转货物及凭《征免税证明》转内销货物，其对应的备案号应填报在"关联备案"栏。如"转至（自）××××××××××××手册"。

减免税货物结转进口（转入），报关单"关联备案"栏应填写本次减免税货物结转所申请的《中华人民共和国海关进口减免税货物结转联系函》的编号。

减免税货物结转出口（转出），报关单"关联备案"栏应填写与其相对应的进口（转入）报关单"备案号"栏中《征免税证明》的编号。

(4) 与本报关单有关联关系的，同时在业务管理规范方面又要求填报的报关单号，填报在电子数据报关单中"关联报关单"栏。

保税间流转、加工贸易结转类的报关单，应先办理进口报关，并将进口报关单号填入出口报关单的"关联报关单"栏。

办理进口货物直接退运手续的，除另有规定外，应当先填写出口报关单，再填写进口报关单，并将出口报关单号填入进口报关单的"关联报关单"栏。

减免税货物结转出口（转出），应先办理进口报关，并将进口（转入）报关单号填入出口（转出）报关单的"关联报关单"栏。

(5) 办理进口货物直接退运手续的，填报"<ZT"+"海关审核联系单号或者《海关责令进口货物直接退运通知书》编号"+">"。

(6) 保税监管场所进出货物，在"保税/监管场所"栏填写本保税监管场所编码（保税物流中心 B 型填报本中心的国内地区代码），其中涉及货物在保税监管场所间流转的，在本栏填写对方保税监管场所代码。

(7) 涉及海关加工贸易货物销毁处置的，填报海关加工贸易货物销毁处置申报表编号。

(8) 当监管方式为"暂时进出货物"（2600）和"展览品"（2700）时，填报暂时进出境货物类别，如暂进六、暂进九；如果为复运进出境货物，在进出口货物报关单的本栏内分别填报复运进境、复运出境日期，如 20210121 前复运进境，20210121 前复运出境。

(9) 跨境电子商务进出口货物，在本栏目内填报"跨境电子商务"。

(10) 加工贸易副产品内销，在本栏内填报"加工贸易副产品内销"。

(11) 服务外包货物进口，填报"国际服务外包进口货物"。

(12) 公式定价进口货物应在报关单备注栏内填写公式定价备案号，格式为"公式定价"+备案编号+"@"。对于同一报关单下有多项商品的，如需要指明某项或某几项商品为公式定价备案的,则备注栏内填写应为:"公式定价"+备案编号+"♯"+商品序号+"@"。

(13)进出口与《预裁定决定书》列明情形相同的货物时,按照《预裁定决定书》填报,格式为:"预裁定+《预裁定决定书》编号"(例如,某份预裁定决定书编号为 R-2-0100-2022-0001,则填报为"预裁定 R-2-0100-2022-0001")。

(14)含归类行政裁定报关单,填报归类行政裁定编号,格式为:"c"+四位数字编号,例如 c0001。

(15)已经在进入特殊监管区时完成检验的货物,在出区入境申报时,填报"预检验"字样,同时在"关联报检单"栏填报实施预检验的报关单号。

(16)进口直接退运的货物,填报"直接退运"字样。

(17)企业提供 ATA 单证册的货物,填报"ATA 单证册"字样。

(18)不含动物源性低风险生物制品,填报"不含动物源性"字样。

(19)货物自境外进入境内特殊监管区或者保税仓库的,填报"保税入库"或者"境外入区"字样。

(20)海关特殊监管区域与境内区外之间采用分送集报方式进出的货物,填报"分送集报"字样。

申报时其他必须说明的事项也在此填报。

9.3 进出口货物报关单表体各栏目的填报

9.3.1 项号

项号是指申报货物在报关单中的商品排列序号及该项商品在《加工贸易手册》《征免税证明》等备案单证中的顺序编号。

一张电子报关单(对应一份纸质报关单,由预录入公司或与海关有电子联网的公司录入),表体共有 50 栏,一项商品占据表体的一栏,超过 50 项商品时必须填报另一份纸质报关单。

填制报关单需注意的是,对于商品编号不同的,商品名称不同的,原产国(地区)/最终目的国(地区)不同的,征免不同的,都应各自占据表体的一栏。

1. 一般填报要求

每项商品的"项号"栏分两行填报:

(1)第一行填报货物在报关单中的商品顺序编号;

(2)第二行专用于加工贸易、减免税和实行原产地证书联网管理等已备案的审批货物,填报该项货物在《加工贸易手册》中的项号、《征免税证明》或对应的原产地证书上的商品项号。

加工贸易合同项下进出口货物,第一行填报报关单中的商品顺序编号,第二行填报该项商品在《加工贸易手册》中的商品项号,用于核销对应项号下的料件或成品数量。

如一张加工贸易料件进口报关单上某项商品的项号是上"01"、下"10",说明其列此报关单申报商品的第 1 项,且对应《加工贸易手册》备案料件第 10 项。

2. 特殊情况下填报要求

(1) 深加工结转货物,分别按照《加工贸易手册》中的进口料件项号和出口成品项号填报。

(2) 料件结转货物(包括料件、制成品和未完成品折料),出口报关单按照转出《加工贸易手册》中进口料件的项号填报;进口报关单按照转入《加工贸易手册》中进口料件的项号填报。

(3) 料件复出货物(包括料件、边角料),出口报关单按照《加工贸易手册》中进口料件的项号填报;如边角料对应一个以上料件项号时,填报主要料件项号。料件退换货物(包括料件、不包括未完成品),进出口报关单按照《加工贸易手册》中进口料件的项号填报。

(4) 成品退换货物,退运进境报关单和复运出境报关单按照《加工贸易手册》原出口成品的项号填报。

(5) 加工贸易料件转内销货物,以及按料件办理进口手续的转内销成品、未完成品、残次品,应填制进口报关单,本栏目填报《加工贸易手册》进口料件的项号。加工贸易边角料、副产品内销,本栏目填报《加工贸易手册》中对应的料件项号。当边角料或副产品对应一个以上料件项号时,填报主要料件项号。

(6) 加工贸易成品凭《征免税证明》转为享受减免税进口货物的,应先办理进口报关手续。进口报关单填报《征免税证明》中的项号,出口报关单填报《加工贸易手册》原出口成品项号,进出口报关单货物的数量应一致。

(7) 加工贸易货物销毁,填报《加工贸易手册》中相应的进口料件项号。

(8) 加工贸易副产品退运出口、结转出口或放弃,本栏目应填报《加工贸易手册》中新增的变更副产品的出口项号。

(9) 经海关批准实行加工贸易联网监管的企业,按海关联网监管要求,企业需申报报关清单的,应在向海关申报货物进出口(包括形式进出口)报关单前,向海关申报清单。一份报关清单对应一份报关单,报关单商品由报关清单归并而得。加工贸易电子账册报关单中项号、品名、规格等栏目的填制规范比照《加工贸易手册》。

优惠贸易协定项下实行原产地证书联网管理的报关单分两行填写。第一行填写报关单中商品排列序号,第二行填写对应的原产地证书上的"商品项号"。

9.3.2 商品编号

商品编号是指由进出口货物的税则号列及符合海关监管要求的附加编号组成的10位编号。

(1) "商品编号"栏应填报《进出口税则》中8位税则号列,以及第9、10位附加编号。

(2) 在填报商品编号时应该按照进出口商品的实际情况填报。

(3) 《加工贸易手册》中商品编号与实际商品编号不符的,应按实际商品编号填报。

9.3.3 商品名称及规格型号

商品名称即商品品名,是指国际贸易缔约双方同意买卖的商品的名称。商品名称一般取自主要用途、主要材料、主要成分或者商品的外观、制作工艺等。报关单中的商品名称,是指进出口货物规范的中文名称。为了规范进出口企业申报行为,提高申报数据质量,促进贸易便利化,海关总署制定了《中华人民共和国海关进出口商品规范申报目录》(以下简称《规范申报目录》),进出口货物收发货人及其代理人在报关时应当严格按照《规范申报目录》中关于规范申报商品品名、规格的要求,认真填制报关单并依法办理通关手续。

商品的规格型号是指反映商品性能、品质和规格的一系列指标,如品牌、等级、成分、含量、纯度、大小、长短、粗细等。

一般来说商品名称及规格型号在发票的 Description of Goods, Product and Description, Goods Description, Quantities and Description 栏有具体的描述。

(1)"商品名称及规格型号"栏分两行填报。第一行填报进出口货物规范的中文名称。如果发票中的商品名称为非中文名称,则需翻译成规范的中文名称填报,仅在必要时加注原文。第二行填报规格型号。例如:

商品名称、规格型号	
棕榈仁油	(第一行,规范的中文名称)
H2100G,氢化,碘值0.21,游离脂肪酸0.014%	(第二行,规格型号)

(2)商品名称及规格型号应据实填报,并与合同、商业发票等相关单证相符。

(3)商品名称应当规范,规格型号应足够详细,以能满足海关归类、审价及许可证件的管理要求为准。要根据商品属性来填报,包括:品名、牌名、规格、型号、成分、含量、等级、用途、功能等。

(4)减免税货物、加工贸易等已备案的进出口货物,本栏目填报的内容必须与已在海关备案登记中同项号下货物的名称与规格型号一致。

(5)对需要海关签发《货物进口证明书》的车辆,商品名称栏应填报"车辆品牌+排气量(注明cc)+车型(如越野车、小轿车等)"。进口汽车底盘可不填报排气量。车辆品牌应按照《进口机动车辆制造厂名称和车辆品牌中英文对照表》中"签注名称"一栏的要求填报。规格型号栏可填报"汽油型"等。

(6)加工贸易边角料和副产品内销,边角料复出口,应填报其报验状态的名称和规格型号。

(7)同一商品编号、多种规格型号的商品,可归并为一项商品的,按照归并后的商品名称和规格型号填报。

(8)进口汽车零部件申报工作依据《规范申报目录》办理,海关总署2021年第112公告决定废止2006年第64号公告关于进口汽车零部件商品名称和规格型号申报的规定。

9.3.4 数量及单位

报关单上的"数量及单位"栏是指进出口商品的成交数量及计量单位。

计量单位分为成交计量单位和海关法定计量单位。成交计量单位是指买卖双方在交易过程中所确定的计量单位;海关法定计量单位是指海关按照《中华人民共和国计量法》的规定所采用的计量单位,我国海关采用的是国际单位制的计量单位。

海关法定计量单位又分为海关法定第一计量单位和海关法定第二计量单位。海关法定计量单位以《中华人民共和国海关统计商品目录》中规定的计量单位为准。

例如,天然水应填报为千升/吨,卷烟为千支/千克,牛皮为千克/张,毛皮衣服为千克/件等。上述计量单位中的斜线前者为法定第一计量单位,后者为法定第二计量单位。

如果进出口货物报关单中只有一项商品且计量单位是千克,其应与报关单表头"净重"栏的重量一致。

1. 一般填报要求

(1)进出口货物必须按海关法定计量单位和成交计量单位填报。"数量及单位"栏不得为空或填报"0"。

(2)"数量及单位"栏分三行填报。

法定第一计量单位及数量应填报在本栏目第一行。凡列明海关第二法定计量单位的,应在本栏目第二行填报法定第二计量单位及数量。无法定第二计量单位的,本栏目第二行为空。例如:

商品名称、规格型号	数量及单位
指示灯(发光二极管) IC ARISTEL-A-S6A 集团电话用	15000 个(第一行,法定第一计量单位及数量) 3 千克(第二行,法定第二计量单位及数量)

以成交计量单位申报的,须填报与海关法定计量单位转换后的数量,同时还需将成交计量单位及数量填报在本栏第三行。如成交计量单位与海关法定计量单位一致时,本栏目第三行为空。例如:

商品名称、规格型号	数量及单位
男式内裤 100%棉针织	122640 件(第一行,法定第一计量单位及数量) 1042 千克(第二行,法定第二计量单位及数量) 10220 打(第三行,成交计量单位及数量)

2. 特殊情况下填报要求

法定计量单位为千克时数量填报,特殊情况下填报要求如下:

(1)装入可重复使用的包装容器的货物,按货物扣除其包装容器后的重量填报,如罐装同位素、罐装氧气及类似品等。

(2)使用不可分割包装材料和包装容器的货物,按货物的净重填报(即包括内层直接包装的净重重量),如采用供零售包装的酒、罐头、化妆品及类似品等。

(3)按照商业惯例以公量重计价的商品,应按公量重填报,如未脱脂羊毛、羊毛条等。

(4)采用以毛重作为净重计价的货物,可按毛重填报,如散装粮食、饲料等价格较低的农副产品。

(5)采用零售包装的酒类、饮料、化妆品,应按照液体部分的重量填报。

成套设备、减免税货物如需分批进口,货物实际进口时,应按照实际报验状态确定数量。

具有完整品或制成品基本特征的不完整品、未制成品,按照 HS 归类规则应按完整品归类的,申报数量按照构成完整品的实际数量申报。

加工贸易等已备案的货物,成交计量单位必须与《加工贸易手册》中同项号下货物的计量单位一致,不一致时必须变更备案或转换一致后填报。加工贸易边角料和副产品内销、边角料复出口,本栏目填报其报验状态的计量单位。

优惠贸易协定下出口商品的成交计量单位必须与原产地证书上对应商品的计量单位一致。

法定计量单位为立方米的气体货物,应折算成标准状况(即摄氏零度及1个标准大气压)下的体积进行填报。

9.3.5 单价、总价、币制

(一) 单价、总价、币制的含义

单价是指进出口货物实际成交的商品单位价格的金额部分。总价是指进出口货物实际成交的商品总价的金额部分,币制是指进出口货物实际成交价格的计价货币的名称。

(二) 填报要求

1. 单价栏

单价栏填报同一项号下进出口货物实际成交的商品单位价格的数字部分。单价如非整数,其小数点后保留4位,第5位及以后略去。无实际成交价格的,填报单位货值。

例如,珠海某进出口公司出口数码相机1000台,每台100美元。单价栏应该填报为:100。北京某进出口公司出口长筒丝袜20.55美元/打。单价栏应该填报为:20.55。

2. 总价栏

填报同一项号下进出口货物实际成交的商品总价的数字部分。总价如非整数,其小数点后保留4位,第5位及以后略去。无实际成交价格的,填报货值。

例如,上海某进出口公司出口数码相机10000台,每台400美元。总价栏应该填报为:4000000。ABC(广州)有限公司进口"铜版纸"16314.5千克,每千克0.8049美元,则总价为13131.54105美元,略去小数点后第5位的"5",即为"13131.5410"。在手工填制报关单的时候,小数点后末位的"0"也可略去,因此"总价"栏应该填报为:"13131.541"。

3. 币制栏

根据实际成交情况按海关规定的《货币代码表》选择填报相应的货币名称或代码。如《货币代码表》中无实际成交币种,需将实际成交币种按照申报日外汇折算率折算成《货币代码表》列明的货币填报,如表9-8所示。

表9-8 常用货币代码表

代码	中文名称	英文名称	原报关代码	代码	中文名称	英文名称	原报关代码
HKD	港币	Hong Kong Dollar	110	EUR	欧元	Euro	300
IDR	印度尼西亚卢比	Rupiah	112	DKK	丹麦克朗	Danish Krone	302
JPY	日本元	Yen	116	GBP	英镑	Pound Sterling	303
MOP	澳门元	Pataca	121	NOK	挪威克朗	Norwegian Krone	326
MYR	马来西亚林吉特	Malaysian Ringgit	122	SEK	瑞典克朗	Swedish Krona	330
PHP	菲律宾比索	Philippine Piso	129	CHF	瑞士法郎	Swiss Franc	331
SGD	新加坡元	Singapore Dollar	132	RUB	俄罗斯卢布	Russian Ruble	344
KRW	韩国圆	Won	133	CAD	加拿大元	Canadian Dollar	501
THB	泰国铢	Baht	136	USD	美元	US Dollar	502
CNY	人民币	Yuan Renminbi	142	AUD	澳大利亚元	Australian Dollar	601
TWD	新台币	New Taiwan Dollar	143	NZD	新西兰元	New Zealand Dollar	609

9.3.6 原产国(地区)/最终目的国(地区)

(一) 含义

原产国(地区)是指进口货物的生产、开采或加工制造的国家或地区。对经过几个国家或地区加工制造的进口货物,以最后一个对货物进行经济上可以视为实质性加工的国家或地区作为该货物的原产国(地区)。

在原始单据(发票或原产地证明书)上原产国(地区)一般表示为"Made in"(在……制造),或"Origin/Country of Origin"(原产于),或"Manufacture"(制造)。

最终目的国(地区)是指已知的出口货物最后交付的国家或地区,也即最终实际消费、使用或作进一步加工制造的国家或地区。

(二) 填报要求

(1) 进口报关单"原产国(地区)"栏和出口报关单"最终目的国(地区)"栏均应按《国别(地区)代码表》选择填报相应的国家(地区)中文名称及代码。优惠贸易协定项下货物进口报关单原产地申报下一节详述。

(2) 同一批货物的原产地不同的,应当分别填报原产国(地区)。

(3) 进口货物原产国(地区)无法确定的,应填报"国别不详"(ZZZ)。

(4) 最终目的国(地区)填报已知的出口货物的最终实际消费、使用或进一步加工制造国家(地区)。不经过第三国(地区)转运的直接运输货物,以运抵国(地区)为最终目的国(地区);经过第三国(地区)转运的货物,以最后运往国(地区)为最终目的国(地区)。同一批出口货物的最终目的国(地区)不同的,应分别填报最终目的国(地区)。出口货物不能确定最终目的国(地区)时,以尽可能预知的最后运往国(地区)为最终目的国(地区)。

9.3.7 境内目的地/境内货源地

境内目的地填报已知的进口货物在国内的消费、使用地或最终运抵地,其中最终运抵地为最终使用单位所在的地区。最终使用单位难以确定的,填报货物进口时预知的最终收货单位所在地。

境内货源地填报出口货物在国内的产地或原始发货地。出口货物产地难以确定的,填报最早发运该出口货物的单位所在地。

海关特殊监管区域、保税物流中心B型与境外之间的进出境货物,境内目的地/境内货源地填报本海关特殊监管区域、保税物流中心B型所对应的国内地区。

按海关规定的《国内地区代码表》选择填报相应的国内地区名称及代码。境内目的地还需根据《中华人民共和国行政区划代码表》选择填报其对应的县级行政区名称及代码。无下属区县级行政区的,可选择填报地市级行政区。

9.3.8 征免

征免是指海关依照《海关法》《进出口关税条例》及其他法律、行政法规,对进出口货物进行征税、减税、免税或特案处理的实际操作方式。

同一份报关单上可以有不同的征减免税方式。

1. 分类

报关单填制中的主要征减免税方式有照章征税、折半征税、全免、特案减免等(如表9-9所示)。

表 9-9 征减免税方式代码表

代码	名称	代码	名称
1	照章征税	6	保证金
2	折半征税	7	保函
3	全免	8	折半补税
4	特案减免	9	出口全额退税
5	随征免性质		

照章征税是指对进出口货物依照法定税率计征各类税、费。

折半征税是指依照主管海关签发的《征免税证明》或海关总署的通知,对进出口货物依照法定税率折半计征关税和增值税,但照章征收消费税。

全免是指依照主管海关签发的《征免税证明》或海关总署的通知,对进出口货物免征关税和增值税,但消费税是否免征应按有关批文的规定办理。

特案减免是指依照主管海关签发的《征免税证明》或海关总署通知规定的税率或完税价格计征各类税、费。

随征免性质是指对某些特定监管方式下进出口的货物按照征免性质规定的特殊计税公式或税率计征税、费。

保证金是指经海关批准具保放行的货物,由担保人向海关缴纳现金的一种担保形式。

保函是指担保人根据海关的要求,向海关提交的订有明确权利义务的一种担保形式。

折半补税是指对已征半税的供特区内销售的市场物资,经海关核准运往特区外时,补征另一半相应税款。

出口全额退税是指对计划内出口的丝绸、山羊绒实行出口全额退税时,凭计划内出口证明开具出口全额退税税单,并计征关务费。

2. 填报要求

根据海关核发的《征免税证明》或有关政策规定,对报关单所列每项商品选择填报海关规定的《征减免税方式代码表》中相应的征减免税方式的名称。

加工贸易报关单应根据《加工贸易手册》中备案的征免规定填报。《加工贸易手册》中备案的征免规定为"保金"或"保函"的,应填报"全免"。

9.3.9 特殊关系确认

本栏目根据《审价办法》第十六条,填报确认进出口行为中买卖双方是否存在特殊关系,有下列情形之一的,应当认为买卖双方存在特殊关系,在本栏目应填报"是",反之则填报"否":

(1) 买卖双方为同一家族成员的;

(2) 买卖双方互为商业上的高级职员或者董事的;

(3) 一方直接或者间接地受另一方控制的;

(4) 买卖双方都直接或者间接地受第三方控制的;

(5) 买卖双方共同直接或者间接地控制第三方的;

(6) 一方直接或者间接地拥有、控制或者持有对方5%以上(含5%)公开发行的有表决权的股票或者股份的;

(7) 一方是另一方的雇员、高级职员或者董事的;

(8) 买卖双方是同一合伙的成员的。

买卖双方在经营上相互有联系,一方是另一方的独家代理、独家经销或者独家受让人,如果符合前款的规定,也应当视为存在特殊关系。

9.3.10 价格影响确认

本栏目根据《审价办法》第十七条,填报确认进出口行为中买卖双方存在的特殊关系是否影响成交价格,纳税义务人如不能证明其成交价格与同时或者大约同时发生的下列任何一款价格相近的,应当视为特殊关系对进出口货物的成交价格产生影响,在本栏目应填报"是",反之则填报"否":

(1) 向境内无特殊关系的买方出售的相同或者类似进出口货物的成交价格;

(2) 按照《审价办法》倒扣价格估价方法的规定所确定的相同或者类似进出口货物的完税价格;

(3) 按照《审价办法》计算价格估价方法的规定所确定的相同或者类似进出口货物的完税价格。

9.3.11 支付特许权使用费确认

本栏目根据《审价办法》第十三条,填报确认进出口行为中买方是否存在向卖方或者有关方直接或者间接支付与进口货物有关的特许权使用费,且未包括在进口货物的实付、应付价格中。特许权使用费是指进出口货物的买方为取得知识产权权利人及权利人有效授权人关于专利权、商标权、专有技术、著作权、分销权或者销售权的许可或者转让而支付的费用。如果进出口行为中买方存在向卖方或者有关方直接或者间接支付特许权使用费的,且未包含在进出口货物实付、应付价格中,并且符合《审价办法》第十三条或纳税人无法确认是否符合《审价办法》第十三条的,在本栏目应填报"是";支付的特许权使用费与进口货物无关的,以及买方不存在向卖方或者有关方直接或间接支付特许权使用费的,或者特许权使用费已经包含在进口货物实付、应付价格中的,在本栏目填报"否"。

9.3.12 自报自缴

进出口企业、单位采用"自主申报、自行缴税"(自报自缴)模式向海关申报时,填报"是";反之则填报"否"。

9.3.13 申报单位

自理报关的,填报进出口企业的名称及编码;委托代理报关的,填报报关企业名称及编码。编码填报18位法人和其他组织统一社会信用代码。

报关人员填报在海关备案的姓名、编码、电话,并加盖申报单位印章。

9.3.14 海关批注及签章

供海关作业时签注。

《中华人民共和国海关进出口货物报关单填制规范》所述尖括号(〈 〉)、逗号(,)、连接符(-)、冒号(;)等标点符号及数字,填报时都必须使用非中文状态下的半角字符。

9.4 优惠贸易协定项下货物进口报关单原产地申报

目前,中国已与 26 个国家和地区签署了 19 个自由贸易协定,中国自贸伙伴覆盖全球多地,有新西兰、新加坡、韩国、澳大利亚、瑞士这样的发达国家,也有更多的发展中国家,与自贸伙伴贸易额占对外贸易总额的 35% 左右。中国与自贸伙伴之间相互给予关税优惠待遇,进出口企业需要通过申办原产地证书享惠并按优惠贸易协定项下规定填报原产地栏目和优惠贸易协定享惠栏目。

9.4.1 优惠贸易协定项下货物申报要求

为进一步优化优惠贸易协定项下进出口货物申报,海关总署发布第 34 号公告决定将报关单有关原产地栏目的填制和申报要求调整如下。

(1) 进出口货物收发货人或者其代理人在办理优惠贸易协定项下货物海关申报手续时,应当如实填报报关单商品项"优惠贸易协定享惠"类栏目,同时在商品项对应的"原产国(地区)"栏填报货物原产地,不再需要填报"随附单证及编号"栏目。一份报关单仅可使用一份原产地证明填报。

(2) 进口人可以自行选择"通关无纸化"方式或者"有纸报关"方式申报。选择"通关无纸化"方式申报的,进口人应当以电子方式向海关提交原产地证明、商业发票、运输单证和未再加工证明文件等单证正本(以下统称原产地单证);选择"有纸报关"方式申报的,进口人在申报进口时提交原产地单证纸质文件。

对尚未实现原产地电子信息交换的优惠贸易协定项下进口货物,需要通过"优惠贸易协定原产地要素申报系统"填报原产地证明电子数据和直接运输规则承诺事项,并且在申报进口时以电子方式上传原产地证明。进口货物具备优惠贸易协定有关原产资格、但进口人未按上述规定以电子方式上传原产地证明的,应当在办结海关手续前,就进口货物具备优惠贸易协定有关原产资格事宜补充申报并提供税款担保。对已实现原产地电子信息交换的优惠贸易协定项下进口货物,无须填报原产地证明电子数据和直接运输规则承诺事项,也无须以电子方式上传原产地证明。凭《中华人民共和国和瑞士联邦自由贸易协定》项下原产地声明申报进口时,无须以电子方式上传原产地声明。对免提交原产地证明的小金额进口货物,无须以电子方式上传原产地证明。

进口人以电子方式提交的原产地单证内容应当与其持有的纸质文件一致。进口人应当按照海关有关规定保存原产地单证纸质文件。海关认为有必要时,进口人应当补充提交原产地单证纸质文件。

(3) 对于出海关特殊监管区域和保税监管场所申请适用协定税率或者特惠税率的货物,进口人应在内销时按照要求填报《进口报关单》;在货物从境外入区域(场所)时,无须填报《中华人民共和国海关进(出)境货物备案清单》商品项"优惠贸易协定享惠"类栏目。内销时货物实际报验状态与其从境外入区域(场所)时的状态相比,超出了相关优惠贸易协定所规定的微小加工或处理范围的,不得享受协定税率或者特惠税率。

(4) 优惠贸易协定项下实施特殊保障措施的农产品仍然按照海关总署2019年第207号公告要求申报。有关农产品出区域(场所)申请适用协定税率的,在货物从境外入区域(场所)时进口人应当按照规定填报《中华人民共和国海关进(出)境货物备案清单》,并以"通关无纸化"方式申报。

(5) 向我国香港或者澳门特别行政区出口用于生产《内地与香港关于建立更紧密经贸关系的安排》(香港CEPA)或者《内地与澳门关于建立更紧密经贸关系的安排》(澳门CEPA)项下协定税率货物的原材料时,应当在报关单的"关联备案"栏填报我国香港或澳门生产厂商在香港工贸署或者澳门经济局登记备案的有关备案号。

9.4.2 报关单优惠贸易协定享惠类栏目填制规定及举例

1. 关于优惠贸易协定代码栏目

该栏目填报优惠贸易协定对应的代码。各优惠贸易协定代码及是否实现原产地电子信息交换如表9-10所示。

表 9-10 优惠贸易协定代码及相关信息

优惠贸易协定名称	协定代码	是否实现原产地电子信息交换	备注
亚太贸易协定	01	是	韩国
		否	其他成员国
中国-东盟自贸协定	02	是	印度尼西亚、新加坡
		否	其他成员国
内地与香港关于建立更紧密经贸关系的安排	03	是	
内地与澳门关于建立更紧密经贸关系的安排	04	是	
大陆对台湾地区部分农产品零关税措施	06	否	
中国-巴基斯坦自贸协定	07	是	
中国-智利自贸协定	08	是	
中国-新西兰自贸协定	10	是	仅限原产地证书
中国-新加坡自贸协定	11	是	
中国-秘鲁自贸协定	12	否	
最不发达国家特别优惠关税待遇	13	是	孟加拉国、尼日尔、埃塞俄比亚、莫桑比克、东帝汶(在线签发的以字母"E"作为首位编号的证书)
		否	其他
海峡两岸经济合作框架协议	14	是	
中国-哥斯达黎加自贸协定	15	否	
中国-冰岛自贸协定	16	否	

续表

优惠贸易协定名称	协定代码	是否实现原产地电子信息交换	备注
中国-瑞士自贸协定	17	否	
中国-澳大利亚自贸协定	18	否	
中国-韩国自贸协定	19	是	
中国-格鲁吉亚自贸协定	20	是	
中国-毛里求斯自贸协定	21	否	

2. 关于原产地证明类型栏目

该栏目选择原产地证书或者原产地声明。免提交原产地证明的小金额进口货物(以下简称"小金额货物"),该栏默认为空。

3. 关于原产地证明编号栏目

该栏目填报原产地证书编号或者原产地声明序列号。小金额货物该栏填写"XJE00000"。

一份报关单对应一份原产地证明,一份原产地证明应当对应同一批次货物。享受和不享受协定税率或者特惠税率(以下统称优惠税率)的同一批次进口货物可以在同一张报关单中申报。"同一批次"进口货物是指由同一运输工具同时运抵同一口岸,并且属于同一收货人,使用同一提单的进口货物。对于客观原因(集装箱货物因海河联运需大船换小船、因海陆联运需分车运输,陆路运输集装箱货物需大车换小车及其他多式联运情况下同一批次货物在中转地需要分拆由多个小型运输工具进行中转运输的情况等)导致有关进口货物在运抵中国关境(运抵口岸)前必须分批运输的情况,不影响同一批次的认定。同一批次出口货物比照上述规定进行审核认定。

4. 关于优惠贸易协定项下原产地栏目

该栏目填报根据相关优惠贸易协定原产地管理办法确定的货物原产地。

5. 关于原产地证明商品项号栏目

该栏目填报报关单商品项对应的原产地证明商品项号。小金额货物在该栏填报本报关单中该商品的项号。

6. 优惠贸易协定项下进出口货物报关单原产地填报和申报举例

【例9-1】 某中国企业进口中国-格鲁吉亚自贸协定项下货物,凭编号为ABC123456中国-格鲁吉亚原产地证书申请协定税率,报关单商品项对应原产地证书的第3项。企业选择"通关无纸化"方式申报。

解析:中国与格鲁吉亚已实现原产地电子信息交换,因此,企业无须通过"优惠贸易协定原产地要素申报系统"填报原产地证书电子数据,按照相关要求,企业在办理海关申报手续时,无须以电子方式上传原产地证书,但仍要上传商业发票、运输单证和未再加工证明文件,并在报关单商品项如实填报"优惠贸易协定享惠"类栏目,如下所示:

优惠贸易协定代码	20
原产地证明类型	原产地证书
原产地证明编号	ABC123456
优惠贸易协定项下原产地	格鲁吉亚
原产地证明商品项号	3

【例9-2】 某中国企业进口中国-澳大利亚自贸协定项下货物,凭编号为CBA654321中国-澳大利亚原产地声明申请协定税率,报关单商品项对应原产地证书的第5项。企业选择"通过无纸化"方式申请。

解析:由于中国与澳大利亚未实现原产地电子信息交换,因此,企业需要通过"优惠贸易协定原产地要素申报系统"填报原产地声明电子数据和直接运输规则承诺。按照相关要求,在办理海关相关手续时,企业需以电子方式上传原产地声明、商业发票、运输单证和未再加工证明文件,同时在报关栏如实填报"优惠贸易协定享惠"类栏目,如下所示:

优惠贸易协定代码	18
原产地证明类型	原产地声明
原产地证明编号	CBA654321
优惠贸易协定项下原产地	澳大利亚
原产地证明商品项号	5

【例9-3】 某中国企业进口中国-韩国自贸协定项下完税价格为500美元的货物,申请协定税率,报关单商品项对应原产地证书的第2项。企业选择"通过无纸化"方式申报。

解析:根据中国-韩国自贸协定,同一批次进口的韩国原产货物,经海关依法审定的完税价格不超过700美元的,可以免于提交原产地证书。因此,企业无须填报"优惠贸易协定原产地要素申报系统"。按照相关要求,在办理海关申报手续时,企业无须以电子方式上传原产地证明,但仍要上传商业发票、运输单证和未加工证明文件,并在报关单商品项如实填报"优惠贸易协定享惠"类栏目,如下所示:

优惠贸易协定代码	19
原产地证明类型	9
原产地证明编号	XJE000000
优惠贸易协定项下原产地	韩国
原产地证明商品项号	2

9.4.3 优惠贸易协定项下货物进口报关单原产地申报具体步骤

1. 一步申报分步处置模式下报关单的原产地申报

(1)填报"原产国(地区)"。依据非优惠原产地规则确定的货物原产地填报"原产国(地区)"栏目,如图9-1所示。

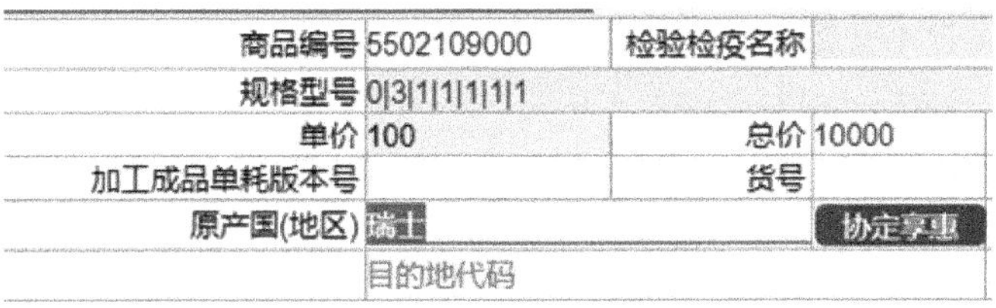

图9-1 原产国(地区)填报

(2) 填报"协定享惠"栏目

首先,点击"协定享惠"按钮,在弹出的"优惠贸易协定享惠"对话框中,填写"原产地证明编号",如图 9-2 所示。

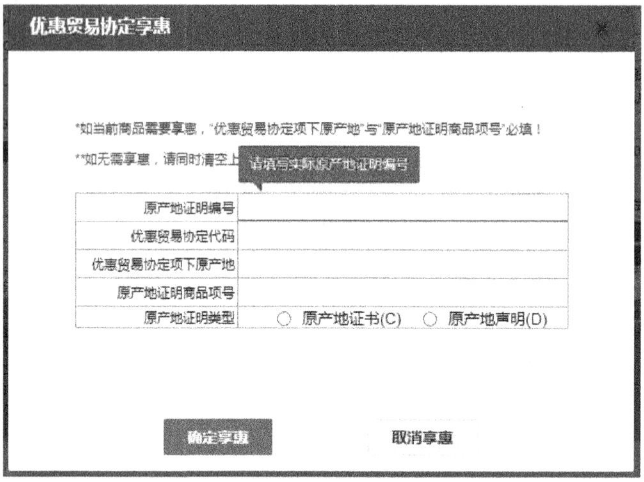

图 9-2　协定享惠栏目填报

接着,敲击回车键,系统自动检索该份原产地证明的电子数据。如该编号对应唯一原产地证明,系统自动返填"优惠贸易协定代码""优惠贸易协定项下原产地""原产地证明类型";如该编号对应多份原产地证明,相关信息需手动填入,如图 9-3 所示。

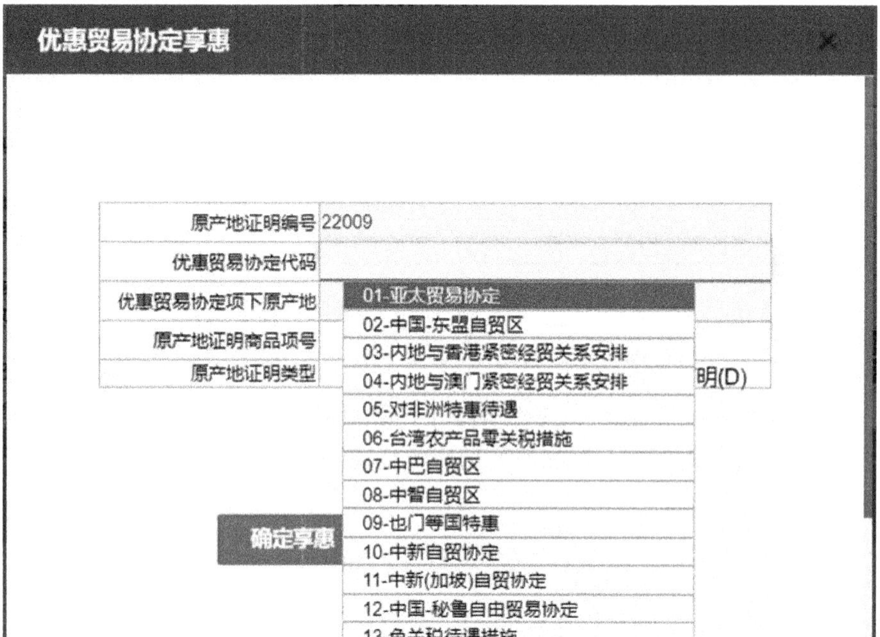

图 9-3　优惠贸易协定选择

然后,填写"原产地证明商品项号",并点击"确定享惠"按钮即可,如图9-4所示。

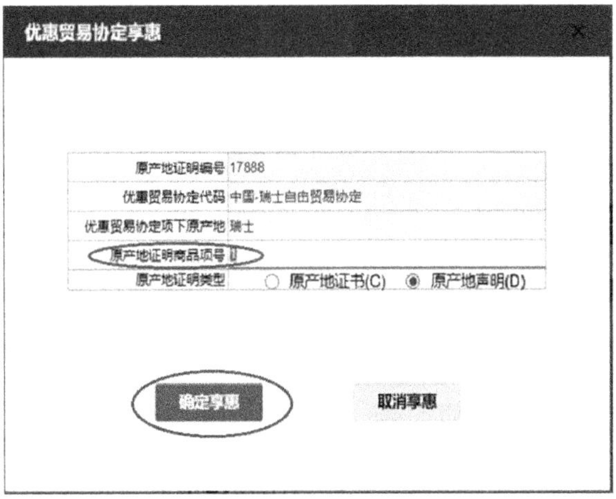

图 9-4　原产地证明商品项号填写

最后,需申报多项商品时,点击新增按钮录入新商品项信息,系统将自动复制填入第一项商品的"优惠贸易协定代码""优惠贸易协定项下原产地""原产地证明类型"信息。如该商品为享惠商品,请在"原产地证明商品项号"填入对应原产地证明商品项号,并点击"确定享惠"按钮。如该商品不申请享惠,则"原产地证明商品项号"留空不填。注意报关单上的商品序号与原产地证明上的项目编号应当一一对应,如图9-5所示。

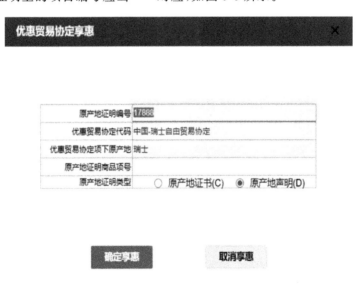

图 9-5　多项商品协定享惠填报

(3) 申报小金额享惠货物。申报免提交原产地证明的小金额进口货物时,请在"原产地证明编号"填入"XJE00000",并手工录入"优惠贸易协定代码""优惠贸易协定项下原产地""原产地证明商品项号",最后点击"确定享惠"按钮即可,如图9-6所示。

图 9-6 小金额享惠货物填报

注意协定代码 01、03、04、14、21 的协定没有小金额享惠规则,不允许申报小金额享惠。

(4) 享惠信息的删除。步骤 1,需删除报关单所有商品的享惠信息的,点击"删除享惠"按钮并确定即可,如图 9-7 所示。

图 9-7 享惠信息的删除

步骤 2,仅删除个别项的,点击不享惠商品的"协定享惠"按钮,在对话框中点击"取消享惠"按钮并确认即可,如图 9-8 所示。注意:报关单仅有一个商品项且为享惠商品的,删除享惠信息操作同步骤 1,如按步骤 2 操作系统将退单并提示无法进行计税。

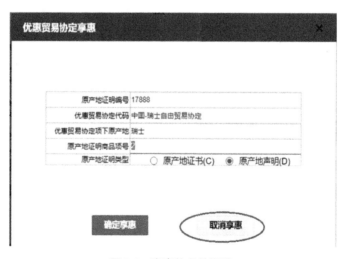

图 9-8 享惠信息的取消

(5) 上传原产地单证。录入报关单所有商品项信息后,需在随附单据栏上传发票、运输单证文件等报关单随附单证的扫描件。未实现原产地电子信息交换的优惠贸易协定项下进口货物,需上传原产地证明扫描件。以下情况则无须上传原产地证明扫描件:凭中瑞自贸协定项下原产地声明申报的货物;已实现原产地电子信息交换的优惠贸易协定项下进口的货物;免提交原产地证明的小金额进口货物,如图9-9所示。

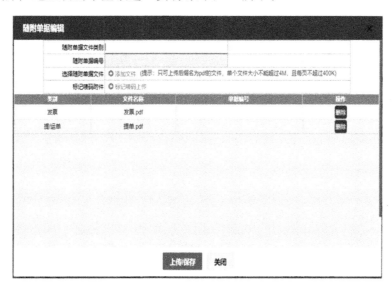

图 9-9 原产地相关单证上传

2. 两步申报模式下报关单的原产地申报

(1) 一次录入模式。"原产国(地区)"和"协定享惠"栏目的填报与一次申报模式步骤相同,如图9-10所示。

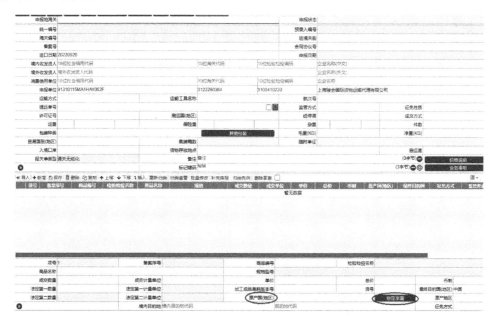

图 9-10 "原产国(地区)"和"协定享惠"栏目的一次录入

(2) 分步录入模式。

在概要申报环节填报"原产国（地区）"，如图 9-11 所示。

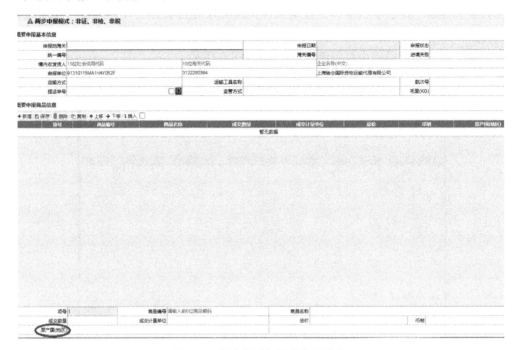

图 9-11 原产国（地区）的概要申报

在完整申报环节填报"协定享惠"栏目信息，操作与一次申报模式步骤相同，如图 9-12 所示。

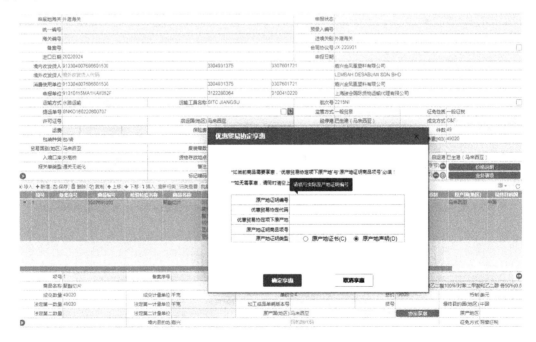

图 9-12 协定享惠栏目的完整申报

9.5 其他进出境报关单

其他进出境报关单指除了《中华人民共和国海关进出口货物报关单填制规范》所规定的报关单格式以外，专用于特定区域、特定货物及特定运输方式的进出境报关单证。

9.5.1 进出境货物备案清单

海关特殊监管区域（以下简称"特殊区域"）企业向海关申报货物进出境、进出区，以及在同一特殊区域内或者不同特殊区域之间流转货物的双方企业，应填制进/出货物备案清单，特殊区域与境内（区外）之间进出的货物，区外企业应同时填制进/出口货物报关单，向特殊区域主管海关办理进出口报关手续。

货物流转应按照"先报进，后报出"的原则，在同一特殊区域企业之间、不同特殊区域企业之间流转的，先办理进境备案手续，后办理出境备案手续，在特殊区域与区外之间流转的，由区内企业、区外企业分别办理备案和报关手续。进/出境货物备案清单原则上按《中华人民共和国海关进出口货物报关单填制规范》的要求填制。

保税区内企业从境外进口自用的机器设备、管理设备、办公用品，以及区内工作人员自用的应税物品，填制进出口货物报关单。特殊区域（保税区除外）内企业从境外进口自用的机器设备、管理设备、办公用品，填制进出境货物备案清单。进出境货物备案清单商品项数上限50项，单页备案清单最多打印8个商品项。

9.5.2 过境货物报关单

过境货物报关单是指由过境货物经营人向海关递交申请过境货物进出境的法律文书，是海关依法监管货物过境的重要凭证。

9.5.3 进出境快件报关单

进出境快件报关单是指进出境快件运营人员向海关提交的申报以快件运输方式进出口货物、物品的报关单证。进出境快件报关单包括 A 类报关单、B 类报关单、C 类报关单，其适用范围详见本书第6章第3节。

9.5.4 暂准进口单证册

暂准进口单证册简称 ATA 单证册，是指由世界海关组织通过的《货物暂准进口公约》及其附约 A 和《关于货物暂准进口的 ATA 单证册海关公约》中规定的，用于代替各缔约方海关暂准进出口货物报关单和税费担保的国际统一通用的海关报关单证。我国于1993年加入《货物暂准进口公约》，并分别接受有关附约。目前，我国将暂准进口单证册项下进出口货物的管理纳入暂时进出境货物管理中（海关总署第233号令《中华人民共和国海关暂时进出境货物管理办法》）。

2019年海关总署发布第13号公告，为服务国家经济发展，加强对外交流与合作，促进贸易便利化，海关扩大接受"专业设备"和"商业样品"用途的暂时进境ATA单证册。暂准进口货物可以凭 ATA 单证册,在各国海关享受免税进口和免予填写国内报关文件等通关便利,有关单位向海关递交 ATA 单证册时,应递交中文或英文填报的 ATA 单证册,用其他文字填写的,必须同时递交忠实于原文的中文或英文译本。暂时进境集装箱及配套的附件和设备、维修集装箱用零配件按照相关规定办理海关手续。从境外暂时进境的货物(ATA 单证册项下暂时进境货物除外)转入海关特殊监管区域和保税监管场所的,主管地海关凭《出口货物报关单》对暂时进境货物予以核销结案。

9.5.5 集中申报清单

集中申报是指经向海关备案,进出口货物收发货人在同一口岸多批次进出口属于《中华人民共和国海关进出口货物集中申报管理办法》规定范围内的货物,可以先以"海关进出口货物集中申报清单"申报货物进出口,然后在海关规定的期限内再以进出口货物报关单集中办理海关申报手续的特殊通关方式。

9.6 进出口主要商业单据的填制

9.6.1 进出口货物商业发票的填制

商业发票(Commercial Invoice),简称发票(Invoice),是卖方向买方开立的发货价目清单,是装运货物的总说明。它既是买卖双方收付货款、记账、收发货物、办理报关、清关、纳税时的依据,也是买卖双方索赔、理赔及保险索赔的依据。

发票(格式见附件 9-7)无统一格式,有详有略,但它的内容必须符合合同的规定,文字描述必须与信用证完全一致。制作时应注意以下几点。

(1) 出口商的名称、地址。一般出口企业自己使用的固定格式的发票上都预先印有本公司的名称、地址、电传、电话号码。在信用证支付方式下,该名称必须与信用证的受益人名称一致,受益人名称、地址如有变动,单据也要相应更改。

(2) 发票名称。在出口商名称和地址下面,应用粗体字印刷"COMMERCIAL INVOICE"或"INVOICE"。

(3) 发票抬头人。在托收支付方式下,发票的抬头应按合同中的买方或指定的直接买主的名称填写。在信用证支付方式下,应严格按信用证规定填写,除信用证另有规定外,一般应填写信用证申请人(Applicant)。填写时应注意名称不能换行,地址应合理分行。

(4) 发票编号、签发日期。发票编号由出口企业按习惯编排,签发日期可以早于信用证开证日期,但不能迟于提单签发日期,更不得迟于信用证规定的交单日或信用证有效期。

(5) 合同号码。在托收支付方式下,发票应填写合同号码;在信用证支付方式下,发票应与信用证所列内容一致。

(6) 启运地与目的地。按合同和信用证的规定填写,注意应与贸易术语后的启运地(港)和目的地(港)一致。如货物需要转运,转运地点也应明确地表示出来。

(7) 信用证号码。在信用证支付方式下,应填写信用证号码,尤其在不使用汇票的即期信用证方式下,更有必要。

(8) 货物内容。这是发票的主要部分,应全面描述有关商品的名称、规格、数量、重量和包装,一般先填写商品的名称和总数量,然后再根据信用证或合同的规定填写详细规格、单位及合同号码等。填写的内容必须与信用证所列各项要求完全相同;如来证未规定详细的品质和规格,可不填写;若有必要可按合同加注一些说明,但不能与来证的内容有抵触;如果信用证中品名有误,应要求对方改证,否则在填写发票时应将错就错,也可在错误的名称后,另注正确的品名,并加括号;如果规格、品种较多,可采用列表的形式,将同类项集中并列填写。最后填写包装方式和件数数量,以及毛重、净重和尺码。

(9) 价格条件、单价、总值。这也是发票的主要内容,价格条件(贸易术语)应在总值栏内列出,单价、总值应按合同和信用证规定准确计算,正确填写。佣金和折扣是价格的又一组成部分,但不是每笔交易都有。在实际业务中,一般来证总金额是含佣价或含折扣的总值,在制作发票时,都应在总值中扣除,因为体现在价格中的佣金或折扣都应视为卖方给予买方或中间商的优惠。

假设来证的价格总额是 CIFC5 Hong Kong USD145935.00,填写在发票的总值栏中的金额应计算如下:

```
      CIFC5 Hong Kong     USD     145935.00
    — C5                  USD       7296.75
      CIF Hong Kong       USD     138638.25
```

如果来证的价格总额是 CIF Hong Kong HKD147550.00,要求分别列出运费 HKD10560.00、保险费 HKD140.00,并显示 FOB 价格,制单时应填写:

```
      CIF Hong Kong       HKD     147550.00
      Less F              HKD      10560.00
      Less I              HKD        140.00
      FOB                 HKD     136850.00
```

(10) 标记唛码:合同或信用证指定标记唛码的,必须严格按指定的标记唛码填写。如无指定,出口商可自行设计标记唛码,其内容由进口商名称缩写、合同号(或发票号等)、目的港(地)和件号组成。

(11) 加注声明文句:由于各国法令或习惯不同,有的国家或地区开来的信用证要求在发票上加注一些声明文句或特定的号码等,我们应根据情况酌情办理。只要不伤害卖方的利益,一般都照办。加注的内容一般打在发票商品栏以下的空白处。

例如,有的来证要求在发票上加注"证明所列内容真实无误"(This invoice is in an all respects correct & true),可照样注明,构成"证实发票",此时应将发票下端印制好的"有错当查"(E.&.O.E.)字样删去。

(12) 签发人的签字或盖章:发票上习惯由出口公司的法人代表或经办制单人员代表公司签字,并注公司名称。但根据《跟单信用证统一惯例》(以下简称《UCP600》)的规定,除非信用证另有规定,"无多页签署"。这是由于发票主要用于使银行和开证人了解货物的概貌,使买卖双方有记账的依据。它与汇票不同,不具备价值,不能被转让,即使遗失也可由卖方重制,但报关、检验等许多方面都需要发票,有时进口人需要 10 余份发票。为减少签发人的负担,《UCP600》增加了发票无须签署的内容。但信用证中要求手签时,必须手签。

9.6.2 运输单据的填制

运输单据(Shipping Documents)是指证明货物已装上运输工具,或已发运,或已由承运人接受监管的单据,是承运人与托运方之间运输契约的证明。如以可转让形式开立,它还具有物权凭证的效用,是出口商要求银行议付或要求进口商付款时必备的单据之一。所以,它是进出口贸易中买卖双方最为关注的单据。

运输单据种类繁多,名目不一。《UCP600》按运输方式将其归纳为7大类,即:海运提单,不可转让海运单,租船提单,多式运输单据,空运单,公路、铁路、内河运输单据,专递或邮局收据。《UCP600》要求运输单据上必须标明其单据的名称,但不要求名称与信用证规定的运输单据名称绝对相符,只要内容符合信用证上有关运输单据的要求,银行就可接受。

我国进出口贸易大部分采用海洋运输,所以,这里主要介绍海运提单的有关内容。

海运提单(Ocean Bill of Lading)是海洋运输时使用的运输单据。因海运方式不同,提单种类也名目繁多,主要有:直运提单、转运提单、联运提单、集装箱出口运输提单。从各船公司来说,因各自使用自己签发的提单,不论是内容还是格式都有差异,但基本内容还是相同的。海运提单的格式见附件9-8。

以下只对提单中具有共性的内容加以说明。

提单有正、副本之分。正本提单可流通、交单、议付,副本则不可。对正、副本提单要求的权利在收货人一方,出口方应正确判断来证中的要求。如:Full Set of B/L 是指"全套提单",按习惯作两份正本解释。

例如,Full set(3/3)plus 2 N/N copies of original forwarded through bills of lading.

"(3/3)"分子位置的数字是指交银行的份数,分母位置的数字是指应制作的正本份数,这里要求向银行提交全部制作的 3 份正本。

N/N 即 Non-Negotiation 的缩写,意为不可转让,即使是副本,也不可转让流通,不得议付,这里要求根据正本复制两份副本。

例如,2/3 original clean on board ocean bills of lading.

它的意思是制作三份正本提单,其中两份向银行提交。提交内容包括签发时应填写的正面内容和背面印就的有关规定承运人免责事项两部分。正面内容在我国许多口岸都由出口公司填制,以下详细介绍填制方法和注意事项。

(一) 填制方法

1. 托运人(Shipper/Consigner)

托运人是指委托运输的人,一般即出口公司,也就是信用证中的受益人,如果开证人为了贸易上的需要,要求做第三者提单(Third Party's B/L)也可照办,如请运输公司做托运人。《UCP600》允许银行接受第三者提单。

2. 收货人(Consignee)

收货人应严格按信用证规定填写,一般有两种。

(1) 记名式:直接写明收货人名称。例如,来证要求"Consigned to A.B.C.Co.",收货人栏中应填写"Consigned to A.B.C.Co.",这样,这份提单的收货人已确定,不得转让。

(2) 指示式：即在收货人栏内有指示(Order)字样的,意为"承运人凭指示付货",这种提单可通过指示人的背书而进行转让。

例如,来证要求"Full set of B/L made out to order",收货人一栏填 To Order。转让时应由托运人背书。

例如,来证要求"B/L issued to order of applicant",意为"凭开证人指示",查开证人为"Big A. Co.",则收货人一栏填"To Order of Big A. Co.",不可填"To Order of Applicant"。

例如,来证要求"Full set of B/L made out to our order",这里的 our 是指本证开证行,意为"凭开证行指示",查开证行名称为"Small B Bank",则收货人一栏填"To order of Small B Bank",或"To Small B Bank's order"。

提单的背书也有两种。一种是空白背书。如来证要求"Blank Endorsed",背书时只要书写背书人的名称、地址即可。另一种是记名背书。如来证要求"Endorsed to BBB Co. HK.",背书时既要书写背书人的名称、地址,还要书写被背书人名称、地址,即在提单背面注明"Delivery to the Order of BBB Co. HK.",并签上背书人的名称。

3. 被通知人(Notify Party)

被通知人按信用证规定填写,一般是货物进口人或其代理人,被通知人的地址一定要详细。如信用证未规定,则正本提单这一栏空白,在副本提单这一栏填上信用证申请人名称、地址;如来证要求两个或两个以上的公司为被通知人,则必须把这两个或两个以上公司的名称、地址都填上;如是记名提单或收货人指示提单且收货人有详细地址的,这一栏可不填。

4. 前程运输(Pre-carriage by)

此栏为"多式联运"方式而设,不能作为转船提单时打明第一程海轮名称的栏目,单式海运不必填注。

5. 收货地点(Place of Receipt)

此栏为"多式联运"方式而设,单式海运不必填注。

6. 船名航次(Ocean Vessel Voy. No.)

如货物需转运,填写第二程船的船名;如货物不需转运,填写第一程船的船名。

7. 装货港(Port of Loading)

此栏填写装运港(启运港)名称。

8. 卸货港(Port of Discharge)

此栏填写卸货港(目的港)名称。

9. 交货地点(Place of Delivery)

此栏填写最终目的地名称,如果货物的目的地是目的港的话,这一栏空白。如果货物在某国港口卸货后,还要使用其他运输工具转运进口国,卸货港名称(过境国港口)后面必须有"In Transit"(过境)字样,否则将被征收额外的税金。此栏为"联合运输"方式而设,单式海运不必填注。

10. 集装箱号(Container No.)

此栏填写集装箱箱号。

11. 封志号、标记唛码(Seal No. Marks & Nos.)

此栏按信用证规定填写,如信用证未规定,则按发票上所列内容填写;如不使用标记唛码,注明 N/M 字样。

12. 商品名称、包装件数、运费条款(Description of Goods,No. of Packages,Freight & Charges)

这几个栏目按顺序填写,商品名称应与托运单上完全一样,与信用证用字严格相符;包装件数应按实际包装情况填写,包装材料、包装方式、最后包装的件数,应包括数字、文字两种写法;运费一般只填支付情况,不填运费具体数额及计算,除非信用证明确规定。在CIF和CFR条件下,填运费预付(Freight Prepaid);在FOB条件下,填运费到付(Freight Collect 或 Freight Payable at Destination)。

13. 毛重(Gross Weight)

一般毛重以公吨或千克为单位,小数保留3位。

14. 尺码/体积(Measurement)

一般体积以立方米为单位,小数保留3位。

15. 正本提单份数(No. of Original B(s)/L)

此栏应按信用证规定签发,并用大写数字填写,如 ONE、TWO、THREE。

16. 提单日期及签发地点(Place and Date of Issue)

提单的签发日期应为货物交付承运人或货物装船完毕的日期,所以提单的签单日期不能晚于合同或信用证规定的装运期。提单的签发地点应按装运地点填写。日期、地点如有不符,构成单证不符,直接影响安全收汇。

(二) 注意事项

(1) 提单正面是否打明承运人(CARRIER)的全名及承运人(CARRIER)一词以表明其身份。

如提单正面已作如上表示,在承运人自己签署提单时,签署处无须再打明承运人一词及其全名。

如提单正面已作如上表示,但由货代公司(FORWARDER)签署提单时,则在签署处必须打明签署人的身份,如 ABC FORWARDING CO. as agents for the carrier 或 as agents for/on behalf of the carrier。

(2) 提单有印就"已装船"(Shipped in apparent good order and condition on board...)字样的,无须加"装船批注"(On board notation)。若有印就"收妥待运"(Received in apparent good order and condition for shipment...)字样的,则必须再加"装船批注"并加上装船日期。

(3) 提单印有"intended vessel, intended port of loading, intended port of discharge"或其他不肯定的描述字样者,则必须加注"装船批注",其中须把实际装货的船名、装货港口、卸货港口等项目打明,即使和预期(intended)的船名和装卸港口并无变动,也需重复打出。

(4) 单式海运即港对港(装货港到卸货港)运输方式下,只需在装货港(Port of Loading)、海轮名(Ocean Vessel)及卸货港(Port of Discharge)三栏内正确填写;如在中途转船(Transshipment),转船港(Port of Transshipment)的港名不能打在卸货港(Port of Discharge)栏内。需要时,只可在提单的货物栏空间打明"在××(转船港)转船"(with transshipment at ××)。

(5) 港口(Port)和地点(Place)是不同的概念。有些提单印有收货地点(Place of Receipt/Taking in Charge)和交货地点/最后目的地(Place of Delivery/Final Destination)等

栏目,供提单用作多式联运(Multimodal Transport)或联合运输(Combined Transport)运输单据时用。单式海运时不能填注,否则会引起对运输方式究竟是单式海运抑或多式联运的误解。

(6) 提单上印有前程运输由(Pre-carriage by)栏也为"多式联运"方式所专用,不能作为转船提单时打明第一程海轮名称的栏目。

只有作多式联运运输单据时,方在该栏内注明铁路、卡车、空运或江河(Rail、Truck、Air、River)等运输方式。

(7) 提单不能有不洁净批注(Unclean Clause),即对所承载的该批货物及其包装情况有缺陷现象的批注。

(8) 除非信用证许可,提单不能注有"Subject Charter Party",即租船契约提单。

(9) 提单上关于货物的描述不得与商业发票上的货物描述有所不一致。

如提单上货物用统称表示时,该统称须与信用证中货物描述一致,且与其他单据有共通连结(Link)特征,如标记唛码等。

(10) 提单上的任何涂改、更正须加具提单签发者的签章。

(11) 提单必须由受益人及装货人(Shipper)背书。

9.6.3 装箱单的填制

装箱单(Packing List)又称花色码单或包装单,是标明出口货物的包装形式、规格、数量、毛重、净重、体积的一种单据,在结汇当中,除散装货物外,一般都要求提供装箱单。装箱单的作用在于:补充商业发票内容之不足,通过表内的包装件数、规格、标记唛码等项目填制,明确阐明了商品的包装情况,便于买方对进口商品包装及数量的了解和掌握,也便于买方在货物到达目的港时,供海关检查和核对货物。装箱单无统一格式,所包含的内容也不尽相同,但一般有合同号码或发票号码、标记唛码及件数、货名及品质、数量、毛重和净重等。装箱单在填制时应注意以下事项(格式见附件9-9,填制方法参照发票):

(1) 装箱单内容需与货物实际包装相符,并与商业发票、提单、信用证规定等内容相一致。

(2) 毛重、净重应列明每件的毛重、净重及总的毛重、净重数字。

(3) 装箱单一般不显示货物的单价、总价,因为进口商把商品转售给第三者时只要交付包装单和货物,而不愿泄露其购买成本。

(4) 装箱单编号和制单日期、运输标志应与商业发票一致。

9.6.4 产地证的填制

产地证明书(Certificate of Origin),简称产地证,是指由一定的单位或机构签发的证明货物产地或制造地的书面证明,其作用是实行差别关税、分配和控制进口配额。

在出口业务中作用的产地证,根据出具单位可分为四种:普惠制产地证、出口商产地证、贸促会产地证和商检局产地证。选择哪一种产地证,应根据信用证或合同规定确定。如无确切规定,出口商可出具任何一种。

(一) 普惠制产地证

普遍优惠制产地证明书(Generalized System of Preferences Certificate of Origin),简称普惠制产地证(Certificate of Origin for GSP)。它是享受普遍优惠制待遇国家的受惠商品要得到该待遇时,向给惠国提供的,证明出口商品原产地的书面凭证。

自1978年普惠制实施以来,先后有40个国家给予我国普惠制关税优惠,分别为:欧盟二十七国(法国、德国、意大利、荷兰、卢森堡、比利时、丹麦、爱尔兰、希腊、葡萄牙、西班牙、瑞典、芬兰、奥地利、波兰、捷克、斯洛伐克、匈牙利、马耳他、斯洛文尼亚、立陶宛、拉脱维亚、爱沙尼亚、塞浦路斯、保加利亚、罗马尼亚、克罗地亚)、英国、欧亚经济联盟三国(俄罗斯、白俄罗斯、哈萨克斯坦)、土耳其、乌克兰、加拿大、瑞士、列支敦士登、日本、挪威、新西兰、澳大利亚。根据《中华人民共和国普遍优惠制原产地证明书签证管理办法》,我国海关总署2021年第84号公告决定,自2021年12月1日起,对输往欧盟成员国、英国、加拿大、土耳其、乌克兰和列支敦士登等已不再给予中国普惠制关税优惠待遇国家的货物,海关不再签发普惠制原产地证书。输上述国家的货物发货人需要原产地证明文件的,可以申请领取非优惠原产地证书,目前已实现自助打印,相较于普惠制原产地证书,申领更便捷高效,企业足不出户即可完成全套申领流程。

截至目前,仍然保留给予我国普惠制待遇的国家仅剩挪威、新西兰、澳大利亚三国,对出口至这三个国家的货物,企业仍可以申领普惠制产地证。不同国家实行不同的普惠制方案,但对受惠商品要求提供的产地证书,除澳大利亚可使用发票加注有关声明文句代替以外,其他国家均要求提供统一格式的产地证,即普惠制产地证格式A(G. S. P. Form A),该证由出口单位自行填制,然后由商检局审核后签发。在一套Form A中有两份副本和一份正本,副本仅供寄单参考和留存之用,正本是可以议付的单据。普惠制产地证——Form A的格式见附件9-10。

普惠制产地证——Form A的主要内容和填写方法有以下几种。

1. 证书号(Reference No.)

此栏填写商检局所编的号码,签发地点须填"中华人民共和国"外文全称,填在"Issued in"后面。

2. 出口商名称、地址和所在国家(Exporter's Business Name, Address, Country)

此栏是带强制性的,必须填上出口商的全称和详细地址,包括街道、门牌号码等。

3. 收货人名称、地址、国家(Consignee's Name, Address, Country)

此栏一般应该填给惠国的收货人名称,也即信用证上指定的收货人,如收货人不明确、可填发票抬头人或提单的被通知人,但不要填中间转口商的名称。

4. 运输工具及路线(Means of Transport and Route)

此栏应填启运地与目的地、启运日期及运输工具,如:By Vessel/Air/Train等,如中途转运,应加上转运地,如"Via Hong Kong"。

5. 供发证机关使用(For Official Use)

出口公司制单时,不必在此栏内填写,由商检局根据需要作批注用。

6. 商品顺序号（Item No.）

如本证书下货物有不同品种，可按不同品种填写 1、2、3……如只有单项商品，此栏只填 1。

7. 标记唛码及包装号（Marks and Numbers of Packages）

标记唛码及包装号须与发票上的标记唛码及包装号一致。如货物无标记唛码，则填"N/M"。如标记唛码过长，可超出本栏，伸展到品名栏的空白处。

8. 包装件数、种类及商品品名（Number and Kind of Packages, Description of Goods）

包装件数应包括大、小写两种方式，小写数字加括号，如"(100) One Hundred Packages"；商品名称应填写具体品种名称及规格，但商标、牌号或货号可不填。此栏内容填完后应在次行加上表示结束的符号，如"＊＊＊"，以防被人添加其他内容。国外信用证如要求注明合同、信用证号码等，也可加在此栏空白处。

9. 原产地标准（Origin Criterion）

此栏是国外海关审核的重点项目，必须按规定如实填写，具体要求如下：

(1) 完全自产、无进口成分，填写"P"；
(2) 含有进口成分，但符合原产地标准，填写"W"；
(3) 发往加拿大的出口商品，含有进口成分（占产品出厂价的 40% 以下），填写"F"；
(4) 发往澳大利亚及新西兰的出口商品，只需在第 13 栏内作适当申报即可，不必填写第 9 栏。

10. 毛重或其他数量（Gross Weight or Other Quantity）

此栏应填商品的正常数量，以重量计算的只填毛重（应与提单上的一致），只有净重的填净重也可以。但要标明 N·W(Net Weight)，并在此行打上结束的符号"＊＊＊"，以防被人添加。

11. 发票号及日期（Number and Date of Invoices）

此栏不得留空，必须照正式商业发票填写。为避免月份、日期的误解，月份一律用英文缩写，日期和年份用数字。例如：

SK530016

Dated 18 JAN-2006

12. 签证当局的证明（Certification）

此栏由商检局加盖公章，并由授权的签证人手签。商检局原则上只签正本一份，副本概不签章。本栏签发日期不得早于第 11 栏发票日期和第 13 栏申报日期，并应早于提单日期。

13. 出口商的申述（Declaration By the Exporter）

生产国的横线上应填"China"。进口国一般应与收货人和目的港的国别一致，进口国应是给惠国。如货物运往欧联盟成员国而具体国别不明确，可填"EEC"。此栏底部应盖出口公司印章，并由公司指派的专人手签，手签人的名单应事先在商检局备案，正、副本均须有签章。最后填写出口公司所在地及制单日期，日期不得迟于第 12 栏商检局签发日期，也不得早于发票日期。

普惠制产地证作为一种官方签发的证明文件不应随便涂改,尤其是数字、日期、标记唛码和包装号、原产地标准等不允许更改,其他项目允许更改一次,由商检局加盖校正章。

(二) 一般原产地证明书

一般原产地证明书,简称产地证。它是由各地商检局或贸促会签发的证明中国出口货物符合中华人民共和国出口货物原产地规则,货物确系中国原产的证明文件。该证书具有法律效力,是报关结汇、进行贸易统计的重要证明文件。该证书除证书名称和证书号码外,需填写的内容有12个栏目,填写方法大多与普惠制产地证差不多。一般原产地证明书的格式见附件9-11。

这里只把与普惠制产地证填写方法不同以及应注意的问题介绍如下。

1. 出口商名称、地址(Exporter Full Name and Address)

此栏一般填写有效合同的卖方或发票签发人,地址要写详细。注意:此栏不得留空,并必须用打字机填打,不得用印章。

2. 运输方式和路线(Means of Transport and Route)

此栏一般填装货港、到货港及运输方式,如经转运的必须注明转运地。

3. 目的港(Destination Port)

目的港是指货物最终运抵港,注意不要填中间商国家的名称,最终港即最终进口国,一般与最终收货人或最终目的港国别一致。

4. 商品 HS 税目号(H.S.code)

此栏要求填打四位数的 HS 税目号,例如,出口商品为电风扇,其 HS 税目号为 84.14.,即照打"84.14.",注意必须填写准确无误。

5. 出口商声明、签字、盖章(Declaration By the Exporter)

出口商声明内容为"下列签署人在此声明:上述货物详细情况和声明是正确的,所有货物均在中国生产,完全符合中华人民共和国原产地规则"。证书手签人员应是企业法人代表或由法人代表指定的其他人员,即具法人资格。企业盖章要使用中英文对照章,手签人签名与公章的位置不得重合,此栏还要填写申报地点、时间。

6. 签证机构证明、签字、盖章(Certification)

签证机构证明内容为"兹证明出口商声明是正确的"。签证机构审核人员审核该证无误后,由授权的签证人在此栏手签姓名及盖公章,注明签署地点、时间。注意此栏日期不得早于发票日期和申报日期。由于 G.S.P. 证书申报单位和签证机构签证位置正好与本产地证位置相反,因此,申请单位应注意不要填错位置。

7. 证书的缮制

中国原产地证明书一律用打字机缮制,证书要求整齐、清洁,一般要求用英文,如信用证有特殊要求而使用其他文字的,也可接受。

附件 9-1

中华人民共和国海关进口货物报关单
（××海关）

预录入编号：　　　　　　海关编号：

境内收货人	进境日期	申报日期	备案号
境外发货人	运输方式	运输工具名称及航次号	提运单号	货物存放地点
消费使用单位	监管方式	征免性质	许可证号	启运港
合同协议号	贸易国（地区）	启运国（地区）	经停港	入境口岸
包装种类	件数	毛重（千克）	净重（千克）	成交方式	运费	保费	杂费
随附单证及编号							
标记唛码及备注							

项号	商品编号	商品名称及规格型号	数量及单位	单价/总价/币制	原产国（地区）	最终目的国（地区）	境内目的地	征免
1								
2								
3								
4								
5								
6								

特殊关系确认：	价格影响确认：	支付特许权使用费确认：	
报关人员	报关人员证号	电话	兹申明对以上内容承担如实申报、依法纳税责任	自报自缴：
申报单位			申报单位（签章）	海关批注及签章

报关单、备案清单版式由竖版改为横版，纸质单证全部采用普通打印方式，取消套打，不再印制空白格式单证。

附件 9-2

中华人民共和国海关出口货物报关单
（××海关）

预录入编号：　　　　　　海关编号：

境内发货人	出境关别	出口日期	申报日期	备案号
境外收货人	运输方式	运输工具名称及航次号	提运单号	
生产销售单位	监管方式	征免性质	许可证号	
合同协议号	贸易国（地区）	运抵国（地区）	指运港	离境口岸
包装种类	件数	毛重（千克）	净重（千克）	成交方式	运费	保费	杂费
随附单证及编号							
标记唛码及备注							

项号	商品编号	商品名称及规格型号	数量及单位	单价/总价/币制	原产国（地区）	最终目的国（地区）	境内货源地	征免
1								
2								
3								
4								
5								
6								

特殊关系确认：	价格影响确认：	支付特许权使用费确认：	自报自缴
报关人员	报关人员证号	电话	兹申明对以上内容承担如实申报、依法纳税责任	海关批注及签章
申报单位			申报单位（签章）	

报关单版式由竖版改为横版，取消套打，不再印制空白格式单证。备案清单版式由竖版改为横版，纸质单证全部采用普通打印方式，不再印制空白格式单证。

附件 9-3

中华人民共和国海关进境货物备案清单
（××海关）

预录入编号：　　　　　海关编号：　　　　　　　　　　　　　　　　　　　　页码/页数：

境内收货人		进境关别		进境日期		申报日期		备案号	
境外发货人		运输方式		运输工具名称及航次号		提运单号		货物存放地点	
消费使用单位		监管方式				许可证号		启运港	
合同协议号		贸易国（地区）		启运国（地区）		经停港		入境口岸	
包装种类		件数		毛重（千克）		净重（千克）		成交方式		运费		保费		杂费	
随附单证及编号									
标记唛码及备注									
项号	商品编号	商品名称及规格型号	数量及单位	单价/总价/币制	原产国（地区）	最终目的国（地区）	境内目的地
报关人员	报关人员证号	电话	签申明对以上内容承担如实申报，依法纳税之法律责任	海关批注及签章
申报单位			申报单位（签章）	

附件 9-4

中华人民共和国海关出境货物备案清单
（××海关）

预录入编号：　　　　　　海关编号：　　　　　　　　　　　　　　　　　　　　　页码/页数：

境内发货人		出境关别		出境日期		申报日期		备案号	
境外收货人		运输方式		运输工具名称及航次号		提运单号			
生产销售单位		监管方式				许可证号			
合同协议号		贸易国（地区）		运抵国（地区）		指运港		离境口岸	
包装种类		件数		毛重（千克）		净重（千克）		成交方式		运费		保费		杂费	
随附单证及编号									
标记唛码及备注									
项号	商品编号	商品名称及规格型号		数量及单位	单价/总价/币制		原产国（地区）	最终目的国（地区）	境内货源地
报关人员	报关人员证号		电话		兹申明对以上内容承担如实申报、依法纳税之法律责任			海关批注及签章	
申报单位					申报单位（签章）				

附件 9-5

监管方式代码表

监管方式代码	监管方式简称	监管方式全称
0110	一般贸易	一般贸易
0130	易货贸易	易货贸易
0139	旅游购物商品	用于旅游者5万美元以下的出口小批量订货
0200	料件销毁	加工贸易料件、残次品(折料)销毁
0214	来料加工	来料加工装配贸易进口料件及加工出口货物
0245	来料料件内销	来料加工料件转内销
0255	来料深加工	来料深加工结转货物
0258	来料余料结转	来料加工余料结转
0265	来料料件复出	来料加工复运出境的原进口料件
0300	来料料件退换	来料加工料件退换
0314	加工专用油	国营贸易企业代理来料加工企业进口柴油
0320	不作价设备	加工贸易外商提供的不作价进口设备
0345	来料成品减免	来料加工成品凭征免税证明转减免税
0400	边角料销毁	加工贸易边角料、副产品(按状态)销毁
0420	加工贸易设备	加工贸易项下外商提供的进口设备
0444	保区进料成品	按成品征税的保税区进料加工成品转内销货物
0445	保区来料成品	按成品征税的保税区来料加工成品转内销货物
0446	加工设备内销	加工贸易免税进口设备转内销
0456	加工设备结转	加工贸易免税进口设备结转
0466	加工设备退运	加工贸易免税进口设备退运出境
0500	减免设备结转	用于监管年限内减免税设备的结转
0513	补偿贸易	补偿贸易
0544	保区进料料件	按料件征税的保税区进料加工成品转内销货物
0545	保区来料料件	按料件征税的保税区来料加工成品转内销货物
0615	进料对口	进料加工(对口合同)
0642	进料以产顶进	进料加工成品以产顶进
0644	进料料件内销	进料加工料件转内销
0654	进料深加工	进料深加工结转货物
0657	进料余料结转	进料加工余料结转
0664	进料料件复出	进料加工复运出境的原进口料件
0700	进料料件退换	进料加工料件退换
0715	进料非对口	进料加工(非对口合同)
0744	进料成品减免	进料加工成品凭征免税证明转减免税
0815	低值辅料	低值辅料

续表

监管方式代码	监管方式简称	监管方式全称
0844	进料边角料内销	进料加工项下边角料转内销
0845	来料边角料内销	来料加工项下边角料内销
0864	进料边角料复出	进料加工项下边角料复出口
0865	来料边角料复出	来料加工项下边角料复出口
1039	市场采购	市场采购
1139	国轮油物料	中国籍运输工具境内添加的保税油料、物料
1200	保税间货物	海关保税场所及保税区域之间往来的货物
1210	保税电商	保税跨境贸易电子商务
1215	保税工厂	保税工厂
1233	保税仓库货物	保税仓库进出境货物
1234	保税区仓储转口	保税区进出境仓储转口货物
1239	保税电商 A	保税跨境贸易电子商务 A
1300	修理物品	进出境修理物品
1371	保税维修	保税维修
1427	出料加工	出料加工
1500	租赁不满 1 年	租期不满 1 年的租赁贸易货物
1523	租赁贸易	租期在 1 年及以上的租赁贸易货物
1616	寄售代销	寄售、代销贸易
1741	免税品	免税品
1831	外汇商品	免税外汇商品
2025	合资合作设备	合资合作企业作为投资进口设备物品
2210	对外投资	对外投资
2225	外资设备物品	外资企业作为投资进口的设备物品
2439	常驻机构公用	外国常驻机构进口办公用品
2600	暂时进出货物	暂时进出口货物
2700	展览品	进出境展览品
2939	陈列样品	驻华商业机构不复运出口的进口陈列样品
3010	货样广告品	进出口的货样广告品
3100	无代价抵偿	无代价抵偿进出口货物
3239	零售电商	跨境电子商务零售
3339	其他进出口免费	其他进出口免费提供货物
3410	承包工程进口	对外承包工程进口物资
3422	对外承包出口	对外承包工程出口物资
3511	援助物资	国家和国际组织无偿援助物资
3611	无偿军援	无偿军援

续表

监管方式代码	监管方式简称	监管方式全称
3612	捐赠物资	进出口捐赠物资
3910	军事装备	军事装备
4019	边境小额	边境小额贸易（边民互市贸易除外）
4039	对台小额	对台小额贸易
4139	对台小额商品交易市场	进入对台小额商品交易专用市场的货物
4200	驻外机构运回	我驻外机构运回旧公用物品
4239	驻外机构购进	我驻外机构境外购买运回国的公务用品
4400	来料成品退换	来料加工成品退换
4500	直接退运	直接退运
4539	进口溢误卸	进口溢卸、误卸货物
4561	退运货物	因质量不符、延误交货等原因退运进出境货物
4600	进料成品退换	进料成品退换
5000	料件进出区	料件进出海关特殊监管区域
5010	特殊区域研发货物	海关特殊监管区域与境外之间进出的研发货物
5014	区内来料加工	海关特殊监管区域与境外之间进出的来料加工货物
5015	区内进料加工货物	海关特殊监管区域与境外之间进出的进料加工货物
5033	区内仓储货物	加工区内仓储企业从境外进口的货物
5034	区内物流货物	海关特殊监管区域与境外之间进出的物流货物
5100	成品进出区	成品进出海关特殊监管区域
5200	区内边角调出	用于区内外非实际进出境货物
5300	设备进出区	设备及物资进出海关特殊监管区域
5335	境外设备进区	海关特殊监管区域从境外进口的设备及物资
5361	区内设备退运	海关特殊监管区域设备及物资退运境外
6033	物流中心进出境货物	保税物流中心与境外之间进出仓储货物
9600	内贸货物跨境运输	内贸货物跨境运输
9610	电子商务	跨境贸易电子商务
9639	海关处理货物	海关变卖处理的超期未报货物、走私违规货物
9700	后续补税	无原始报关单的后续补税
9739	其他贸易	其他贸易
9800	租赁征税	租赁期1年及以上的租赁贸易货物的租金
9839	留赠转卖物品	外交机构转售境内或国际活动留赠放弃特批货物
9900	其他	其他

附件 9-6

征免性质代码表

征免性质代码	征免性质简称	征免性质全称
101	一般征税	一般征税进出口货物
118	整车征税	构成整车特征的汽车零部件纳税
119	零部件征税	不构成整车特征的汽车零部件纳税
201	无偿援助	无偿援助进出口物资
299	其他法定	其他法定减免税进出口货物
301	特定区域	特定区域进口自用物资及出口货物
307	保税区	保税区进口自用物资
401	科教用品	大专院校及科研机构进口科教用品
403	技术改造	企业技术改造进口货物
408	重大技术装备	生产重大技术装备进口关键零部件及原材料
501	加工设备	加工贸易外商提供的不作价进口设备
502	来料加工	来料加工装配和补偿贸易进口料件及出口成品
503	进料加工	进料加工贸易进口料件及出口成品
601	中外合资	中外合资经营企业进出口货物
602	中外合作	中外合作经营企业进出口货物
603	外资企业	外商独资企业进出口货物
789	鼓励项目	国家鼓励发展的内外资项目进口设备
801	救灾捐赠	救灾捐赠进口物资
898	国批减免	国务院特准减免税的进出口货物
901	科研院所	科研院所进口科学研究、科技开发和教学用品
902	高等学校	高等学校进口科学研究、科技开发和教学用品

附件 9-7

商业发票

P1001

中国丝绸公司上海进出口分公司
CHINA SILK CORP. ,SHANGHAI IMP. & EXP.
BRANCH CABLE ADDRESS: CHISICORP
TELEX 33059 CTSSB CN
17 ZHONG SHAN ROAD(E.1)
SHANGHAI, CHINA.

发 票
INVOICE

上海,日期
Shanghai, _____

发票编号
Invoice No. _____

销售编号
Sales No. _____

To: _____

承运轮名   至
Shipped per s.s. _____ to _____

开证银行
Drawn Under _____

信用证号码
L/C No. _____

唛头及包/箱号 MARKS & NUMBERS	数量与货品名称 QUANTITY AND DESCRIPTIONS	金 额 AMOUNT
	MANUFACTURER	

CERTIFICATE OF ORIGIN
We hereby certify that the above mentioned goods are manufactured in The People's Republic of China.

中国丝绸公司上海进出口分公司
CHINA SILK CORPORATION
SHANGHAI IMPORT & EXPORT BRANCH

附件 9-8

海运提单

Shipper		
Consignee		
Notify Party		
Pre-carriage by	Place of Receipt	
Ocean Vessel Voy. No.	Port of Loading	
Port of Discharge	Place of Delivery	Final Destination (of the goods-not the ship) See Article 7 paragraph(2)
Marks & Nos. Container No. Seal No. *(Particulars Furnished by Merchants)*	No. of containers or P'kgs	Kind of Packages; Description of Goods	Gross Weight kgs	Measurement
TOTAL. NO. OF CONTAINERS OR PACKAGES (IN WORDS)				
FREIGHT & CHARGES	Revenue Tons	Rate	Per	Prepaid	Collect
Ex. Rate:	Prepaid at	Payable at		Place and Date of Issue	
	Total Prepaid	No. of Original B(s)/L		Signed for the Carrier	

LADEN ON BOARD THE VESSEL
DATE   BY ⋯⋯   (TERMS PLEASE FIND ON BACK OF ORIGINAL B/L)   Printed in 2021
(COSCO STANDARD FORM 11)

附件 9-9

上海康健进出口公司

中国上海浦东东园一村 139 号 1006 室

SHANGHAI KJ IMPORT & EXPORT CORP

Room 1006, No. 139, Dong Yuan Yi Cun, PuDong, Shanghai 200120 China

TEL：63217148 TLX：30189 SPEIC CN FAX：63206379

发票日期：

Date：

装　箱　单　（重量单）

PACKING LIST （Weight Memo）

发票号码

Invoice No.

唛头及包/箱号 MARKS & NOS.	货品名称 DESCRIPTION	数量 QUANTITY	毛重 G.W.	净重 N.W.

TOTAL：

附件 9-10

普惠制产地证——FORM A COPY

1. Goods consigned from (Exporter's business name, address, country)	Reference No. GENERALIZED SYSTEM OF PREFERENCES CERTIFICATE OF ORIGIN (Combined declaration and certificate) FORM A Issued in THE PEOPLE'S REPUBLIC OF CHINA (country) See Notes overleaf			
2. Goods consigned to (Consignee's name, address, country)				
3. Means of transport and route (as far as known)	4. For official use			
5. Item number	6. Marks and numbers of packages	7. Number and kind of packages; description of goods	8. Origin criterion (see Notes overleaf)	9. Gross weight or other quantity	10. Number and date of invoices
11. Certification It is hereby certified, on basis of control carried out, that the declaration by the exporter is correct. .... Place and date, signature and stamp of certifying authority	12. Declaration by the exporter The undersigned, hereby declares that the above details and statements are correct; that all the goods were produced in .... (country) and that they comply with the origin requirements specified for those goods in the Generalized System of Preferences for goods exported to .... (importing country) .... Place and date, signature of authorized signatory				

附件 9-11

<h2 style="text-align:center">一般原产地证明书</h2>

COPY

1. Exporter(full name and address)	Certificate NO.
	CERTIFICATE OF ORIGIN
2. Consignee (full name, address, country)	**OF**
	THE PEOPLE'S REPUBLIC OF CHINA
3. Means of transport and route	5. For certifying authority use only
4. Destination port	

6. Marks and numbers of packages	7. Description of goods; number and kind of packages	8. H.S. Code	9. Quantity or weight	10. Number and date of invoices

11. Declaration by the exporter	12. Certification
The undersigned hereby declares that the above details and statements are correct; that all the goods were produced in China and that they comply with the Rules of Origin of the People's Republic of China.	It is hereby certified that the declaration by the exporter is correct.
Place and date, signature and stamp of authorized signatory	Place and date, signature and stamp of certifying authority

※ China Council for the Promotion of International Trade is China Chamber of International Commerce.

本章小结

　　本章介绍了进出口货物报关单的作用及其法律效力,强调了海关对报关单填制的一般要求,并详细阐释了报关单各栏目的填制规范和注意事项,有助于学生掌握本课程的重要实操内容——进出口报关单的规范填写。同时,本章还介绍了国际贸易中其他商业单据的作用和填制规范。

关键词

　　进出口货物报关单　分单填报　分栏填报　分行填报　进出境货物备案清单

思考与问答

　　(1) 海关对报关单填制的要求有哪些?
　　(2) 进出口货物申报不实会带来什么影响?
　　(3) 贸易国(地区)与启运国(地区)/运抵国(地区)有什么不同?
　　(4) 什么情况下需要填报备案号?
　　(5) 运费、保费、杂费是不是必填栏目?

第五篇　海关法律制度及违法行为追究

　　本篇主要介绍与进出口通关有关的海关各项法律制度，比如海关统计制度规定海关统计数据的原始资料是经海关确认的进出口货物报关单及其他单证，进出口货物报关单海关作业联是海关统计部门收集整理进出口统计数据的原始凭证和唯一资料来源，报关单填报质量直接影响海关统计数据的准确性；海关稽查制度规定对被稽查人的会计账簿/凭证、报关单证及其他有关资料和有关进出口货物进行核查，可以监督被稽查人进出口活动的真实性和合法性；海关事务担保制度规定进出口当事人向海关申请从事特定的进出境经营业务或者办理报关事务时，可以向海关提交现金、保函等方式提高通关效率；知识产权海关保护制度规定海关对与进出口货物有关的商标专用权、著作权和与著作权有关的权利、专利权实施保护，在进出境环节若发现侵犯知识产权将受到相应处罚；海关行政处罚制度规定对相关当事人违反海关法律、行政法规，依法不追究刑事责任的走私行为和违反海关监管规定的行为实施行政制裁；海关行政复议制度规定相关当事人对海关作出的具体行政行为不服，认为该行政行为侵犯其合法权益，有权根据法律规定采取救济措施。

第10章 与报关有关的海关法律制度

本章学习目标

- 了解海关统计制度。
- 了解海关稽查制度。
- 了解海关事务担保制度。
- 了解知识产权海关保护制度。
- 了解海关行政处罚制度。
- 了解海关行政复议制度。

 案例 10-1

某年在美国纽约上市的某世界著名A公司在苏州的独资计算机生产企业B,年出口值达100亿元。B企业报关员,财务、仓储、运输、生产、采购、物流经理,总裁由于不太了解中国海关法律、条例、政策和通关物流流程,造成对中国通关法规理解的失误,凭主观推断海关的法规。没有人能跟海关解释清楚关于产品内销、转厂、转关的通关物流这些复杂的细节。有证据显示,B企业未按海关监管要求办结通关手续,有重大走私嫌疑,南京海关怀疑企业偷逃关税6000万元。一旦海关对该企业进行封厂、封账、冻结银行账户、封仓、扣货等,A公司在纽约的股票价值也将面临严重危机,损失上亿元!最后,B企业找到通关顾问,由于顾问精通通关法规、海关业务流程的各个细节,第一时间与海关沟通,最后海关接受B企业(通关顾问代表企业)提出的解决方案,A公司的危机得到化解,挽回了上亿元的经济损失。

该案例提示我们,从事进出口的企业各层人士学习海关法规、政策的重要性。本章将为读者介绍与报关有关的一些重要的海关法律制度。学完本章将为您从事进出口业务并顺利通关储备一定的法律知识。

10.1 海关统计制度

10.1.1 海关统计概述

《中华人民共和国海关统计条例》①(以下简称《统计条例》)规定,海关统计是海关依法对进出口货物贸易的统计,是国民经济统计的组成部分。它包含海关统计工作、海关统计资料和海关统计理论三大要素。海关统计工作是指收集、整理、分析我国对外贸易进出口货物原始资料,并形成海关统计资料的工作过程。海关统计资料是指反映我国对外贸易进出口货物情况的数据和资料,是国家制定贸易政策、进行宏观调控的重要依据,也是研究对外贸易发展和国际经贸关系的重要资料。海关统计理论是指我国海关统计在实践中不断总结,逐步形成并不断完善的一整套较为系统的制度、原则和方法,是统计学原理与海关管理理论和海关具体业务的有机结合。

10.1.2 海关统计制度的基本内容

(一) 海关统计资料的管理

1. 海关统计数据的收集

海关统计数据的原始资料是经海关确认的进出口货物报关单及其他单证。进出口货物报关单海关作业联是海关统计部门收集整理进出口统计数据的原始凭证和唯一资料来源。海关统计数据是由 H2000/H2010 报关单数据库中提取生成的,当天结关的数据当天就转换到统计数据库中。

2. 海关统计数据的审核

海关统计数据的审核是指通过利用计算机的各种检控条件对已转入统计数据库的数据进行的检查,并打印出各种统计数据审核表供统计人员进行复核。各海关统计数据的审核模式是：电子审核、人工专业化审核、现场接单审核、通关数据综合复核、统计数据最终审核、形成上报数据。各直属海关的统计部门负责对本关区统计库的统计数据进行审核,每月初将上月的审核后的统计数据通过网络传到海关总署。海关总署综合统计司负责对各直属海关上报数据进行最终复核和检查,重点是对错误信息进行检控。

3. 海关统计资料的编制

海关统计资料的编制是指对所收集的统计数据,进行科学的汇总与加工整理,使之系统化、条理化,成为能够反映进出口货物贸易特征的综合统计资料。

4. 海关统计资料的发布

海关统计资料的发布是指各级海关统计部门对经汇总加工编制的海关统计资料,通过出版发行统计书刊、电子数据交换、新闻媒介等形式,定期向地方政府通报和向社会各界公开发布(如表 10-1 所示)。

---

① 中华人民共和国海关统计条例[EB/OL].(2022-03-29)[2022-09-02].http://www.gov.cn/zhengce/2020-12/27/content_5573548.htm.

表 10-1 海关统计资料来源

所需统计资料	提供部门
国务院等有关部门所需数据	海关总署
各省、自治区、直辖市政府部门所需数据	所在地的直属海关
计划单列市政府部门所需数据	所在地海关

（二）海关统计的范围

《统计条例》规定,实际进出境并引起境内物质存量增加或减少的货物,列入海关统计;进出境物品超过自用、合理数量的,列入海关统计。因此,列入我国海关统计范围的货物必须同时具备两个条件:跨越我国经济领土边界的物质商品流动;改变我国的物质资源存量。没有实际进出境或虽然进出境但没有引起我国物质资源存量变化的货物则不列入海关统计,具体如表 10-2 所示。

表 10-2 海关统计的范围

列入海关统计的进出口货物	我国境内法人和其他组织以一般贸易、易货贸易、加工贸易、补偿贸易、寄售代销贸易等方式进出口的货物,保税区和保税仓库进出境货物,租赁期 1 年及以上的租赁进出口货物,边境小额贸易货物,国际援助物资或捐赠品,溢卸货物,无进出口经营权的单位经批准临时进出口的货品等 19 种
不列入海关统计的货物	货物类:过境、转运、通运货物;暂时进出口货物;租赁期在 1 年以下的租赁货物;无代价抵偿货物;退运货物;无商业价值的货样或者广告品;海关特殊监管区域之间、保税监管场所之间以及海关特殊监管区域和保税监管场所之间转移的货物。 物品类:修理物品;我国驻外国和外国驻我国使领馆进出境的公务物品及使领馆人员的自用物品;我国驻香港和澳门特别行政区军队进出境的公务物品及军队人员的自用物品
单项统计货物	免税品、进料与来料加工以产顶进、进料与来料加工转内销货物与转内销设备、进料与来料加工深加工结转货物余料及结转设备、退运货物、进料与来料加工复出口料件等 24 种

（三）海关统计的基本项目

进出口货物的统计项目包括:品名及编码;数量、价格;经营单位;贸易方式;运输方式;进口货物的原产国(地区)、启运国(地区)、境内目的地;出口货物的最终目的国(地区)、运抵国(地区)、境内货源地;进出口日期;关别;海关总署规定的其他统计项目。

案例 10-2

岳阳某公司出口毛绒布价格申报不实影响海关统计案

【案情简介】2019 年 6 月 3 日,岳阳市 A 公司向海关申报一批出口货物,报关单号为 000000000000000000,商品名称为毛绒布(商品编码 6001.100000),申报为美元价 146325 美元,单价为每米 14.48 美元。该报关单未抽中布控,由系统自动放行。2020 年 7 月 10 日,岳阳海关在报关单数据质量检控中发现该报关单申报出口的毛绒布单价超过价控参数,企业涉嫌申报不实行为对海关统计准确性造成影响。

【调查与处理】岳阳海关依据职责对该条线索进行移交查办。经调查取证核实,企业确认系申报价格错误并办理了改单,修改后的报关单实际价格为 68724.2 美元,单价为每米 6.8 美元。该票报关单申报价格错报为实际价格的 2.13 倍,统计人民币超过百万元人民币,构成"影响海关统计准确性"的情节,达到统计处罚立案额基准。岳阳海关按"两简案件"程序对该案进行了办理,依据《海关行政处罚实施条例》第十五条第(一)项和第十七条之规定,对该企业申报不实行为对海关统计准确性造成影响情形,课处罚款人民币 1000 元整。

【法律分析】《海关行政处罚实施条例》第十五条第一款规定"进出口货物的品名、税则号列、数量、规格、价格、贸易方式、原产地、启运地、运抵地、最终目的地或者其他应当申报的项目未申报、申报不实的","影响海关统计准确性的,予以警告或者处 1000 元以上 1 万元以下罚款"。

《海关法》第二十四条规定"进口货物的收货人、出口货物的发货人应当向海关如实申报,交验进出口许可证件和有关单证",向海关如实申报是进出口货物收发货人或其代理人的法定义务。该案申报企业未认真履行如实申报义务,向海关申报的"申报总价""申报单价"项目数据错误,对海关统计准确性造成影响。岳阳海关按"两简案件"对该申报单位进行处罚,对企业课处 1000 元人民币罚款,处罚程序及幅度符合相关规定。

10.2　海关稽查制度

10.2.1　海关稽查概述

《稽查条例》[①]规定,海关稽查是指海关在规定期限内,对被稽查人的会计账簿、会计凭证、报关单证及其他有关资料(以下统称账簿、单证等有关资料)和有关进出口货物进行核查,以监督被稽查人进出口活动的真实性和合法性。

海关稽查直接作用于被稽查人(企业、单位),通过对被稽查人的会计资料、报关单证及其他相关资料和进出口货物的稽核,监督被稽查人进出口活动的真实性、合法性。其最终目标是通过有计划、分步骤的海关稽查,全面规范企业的进出口行为,提高进出口企业守法自律意识,防范或减少企业违法行为的发生,维护正常的进出口秩序。

对于一般进出口货物,海关的稽查期限是自货物放行之日起 3 年内;对于保税货物、特定减免税进口货物、暂准进出境货物等,海关的稽查期限是海关监管期限及其后的 3 年内。

10.2.2　海关稽查制度的基本内容

(一)海关稽查的对象

1. 海关稽查的企业、单位(即被稽查人)

海关对下列与进出口活动直接有关的企业、单位实施稽查:

(1) 从事对外贸易的企业、单位;

---

① 中华人民共和国国务院.中华人民共和国海关稽查条例[EB/OL].(2022-06-30)[2022-07-12]. http://www.customs.gov.cn//customs/302249/302266/302267/356585/index.html.

(2) 从事对外加工贸易的企业；
(3) 经营保税业务的企业；
(4) 使用或经营减免税进口货物的企业、单位；
(5) 从事报关业务的企业；
(6) 进出口货物的实际收发货人；
(7) 海关总署规定的与进出口货物直接有关的其他企业、单位。

2．海关稽查所涉及的进出口活动

根据《稽查条例》，海关对被稽查人实施稽查所涉及的进出口活动包括：
(1) 进出口申报；
(2) 进出口关税和其他税费的缴纳；
(3) 进出口许可证件的交验；
(4) 与进出口货物有关资料的记载、保管；
(5) 保税货物的进口、使用、储存、加工、销售、运输、展示和复出口；
(6) 减免税进口货物的使用、管理；
(7) 转关运输货物的承运、管理；
(8) 暂准进出境货物的使用、管理；
(9) 其他进出口活动。

(二) 海关稽查的处理

(1) 经海关稽查，发现关税或者其他进口环节的税收少征或漏征的，由海关依照《海关法》和《海关行政处罚实施条例》的规定向被稽查人补征；因被稽查人违反规定而造成少征或漏征的，由海关依法向被稽查人追征；被稽查人在海关规定的期限内仍未缴纳税款的，海关可以依法采取强制执行措施。

(2) 封存的有关进出口货物，经海关稽查排除违法嫌疑的，海关应当立即解除封存；经海关稽查认定违法的，由海关依照《海关法》和《海关行政处罚实施条例》的规定处理。

(3) 经海关稽查，认定被稽查人有违反海关监管的行为的，由海关依照《海关法》和《海关行政处罚实施条例》的规定处理。

(4) 经海关稽查，发现被稽查人有走私行为，构成犯罪的，依法追究刑事责任；尚不构成犯罪的，由海关依法处理。

(5) 海关通过稽查决定补征或者追征的税款、没收的走私货物和违法所得以及收缴的罚款，全部上缴国库。

(6) 被稽查人同海关发生纳税争议的，依照《海关法》的规定办理。

(三) 被稽查人的法律责任

(1) 被稽查人有下列行为之一的，海关责令其限期改正。逾期不改正的，海关处2万元以上10万元以下的罚款；情节严重的，海关禁止其从事报关活动；对负有直接责任的主管人员和其他直接责任人员处5000元以上5万元以下的罚款；构成犯罪的，依法追究刑事责任。

① 向海关提供虚假情况或者隐瞒重要事实的；
② 拒绝、拖延向海关提供账簿、单证等有关资料及相关电子数据存储介质的；

③ 转移、隐匿、篡改、毁弃报关单证、进出口单征、合同、与进出口业务直接有关的其他资料及相关电子数据存储介质。

(2) 被稽查人未按照规定编制或者保管报关单证、进出口单证、合同及与进出口业务直接有关的其他资料的,海关责令其限期改正。逾期不改正的,海关处 1 万元以上 5 万元以下罚款;情节严重的,禁止其从事报关活动;对负有直接责任的主管人员和其他直接责任人员处 1000 元以上 5000 元以下罚款。

实务操作提醒 10-1

涉嫌违法货物无法扣留,海关是否有权收取担保

某年 4 月 18 日,HF 化工有限公司(以下简称"HF 公司")向某海关申领 B＊＊＊＊8100002 号来料加工手册,此后,HF 公司持该手册以加工贸易方式陆续进口高密度聚乙烯原料 150 吨。某年 11 月 15 日,某海关经稽查发现,HF 公司进口保税料件存在数量短少情形。经进一步核查 HF 公司来料加工料件库存情况、合同执行情况以及国产料件采购情况,某海关确认该公司进口的聚乙烯原料数量短少 55 吨,同时掌握了上述短少料件已有部分在国内销售的初步证据。在此情况下,某海关以涉嫌擅自销售保税料件为由对 HF 公司立案调查,同时依法扣留了涉案进口原料及库存成品;鉴于手册项下进口的 55 吨高密度聚乙烯原料去向不明(有可能已被 HF 公司擅自销售),无法扣留,某海关向 HF 公司收取上述货物等值价款人民币 65 万元作为案件保证金。

行政复议情况如下:

HF 公司对某海关扣留其涉案进口原料及库存成品的强制措施未提出异议,但不服海关收取案件保证金的具体行政行为。12 月 8 日,HF 公司就此向某海关的上一级海关申请行政复议。HF 公司在行政复议申请书中称:该公司除开展进料加工业务外还从事一般贸易(将一般贸易进口聚乙烯的加工制成品在国内销售),一般贸易与加工贸易进口原料存放于同一库房,两种料件未严格区分、不当串换可能是造成保税料件数量短少的主要原因;该公司内部管理确实存在疏漏,但并未实施擅自内销保税料件等违法行为。对于某海关出于案件调查需要扣留涉案货物的做法,该公司可以理解并予以配合,但不能接受海关额外收取案件保证金的决定。上述决定缺乏法律依据、加重企业经济负担,侵犯其合法权益,请复议机关依法撤销某海关收取担保的具体行政行为,发还有关钱款。

复议机关经审理认为,海关扣留有走私嫌疑或者违反海关法或其他有关法律、行政法规的货物、物品、运输工具,是《海关法》赋予海关的法定职权;涉嫌违法货物、物品、运输工具无法或者不便扣留的,海关向当事人或运输工具承运人收取等值担保亦于法有据。本案中,某海关在有证据显示 HF 公司涉嫌擅自销售保税料件的情况下,就无法扣留的涉案聚乙烯向该公司收取等值钱款作为担保,符合《海关法》和《海关行政处罚实施条例》的有关规定,并无违法或不当情形。上述保证金的最终处理结果取决于 HF 公司的涉案行为是否违法,申请人在有关案件尚未审理终结的情况下要求发还保证金于法无据,不予支持。次年 1 月 13 日,复议机关对本案作出行政复议决定,维持某海关收取担保的具体行政行为。

10.3 海关事务担保制度

10.3.1 海关事务担保概述

海关事务担保,是指与进出境活动有关的自然人、法人或者其他组织在向海关申请从事特定的进出境经营业务或者办理特定的海关事务时,以向海关提交现金、保函等方式,保证行为的合法性,或保证在一定期限内履行其承诺的义务的法律行为。

对进出境海关事务的担保制度,从本质上讲,是海关支持和促进对外贸易发展和科技文化交流的措施,有利于既保障国家利益不被侵害,又便利进出境经营业务,提高通关效率,保障海关监督管理。同时,担保制度对进出境活动的当事人也将产生较强的制约作用,促进企业守法自律,按时履行其承诺的诸如补充单证、补缴税款、按规定复出(进)口等义务。

10.3.2 海关事务担保制度的基本内容

(一)海关事务担保适用的范围

海关事务担保在关税征收、通关放行、保税监管等海关业务环节被广泛应用。为了使当事人获得快速通关、办理特定海关业务及免于扣留财产等便利,《中华人民共和国海关事务担保条例》(以下简称《担保条例》)[①]主要规定了三种情形下的海关事务担保。一是申请提前放行货物的担保,即在办结商品归类、估价和提供有效报关单证等海关手续前,当事人向海关提供与应纳税款相适应的担保,申请获得通关便利,由海关提前放行货物。二是当事人申请办理特定海关业务的担保,即当事人在申请办理内地往来港澳货物运输;办理货物、物品暂时进出境;将海关监管货物抵押或者暂时存放海关监管区外等特定业务时,根据海关监管需要或者税收风险大小向海关提供的担保。三是海关行政管理过程中的担保,即海关发现纳税义务人在纳税期限内有明显的转移、藏匿财产迹象,要求纳税义务人提供的担保;海关依法扣留、封存有违法嫌疑的货物、物品、运输工具,当事人申请免予或者解除扣留、封存向海关提供的担保;以及受海关处罚的当事人或者相关人员在未了结行政处罚前出境,依法提供的担保等。同时,还明确规定了不予担保的情形。具体如表10-3所示。

表10-3 海关事务担保范围

一般适用	① 进出口货物的商品归类、完税价格、原产地尚未确定的; ② 有效报关单证尚未提供的; ③ 在纳税期限内税款尚未缴纳的; ④ 滞报金尚未缴纳的; ⑤ 其他海关手续尚未办结的

[①] 中华人民共和国海关事务担保条例[EB/OL].(2010-09-14)[2022-09-02].http://www.customs.gov.cn//customs/302249/302266/302267/357059/index.html.

续表

特定适用	① 运输企业承担来往内地与港澳公路货物运输、承担海关监管货物境内公路运输的； ② 货物、物品暂时进出境的； ③ 货物进境修理和出境加工的； ④ 租赁货物进口的； ⑤ 货物和运输工具过境的； ⑥ 将海关监管货物暂时存放在海关监管区外的； ⑦ 将海关监管货物向金融机构抵押的； ⑧ 为保税货物办理有关海关业务的
特殊适用	① 进出口货物的纳税义务人在规定的纳税期限内有明显的转移、藏匿其应税货物及其他财产迹象的，海关可以责令纳税义务人提供担保； ② 有违法嫌疑的货物、物品、运输工具应当或者已经被海关依法扣留、封存的，当事人可以向海关提供担保，申请免予或者解除扣留、封存； ③ 有违法嫌疑的货物、物品、运输工具无法或者不便扣留的，当事人或者运输工具负责人应当向海关提供等值的担保； ④ 进口已采取临时反倾销措施、临时反补贴措施的货物应当提供担保的，或者进出口货物收发货人、知识产权权利人申请办理知识产权海关保护相关事务等，可以办理海关事务担保
不予适用	① 国家对进出境货物、物品有限制性规定，应当提供许可证件而不能提供的； ② 有违法嫌疑的货物、物品、运输工具属于禁止进出境、必须以原物作为证据或者依法应当予以没收的

《担保条例》对当事人办理海关事务担保还规定了以下便利措施。

一是免除担保。按照海关总署的规定，经海关认定的高级认证企业可以申请免除担保，并按照海关规定办理有关手续。

二是总担保。为了使进出口货物品种、数量相对稳定且业务频繁的企业免于反复办理担保，《担保条例》规定，当事人在一定期限内多次办理同一类海关事务的，可以向海关申请提供总担保；提供总担保后，当事人办理该类海关事务，不再单独提供担保。

在确定担保金额方面，《担保条例》坚持的原则是既要保证国家税收不受损失，又不能增加当事人的经济负担。根据海关总署关于知识产权海关保护总担保的公告，总担保的担保金额应相当于知识产权权利人上一年度向海关申请扣留侵权嫌疑货物后发生的仓储、保管和处置等费用之和。

（二）海关事务担保的方式

海关事务担保是由当事人以财产、权利向海关提供担保。《海关法》第六十八条列明的财产、权利主要包括人民币、可自由兑换的货币，汇票、本票、支票、债券、存单，银行或者非银行金融机构的保函，以及海关依法认可的其他财产、权利等。据此，海关事务担保的方式有以下几种。

1．以人民币、可自由兑换的货币提供担保

人民币是我国的法定货币，支付我国境内的一切公共的和私人的债务，任何单位或个人均不能拒收。可自由兑换货币，指外汇局公布挂牌的作为国际支付手段的外币现钞。

2．以汇票、本票、支票、债券、存单提供担保

汇票是指由出票人签发的委托付款人在见票时或者在指定日期无条件支付确定的金额给收款人或持票人的票据；本票是指由出票人签发的，承诺自己在见票时无条件支付确定的

金额给收款人或持票人的票据;支票是指由出票人签发的,委托办理支票存款业务的银行或者其他金融机构在见票时无条件付款确定的金额给收款人或持票人的票据;债券是指依法发行的,约定在一定期限还本付息的有价证券,包括国库券、企业债券、金融债券等;存单是指储蓄机构发给存款人的证明其债权的单据。此外,本项可担保的权利还包括外币支付凭证、外币有价证券等。

3. 银行或非银行金融机构出具的保函

保函,即法律上的保证,属于人的担保范畴,不以具体的财产提供担保,而是以保证人的信誉和不特定的财产为他人的债务提供担保;保证人必须是第三人;保证人应当具有清偿债务的能力。中国人民银行作为中央银行不能为任何人和单位提供担保,故不属于担保银行的范畴。

海关应当自收到当事人提交的材料之日起5个工作日内对作为担保物的财产、权利进行审核,并决定是否接受担保。当事人申请办理总担保的,海关应当在10个工作日内审核并决定是否接受担保。

(三) 海关事务担保的具体实施流程

1. 担保申请

凡符合申请担保条件的货物,由担保人向办理有关货物进出口手续的海关申请担保,由海关审核并确定担保的方式。

2. 提供担保

以保证金方式申请担保的,由担保人向海关缴纳相当于有关货物进口税费等额的保证金,并获取海关开具的《海关保证金收据》。

以保证函方式申请担保的,由担保人按照海关规定的格式填写保证函一式两份,并中盖担保人印章,一份交海关备案,一份留存。

3. 担保的期限

在一般情况下,担保期不得超过20天。否则,海关将对有关进出口货物按规定处理。遇有特殊情况时,应在担保期内向海关申请延长担保期限,由海关审核批准展期。

暂时进口货物的担保期限按照海关对暂时进口货物监管制度的有关规定执行,一般是在货物进口之日起6个月内。

4. 担保的销案

担保人必须于担保期满前凭《保证金收据》或留存的《保证函》向海关办理销案手续。在担保人履行了向海关承诺的义务后,海关将退还担保人已缴纳的保证金,或注销已提交的保证函。至此,担保人的担保义务将解除。

实务操作提醒 10-2

AEO企业惠享税款免担保政策

2022年1月3日,北京A微电子装备有限公司进口的一批直流电源在北京海关下属亦庄海关成功办理了免除税款担保通关手续,从海关接受申报到货物放行仅用了30分钟。

"我们是海关高级认证(AEO)企业,可以享受北京海关的免除税款担保政策,仅这一票货物就节约了担保资金3万元。"该公司关务部部长丁女士说。

根据规定,进出口企业在办理暂时进出口货物、进出境修理物品等特定通关业务时,需要向海关提供相应税款担保。2019年2月,北京海关在全国首次开展海关高级认证企业免除税款担保试点,试点企业可在办理特定海关业务时申请免除税款担保。针对北京市的外贸产业特点和首都发展定位,首批选取了汽车、机电、航空、医药、文化艺术品等行业的24家高级认证企业参与试点。

截至2019年年底,北京海关共为企业办理免除税款担保通关放行手续1698票,免除税款担保金额达7.7亿元。

A微电子装备有限公司是高端集成电路装备制造公司,主要生产各种高端半导体工艺装备及核心零部件,许多进口货物都可以享受国家税收优惠政策。据丁女士介绍,以前公司的进口物料需要先办理税款担保,在相关政策审批完成后再办理保证金退还。

"现在有了免除税款担保政策,凭借公司的保函就可以办理货物放行手续,不需要再缴纳保证金了。在不到一年的时间,这项政策帮助公司释放了保证金1686万元,极大地减轻了公司的资金压力。"丁女士说。

10.4 知识产权海关保护制度

10.4.1 知识产权海关保护概述

世界贸易组织规定的知识产权范围包括版权、著作权、商标权、地理标志权、工业品外观设计权、专利权、集中电路布图设计权、专利权、集成电路布图设计权、未披露过的信息专用权。《中华人民共和国知识产权海关保护条例》规定的知识产权范围包括商标专用权、著作权和与著作权有关的权利、专利权。该条例将知识产权海关保护定义为海关对与进出口货物有关并受中华人民共和国法律、行政法规保护的商标专用权、著作权和与著作权有关的权利、专利权实施的保护。同时规定,侵犯受法律、行政法规保护的知识产权的货物禁止进出口。

知识产权海关保护的作用是通过保护与进出口货物有关的知识产权来履行我国作为世界贸易组织成员应尽的义务;通过保护与进出口货物有关的知识产权来规范进出口秩序。

10.4.2 知识产权海关保护制度的基本内容

(一)知识产权海关保护的备案申请

知识产权海关保护备案的申请人应为知识产权权利人或者知识产权权利人委托的代理人。知识产权权利人向海关总署申请知识产权海关保护备案的,应当向海关总署提交申请书(申请备案的每一项知识产权单独提交一份申请书),同时随附以下文件、证据:知识产权权利人个人身份证件的复印件、工商营业执照的复印件或者其他备案登记文件的复印件;商标注册、著作、专利权证明或证书;知识产权权利人许可他人使用注册商标、作品或者实施专利的许可合同;知识产权权利人合法行使知识产权的货物及其包装的照片;已知的侵权货物进出口的证据;海关总署认为需要提交的其他文件或者证据。

上述文件和证据应当齐全、真实和有效。海关总署应当自收到申请人全部申请文件之日起 30 个工作日内作出是否准予备案的决定,并书面通知申请人。不予备案的,海关须说明理由。

(1) 不予备案情形:申请文件不齐或无效的;申请人不是知识产权权利人的;知识产权不再受法律、行政法规保护的。

(2) 备案时效:10 年。期满前 6 个月申请续展,续展备案的有效期为 10 年。

(3) 备案的变更和撤销:发生变化之日起 30 个工作日内,向海关总署办理备案变更或注销手续。

(二) 扣留侵权嫌疑货物的申请

知识产权权利人发现侵权嫌疑货物(已备案或尚未备案)即将进出口,或者接到海关在实际监管中发现进出口货物涉嫌侵权而发出的书面通知的,可以向货物进出境地海关提出扣留侵权嫌疑货物的申请,并按规定提供相应的担保。

1. 知识产权权利人发现侵权嫌疑货物的扣留申请

知识产权权利人发现侵权嫌疑货物即将进出口,要求海关予以扣留的,应当向海关提交申请书及相关证明文件。知识产权未备案的,还应当随附备案申请的文件及证据。

申请扣留侵权嫌疑货物的证据包括:请求海关扣留的货物即将进出口;在货物上未经许可使用了侵犯其商品专用权的商标标志、作品或者实施了其专利。

知识产权权利人请求海关扣留侵权嫌疑货物的,应当向海关提供不超过货物等值的担保,用于赔偿可能因申请不当给收货人、发货人造成的损失,以及支付货物由海关扣留后的仓储、保管和处置等费用。知识产权权利人提出的申请不符合规定或者未按规定提供担保的,海关应驳回其申请并书面通知知识产权权利人。

2. 知识产权权利人接到海关发现侵权嫌疑货物通知的扣留申请

海关在监管过程中,发现进出口货物有侵犯备案知识产权嫌疑的,应当立即书面通知知识产权权利人。

知识产权权利人在海关书面通知送达之日起 3 个工作日内应予以回复:认为有关货物侵权并要求海关予以扣留的,向海关提出扣留侵权嫌疑货物的书面申请并提供担保;知识产权权利人逾期未提出申请或者未提供担保的,海关不得扣留货物。

知识产权权利人要求海关扣留侵权嫌疑货物的,应当按照以下规定向海关提供担保:

(1) 货物价值不足 2 万元人民币时,提供等值担保;

(2) 货物价值超过 2 万元不足 20 万元人民币时,提供 50% 货值但不得低于 2 万元人民币担保金;

(3) 货物价值超过 20 万元人民币时,提供 10 万元人民币担保。

知识产权权利人不申请或不提供担保的,海关则放行货物。

(三) 海关对侵权嫌疑货物的调查处理

知识产权权利人申请扣留侵权嫌疑货物并提供担保的,海关应当扣留侵权嫌疑货物并向相关当事人制发通知和扣留凭单。

海关对扣留的侵权嫌疑货物进行调查,不能认定货物是否侵犯有关知识产权的,应当自扣留侵权嫌疑货物之日起 30 个工作日内书面通知知识产权权利人和收发货人。海关进行调查时,可以向有关知识产权主管部门咨询,知识产权权利人和收发货人应当予以配合。

海关发现进出口货物有侵犯备案知识产权嫌疑并通知知识产权权利人后,知识产权权利人请求海关扣留侵权嫌疑货物的,海关应当自扣留之日起30个工作日内对被扣留的侵权嫌疑货物是否侵犯知识产权进行调查、认定;不能认定的,应当立即书面通知知识产权权利人。

有下列情形之一的,海关应当放行被扣留的侵权嫌疑货物:

(1) 知识产权权利人请求海关扣留侵权嫌疑货物的,自扣留之日起20个工作日内未收到人民法院协助执行通知的;

(2) 海关发现进出口货物有侵犯备案知识产权嫌疑的,自扣留之日起50个工作日内未收到人民法院协助执行通知,并且经调查不能认定被扣留的侵权嫌疑货物侵犯知识产权的;

(3) 涉嫌侵犯专利权货物的收货人或者发货人在向海关提供与货物等值的担保金后,请求海关放行其货物的;

(4) 海关认为收货人或者发货人有充分的证据证明其货物未侵犯知识产权权利人的知识产权的;

(5) 在海关认定被扣留的侵权嫌疑货物为侵权货物之前,知识产权权利人撤回扣留侵权嫌疑货物的申请的。

被扣留的侵权嫌疑货物,海关经调查后认定侵犯知识产权的,予以没收。没收的货物或用于公益事业或被拍卖(清除货物或包装的侵权特征)或销毁(不能完全清除侵权特征的)。

(四) 知识产权权利人应承担的责任

(1) 海关依法扣留的,知识产权权利人应当支付仓储、保管、处置费。未支付的,可从其担保金中予以扣除,或要求担保人履行有关担保责任。嫌疑货物被认定为侵权的,权利人可以将所有费用计入其为制止侵权行为所支付的合理开支。

(2) 海关接受备案申请后,因知识产权权利人未提供确切情况而未能发现侵权货物、未能及时采取保护措施或者采取保护措施不力的,由知识产权权利人自行承担责任。

(3) 知识产权权利人要求扣留,海关不能认定或法院判定不侵权的,知识产权权利人应当承担赔偿责任。

案例 10-3

出口货物侵犯知识产权典型案例

(1) 南京、宁波海关开展区域执法协作查获侵犯自主知识产权发电机组案。

2022年年初,江苏某企业向南京海关隶属金陵海关反映,国外市场出现使用"N"商标的发电机组,影响公司品牌声誉。南京海关迅速启动区域联动执法协作机制,与宁波海关联合提炼企业、航线、地区等风险要素,追踪物流链信息。5月,宁波海关隶属北仑海关查验时发现8个集装箱涉嫌侵犯"N"商标权的发电机组4639台,案值395.3万元。经权利人确认,上述货物均为侵权商品。

(2) 深圳、南宁海关查获侵权手机及配件系列案。

2022年1月,深圳海关隶属蛇口海关查获一批出口货物,经查验,实际货物中有未申报的标有"R"标识的耳机113900个、"S"标识的耳机9900个、"M"标识的耳机15950个、"V"标识的耳机81860个、"O"标识的耳机77900个,合计299510个,案值179.7万元。经权利人确认,上述货物涉嫌侵犯其商标权。

南宁海关隶属友谊关海关查获出口至"一带一路"沿线国家的一批货物,包括涉嫌侵犯"V"商标权手机90台、"O"商标权手机充电器210个和包装盒210个、"A"商标权无线耳机2100个、"J"商标权耳机200个,共计2810件,涉案金额达人民币44万元。经权利人确认,上述货物均为侵权货物。

(3) 杭州、重庆海关查获侵权汽车配件系列案。

2022年1月,杭州海关隶属义乌海关查获一批出口汽车配件,涉嫌侵犯"XDTX"的发动机支架2067个、刹车泵190个、控制臂1017个、节温器外壳280个、燃油泵510个、温控器200个、胶套400个、标有"MDO"商标的减震器1112个。经与权利人确认属侵权货物。该批汽车配件数量大,属于涉及消费者安全的重点商品,海关已积极推动公安机关立案侦查。

3月,重庆海关隶属渝州海关查获一批出口货物印刷有"B"的标记,数量65件,申报货值5200美元,经权利人确认,该批货物涉嫌侵犯该公司知识产权。重庆海关立案扣留调查后作出行政处罚决定。5月,渝州海关再次查获出口的一批标识有"B"的车灯,经查,上述两批侵权货物虽为不同公司出口,但法人为同一法人,重庆海关已立案扣留调查。

(4) 福州、宁波、南京海关查获侵犯奥林匹克知识产权系列案。

2022年3月,福州海关隶属榕城海关在出境邮件中查获100件涉嫌侵权北京冬奥会特许周边产品"冰墩墩"钥匙扣。

宁波海关关员在对台州某公司申报出口的一批货物开展查验时发现未向海关申报的两款鞋子,鞋子侧面印有一只穿着冰糖外壳的熊猫图案,涉嫌侵犯北京冬奥会吉祥物冰墩墩奥林匹克标志专有权,数量共计590双,经权利人确认均为侵权货物。

5月,南京海关隶属新生圩海关查获外包装使用"Olympia"字母标识玻璃杯89208个,涉嫌侵犯国际奥林匹克委员会在海关总署备案的"OLYMPIC"商标权。目前,该关已依法对该批涉嫌侵权货物予以扣留。

(5) 西安、青岛海关依申请保护专利权案。

2022年3月,上海市某生物技术股份有限公司举报经中欧班列(长安号)运输出口的化工产品涉嫌侵犯其专利权。西安海关立即启动跨关区快速反应机制,联合青岛等海关对该企业提供的线索进行风险研判。5月,西安海关据此查获涉嫌侵权出口货物5个标准集装箱,价值297.6万元。目前,西安海关已协助法院对涉案货物进行证据保全。

2022年5月,青岛海关所属黄岛海关依申请查获一批出口安全鞋,涉嫌侵犯青岛某进出口有限公司的外观设计专利权,货物共计8200双,货值34万余元。海关已依法对上述涉嫌侵权货物予以扣留。

10.5 海关行政处罚制度

10.5.1 海关行政处罚概述

《海关行政处罚实施条例》规定,海关行政处罚是指海关根据法律授予的行政处罚权利,对公民、法人或者其他组织违反海关法律、行政法规,依法不追究刑事责任的走私行为和违反海关监管规定的行为,以及法律、行政法规规定由海关实施行政处罚的行为所实施的一种行政制裁。对于应追究刑事法律责任的违反海关法律的行为不能以罚代刑,即不能用海关行政处罚代替刑事处罚。

海关行政处罚要遵循公正、公开原则;法定原则;处罚与教育相结合的原则及救济原则(即行为人受到处罚,可以进行行政申诉、行政复议、行政诉讼和行政赔偿)。

10.5.2 海关行政处罚制度的基本内容

(一) 海关行政处罚的范围

海关行政处罚的范围包括依法不追究刑事责任的走私行为、按走私行为论处的行为及违反海关监管规定的行为,具体如表 10-4 所示。

表 10-4 海关行政处罚的范围

不追究刑事责任的走私行为	① 未经国务院或国务院授权的机关批准,从未设立海关的地点运输、携带国家禁止或者限制进出境的货物、物品或者依法应当缴纳税款的货物、物品进出境; ② 经过设立海关的地点,以藏匿、伪装、瞒报、伪报或者其他方式逃避海关监管,运输、携带、邮寄国家禁止或者限制进出境的货物、物品或者依法应当缴纳税款的货物、物品进出境的; ③ 使用伪造、变造的手册、单证、印章、账册、电子数据或者以其他方式逃避海关监管,擅自将海关监管货物、物品、进境的境外运输工具,在境内销售的; ④ 使用伪造、变造的手册、单证、印章、账册、电子数据或者以伪报加工贸易制成品单位耗料量等方式,致使海关监管货物、物品脱离监管的; ⑤ 以藏匿、伪装、瞒报、伪报或者其他方式逃避海关监管,擅自将保税区、出口加工区等海关特殊监管区域内的海关监管货物、物品运往区外的; ⑥ 有逃避海关监管,构成走私的其他行为的
按走私行为论处的行为	① 明知是走私进口的货物、物品,直接向走私人非法收购的; ② 在内海、领海、界河、界湖,船舶及所载人员运输、收购、贩卖国家禁止或者限制进出境的货物物品,或者运输、收购、贩卖依法应当缴纳税款的货物,没有合法证明的; ③ 与走私人通谋为走私人提供贷款、资金、账号、发票、证明、海关单证的,与走私人通谋为走私人提供走私货物、物品的提取、发运、运输、保管、邮寄或者其他方便的,以走私的共同当事人论处
违反海关监管规定的行为	① 违反海关法及其他有关法律、行政法规和规章但不构成走私行为的,是违反海关监管规定的行为; ② 违反国家进出口管理规定,进出口国家禁止进出口的货物的,责令退运,处100 万元以下罚款; ③ 违反国家进出口管理规定,进出口国家限制进出口的货物,申报时不能提交许可证件的,进出口货物不予放行,处货物价值 30% 以下罚款; ④ 违反国家进出口管理规定,进出口属于自动进出口许可管理的货物,申报时不能提交自动许可证明的,进出口货物不予放行; ⑤ 其他详见 2022 年修订的《海关行政处罚实施条例》第三章

(二) 海关行政处罚的形式

(1) 警告,包括口头和书面警告;

(2) 罚款,从 100 元到 100 万元;

(3) 没收走私货物、物品、运输工具及违法所得;构成犯罪的,依法追究刑事责任;

(4) 暂停其从事报关活动；情节严重的，禁止其从事报关活动。

(5) 未经海关备案从事报关活动的，责令改正，没收违法所得，可以并处 10 万元以下罚款。

(三) 海关行政处罚的程序

海关行政处罚的程序如下：立案—调查—审查（听证）—作出决定—执行决定。

1. 立案

海关发现公民、法人或者其他组织有依法应当由海关给予行政处罚的行为的，应当立案调查。

2. 调查取证

调查取证的手段包括查问违法嫌疑人、询问证人，依法检查运输工具和场所，查验货物、物品，或取样化验和鉴定，查询案件涉嫌单位和涉嫌人员在金融机构、邮政企业的存款及汇款，依法扣留货物、物品、运输工具、其他财产及账册、单据等资料。

调查获取的证据种类有：书证、物证、视听资料、电子数据、证人证言、化验报告、鉴定结论、当事人的陈述、查验与检查记录等。证据应当经查证属实，才能作为认定事实的根据。

调查结束的案件必须经过海关关长审查才能最终做决定，如果要听证，则费用由海关承担。听证的范围：海关在作出暂停从事有关业务、撤销海关注册登记、禁止从事报关活动，对公民处 1 万元以上罚款，对法人或者其他组织处 10 万元以上罚款，没收有关货物、物品、走私运输工具等行政处罚决定之前听证。

3. 行政处罚的决定

海关关长应当根据对行政处罚案件审查的不同结果，依法作出决定；对情节复杂或者重大违法行为给予较重的行政处罚，应当由海关案件审理委员会集体讨论决定。

(1) 确有违法行为，应当给予行政处罚的，根据其情节和危害后果的轻重，做出行政处罚决定。

(2) 依法不予行政处罚的，做出不予行政处罚的决定。

(3) 符合撤销案件规定的，予以撤销。

(4) 符合《海关行政处罚实施条例》规定的收缴条件的，予以收缴。

(5) 违法行为涉嫌犯罪的，移送刑事侦查部门依法办理。

行政处罚决定书应当在宣告后当场交付当事人；当事人不在场的，海关应当在 7 日内将行政处罚决定书送达当事人。

4. 行政处罚决定的执行

当事人应当在海关作出行政处罚决定后的规定期限内履行。当事人申请延期或者分期缴纳罚款的，应当以书面形式提出，海关收到后，应当在 10 个工作日内作出决定，并通知申请人，海关同意当事人暂缓或者分期缴纳的，应当及时通知收缴罚款的机构。

逾期不履行决定的，海关可采取下列措施：到期不缴纳罚款的，每日按罚款数额的 3% 加处罚款；根据海关法规定，将扣留的货物、物品、运输工具变价抵缴，或者以当事人提供的担保抵缴，还可以申请人民法院强制执行；当事人在出境前未交清罚款、违法所得和依法追缴的货物、物品、走私运输工具的等值价款的，也未向海关提供相当于上述款项担保的，海关可以制作阻止出境协助函，通知出境管理机关阻止其出境。

案例 10-4

进口"天然橡胶胶乳"申报税则号列不实案

案情：2021年1月27日至2021年2月9日期间，西双版纳A进出口贸易有限公司（以下简称"A公司"）委托西双版纳B国际货运代理有限公司（以下简称"B公司"）以一般贸易方式向西双版纳海关申报进口原产于缅甸的天然橡胶胶乳共计3票，申报商品编号为4001100000，对应税则号列为4001.1000（进口关税适用暂定税率10%），申报总重量为164.74吨，总价为人民币96.21406万元。依据《进出口税则商品及品目注释》第四十章税目4001"天然胶乳"的注释："天然胶乳是主要从橡胶树，特别是巴西橡胶树分泌出来的液体"，归在4001.1000（关税税率10%）项下的天然橡胶进口时的物理状态应为液态，但A公司进口的3票"天然橡胶胶乳"申报规格型号均为"白色块状干胶"。依据《进出口税则商品及品目注释》第四十章税目4001"其他形状的天然橡胶"的注释："天然胶乳一般在各种形状的槽内凝结……凝结工序完成后，即可获得板块状或连续带状的凝结胶乳"，故A公司委托B公司申报并实际进口的不规则块状胶坨，应归入"其他形状的天然橡胶"，对应税则号列4001.2900（关税税率20%）。A公司在进口天然橡胶过程中，申报税则号列不实，影响国家税款征收，经海关计核，漏缴税款共计人民币10.87万元。B公司在接受A公司"填单申报"委托事项之后，不仅没有履行审查报关单随附单证真实性的法定义务，反而提供模板帮助委托人A公司制作虚假贸易合同、发票、装箱单，不是按照货物进口时的实际状态将其归入《进出口税则商品及品目注释》具体列举的品目商品税则号列4001.2900（关税税率20%）项下，而是凭公司法人（肖某）主观认为的税则号列4001.1000（关税税率10%）向海关申报，对造成国家税款漏征人民币10.87万元的危害后果负有共同责任。该两家公司前述的申报不实行为影响国家税款征收，且达到行政处罚案件的立案数额基准。当事人A公司、B公司进口天然橡胶申报税则号列不实的行为，根据《海关行政处罚实施条例》第十二条之规定，是违反海关监管规定的行为。

处理：依照《海关法》第八十六条第三项、《海关行政处罚实施条例》第十五条第四项、《海关行政处罚实施条例》第十七条的规定，决定对当事人A公司课处罚款人民币3.3万元整，对B公司课处暂停从事报关业务2个月。

案例 10-5

邮寄走私进境活体黑腹果蝇行政处罚案

2021年5月21日，海关在对一包寄自美国、申报为"衣服"的邮件过机检查时，发现图像可疑，经开箱查验，发现该邮件内由2件旧衣服包裹着66管活体黑腹果蝇，每个管内有100多只黑腹果蝇虫体，数量超过7000只。经调查，当事人明知活体黑腹果蝇是国家禁止进境物品，仍授意他人用衣服包裹黑腹果蝇邮寄进境，并将邮件面单品名填写为衣服，以藏匿、伪报等方式逃避海关监管，构成《海关法》第八十二条第一款第一项、《海关行政处罚实施条例》第七条第二项所列之走私行为。当事人未事先提出申请，未办理进境动植物特许检疫审批手续，同时构成《中华人民共和国进出境动植物检疫法》第五条第三款、第十条所列之未依法办理检疫审批手续的违法行为。根据《中华人民共和国行政处罚法》第二十九条、《海关法》

第八十二条第二款和《海关行政处罚实施条例》第九条第一款第一项之规定,海关依法对当事人作出罚款的行政处罚。

10.6 海关行政复议制度

10.6.1 海关行政复议概述

(一) 海关行政复议的含义

海关行政复议是指公民、法人或者其他组织对海关作出的具体行政行为不服,认为该行政行为侵犯其合法权益,申请有管辖权的机关依照法定程序重新审查,由有权机关作出撤销、变更或维持原海关具体行政行为的整个行政司法过程。

海关行政复议的申请人是从事进出境活动的海关相对人,被申请人是作出具体行政行为的海关。当公民、法人和其他组织、团体从事进出境活动时,都是海关相对人,处于受海关监督和管理的地位,其合法权益受法律保护。如果海关相对人的合法权益受到侵犯或被认为受到侵犯,则相对人有权根据法律规定采取救济措施,申请海关行政复议就是重要的救济措施之一。

尽管海关具体行政行为是由海关关员作出的,但关员在履行职务时所作出的行为是代表海关的,其后果只能由海关承担,关员不能成为行政复议的被申请人。当然,这并不能排除关员在执行职务时因重大过失造成损害而承担行政责任、民事责任甚至刑事责任的可能性。

(二) 海关行政复议的作用

海关行政复议有利于维护和监督海关依法行使职权。海关行使职权以国家强制力作为后盾,其特点是权力服从与单向强制,具有国家权威性,但是无边的权威性和缺乏制衡的强制必然导致滥用权力,损及无辜。因此,海关行政复议作为一种维护和监督海关依法行使职权的制度得以确立,使海关争议尽可能解决于海关系统内部,减少不必要的人力、物力和财力的浪费,树立和维护海关威信,为海关更好地履行监督职能服务。

海关行政复议有利于防止和纠正海关违法或不当的具体行政行为。海关行政复议制度的确立,完善了海关的自我监督机制,明确了海关内部和上下级海关之间的监督责任和监督与被监督的地位,强化了海关依法监督的守法意识和自律观念,为防止海关违法及不当具体行政行为设置了一个法律屏障,也为海关纠正其违法及不当具体行政行为提供了一个法律救济手段。经过复议,如果海关具体行政行为合法的,决定予以维持;如果海关具体行政行为适用法律、法规不正确,或事实不清,或违反法定权限和程序的,依法决定撤销或予以变更。

海关行政复议有利于保护海关相对人的合法权益。海关行使监管职能的一个显著特征就是海关单方面意思表示的强制性管理,海关相对人处于被管理和服从的被动地位。通过行政复议,给海关相对人提供了一个变被动为主动的机会,从积极的方面运用行政司法手段实现权利,保护合法权益。通过行政复议,及时、妥善地解决争议,尽快减低违法和不当行为造成的损失和其他不良影响,使海关相对人的合法权益得到行政领域内的尽可能的切实保护。

通过海关行政复议,还有助于发现海关监管、征税、查私等活动中的疏忽和漏洞,吸取教训,提高海关具体行政行为的质量。同时通过行政复议解决海关争议,也减轻了法院受理海关行政案件的压力。

10.6.2 海关行政复议制度的基本内容

(一) 海关行政复议范围

根据我国《中华人民共和国行政复议法》《中华人民共和国行政复议法实施条例》《中华人民共和国海关行政复议办法》的规定,有下列情形之一的,公民、法人或者其他组织可以向海关申请行政复议:

(1) 对海关作出的警告,罚款,没收货物、物品、运输工具和特制设备,追缴无法没收的货物、物品、运输工具的等值价款,没收违法所得,暂停从事有关业务,撤销注册登记及其他行政处罚决定不服的。

(2) 对海关作出的收缴有关货物、物品、违法所得、运输工具、特制设备决定不服的。

(3) 对海关作出的限制人身自由的行政强制措施不服的。

(4) 对海关作出的扣留有关货物、物品、运输工具、账册、单证或者其他财产,封存有关进出口货物、账簿、单证等行政强制措施不服的。

(5) 对海关收取担保的具体行政行为不服的。

(6) 对海关采取的强制执行措施不服的。

(7) 对海关确定纳税义务人、确定完税价格、商品归类、确定原产地、适用税率或者汇率、减征或者免征税款、补税、退税、征收滞纳金、确定计征方式以及确定纳税地点等其他涉及税款征收的具体行政行为有异议的(以下简称"纳税争议")。

(8) 认为符合法定条件,申请海关办理行政许可事项或者行政审批事项,海关未依法办理的。

(9) 对海关检查运输工具和场所,查验货物、物品或者采取其他监管措施不服的。

(10) 对海关作出的责令退运、不予放行、责令改正、责令拆毁和变卖等行政决定不服的。

(11) 对海关稽查决定或者其他稽查具体行政行为不服的。

(12) 对海关作出的企业分类决定以及按照该分类决定进行管理的措施不服的。

(13) 认为海关未依法采取知识产权保护措施,或者对海关采取的知识产权保护措施不服的。

(14) 认为海关未依法办理接受报关、放行等海关手续的。

(15) 认为海关违法收取滞报金或者其他费用,违法要求履行其他义务的。

(16) 认为海关没有依法履行保护人身权利、财产权利的法定职责的。

(17) 认为海关在政府信息公开工作中的具体行政行为侵犯其合法权益的。

(18) 认为海关的其他具体行政行为侵犯其合法权益的。

对于纳税争议事项,公民、法人或者其他组织应当依据海关法的规定先向海关行政复议机关申请行政复议,对海关行政复议决定不服的,再向人民法院提起行政诉讼。

公民、法人或者其他组织认为海关的具体行政行为所依据的规定不合法,在对具体行政行为申请行政复议时,可以一并向海关行政复议机关提出对该规定的审查申请。如果申请人在对具体行政行为提起行政复议申请时尚不知道该具体行政行为所依据的规定,可以在海关行政复议机关作出行政复议决定前提出。

(二) 海关行政复议的管辖

海关行政复议管辖是指有关的海关行政复议机关对行政复议案件在受理上的具体权限和分工,即海关行政相对人在提起行政复议申请后,应当由哪一个行政复议机关来行使行政复议权。海关行政复议的管辖是海关行政复议权的具体体现和落实。

根据《中华人民共和国行政复议法》和《中华人民共和国海关行政复议办法》的规定,一般情况下,公民、法人或者其他组织对海关的具体行政行为不服的复议申请,由作出引起海关行政争议的具体行政行为的海关的上一级海关管辖。对海关总署作出的具体行政行为不服申请复议的,海关总署为复议机关。两个以上海关以共同名义作出具体行政行为的,其共同上一级海关为复议机关。海关与其他行政机关以共同的名义作出具体行政行为的,海关和其他行政机关的共同上一级行政机关为复议机关。申请人对海关总署与国务院其他部门共同作出的具体行政行为不服,向海关总署或者国务院其他部门提出行政复议申请,由海关总署、国务院其他部门共同作出处理决定。

(三) 海关行政复议的程序

海关行政复议程序的4个环节为:申请、受理、审理、决定。

1. 申请

海关行政复议的申请人是指认为自己的合法权益受到海关具体行政行为的侵犯,依法向海关复议机关申请行政复议的公民、法人或其他组织;被申请人是指作出具体行政行为的海关。海关行政复议的申请是指公民、法人或者其他组织认为海关的具体行政行为侵犯了其合法权益,依法要求海关行政复议机关对该具体行政行为实施相应的审查和处理,以保护其合法权益的一种意思表示。

公民、法人或者其他组织认为具体行政行为侵犯其合法权益,可以自其知道该具体行政行为发生之日起60日内提出行政复议的申请,如果法律规定的申请期限超过60日的除外;两个或两个以上的复议申请人对同一海关具体行政行为分别向海关复议机关申请复议的,则海关复议机关可以并案审理,并以复议机关收到后一个复议申请的日期为正式受理日期。

申请行政复议的条件主要有:申请人应当是认为海关具体行政行为侵犯其合法权益的公民、法人或者其他组织;有具体的复议请求;有明确具体的被申请人;属于海关行政复议的范围;属于受理海关复议机关的管辖范围;属于法律、法规规定的其他条件。

申请人可以书面形式,也可以口头形式申请行政复议。口头申请的,复议机构应当当场制作行政复议申请笔录,交申请人核对或者向申请人宣读,并且由其签字确认。

2. 受理

海关行政复议机关自收到复议申请以后,对属于海关行政复议范围的自海关行政复议机关收到之日起即为受理。但是出现以下情况海关行政复议机关不予受理:申请人不是海关具体行政行为侵犯其合法权益的公民、法人或者其他组织;不属于海关行政复议范围;超过法定申请复议期限,且无法律、法规规定的特殊情况;已向人民法院提起行政诉讼,人民法院已依法受理;不属海关管辖;已向其他有管辖权的机关申请复议;申请复议未递交行政复议申请书等。如果海关行政复议机关决定不予受理的,应当在5日内做出决定并制作行政复议申请不予受理决定书,送达申请人。当事人可以自收到不予受理决定书之日起或者行政复议期满之日起15日内,向人民法院提起行政诉讼。凡是符合法定的范围、条件和要求的,自收到行政复议申请书之日起5个工作日内作出受理决定,并制作行政复议申请受理通知书和行政复议答复通知书分别送达申请人和被申请人。

3. 审理

海关行政复议审理是指海关行政复议机关受理复议案件后,对复议案件的事实是否清楚,适用依据是否正确,程序是否合法进行全面审查的过程。海关行政复议审理一般有以下步骤:

（1）海关行政复议人员首先必须认真阅读复议材料,审阅全案卷宗材料;

（2）核对申请人提供的证据材料,进行相关调查研究,收集证据;复议人员进行调查工作,应当出示证件,做调查笔录;同时复议机关在审查案卷时,有权要求申请人或被申请人补充提供有关证据和材料;

（3）审查原海关具体行政行为的做出是否有法律依据,适用法律是否正确;

（4）海关行政复议机关经过审理,复议机关对复议案件提出处理意见。

4. 决定

海关行政复议机关经过仔细审理,可以做出如下相关的决定:决定维持;决定被申请人限期履行法定职责;决定撤销、变更或者确认具体行政行为违法,责令被申请人在一定期限内重新做出具体行政行为以及其他决定。

决定维持是指海关行政复议机关经过审理,驳回申请,维持原状。其应包括5个条件:适用法律、法规、规章和具有普遍约束力的规范性文件正确,海关具体行政行为所认定的事实清楚,证据确凿;符合法定权限;符合法定程序;内容适当。以上5个条件缺一不可,必须同时具备。

决定被申请人限期履行法定职责是指海关行政复议机构经过审理后,认为被申请人的不作为行为违反了海关法律、行政法规、海关规章及有关规范性文件的规定,属未履行法定职责,应做出责令其在一定期限履行法定职责的决定。限期履行包括两种情况:一是由海关法律、行政法规、海关规章及有关规范性文件规定期限;二是海关行政复议根据具体情况确定期限。做出这种决定必须具备的条件:复议申请人要求被申请人履行某一法定职责有事实上和法律上的依据,被申请人具有这一法定职责,被申请人未履行此法定职责无正当理由。

海关机关对下列海关具体行政行为可以做出决定撤销、变更或者确认具体行政行为违法,责令被申请人在一定期限内重新做出具体行政行为以及其他决定:主要事实不清、证据不足,适用依据错误的、违反法定程序的、超越或滥用职权的,海关具体行政行为明显不当的。

其他决定是指在行政复议过程中,海关行政复议机关除了就海关具体行政行为是否合法、适当等问题做出上述决定外,还可就复议程序中出现的问题做出以下决定:受理决定、不受理决定和直接处理决定,停止原具体海关行政行为的决定,行政复议终止决定,撤销行政复议案件决定。

行政复议机关应当自受理复议申请之日起 60 日内作出行政复议决定,特殊情况,经海关行政复议机关负责人批准,可以延长 30 日。此外,海关行政复议中,对于符合条件,可以遵循自愿、合法、公正、合理、及时、便民的原则,进行复议和解、调解。但是,这不是办理行政复议案件的必经程序。

 案例 10-6

海关知识产权保护行政复议成功案例

案情简介: A 公司因与 B 公司有长期委托报关业务,对 B 公司开通了自动确认电子委托代理报关。2020 年 11 月,A 公司突然接到 W 海关电话,说 A 公司委托 B 公司代理申报出口的一票货物涉嫌侵犯他人知识产权。接到电话后,A 公司赶紧联系 B 公司,才得知 B 公司以 A 公司的名义为他人申报出口了该票货物,货主是孙某某。之后,A 公司将相关事实情况和孙某某的个人信息提供给了 W 海关现场关员,并提出申辩意见。2021 年 9 月 20 日,W 海关向 A 公司送达了《行政处罚告知书》,决定对 A 公司罚款 19 万元。A 公司向 W 海关提出听证申请,2021 年 11 月 8 日,W 海关在现场业务处对本案举行了听证,参与人员为现场业务处人员。2021 年 11 月 26 日,W 海关作出对 A 公司处以罚款 19 万元的行政处罚决定书。

主要复议意见:

一、A 公司不是涉案侵权货物的实际发货人,W 海关对 A 公司作出行政处罚没有事实依据,属于处罚对象错误

行政处罚是对违法行为实施者的处罚,因此,行政处罚的对象应是具体实施违法行为的行为人。本案中,A 公司从未委托 B 公司申报出口过涉案侵权货物,不是涉案侵权货物的实际发货人,且案发前对 B 公司和孙某某冒用 A 公司名义出口涉案侵权货物的行为也毫不知情。A 公司没有实施任何侵犯他人知识产权的违法行为,不是本案侵犯他人知识产权的行政违法行为人。本案实施侵犯他人知识产权的违法行为人是孙某某,W 海关对 A 公司作出行政处罚决定,显然属于处罚对象错误。

二、W 海关对 A 公司作出的行政处罚程序违法

第一,依据《中华人民共和国行政处罚法》第五十四条和《海关行政处罚实施条例》第三十四条的规定,W 海关在对本案调查时,必须全面、客观、公正、及时地调查、收集有关证据。本案中,虽然涉案侵权货物的出口报关单、电子《代理报关委托书》上记载的发货人是 A 公司,但 A 公司已经向 W 海关陈述了并未委托 B 公司代理申报出口涉案侵权货物的事实,也向 W 海关提供了实际发货人孙某某的相关信息,B 公司也出具了涉案侵权货物与 A 公司无任何关系的情况说明。然而,W 海关对 A 公司提供的实际发货人孙某某并未进行调查,也没有调取涉案出口货物的外贸合同、发票、箱单等有关单证,核实相关单证上是否加盖有 A 公司公章,违反了上述法律法规行政机关对于应给予处罚的行为应依法进行全面、客观、公正调查的规定。

第二,《中华人民共和国行政处罚法》第四十条的规定:"公民、法人或者其他组织违反行政管理秩序的行为,依法应当给予行政处罚的,行政机关必须查明事实;违法事实不清、证据不足的,不得给予行政处罚。"根据上述法律规定,行政机关作出行政处罚的前提是违法事实已经查清。但本案中,W 海关没有对孙某某进行任何的调查,侵权事实显然没有查清。在侵权事实没有查清的情况下，W海关对A公司作出行政处罚，违反了《中华人民共和国行政处罚法》第四十条的规定。

第三，W海关在对A公司作出行政处罚前，应A公司的申请举证了行政处罚听证。本案是涉及知识产权处罚案件，根据《中华人民共和国海关行政处罚听证办法》第五条的规定，涉及知识产权处罚案件的听证，由海关法制部门负责组织。但W海关组织听证的机构是现场业务处，而不是法规处，担任主持人、听证员以及书记员的人员也均是现场业务处人员，没有一人是法制处人员。组织听证的部门与本案调查部门、听证员和调查人员均是同一部门，听证员与本案处理结果明显存在利害关系，依据《中华人民共和国海关行政处罚听证办法》第八条的规定，应自行回避。听证中，A公司也当庭对W海关组织听证的机构和人员提出异议，但W海关并没有采纳A公司的异议，继续由现场业务处人员主持完了听证会，违反了《中华人民共和国海关行政处罚听证办法》的相关规定。

因此，W海关对A公司作出行政处罚决定的程序违法。

三、即使A公司对电子报关系统疏于管理，但由于其并未实施出口侵犯他人知识产权货物的行为，W海关适用《海关行政处罚实施条例》第二十五条对A公司进行处罚，也属于适用法律错误

《海关行政处罚实施条例》第二十五条规定："进出口侵犯中华人民共和国法律、行政法规保护的知识产权的货物的，没收侵权货物，并处货物价值30%以下罚款；构成犯罪的，依法追究刑事责任。"本案中，A公司不是侵权货物的发货人，纵观本案，能够涉及A公司的只有A公司对B公司开通了自动确认电子委托代理这一个行为，而开通自动确认电子委托的行为并不违法。即使A公司对委托报关系统疏于管理，应受海关行政处罚，那么A公司可能承担的行政责任也只是违反海关企业管理的责任，而不是承担出口了侵犯他人知识产权的行政责任。W海关适用《海关行政处罚实施条例》第二十五条对A公司进行处罚，显然是适用法律错误。

综上所述，A公司认为W海关作出行政处罚，缺乏事实和法律依据，且程序违法，请求复议机关依法撤销该行政处罚决定书。

复议结果：2019年4月16日，复议机关以本案有关事实有待进一步核实认定为由，撤销了W海关对A公司的行政处罚。

本章小结

本章介绍了与进出口货物通关密切相关的海关主要法律制度，包括海关统计制度、海关稽查制度、海关事务担保制度、知识产权海关保护制度、海关行政处罚制度和海关行政复议制度。本章的学习有助于读者理解海关各项法律制度的功能和作用，帮助从业者做到进出口贸易合规，提高通关效率，保护自身利益。

关键词

海关统计　海关稽查　海关事务担保　知识产权海关保护　海关行政处罚　海关行政复议

思考与问答

(1) 海关统计的范围是什么？

(2) 海关稽查的对象有哪些？

(3) 什么情形下可以向海关申请海关事务担保？可以什么方式担保？

(4) 我国《知识产权海关保护条例》规定的知识产权范围包括哪些？

(5) 阐述海关行政处罚的范围。

(6) 阐述海关行政复议的作用和程序。